시나리오 워크북

개정증보판

시나리오 워크북
시나리오 쓰기의 시작부터 완성까지

초판 1쇄 펴낸날 | 2001년 7월 20일

개정증보판 1쇄 펴낸날 | 2020년 9월 25일

개정증보판 3쇄 펴낸날 | 2023년 9월 30일

지은이 | 시드 필드

옮긴이 | 박지홍

펴낸이 | 박세경

펴낸곳 | 도서출판 경당

출판등록 | 1995년 3월 22일(등록번호 제1-1862호)

주소 | (04002) 서울시 마포구 월드컵북로5나길 18 대우미래사랑 209호

전화 | 02-3142-4414~5

팩스 | 02-3142-4405

이메일 | kdpub@naver.com

ISBN 978-89-86377-57-6 93680

값 22,000원

○ 잘못 만들어진 책은 구입처에서 바꾸어드립니다.

시나리오
쓰기의
시작부터
완성까지

시드 필드 지음
박지홍 옮김

The Screenwriter's Workbook

시나리오 워크북

개정증보판

경당

일러두기

1. 영화 작품을 언급할 때는 국내에 소개될 당시 붙은 제목을 썼다.
2. 인명과 지명 등의 외국어는 국립국어원 외래어표기법에 따라 적되, 관용으로 굳어진 표기는 존중했다.

먼저 갔던 모든 이와

뒤따르는 모든 이…

그리고 모든 싯다 대성인과 스승—

언제나 내 가슴속에, 언제나 내 마음속에 있는 이들에게…

감사의 말

숲을 헤쳐나갈 길을 짚어준 장 르누아르, 그 길을 따라 나를 이끌
어준 미켈란젤로 안토니오니와 샘 페킨파, 아량과 통찰력과 창조
정신이 돋보이는 시나리오 작가 토니 길로이, 그리고 내가 알아
야 할 모든 것을 가르쳐준 전 세계 학생들에게 감사한다.

> "내가 해야 할 일은 사람들이 듣고, 느끼고,
> 보도록 하는 것이다. 그것이 전부다."
>
> 조지프 콘래드

나는 인생의 거의 전부를 팝콘을 손에 쥐고 어두운 영화관에 앉아서 거대한 스크린에 비치는 빛의 강물 위로 반영되는 이미지들을 넋을 잃고 경이롭게 바라보며 지낸 듯하다.

나는 영화 산업의 본고장인 할리우드에서 성장했다. 내 형을 따라 나도 셰리프 소년 악단에서 트럼펫을 연주했는데, 스펜서 트레이시와 캐서린 헵번이 주연한 프랭크 캐프라 감독의 〈스테이트 오브 더 유니언The State of the Union〉에 출연하는 악단 단원으로 발탁되기도 했다. 밴 존슨이 체스를 가르쳐준 것 외에는 당시의 경험에 대해 기억하는 바가 없다.

그렇다. 나는 분명 할리우드 키드였다.

지난 35년간 나는 영화가 우리 문화유산의 일부로 되어가는 과정과 더 나아가서 범세계적인 삶의 방식이 되어가는 과정을 목격했다. 영화관의 어둠 속에 함께 자리한 관객들은 시간, 장소, 환경을 초월하여 인간의 정신세계와 소통하는 무언의 정서적 공동체로 결합되어 하나가 된다.

영화를 보러 가는 행위는 시간의 흐름을 거역하는 순간들을 모으려는 개인적이면서 집단적인 경험이다. 스크린을 가로지르며 명멸하는 이미지들을 보고 있노라면 인류 경험의 전체 구도를 목격할 수 있다. 그것은 마치 스티븐 스필버그 감독의 〈미지와의 조우 Close Encounters of the Third Kind〉의 오프닝 신처럼, 스탠리 큐브릭 감독의 〈2001년 스페이스 오디세이 2001: A Space Odyssey〉에서 유인원이 나무 막대를 공중으로 던지자 우주선과 합쳐지듯, 인류 역사의 전 영역을 포괄하는 경이롭고 시적인 순간이다. 수천 년에 걸친 인류 역사와 진화의 과정이 두 영화에 농축되어 있으며, 그것은 마술적이고 신비로운 순간이다. 이것이 영화의 힘이다.

지난 몇 년간 영화의 극적 구조에 대한 이해가 논쟁의 초점이 되어왔고, 이야기의 전통적인 방식과 비전통적인 방식 사이에서 격렬한 논쟁이 있었다. 나는 그러한 논쟁이 영화에서의 새로운 발견의 과정 혹은 출발점이 될 것이라 기대한다. 이야기의 구성 방식, 즉 형식은 변할지언정 구조는 변하지 않는다. 그로 인해 영상으로 이야기하는 새로운 방식이 생겨나게 되면 내가 해야 할 바를 성취한 것이다. 우리는 과거와의 관계를 청산할 수 있지만, 과거는 우리와의 관계를 청산할 수 없다.

나는 낙관적인 희망과 기대를 저버리지 않고 어두운 극장에 앉아 있다. 나 자신의 삶에 대한 의문의 해답을 찾으려고, 아니면 투쟁과 도전에 직면하는 거대한 스크린 위에 나 자신이 존재하지 않는다는 사실에 감사를 표하며 어둠 속에 묵묵히 앉아 있는 건지도 모른다. 하지만 나는 그런 반영된 이미지들로부터 내 인생의 사적인 의미를 깨닫게 하는 식견 또는 인식을 구할 수 있음을 안다.

내 삶의 자취를 뒤돌아보며 이런 것들을 생각한다. 나의 여정이 어디서 시작되었는지 알아내고, 내가 끼친 영향과 가로질러온 행적이 무엇이었는지를 유심히 살펴보면, 결국 중요한 것은 목적지가 아니라는 사실을 이해하게 된다. 중요한 것은 목표이면서 목적이기도 한 여행 그 자체이다.

마치 영화에서처럼.

2001년 5월
캘리포니아 베벌리힐스에서
시드 필드

제1부　　　　　　　　　　　　　　**준비**

제2부   시나리오 쓰기

"영화란 무엇인가?"

장 르누아르

"영화란 무엇인가?" 예술인가, 문학인가?

나의 멘토이던 프랑스의 명감독 장 르누아르가 캘리포니아 대학교 버클리에 초빙 예술가로 와 있던 시절 우리에게 던지곤 하던 질문이다. 내가 주연을 맡은 게오르크 뷔히너의 표현주의 연극 〈보이체크Woyzeck〉 공연이 끝나고 르누아르를 만난 자리에서 감독은 당시 세계 초연을 준비 중이던 자신의 연극 〈카롤라Carola〉의 배우 오디션에 참가해보라고 권했다.

며칠 후 르누아르 앞에서 대본을 읽은 나는 극중에서 세 번째로 비중 있는 프랑스인 무대감독 캉팡 역을 맡게 되었다. 내가 영화를 대하는 자세와 인생이 형성되는 데 결정적인 영향을 준 남자와의 관계가 이렇게 시작되었다. 이듬해에는 감독과 아주 절친한 관계를 맺기에 이르렀다. 영화가 무엇인지조차 잘 모르던 내게 지식과 통찰력의 보고를 열어준 이는 바로 르누아르였다. 르누아르는 영화가

'지식을 통해 세상을 송두리째 바꾸는 신형 인쇄술'이라는 자신의 견해를 들려주었으며, 시네마토그라프Cinématographe라는 초창기 프랑스 영화 카메라를 발명한 뤼미에르를 '또 한 명의 구텐베르크'라고 칭했다.

르누아르는 영화가 문학이 될 가능성은 있으나 결코 예술로 간주될 수는 없다고 주장했다. 무슨 뜻인지 묻자, 예술은 한 사람만의 시각이라는 점이 영화 제작 과정이라는 상황과 모순된다고 답했다. 영화 한 편을 만드는 데 필요한 모든 일을 한 사람이 할 수는 없다고 설명하면서, 찰리 채플린처럼 한 사람이 시나리오, 연출, 촬영, 편집, 음악을 모두 맡을 수도 있지만, 영화 제작에 필요한 세부 사항이 무수히 널린 판국에 제작자가 모든 배역을 연기하고, 모든 사운드를 녹음하고, 모든 조명 조건에 대처할 수는 없다고 했다. 또 "예술이란 무릇 감상자에게 창작자와 동화될 기회를 제공하는 법"이라고도 했다.

대가에게서 배움을 구하는 젊은 대학생이었던 우리는 말 그대로 르누아르의 발치에 앉아서 질문을 하거나 생각을 나누고 인생과 예술에 관한 의견을 주고받곤 했다. 그러면 모든 것에 답해주었다. 모든 질문은, 심지어 아주 바보 같은 질문조차도 관심과 존중의 마음으로 받아들여졌다. 누군가가 "어떻게 우리가 예술 앞에 진실해질 수 있을까요?"라고 묻자 르누아르는 "예술은 예술을 하는 행위 속에 있다"는 자신의 철학을 들려주었다.

단순한 대답이지만 심오하고 타당하며 진실했다. 르누아르는 영화를 연출하든, 노래를 작곡하든, 시나리오를 쓰든, 그림을 그리든, 무엇을 하든 간에 작업 과정 중에만 우리는 "예술을 창조한다"고 설명했다. 예술이란 실제로 앉아서 예술을 하는 과정 자체라고 공언했다. 예술을 하는 것에 대해 말하는 것도 아니요, 예술을 하는 것에 대해 생각하는 것도 공상하는 것도 아니며, 다만 예술을 하는 것일 뿐이다. 작품이 완성되어 대중에게 공개된 후에야 비로소 '예술'인지 아닌지가 고려될 것이다. 앉아서 글을 쓰게 해줄 영감이 떠오르는 순간만을 기다리며 자기가 '예술가'라고 생각한다면 영원히 기다리게만 될 것이다.

지난 25년 동안 세계를 돌아다니며 전문 작가와 예비 작가를 대상으로 한 시나리오 쓰기 세미나를 진행하면서 나는 르누아르의 말을 곱씹었다. 25년 전쯤 이 책 초판을 썼을 때부터 지금까지 내 삶의 발자취를 돌아보면, 시나리오 쓰기는 예술이자 기술로서, 매력적인 시각적 표현에 사용되는 국제어로 발전해왔음을 깨닫는다.

현재 우리는 새로운 영화 지평의 문턱에 서 있으며, 우리가 무엇을 할 수 있는지 없는지를 일러주는 규칙 따위는 없다. 첨단 극장이 디지털 기술의 신기원에 발맞추는 변혁의 시대이자 진화와 혁명의 시대이다. **우리가 보는 것**과 **우리가 보는 방식**이 바뀌었다.

이야기는 말보다는 보여주기를 통해 제시되고, 인물은 대사가 아닌 행동을 통해 드러나며, 현재와 과거의 시간이 강력한 스토리텔링 장치로 합쳐진다. 동양철학에서 말하듯이 안과 밖은 하나이며, 머릿속에 있는 생각, 느낌, 감정이 우리의 경험을 직조한다. 결국 사람은 자기가 먹는 빵을 굽는 제빵사이다.

시나리오는 특별한 형식이다. 대사와 묘사로 표현되고 영상으로 전해지는 이야기인 것이다. 기술적 충격은 고전적인 전통적 내러티브의 변화를 촉진했다. 장황한 설명적 장면들로 표현된 〈카사블랑카〈Casablanca〉와 〈대부The Godfather〉 같은 선형linear 스토리라인은 이제 〈사이드웨이Sideways〉, 〈매그놀리아Magnolia〉, 〈브로크백 마운틴Brokeback Mountain〉처럼 더욱 시각적으로 양식화된 표현 방식으로 바뀌었다. 지난 수십 년 동안 좀처럼 볼 수 없었던 비선형non-linear 스토리텔링이라는 말은 이제 당연하게 여겨지는 영화 용어가 되었다. 〈본 슈프리머시The Bourne Supremacy〉, 〈메멘토Memento〉, 〈콘스탄트 가드너The Constant Gardener〉에서처럼 기억의 파편들이 조각조각으로 구조화되는 비선형 스토리텔링은 시나리오 작가의 언어로 자리 잡기에 이르렀다.

르누아르가 아주 오래전에 던졌던 "영화란 무엇인가?"라는 질문은 내가 처음 들었을 때와 마찬가지로 오늘날에도 유효하다. 우리는 영화 예술을 어떻게 정의하는가? 어떻게 분석하는가? 어떻게 하면 영화를 단순히 스크린에서 번쩍이는 이미지 이상의 것, 르누아르의 말마따나 "인생보다 더 큰 예술 형식"으로 만들 수 있을까?

우리는 지금 비주얼 스토리텔링의 시대에 살고 있다. 대형 스크린에서 이야기를 전달하려고 하든, 휴대전화로도 볼 수 있는 텔레비전 프로그램을 쓰려고 하든, 비디오 게임이나 단편 영화를 만들려고 하든, 미래의 배송 시스템을 위한 사업 계획이나 파워포인트 프레젠테이션을 준비하려고 하든 간에 비주얼 스토리텔링의 도구와 규칙을 알아야 한다. 이것이 바로 이 책『시나리오 워크북』의 핵심이다.

『시나리오 워크북』은 시나리오라는 비주얼 스토리텔링을 쓰는 과정을 탐구한다. "무엇을 할 것인가"를 담은 이 책은, 시나리오 아이디어는 있지만 정작 시나리오를 쓰려면 무엇을 해야 할지 정확히 모르는 여러분을 시나리오 쓰기 과정으로 안내해줄 것이다. 장편 영화든 단편 영화든 광고든, 어떤 형식의 비주얼 프레젠테이션에건 이 책은 효과가 있다. 한 장(章)을 읽고 그 장 끝에 있는 연습을 실행하다 보면 이 책을 마치는 순간 시나리오 한 편을 완성하게 될 것이다. 시나리오를 쓰는 과정은 어떤 형식의 비주얼 스토리텔링에도 적용될 수 있다.

『시나리오 워크북』은 내가 전 세계 여기저기서 진행해온 시나리오 워크숍에 기초한 것이다. 내가 설계하여 구성한 7주짜리 워크숍에서 학생들은 첫 4주 동안 쓸 준비를 하고 그다음 3주 동안 쓴다. 수업의 목표(나는 목표를 중요시한다)는 시나리오의 첫 번째 액트First Act(20~30페이지 분량)를 써서 완성하는 것이다.

학생들은 자신의 이야기에 넣을 짧은 아이디어를 워크숍에 가지고 오는데, 이를테면 이런 식이다. "어느 여성 경영자 이야기인데요, 하와이에서 휴가를 보내던 중 젊은 남자를 만나 바람을 피우지만 집으로 돌아와서 그 관계가 이루어질 수 없음을 깨닫고 말죠."

아주 간단하다.

첫 수업에서는 시나리오의 주제subject, 행동action, 등장인물character, 그러니까 **무슨 일**이 **누구**에게 벌어지는지를 이야기하고, 극적 구조의 본질을 토론한다. 이 수업을 마치고 받는 첫 번째 과제는 아이디어를 구조화한 다음, 결말, 시작, 구성점 IPlot Point I, 구성점 IIPlot Point II에 초점을 맞춰 네 페이지짜리 트리트먼트treatment를 쓰는 것이다. 나는 이것을 '고통 훈련'이라고 부르는데, 형식이 갖춰지지 않은 아이디어에 형식을 부여해야 하기 때문이다. 참가자가 써내기에 가장 어려운 과제가 아닐까 싶다.

2주째에는 등장인물에 대해 이야기하면서, 인물이 출생할 때부터 이야기가 시작되는 시점까지의 삶이 담긴 등장인물 전기character biography를 써서 주인공에게 역사를 부여하는 방법을 논의한다. 또한 등장인물의 직업 생활, 개인 생활, 사생활을 간략히 서술한다. 이 주의 과제는 주인공과 그 밖의 주요 등장인물 한두 명에 대한 등장인물 전기를 쓰는 것이다. 3주째에는 세로 3인치, 가로 5인치짜리 인덱스카드들을 가지고 액트 I의 스토리라인을 구조화하고, 이야기가 시작되기 전 하루나 일주일, 아니면 한 시간 전에 무슨 일이 일어나는지 배경 이야기back story를 적어본다. 4주째에는 첫 열 페이지를 쓰고, 나머지 워크숍 기간에는 한 주에 약 열 페이지씩을 쓰는 데 전념한다. 이렇게 7주간의 워크숍이 끝나면 스물에서 서른 페이지 분량의 시나리오 첫 번째 액트가 완성된다.

잠시 휴식을 취한 후 '두 번째 액트 워크숍'을 재개한다. 이 7주 과정의 목표는 시나리오의 액트 II를 쓰고 완성하는 것이다. 세 번째 7주 워크숍에서는 액트 III를 완성하고 시나리오를 고쳐 쓴다.

세 차례에 걸친 워크숍이 끝나면 학생 80퍼센트가량이 시나리오를 완성한다. 그중 많은 이들이 엄청난 성공을 거두었다. 애나 해밀턴 펠런은 수업을 통해 〈마스크Mask〉를 썼고, 곧이어 〈정글 속의 고릴라Gorillas in the Mist〉를 내놓았다. 존 싱글턴은 〈보이즈 앤 후드Boyz n the Hood〉를 작업하고 나서 〈포이틱 저스티스Poetic Justice〉를 썼다. 주앙 이마누엘 카르네이루는 내가 리우데자네이루에서 진행한 워크숍에서 〈중앙역Central Station〉을 작업했다. 제이너스 서콘은 수업을 받으면서 〈기적 만들기Leap of Faith〉를 썼다. 랜디 메이엄 싱어는 〈미세스 다웃파이어Mrs. Doubtfire〉를, 카먼 컬버는 〈가시나무 새The

Thorn Birds〉를 집필했다. 라우라 에스키벨은 멕시코시티 워크숍 기간에 〈달콤 쌉싸름한 초콜릿Like Water for Chocolate〉을 자신의 동명 소설을 가지고 각색했다. 그리고 같은 워크숍에서 카를로스 쿠아론은 나중에 〈이 투 마마Y tu mamá también〉가 될 아이디어를 개발했다. 그 밖에도 〈러브 어게인Used People〉과 〈앤지Angie〉의 토드 그래프, 〈스크림Scream〉의 케빈 윌리엄슨, 〈화이트 스콜White Squall〉의 토드 로빈슨, 〈이혼 전쟁Divorce Wars〉으로 휴매니타스상을 받은 린다 엘스터드 등이 있다.

자기가 쓴 시나리오와 TV 드라마 극본이 제작자에게 채택된 학생들도 있고, 영화 스튜디오나 프로덕션의 제작 임원이 된 이들도 있다.

이 책은 내가 진행해온 시나리오 워크숍과 동일하게 설계하여 구성했다. 한 장(章)을 읽고 나서 그 장 끝에 있는 연습을 실행하다 보면 이 책을 마치는 순간 시나리오 한 편을 완성하게 될 것이다. 이론적으로는 그렇다. 『시나리오 워크북』은 아이디어의 개시에서부터 완성까지 이끄는 단계별 작업 계획이며, 시나리오 쓰기 과정을 안내하는 길잡이이자 지도다. 중요한 것은 이 책이 효과가 있다는 사실이다.

각 장에 따라오는 연습은 시나리오 쓰기 과정에 대한 이해를 확장하고 선명하게 할 기회를 제공하는 도구다. 이러한 관점으로 시나리오 쓰기 경험을 해나가는 여정을 내다보기 바란다. 실수를 저지르고, 되지도 않는 것을 시도하고, 구태의연하고 형편없는 글을 쓰는 자신의 모습을 용납하지 못한다면 그야말로 아무것도 배우지 못할 것이다.

그럴 의지가 있는가? 되지도 않는 것을 시도해볼 의지가 있는가? 끔찍한 페이지를 쓸 의지가 있는가? 작업이 잘되어가는지 몰라 화내고 걱정하면서 회의와 혼란 속에서 헤맬 의지가 있는가?

이 책은 학습 경험이며, 경험을 통해 습득될 수 있다. 수영이나 자전거 타기처럼 하면 할수록 더 잘하게 된다.

이 책을 읽자. 시나리오 작업을 시작할 준비가 되면 한 번에 한 장(章)씩 주의 깊게 읽는다. 이것은 단계별 과정이다. 한 장을 읽는 데 한 주, 아니면 한 달이 걸릴지도 모르지만, 이런 것은 그다지 중요하지 않다. 각 연습 항목을 완결하는 데 필요한 만큼 시간을 할애한다.

『시나리오 워크북』의 목적은 시나리오에 관한 지식과 이해와 기법은 물론 시나리오 쓰기라는 예술이자 기술을 명확히 하고 확장하고 확대하는 것이다. 이 워크북은 전문 작가다운 시나리오를 쓰는 데 필요한 기교와 기술을 스스로 배울 수 있게 해준다.

완벽을 추구하지 말자. 장 르누아르가 끊임없이 지적했듯이 "완벽은 현실에 없고 오직 마음에만 존재한다."

그냥 자신의 이야기를 해보자.

제1부

준비

1

빈 페이지

글쓰기에서 가장 어려운 일은 무엇을 쓸 것인지 아는 것이다.

얼마 전 친구들과 저녁을 먹는 자리에서 여느 때처럼 화제가 영화로 바뀌었다. 각자 본 영화, 좋아하는 영화, 싫어하는 영화, 그리고 그 영화의 좋은 점과 싫은 점을 이야기하면서, 연기력에서 편집, 촬영, 음악, 특수 효과 등에 이르기까지 다양한 의견을 나누었다. 영화 속 멋진 순간과 마음속에 여전히 남아 있는 대사도 이야기했는데, 흥미진진하고 활기찬 대화가 오가는 동안 내가 정말 흥미롭게 생각한 점은 아무도 시나리오 얘기를 꺼내지 않았다는 것이다. 마치 대본이 존재하지조차 않는 것 같았다. 그 사실을 언급했더니 나온 반응은 기껏해야 "어 그래, 훌륭한 대본이었지" 정도였다.

대화가 잠시 중단되었다. 그때 여배우이자 텔레비전 토크쇼 진행자로 활동하는 일행 한 사람이 자기가 책을 한 권 썼는데 친구들이 시나리오로 바꿔보라고 권했다는 말을 꺼냈다. 그러면서 자신의 소설, 자신의 이야기를 시나리오로 바꿔 쓰도록 도와줄 '파트너'가 필요함을 느꼈다고 토로했다.

내가 이유를 묻자, 빈 종이를 '마주하기'가 두려웠다고 설명했다. 하지만 나는 반문했다. 이미 소설을 써본 사람이 소설을 시나리오로 바꿔 쓰는 것을 어째서 두려워하지? 힘들게 한 것이 시나리오라는 형식인가? 아니면 시각적인 이미지 묘사라든가 빈약한 대사, 어쩌면 구조가 두렵게 했는가? 우리는 잠시 이런 것을 논의했고, 그 친구가 자신의 감정을 설명하려고 할 때 나는 많은 사람이 그 같은 두려움을 가지고 있다는 것을 깨달았다. 그 사람은 책을 낸 작가임에도 불구하고 빈 페이지를 다루는 일이 두려웠다. 무엇을 어떻게 해야 할지 정확히 알지 못했다.

이것은 그다지 특이한 상황이 아니다. 많은 사람이 시나리오에 쓸 만한 좋은 아이디어를 가지고 있지만 정작 시나리오를 쓰려고 자리에 앉으면 어떻게 해야 할지 모르기 때문에 두려움과 불안감에 사로잡힌다.

시나리오 쓰기는 워낙 특수한 기술이기에 어디로 가는지 모르면 빈 페이지의 미로 안에서 길을 잃기 십상이다. 글쓰기에서 가장 어려운 일은 무엇을 쓸 것인지 아는 것이다. 무엇에 관한 이야기인지 **자신**이 모른다면 누가 알겠는가? 오랜 세월 국내외에서 시나리오 쓰기를 가르쳐온 내내, 사람들은 항상 나에게 다가와서 시나리오를 쓰고 싶다고 말한다. 멋진 아이디어나 화려한 오프닝 신opening scene, 환상적인 결말을 가지고 있다고 하지만, 내가 무엇에 관한 이야기인지 물으면 게슴츠레한 눈으로 먼 곳을 응시하며 모든 것은 이야기 속에서 나올 것이라고 말한다. 마치 〈사이드웨이〉에서 마야에게 자신의 소설이 무엇에 관한 것인지를 설명하려 애쓰는 마일스 같다. 아무렴.

여러분은 자리에 앉아 시나리오를 써보겠노라 다짐한다. 어디서부터 시작하지? 〈맥스군 사랑에 빠지다Rushmore〉(웨스 앤더슨, 오언 윌슨)에 등장하는 맥스 피셔(제이슨 슈워츠먼)처럼 영웅적 행동을 하는 꿈으로? 〈씨비스킷Seabiscuit〉(게리 로스)에서의 대공황과 같이 이야기가 펼쳐지는 시대를 보여주는 스틸 사진들로? 〈바람둥이 미용사Shampoo〉(로버트 타운, 워런 비티)처럼 어두컴컴한 침실에서 큰 소리로

째깍거리는 시계와 욕정으로 신음하는 두 사람으로?

시나리오를 쓰고 싶다고 되뇌고는 몇 주, 몇 개월, 심지어 몇 년을 쓰는 데 바치겠다고 맹세했다면, 빈 페이지를 어떻게 대할 것인가? 어디에서 시작하는가? 내가 항상 워크숍이나 세미나에서 듣는 질문이다.

작가는 인물, 아니면 장소, 제목, 상황, 주제theme로 시작하는가? 트리트먼트를 써야 하는가, 개요를 써야 하는가, 아니면 소설을 먼저 쓰고 나서 시나리오에 착수해야 하는가? 질문, 질문, 질문…. 이 모든 질문은 사실상 다음과 같은 질문으로 귀결된다. 설익은 아이디어나 모호한 생각, 직감 등을 말과 그림으로 채워지는 약 120페이지 분량의 시나리오로 어떻게 전환하는가?

시나리오를 쓰는 것은 유기적이고 변화무쌍하게 진화하는 성장 및 발전 과정이다. 시나리오 쓰기는 때때로 예술의 경지로까지 승화하는 기술이다. 픽션이든 논픽션이든, 희곡이든 단편 소설이든, 모든 문학 예술과 마찬가지로 작가가 아이디어를 구체화하는 작업에는 명확한 단계들이 있다. 무엇을 쓰든 창작 과정은 똑같다.

시나리오를 쓰려고 자리에 앉아 빈 페이지를 대할 때는 어떤 이야기를 쓸 것인지 알아야 한다. 자신의 이야기를 들려줄 수 있는 공간은 고작 120페이지뿐이며, 쓰기 시작하는 순간 작업할 여지가 별로 없다는 것이 곧바로 명백해진다. 시나리오는 이야기를 통해 자신이 가는 길을 느낄 수 있는 소설이나 희곡보다는 시에 가깝다.

아일랜드의 문호 제임스 조이스는 글쓰기 경험이 산을 오르는 것과 같다고 했다. 가파른 산을 오를 때 보이는 것이라고는 바로 앞에 있는 바위와 바로 뒤에 있는 바위뿐이다. 어디로 가는지 어디서 왔는지 볼 수 없다. 시나리오를 쓸 때도 똑같은 원칙이 적용된다. 시나리오를 쓸 때 볼 수 있는 것이라고는 눈앞에 있는 것, 즉 지금 쓰고 있는 페이지와 이미 쓴 페이지들뿐이다. 그 이상의 것은 볼 수 없다.

무엇을 쓰고 싶은가? 멋진 영화를 만들 훌륭한 아이디어가 있다면 어디서 시작하는가? 고난이도의 인물 연구를 쓸 것인가? 자신의 삶에 영향을 준 개인적 경험을 쓸 것인가? 어쩌면 훌륭한 영화가 될 성싶은 대단한 잡지나 신문 기사를 접할 수도 있다.

최근 시나리오 워크숍에 참가한 여학생 한 명은 소설책을 낸 작가이자 대형 출판사의 전직 편집자였다. 그 학생은 시나리오를 한 번도 써본 적이 없어 대본 쓰기가 다소 걱정스럽고 자신 없다고 털어놓았다.

내가 이유를 묻자 자기 이야기가 시각적으로 충분한지 모르겠다고 대답했다. 활동적인 중년 여성이 삶이 바뀔 정도로 충격적인 부상을 입는 대본을 쓰고자 했는데, 두 번째 액트 대부분이 진행되는 동안 주인공이 병상에 갇혀 있다는 것이 불안했다. 이것은 또 다른 우려를 불러일으켰다. 주인공이 너무 수동적이지 않은가? 이렇게 시각적 생동감이 제한된 가운데 주인공의 곤경에 대한 관심이 지속될 수 있을까? 이런 것은 모두 중요한 고려 사항이 될 만했기에 중대한 창의적 결정이 필요했다.

준비 기간에 우리는 몇 차례 토의를 했다. 뇌파검사, 컴퓨터단층촬영, 양전자방출단층촬영, 엑스레이검사와 같이 병원에서 찾아볼 수 있는 시각적 요소를 활용한다든가, 응급 환자가 도착함으로써 발생하는 액션이나 간호사들의 다양한 활약상을 보여주면서 시나리오를 시작할 수 있을지 이야기를 나눴다. 나는 주인공이 병원에 있는 동안 삶에 어떤 일이 일어날지 궁금했다. 꿈과 기억을 통해 주인공의 지난 삶을 단편적으로 보여주고 이런 플래시백들을 전체적으로 엮을 수 있겠다는 제안을 했다. 주인공이 두 번째 액트에서 너무 정적이었기 때문에, 여자가 느끼고 생각하는 것을 드러내주는 몇 가지 시각적 요소를 스토리라인에 더 추가할 수도 있었다.

좀 더 안정감을 느낀 학생은 자료를 준비하기 시작했다. 조사를 하고, 인덱스카드로 첫 번째 액트를 구조화하고, 배경 이야기를 써내고, 오프닝 시퀀스를 구상했다. 소설가로서 그 학생은 항상 자신의 아이디어에 대해 철저하고 차분하게 조사를 진행해왔고, 실제 글쓰기 경험을 거쳐야만 자신의 이야기와 등장인물을 찾아내곤 했다. 그래서 '너무 많이' 알고 싶지는 않다고 내게 말했는데, 자기 경험상 이야기 자체가 가고 싶은 곳으로 자기를 인도해주길 바랐기 때문이다. 나는 소설이나 희곡을 쓸 때는 그런 일이 가능할지 몰라도 시나리오를 쓸 때는 그렇지 않다고 말해주었다. 시나리오는 특수한 형식이다. 약 120페이지 분량이고, 결말을 아는 것은 예외 없이 시나리오 쓰기의 첫 단계다. 450페이지짜리 소설이나 100페이지짜리 희곡에서라면 자기가 갈 길의 '느낌'이 올 수도 있지만, 시나리오에서는 그렇지 않다.

시나리오는 명확, 간결하고 빈틈없는 내러티브 행동선을 따라가며, 분명한 시작, 중간, 결말이 있다. 물론 반드시 이 순서대로 갈 필요는 없지만, 어쨌든 〈본 슈프리머시〉(토니 길로이)나 〈아메리칸 뷰티American Beauty〉(앨런 볼)처럼 플래시백으로 이야기되어도 항상 해결을 향해 나아간다. 시나리오는 단 하나의 행동선을 따르기 때문

에 모든 신, 시각적 정보가 담긴 모든 조각이 이야기 전개라는 측면
에서 내러티브를 진전시키면서 어딘가로 이끌어야 한다.

그 학생은 이것을 이해하는 데 다소 애를 먹었는데, 이전 글쓰기
경험과 달랐기 때문이다. 그러나 자신의 시나리오 구조를 알고 등
장인물에 관한 배경 작업을 어느 정도 마치면서 글을 쓸 준비가 되
었다. 첫 번째 액트는 주인공의 직업 생활에 중점을 두고 쓰기 시작
했는데, 일터에서 부닥치는 도전에 활기차고 성실하게 대처하는 능
동적이며 역동적인 여성으로 그려냈다. 전문직 여성으로서 주인공
의 성격은 활동적이고 호감이 간다는 것이 아주 잘 그려졌다.

하지만 액트 I 끝에서 주인공이 큰 부상을 당해 병원에 입원하자
이야기의 **톤**이 달라졌다. 이제 주인공은 몇 페이지에 걸쳐 의식이
들락날락하며 병원 침대에만 틀어박혀 있었다. 이야기가 지루해지
는 것을 느끼면서 그 학생은 불안해졌고, 주인공에게 집중하기보다
는 탐험할 새로운 영화 영역을 찾기 시작했다. 어느 날 학생이 전화
를 걸어와 의사와 간호사들이 등장하는 새로운 신들을 쓰고 있다고
말하더니, 주인공의 딸을 투입하는 영감이 갑자기 떠올랐다고 했
다. 딸은 회사 중역으로서, 의사처럼 권위적인 남성을 상대하는 데
항상 어려움을 겪곤 하는 인물이라고 설명했다. 나는 그렇게 한번
해보라고 했다. 결국 효과가 있다면 효과가 있는 것이고, 아니라면
아닌 것이다. 학생이 실제로 잃을 것이라고는 사흘 정도의 글쓰기
일 뿐이었다.

그래서 그 학생은 액트 II에서 새로운 등장인물인 딸에 대해 쓰기
시작했고, 그러자 그 딸이 지배적인 등장인물로 부각되는 또 다른
문제가 표면화되기 시작했다. 주인공인 어머니는 이제 병실 어딘가

에서 길을 잃은 것 같았다. 딸을 이야기의 적극적인 세력 내지 목소리로 만들어줌으로써 작가는 스토리라인의 초점을 변경했다. 이제는 어머니의 건강과 복지를 책임지는 어느 딸 이야기가 되었다.

이것은 또 다른 문제를 불러일으켰다. 이제 이야기의 향방은 '의료관리 위임'이라는 아이디어, 그러니까 환자가 의사결정 능력을 상실했을 경우 의료적 결정을 다른 누군가가 내릴 수 있도록 위임하는 제도에 달려 있었다. 딸은 무력한 어머니의 치료 방법을 선택하라는 요청을 받았다. 의료진은 급성 우울증에서 벗어나게 할 방법으로 전기충격요법과 항우울제 치료 등 두 가지가 있다고 말했다. 그러면서 두 가지 치료법 모두 치명적인 부작용을 일으킬 수도 있다고 설명했다. 딸은 무엇을 해야 하는가? 권위적인 남성들에게 양면적인 태도를 보였지만, 지금은 어머니의 삶을 바꾸는 결정을 내려야 하는 입장에 서 있었다. 조언을 구하고 자신의 감정을 직시하고 나서 딸은 아무것도 하지 않기로 결정했다. 기다리고 지켜보면서 어머니가 스스로 헤쳐 나오게 놔두려는 듯했다. 충격 요법도 약물 요법도 전혀 없었으며, 인내심과 시간과 이해심만 있을 뿐이었다. 마침내 어머니는 자신의 의지와 딸의 도움으로 점차 건강과 회복의 길로 들어선다.

이것이 그 학생이 종이에 옮긴 첫 초안first words-on-paper draft을 완성한 방법이었다. 나는 이 첫 초안을 읽자마자 두 가지 이야기가 있다는 것을 알아차렸다. 한 가지 이야기는 부상에서 회복하여 자신의 삶을 되찾는 어머니의 극복기였다. 또 한 가지 이야기는 본의 아니게 그 상황을 어쩔 수 없이 책임지는 주인공의 딸을 다루었다. 이러한 어려움을 겪는 동안 딸은 남성적 권위에 대한 자신의 뿌리 깊은 두려움을 극복하고, 오랫동안 불편했던 어머니와의 관계를 풀어나간다.

그 학생은 한 가지 이야기를 쓰기 시작했지만 결국 또 하나의 이야기를 쓰게 되었다. 이런 일이 그리 새삼스럽진 않지만, 의문은 여전히 남았다. 이것은 어머니의 이야기인가, 딸의 이야기인가? 아니면 두 사람 모두의 이야기인가? 누구의 이야기를 하려는 것인가?

그 학생은 모르고 있었다. 긴 세월을 겪으며 내가 배운 것 한 가지는 어떤 행동을 취해야 할지 확신이 서지 않을 때는 잠시 뒤로 물러서라는 것이다. **의심스러울 때는 아무것도 하지 말라.** 그래서 나는 학생에게 이야기에 대한 새로운 시각이 생길 때까지 두세 주 동안 시나리오를 어딘가에 치워둘 것을 권했다. 여기서 중요한 것은 글쓰기의 질, 대사, 등장인물의 깊이, 또는 이런 것이 효과가 있는가 없는가가 아니었다. 문제는 작가가 과연 무슨 이야기를 하고자 했던 것인가였다. 딸의 영역으로 들어감으로써 학생은 극적 의도를 변경하고 주제도 변경했다. 나는 이것이 좋고 나쁨이나 옳고 그름의 문제가 아니라, 자기가 하고자 했던 이야기인가 아닌가를 따져야 할 문제라고 설명해주었다.

그 학생은 얼마 후 반신반의하는 심정으로 할리우드에서 저작권 에이전트로 일하는 친한 친구에게 이 초고를 건네주었다. 그 친구는 대본을 손봐야 한다고 생각하면서도 그 전제가 마음에 들었기에 자기 사무실 동료에게 보여주었다. 초고를 읽은 동료는 '느리고 따분하고 지루하다'고 느꼈다. 더 많은 행동이 필요했다. 그래서 "이건 어머니 이야기군. 어머니가 전기충격 치료를 받는 모습을 **보여주고,** 오프닝이 더 활동적으로 보이도록 사고 현장에서 시작해보면 어떨까" 하고 제안했다.

학생은 분노와 당혹감으로 나를 찾아왔다. **무엇**을 해야 할지 몰랐다. 더 활동적이고 영화적인 오프닝이 필요하다는 말만 반복하기에, 나는 그게 문제가 아니라고 말했다. 그 학생은 자신이 무슨 이야기를 쓸 것인지를 창조적인 관점에서 알아야 했다. 처음 빈 페이지를 마주하고 앉았을 때는 어머니의 이야기를 하고 싶었다. 그러다가 '의료관리 위임'이라는 문제에 초점을 맞추면서, 어머니와의 경색된 관계를 극복하는 딸의 이야기를 하기에 이르렀다.

무엇을 해야 할지 계속 물어 오는 학생에게 나는 어떤 이야기를 쓸지를 놓고 창조적인 결정을 내려야 한다고 말해주었다. 무엇이든 고쳐 쓰기 시작하기 전에 이야기의 초점과 방향을 찾도록 처음부터 자신의 아이디어를 다시 생각해보라고 했다. 누구에 대한 이야기, 무엇에 관한 이야기인가?

이러한 상황에서는 '맞는 것'도 '틀린 것'도 없으며 좋고 나쁨에 대한 평가조차 없다는 것을 아는 것이 중요하다. 유일한 쟁점은 효과가 있는가 없는가이다. 그래서 어느 날 근처 커피숍에서 만나 함께 초콜릿 라테를 홀짝이면서, 이야기를 어머니와 딸 사이의 관계로 만들고 이를 어머니가 당한 부상의 극적 배경으로 설정하여 두 사람이 어떻게 사랑과 이해로 더 강하게 결속되는지를 보여주자고 했다.

학생은 고개를 가로저으며 이건 자신이 쓰려고 계획한 이야기가 아니라고 말했다. 애초에 계획한 것은 어머니의 이야기였다. 그것도 괜찮다고 나는 말했다. 하지만 쓰고 싶은 이야기를 쓰기로 작정했다면 그 이야기에 초점을 맞추고 이를 딸과의 관계 속에 통합해내야 했다. 결국 학생은 커피숍에 들어올 때와 다름없이 상실감, 혼돈, 불안감에 사로잡힌 채 자리를 떴다. 몇 달 동안 대본을 끼적대더니 아무런 진전이 없다고 느끼고는 마침내 그 프로젝트를 치워두고 말았다.

여러분에게든 내게든, 누구에게든 늘 일어나는 일이다.

이야기의 요점이 무엇인가? 창조의 문제는 시나리오 쓰기라는 지형의 한 부분이다. 자기가 가진 기교의 한계를 넓히는 기회가 되거나, 아니면 "그냥 안 될 뿐"이라는 사실에 굴복하는 방편이 된다. 그 학생은 자신의 본래 구상을 놓지 못했으며, 쓸모있고 의미있는 아주 좋은 이야기를 가졌음에도 자기가 어떤 이야기를 하고자 하는 것인지를 제대로 알지 못했다. 자신의 마음이 이것을 말하면 자신의 창조적 자아는 저것을 말하는 식이었다.

문제 해결을 위해 그 학생은 무엇을 할 수 있었을까? 그 이야기처럼 창의적 가능성이 크고 정서적이며 시사하는 바가 많은 상황을 다룬 영화 〈씨 인사이드The Sea Inside〉(알레한드로 아메나바르)를 보자. 주인공 라몬(하비에르 바르뎀)이 30여 년 동안 병상에 갇힌 채 죽을 권리를 얻고자 싸우는 반면, 작가 아메나바르는 사랑을 꿈꾸며 걷고 달리는 라몬의 치솟는 환상들로 숨 막히는 병실을 연다. 그래서 이 이야기는 우리의 상상력이 어떻게 다른 사람들에게 감동과 영감을 줄 수 있는지 보여주는 시각적이면서 설득력 있는 증거가 된다. 그 학생은 자신의 예술적 의도를 성취하기 위해 이야기를 시각적으로 개시할 수도 있었지만, 그렇게 하지 않았다.

대부분의 사람은 아카데미 작품상을 받은 〈밀리언 달러 베이비Million Dollar Baby〉(폴 해기스)가 프로 복서가 되겠다는 꿈을 이루지만 타이틀 매치 도중 중상을 입고 마는 한 여성의 이야기라고 말할 것이다. 그런가 하면 여자 복서를 중심으로 이야기가 짜여 있지만 실제로는 개인의 죽을 권리와 안락사의 도덕적, 법적 문제를 다루는 이야기라고 하는 사람도 있을 것이다.

〈밀리언 달러 베이비〉의 경우 두 가지 모두 사실이다. 그러나 내 생각에 '진짜' 이야기, 즉 시나리오의 진정한 주제는 프랭키(클린트 이스트우드)와 매기(힐러리 스웽크)의 관계이다. 매기의 결심, 매기를 훈련시키는 프랭키, 프랭키와 스크랩(모건 프리먼)의 말다툼 등 이 관계를 구성하는 모든 요소가 시나리오의 궁극적인 도덕적 전제로 이어진다. 거칠긴 해도 신앙심이 깊은 프랭키가 다른 사람이 죽는 것을 의도적으로 도와줄 수 있을까? 이런 행위는 범죄로 분류될 것인가, 아니면 안락사로 분류될 것인가? 여기에 도덕적인 문제가 있는가? 매기에게 주사를 놓은 프랭키의 행위를 살인이라고 할 사람도 있고 자비로운 행위라고 할 사람도 있다. 이것을 무엇이라 부르든, 이 시나리오는 여전히 프랭키와 매기 사이의 관계를 둘러싼 이야기이다.

모든 시나리오는 무언가 혹은 누군가를 다루며, 이런 주제는 전달하려는 이야기에 포함된다. **무엇**에 관해 쓸 것인지 규정할 수 있는가? **누구**에 대해 쓸 것인가? 시나리오로 채워야 하는 빈 종이 120매 정도가 있다. 우리 모두 알다시피 빈 페이지는 위협적이며 어마어마하고 무시무시한 도전이다. 이 글쓰기 모험을 처음 시작할 때는 아마도 머릿속을 뛰어다니는 어떤 인물이나 사건에 대한 모호한 아이디어나 설익은 관념만 있을 것이다. 그 아이디어를 작업에 쓸 만한 묘사로 명확하게 그리기 시작하면, 이야기를 개략적인 등장인물과 행동의 흐름으로 축약하는 데만도 몇 페이지에 이르는 자유연상과 형편없는 글쓰기를 거칠 수도 있다는 것을 깨닫게 된다. 이야기의 주요 요소들을 추출해내느라 며칠씩이나 생각과 낙서를 거듭해야 할지도 모른다. 얼마나 걸리든 걱정하지 말자. 하면 된다.

종이 위에 첫 단어를 쓰기 전에, 무엇에 대한 이야기인지, 누구에 대한 이야기인지 알아야 한다. 시나리오의 **주제**는 무엇인가? 예를 들어 어느 변호사가 유부녀를 만나 사랑에 빠진 후 둘이 함께 있을 수 있도록 남편을 살해하는 이야기가 있다. 하지만 결국 변호사는 함정에 빠져 감옥에 가는 반면 여자는 거금을 챙겨 열대 낙원으로 향한다. 로런스 캐스던의 〈보디 히트Body Heat〉의 주제이다. 또한 빌리 와일더의 고전적인 필름 누아르film noir 〈이중 배상Double Indemnity〉의 주제이기도 하다. 〈뷰티풀 마인드A Beautiful Mind〉(아키바 골즈먼)는 현실과 단절되어 살다가 병을 이겨내고 과학적 업적으로 노벨상을 받는 수학자의 이야기다. 행동과 등장인물이 중요하다. 시나리오는 확실한 행동선이 있어야 성공한다.

주제는 여러분이 행동과 등장인물을 응집력 있고 극적인 스토리 라인으로 구조화하면서 따라야 할 지침이 된다. 대체로 등장인물이 행동을 몰아가든가, 행동이 등장인물을 몰아간다는 것을 알게 될 것이다.

무엇에 대한 이야기인가? 앞으로 접하게 될 가장 어려운 질문이다. 내 경험으로는 대부분의 작가 지망생이 시나리오 쓰기를 좋아하는 것 같지만, 이들과 이야기를 나눈 후에는 자기가 직면할 도전에 맞서는 데 시간과 노력을 기울이기를 원치 않는다는 것을 알 수 있다. 글쓰기는 힘든 작업이다. 예외는 없다.

처음 글을 쓰기 시작했을 때 나는 두려움과 불안감으로 빈 페이지를 마주하곤 했다. 그리고 정신이 번쩍 들고 보니, 시나리오 한 편을 완성하려면 120매쯤 되는 빈 종이를 채워야 한다는 것을 깨닫고는 그야말로 기겁하고 말았다. 난 그런 일을 감당할 수 없었다. 이런 두려움에 대처하고 나서야, 글쓰기는 매일, 그러니까 일주일에 대엿새, 하루에 세 시간 이상, 하루에 세 페이지 이상씩 해야 하는 일이라는 것을 비로소 알게 되었다. 그리고 쓰다 보면 언젠가 더 나아진다는 것도. 당장 써야 할 신을 외면하고 나중에 무엇을 해야 할지를 생각하기 시작한다면 쫄딱 망치고 만다.

빈 페이지, 그것은 위협적이다.

자기가 쓸 이야기의 주제를 알고 있다면 시나리오를 쓰는 과정 속으로 자신을 이끌어줄 단계별 접근법을 만들 수 있다. 시나리오란 무엇인지 그 본질을 살펴보면, 극적 구조라는 맥락 속에서 대사와 묘사를 통해 영상으로 전달되는 이야기라고 정의할 수 있다.

그렇다면 어디서부터 시작할 것인가? 답은 원하는 곳 어디에든 있다. 시나리오 쓰기에는 수많은 접근 방법이 있다. 때로는 등장인물, 그러니까 이야기가 능숙하고 명료하게 진전될 만큼 특별한 상황에 처한 강렬하고 입체적인 등장인물로 시작한다. 등장인물은 훌륭하고 확실한 출발점이다.

아이디어로 시작할 수도 있다. 하지만 제대로 실행되지 않는 아이디어는 아이디어에 불과할 뿐이다. 아이디어를 확장하고 치장해서 작가의 의도대로 아이디어가 말하도록 만들어야 한다. "죽을 뻔한 일을 겪은 남자 이야기를 쓰고 싶다"는 것만으로는 부족하다. 반드시 이것을 극화해야 한다. 법률적으로는 "아이디어가 아니라 아이디어의 **표현**에 대한 저작권만 가질 수 있다"고 되어 있다. 여기서

'표현'이란 이야기의 내러티브 관통선throughline(스타니슬랍스키 시스템의 용어로 사건과 사건을 하나로 이어주는 연결 고리를 뜻한다―옮긴이)을 구성하는 구체적인 인물, 장소, 구조, 행동을 의미한다.

때로는 자신이나 아는 사람이 겪은 사건이나 에피소드, 경험을 다루는 시나리오를 쓰고 싶을 수도 있다. 이 특정한 경험을 이야기의 출발점으로 삼을 수 있지만, 준비 과정을 거치면서 경험의 '사실성'을 고수하려 하거나 상황이나 사건을 '충실히' 반영하려 한다는 것을 알게 될 것이다. 대부분의 사람은 그 경험을 떨쳐버리기가 힘들다. 하지만 더욱 효과적으로 극화할 수 있도록 '사실성'을 놓아버려야 할 때도 많다. 나는 이것을 계단 오르기에 비유한다. 그 첫 단계는 실제 경험이고, 두 번째는 이야기의 극적 잠재력을 높이는 것이며, 세 번째는 앞의 두 단계를 통합하여 '극적 현실'로 만드는 것이다. 경험의 '실제' 순서로 '누가 무엇을 했는가'에 너무 충실하면 십중팔구 극적 효과가 거의, 심지어 전혀 없는 빈약한 스토리라인이 되고 만다. 사실에 '충실'해야 한다는 '의무감'을 느끼지 말자. 그렇게 하면 효과가 없다. 사건의 '사실성'이 이야기의 극적 요구에 방해가 되는 경우가 비일비재하다.

나는 학생들에게 원소재를 '놓아버리라'고 거듭 말하면서, 단순히 자기 이야기에 필요한 것을 쓰라고 한다. 나는 이것을 극적 현실 창조하기라고 부르고, 계단의 아래쪽 세 단을 오르는 것에 비유한다. 첫 번째 단은 사실성, 즉 어떤 일이 실제로 일어났던 방식이다. 하지만 효과적인 드라마로 만들기 위해서는 일어나지 않은 사건이나 일을 추가해야 할 수도 있다. 나는 이것을 '비사실성' 창조하기라고 부른다. 이것은 내가 **극적 현실**이라고 부르는 세 번째 단으로 이끄는데, 바로 여기서 첫 번째 단의 사실에 비사실적 사건이나 요소를 더하여 극적 현실을 만드는 것이다.

마치 역사 시나리오를 쓰는 것과 같다. 물론 그 시대와 장소의 역사적 사건에 충실해야 한다. 이런 것은 바꿀 수 없는 역사적 사실이다. 사건의 실제 역사는 유지되어야 하지만, 역사적 사건으로 이어지는 감정적, 일상적 일들에 충실할 필요는 없다. 〈모두가 대통령의 사람들All the President's Men〉(윌리엄 골드먼), 〈레이Ray〉(제임스 L. 화이트), 〈에린 브로코비치Erin Brockovich〉(수재나 그랜트), 〈JFK〉(올리버 스톤, 재커리 스클라)를 살펴보면, 역사는 시작점일 뿐 끝점이 아니다.

한 학생이 실화를 바탕으로 한 시나리오를 쓰고 있었는데, 1800년대 초 나병에 걸린 남편을 둔 하와이 여성의 일기에서 따온 것이었다. 남편의 병이 발견되자 부부는 나병을 뿌리 뽑기로 작정한 무리에게 쫓기면서 떠돌아다니게 되었다.

그 학생은 글을 쓰기 시작했는데, 일기장에 적힌 장면과 대화를 그대로 사용하면서 섬사람들의 실제 관습과 전통을 충실히 기록했다. 그러나 효과가 없었다. 무미건조하고 구조가 없기에 스토리라인과 방향성이 부족했다.

학생은 좌절했다. 그 이야기에서 무엇을 하고 어떤 방향을 택해야 할지 몰랐다. 그래서 나는 일어난 적은 없지만 이야기가 흘러가는 데 도움이 될 신들을 꾸며내는 것이 어떻겠느냐고 했다. 나는 이것을 **창조적 조사**라고 부른다. 처음부터 다시 시작한 학생은 일주일쯤 후 몇 가지 신의 아이디어를 가지고 돌아왔다. 우리는 그중 몇 개를 골라 두 번째 페이지의 행동 단위에 있는 스토리라인에 엮어 넣었고, 학생은 다시 글을 썼다. 새로운 신들은 일어난 적은 없을지 몰라도 원소재를 온전히 담아냈으며 이야기는 꽃을 피웠다.

글쓰기에서 가장 어려운 일은 무엇을 쓸 것인지 아는 것이다.

필요하다면 인물, 사건, 일의 사실성을 놓아버리고 실제 역사적 사건을 바탕으로 한 창조적 사실성을 빚어내자. 사건의 비사실성, 극적 특성을 찾는다. 이것은 영화임을 명심하자. 사람과 이야기와 사건을 극적으로 소통시켜야 한다. 경험을 온전히 존중하면서도 이야기의 필요에 따라 신을 꾸며낸다.

나는 로케이션으로 시작해서 이것을 스토리라인을 엮는 데 사용한 적이 몇 번 있다. 하지만 특정 장소에서 시작한다고 하더라도 아직 충분치 않다. 이야기를 구축하려면 등장인물과 행동을 창조해야 한다.

많은 사람이 내게 제목으로 시작하고 싶다고 말한다. 멋지긴 한데, 그다음엔 무엇을 하려고? 플롯을 만들어야 할 텐데, 무엇에 관한 플롯인가? 무슨 일이 일어나는지가 바로 플롯이지만, 빈 종이 앞에 앉아 있을 때 마음속에서 가장 멀리해야 할 것임에 틀림없다. 이때는 플롯에 관해서 아무것도 모른다. 플롯은 잊자. 때가 되면 다룰 것이다. 먼저 해야 할 일부터 하자. 무엇을 조사할 것인가? 그러려면 주제부터 정해야 한다.

시나리오 워크숍에서 나는 항상 학생들에게 "무엇에 관한 이야기인가?"라고 묻는다. 그러면 변함없이 "두 사촌 간의 러브 스토리를 쓰겠다" 또는 "세기가 바뀔 무렵 보스턴에 있는 아일랜드인 가족 이야기를 쓸 것이다", "동네 학교가 문을 닫자 스스로 학교를 세우는 학부모 단체 이야기를 쓰겠다" 등의 대답을 듣는다.

이와 같은 아이디어나 막연한 생각을 들은 나는 작가에게 더 깊이 파고들어 자기가 쓰고 싶은 이야기를 나타내주는 독자적인 표현을 찾을 것을 주문한다. 하지만 쉽지 않다. 대개의 경우 좀 더 구체적이어야 한다고 내가 다그쳐야 하지만, 얼마 후 학생들은 **누구**에 대한 이야기인지, **무엇**에 관한 이야기인지에 초점을 맞추기 시작한다. 그것이 출발점이다. 주제가 바로 작가가 시작하는 곳이다.

캘리 쿠리는 차로 고속도로를 달리던 도중 두 여자가 범죄 행각을 벌인다는 〈델마와 루이스Thelma & Louise〉의 아이디어가 갑자기 떠올랐다. 이것이 대본에 대한 최초의 충동이었다. 그래서 작가는 앉아서 몇 가지 본질적인 것을 묻고 답해야 했다. 두 여자는 누구지? 무슨 죄를 지었지? 무엇 때문에 범죄를 저질렀지? 결국엔 어떻게 되지? 이 질문들에 대한 대답은 쿠리를 주제로 이끌었고, 그 결과 〈델마와 루이스〉의 스토리라인이 탄생했다. 이것은 대단한 영화로, 나는 전 세계를 돌며 이 영화를 교재로 사용한다. 이 모든 것은 '두 여자가 범죄 행각을 벌인다'는 아이디어에서 비롯되었다.

여러분의 주제가 두 오랜 친구 중 하나의 결혼을 앞두고 그 전주에 둘이서 샌타바버라의 포도밭을 누비는 와인 시음 여행처럼 간단할 수도 있다. 이것은 〈사이드웨이〉의 주제다. 일단 주제를 알게 되면 몇 가지 질문을 던지기 시작할 만큼 충분한 내용을 얻게 되는 것이다. 이 두 오랜 친구는 누구인가? 얼마나 오랫동안 알고 지냈는가? 둘의 직업은 무엇인가? 여행 중에 두 친구의 삶을 확장시키거나 변화시키는 일은 무엇인가? 결국 이들은 어떻게 되는가? 여행으로 인해 감정적, 육체적, 정신적, 영적 변화가 일어나는가? 이야기가 시작될 때 이들에게 작용하는 정서적, 심리적 힘은 무엇인가? 왜 애초에 와인 시음 여행을 떠나는가? 이 영화에서 여행은 두 사람에게 자신의 삶, 우정, 꿈, 그리고 어쩌면 외로움까지도 탐험할 기회를 부여한다.

이것이 주제의 힘이다. 주제는 여러분이 스토리라인을 명확하게 밝히고 규정하는 창작 과정을 시작할 출발점을 만들도록 해준다. 작가 자신이 주제를 분명히 말할 수 없다면, 도대체 누가 말할 수 있겠는가?

시나리오 쓰기는 단계별 과정으로, 한 번에 한 단계씩 준비하는 것이 중요하다. 먼저 아이디어를 만들어내고, 그 아이디어를 주제, 등장인물, 행동으로 세분화한다. 일단 주제를 갖게 되면 그만큼 충분히 알게 되는 셈이며, 이제 결말과 시작, 그리고 구성점 I과 구성점 II를 정함으로써 주제를 구조화할 수 있게 된다. 이것이 끝나면, 등장인물 전기를 쓰고 필요한 여러 가지 조사를 함으로써 등장인물을 구축하고 확장할 수 있다. 그러고 나서 인덱스카드 열네 장에다 액트 I의 내용, 즉 신과 시퀀스들을 구조화할 수 있다. 그다음엔 이야기가 시작되기 하루, 일주일, 또는 한 시간 전에 무슨 일이 일어나는지 배경 이야기를 쓴다. 이 준비 작업을 마친 후에야 시나리오를 쓰기 시작할 수 있다.

종이에 옮긴 첫 초안을 완성하면, 이 첫 초안의 두 번째 단계에 대한 기본적인 수정 작업을 하게 된다. 그런 다음 그 초안을 보여줄 준비가 될 때까지 소재를 광내고 연마하는 데 필요한 고쳐 쓰기 작업을 하게 된다. 시나리오 쓰기는 하나의 과정이자, 하루하루 변화하는 생물이다. 결과적으로, 오늘 쓴 것이 내일이면 시대에 뒤떨어지게 될지도 모른다. 내일 쓰는 것은 모레나 글피가 지나면 구식이 될지도 모른다. 매 단계를 분명히 해야 하고, 어디로 가는지, 무엇을 하는지 알아야 한다.

액션 영화나 전쟁 영화를 쓸 때는 탐구해야 할 관점이 아주 다양하기 때문에 주제를 매우 분명히 해야 한다. 〈라이언 일병 구하기Saving Private Ryan〉(로버트 로댓), 〈쉰들러 리스트Schindler's List〉(스티븐 제일리언), 〈영광의 길Paths of Glory〉(스탠리 큐브릭), 〈지옥의 묵시록 Apocalypse Now〉(존 밀리어스, 프랜시스 포드 코폴라) 등은 전쟁의 피해에 대한 흥미로운 관점을 표현한다. 걸프전을 다룬 데이비드 O. 러셀의 수작 〈쓰리 킹즈Three Kings〉도 마찬가지인데, 승자와 패자 모두에게 일어나는 일의 인도주의적 측면에 더 집중함으로써 전쟁의 본질을 탐구한다. 이 영화는 전쟁의 대가, 생명과 신체의 상실, 산산조각난 정신의 정서적 피해, 그리고 생활양식 전반에 걸친 문화적 절멸을 이야기한다.

행동은 전쟁이 끝난 다음 날 시작된다. 세 병사(마크 월버그, 아이스 큐브, 스파이크 존즈)가 포로로 잡힌 이라크 병사의 몸에서 지도를 발견한다. 셋의 상관(조지 클루니)이 끼어들고, 이들은 지도가 쿠웨이트의 금 수백만 달러어치가 보관된 벙커의 위치를 그린 것임을 알게 된다. 그리고 전쟁이 끝나자 남자들이 보물찾기에 나서면서 스토리라인이 시작된다. 그러나 이들이 발견한 것은 이라크 사람들이 도움을 절실히 필요로 한다는 사실이었다. 이것은 전쟁이 인간의 육체뿐 아니라 정신에까지 미치는 영향의 물리적, 정서적 지형을 탐구하는 영화의 출발점이다.

케네스 로스의 희곡을 바탕으로 1980년에 제작된 호주 영화 〈파괴자 모랜트Breaker Morant〉(조너선 하디, 브루스 베리스퍼드)는 남아프리카에서 벌어진 보어 전쟁(1899~1902)에 참전한 호주군 중위 이야기다. 게릴라 전술, 그러니까 요즘식으로 반군전이라 일컫는 '이단적이며 야만적인' 방식으로 적과 싸웠다는 죄로 중위는 군법회의에 회부되어 처형된다. 영화의 주제는 전투 상황에서 군인이 할 수 있는 것과 할 수 없는 것에 대해 묻는다. 당시에는 모종의 전쟁 '관례'가 있었는데, 군사 법정에서는 '파괴자' 모랜트의 행동이 이른바 조직전의 규범을 어겼다는 말도 안 되는 판결을 내렸다. 중위는 국제 정치라는 장기판의 졸(卒)과 같은 신세로, 정치적인 이유로 재판에 회부되어 유죄를 선고받고 처형당한다. 직계 명령으로 하달되었던 전술(물론 나중에 상급자들은 이를 부인했다)은 중위가 무엇을 어떻게 했는지와는 아무런 상관이 없었다. 영국군은 이러한 이단적이거나 '야만적인' 싸움을 허락하지 않았다는 점을 세계에 명백히 밝혀야 했고, 이것이 세계 무대에서 극적으로 연출되어야 했다. 이들에게는 정치적 희생양이 필요했기에 '파괴자' 모랜트가 선택되었다. 이라크 전쟁의 교도소 스캔들 역시 시간과 장소만 다를 뿐 결국 똑같은 이야기이다.

어떤 이야기를 전달하려 하든 작가가 시작하는 곳은 오직 한 곳, 바로 빈 페이지뿐이다.

액션, 전쟁, 러브 스토리, 로맨스, 스릴러, 미스터리, 서부극, 로맨틱 코미디 등 어떤 장르건 시나리오 쓰기라는 고된 여정을 떠나는 참에 어떤 이야기를 전달하려는지가 불분명하거나 불확실하다면, 이는 대본에 그대로 드러날 것이다. 그러나 일단 아이디어를 주제라는 틀에 짜 넣고 나면 행동과 등장인물을 얻고, 이를 극적 스토리 라인으로 구조화할 수 있다. 바로 이것이 출발점이다.

그러면 이제 구조화할 수 있다.

자신의 아이디어를 잡고, 의도한 스토리라인 속 행동과 등장인물의 요소를 추출하는 작업을 시작하자. 어떤 생각이나 아이디어라도 종이에 적어놓는다. 자신이 정말로 무엇에 대해 쓰려 하는지 보기 위해서는 몇 페이지에 걸쳐 아이디어를 자유롭게 연상할 필요가 있을 것이다. 자신이 전달하고 싶은 이야기를 더욱 명확하게 하느라 세 페이지가 넘게 쓰더라도 걱정하지 말자. 그런 다음 자유 연상 에세이를 이용하여 행동의 요소, 즉 일어나는 일, 그리고 그 일이 일어나는 등장인물을 추출한다.

이것을 마치고 나면, 시작, 중간, 결말의 세 단락으로 줄여 쓴다. 시작 부분을 몇 문장으로 요약하면서 각 단락 다듬기를 시작한다. 등장인물이 누구이며, 시나리오가 진행되는 동안 그 인물에게 어떤 일이 일어나는지를 명확히 적는다.

행동 속에서 무슨 일이 일어나는지, 그 일이 등장인물에게 어떤 영향을 미치는지가 드러나게끔 각 단락을 한두 문장으로 줄인다. 필요하다면 『TV 가이드』의 로그라인logline(한 문장으로 요약된 영화의 스토리라인—옮긴이)들을 읽으면서 주제라는 것이 어떤 모습인지 개념을 잡아도 좋다. 이런 것을 우리는 목표로 한다. 주인공을 추출하는 데는 별문제가 없겠지만, 행동선을 규정하는 데는 어려움이 꽤 뒤따를지도 모른다. 이야기는 어떻게 해결되는가? 여러분은 이 해결을 주제문에 포함할 수 있는가? 이 시점에서 묘사는 개괄적이어야 하고, 행동은 구체적이지 않아야 한다.

명심할 점은 자신이 전달하려 하는 이야기가 무엇인지 알아내기 위해 서너 페이지에 이르는 끔찍한 글쓰기가 필요할지도 모른다는 것이다. 그냥 메모 정도로 여기고 단편적으로 작업하자. 여기서 완전한 문장을 쓰려고 할 필요는 없다. 그저 이 과정을 믿자. 만약 여러 페이지를 쓰면서 이곳저곳을 헤맸다면, 그 내용을 다시 살펴보면서 행동이나 등장인물을 규정하는 데 도움이 될 만한 것에 표시를 한다. 시간을 좀 들여 모호하고 대략적인 아이디어를 몇 문장으로 줄인다. 때로는 등장인물에게 이름을 지어줌으로써 좀 더 구체적으로 만들 수 있다. 이 몇 문장을 큰 소리로 읽어보자. 조금 더 다듬어본다. 자신의 주제를 철두철미하게 파악하여 서너 문장으로 간단명료하게 표현할 수 있을 때까지 다듬는다.

이것이 시나리오 쓰기 과정의 첫 단계이다.

2

구조에 대하여

"시나리오 쓰기는 가구 만들기와 같다.
조각들이 꼭 들어맞아야 하는 기술이며, 반드시 제 기능을 해야 한다.
… 시나리오 쓰기의 형식은 훨씬 제한되어 있는 데다가
애초에 이미 정해져 있다.
사람들은 3막 구조three-act-structure에 대해 이야기하는데,
이게 영화를 쓰는 방법이고, 이런 요소들이 있다고 한다.
그러니까 그 요소들을 숙달하여 자연스럽고 보이지 않게 만드는 것이
시나리오를 쓰는 요령이다. 이를 배워야 하고,
그러고 나서는 잊어야 한다. 아니면 배우고 나서 관객이
시나리오 쓰기라는 시스템 자체를 절대 볼 수 없도록 감춰야 한다."

호세 리베라
〈 모터싸이클 다이어리The Motorcycle Diaries 〉

내가 처음 시나리오의 구조에 대해 가르치기 시작했을 때, 많은 사람들은 내가 시나리오 쓰기의 '정확한 공식'을 찾는 법을 말한다고 생각했다. 말하자면 '기계적' 글쓰기인데, 이렇게 여러 페이지, 또 저렇게 여러 페이지를 쓰고, 여기 25쪽 구성점, 저기 80쪽 구성점에 다다르고 하는 식으로 지정된 숫자에 따라 모든 것을 해낸다면, 결국 완성된 시나리오를 손에 쥐게 되리라는 것이다. 그게 그렇게 쉬웠으면 좋겠다. 나는 한밤중에 자기의 구성점 I이 35쪽에 있다고 칭얼거리고는 "이제 어떻게 해야 하나요?"라며 훌쩍이는 전화를 받곤 했다. 내가 가는 곳마다 사람들은 시나리오 속 구조의 중요성을 두고 토론이나 언쟁을 벌이는 것 같았다. 심지어 이런 식의 시나리오 쓰기를 지지한다고 또는 무시한다고 공개적으로 표명하기까지 했다.

초창기에 파리에서 연 시나리오 워크숍에서 나는 구조를 시나리오 쓰기의 기반으로서 제시했는데, 문자 그대로 야유를 받고 무대에서 내려왔다. 그 사람들은 나를 악마라고 불렀고, 구조를 이야기의 구성 원리로 삼아 시나리오를 쓸 수 있는 사람은 아무도 없다고 주장했다. 내가 그들에게 어떻게 스토리라인을 구축하는지 되묻자, 애매한 일반론과 막연한 추상론으로 답하면서 마치 흐린 날의 태양을 묘사하려는 양 '구조의 신비'라든가 '창작 과정의 모호성'을 들먹였다.

나는 25년 넘게 시나리오 쓰기 기술을 가르쳤는데, 이것에 대해 이야기하면 할수록 구조가 얼마나 중요한지, 배울 것이 얼마나 많은지 더욱 절실히 이해하게 된다.

처음 시작했을 때 나는 작은 화이트보드를 옆구리에 끼고 사람들 집을 돌아다녔다. 솔직히 말해 나도 그 당시에는, 시각적 스토리라인 구축하기며 숏, 신, 시퀀스 구성하기, 등장인물의 변화 명시하기, 내러티브 행동의 진행 과정에서 등장인물에게 일어나는 감정적, 신체적 변화를 기록하는 방법 찾기 등의 중요성을 제대로 이해하지 못했다.

구조의 본질을 탐구하는 것은 나에게 심오하고 통찰적인 여정이었다. 구조에 대한 철저한 지식과 이해가 시나리오 쓰기에 필수적이라는 것을 항상 알고는 있었지만, 그것이 **얼마나** 중요한지 몰랐을 뿐이다. 나는 아직도 세계 곳곳에서 구조의 본질, 그리고 구조와 시나리오의 관계를 이해하지 못하는 전문, 비전문 시나리오 작가들을 보곤 한다.

그렇다면 구조란 무엇인가?

『웹스터 뉴 월드 사전』에 따르면, '구조structure'라는 단어의 정의에는 두 가지가 있다. 어근 struct는 '결합하다to put together'를 의미하는데, 첫 번째 정의는 '건물이나 댐 따위를 구축하다, 또는 결합하다'이다. 시나리오를 구조화한다는 것은 시나리오 작성에 들어가는 신, 시퀀스, 등장인물, 행동 등 모든 필요한 재료를 구축하고 결합하는 것을 말한다. 관객을 스토리라인 속으로 이끄는 '내용' 또는 사건들을 구축하거나 구성하는 것이다.

두 번째 정의는 구조를 '부분과 전체의 관계'로 규정한다. 체스 게임이 이를 잘 설명한다. 체스 게임을 하려면 네 가지가 필요하다. 첫째, 체스판이 필요하다. 체스판은 원하는 만큼, 그러니까 축구장만큼 클 수도 있고 성냥갑만큼 작을 수도 있다. 다음엔 킹king, 퀸queen, 폰pawn, 비숍bishop, 나이트knight, 룩rook 등의 말들이 필요하다. 세 번째 필요한 것은 선수들이며, 네 번째로는 규칙을 알아야 한다. 규칙이 없으면 체스 게임이 아니다. 이 네 가지 요소, 즉 이러한 부분들이 체스 게임 전체를 구성한다. 이 중 어느 한 부분을 제거하면 체스 게임은 성립되지 않는다. 이것이 부분과 전체의 관계이다.

얼마 전까지만 해도 전체는 부분들의 합에 지나지 않는다는 말이 유행했다. 이것은 더 이상 사실이 아니다. 현대 물리학은 전체는 그 부분들의 합보다 **더 크다고** 설명하는 '일반 시스템 이론'으로 그러한 가설에 이의를 제기한다. 고대 인도의 세 맹인과 코끼리 이야기가 이를 잘 설명한다. 세 맹인이 코끼리를 묘사하라는 요청을 받는다. 첫 남자는 코끼리의 코를 만지고는 뱀처럼 둥글고 가늘며 유연하다고 말한다. 두 번째 맹인은 몸통을 만지고는 마치 벽 같다고 말한다. 세 번째는 꼬리를 만지고 밧줄 같다고 말한다.

누가 옳은가? 코끼리는 부분들의 합보다 크다. 이것이 일반 시스템 이론이다.

이것이 시나리오 쓰기와 무슨 관계가 있느냐고? 전부 관계가 있다. 저명한 시나리오 작가 윌리엄 골드먼은 "시나리오는 구조이다. 구조는 이야기를 지탱하는 척추이다"라고 했다. 시나리오를 쓰려고 자리에 앉으면 하나의 전체로서 이야기에 접근해야 한다. 앞서 언급했듯이 이야기는 등장인물, 플롯, 행동, 대사, 신, 시퀀스, 일, 사건 등의 부분들로 구성된다. 그리고 작가는 이 부분들을 뚜렷한 형태와 형식을 갖추고 시작, 중간, 결말로 완성되는 하나의 전체로 구성해야 한다.

시나리오는 매우 독특한 형식이기 때문에 다른 관점에서 접근해야 한다. 시나리오란 무엇인가? 시나리오는 **극적 구조라는 맥락 속에서 영상, 대사, 묘사로 전달되는 이야기**이다.

소설이나 희곡과는 다르다.

소설을 살펴보면서 그 본질을 정의하려 하다 보면, 극적 행동, 즉 스토리라인이 주인공의 머릿속에서 일어나는 경우가 많음을 알 수 있을 것이다. 독자는 등장인물의 눈을 통해서나 그의 관점을 통해 펼쳐지는 스토리라인을 보며, 그 인물의 생각, 느낌, 감정, 말, 행동, 기억, 꿈, 희망, 야망, 의견 등에 접근할 수 있다. 등장인물과 독자는 함께 행동을 경험하며, 이야기의 드라마와 감정을 공유한다. 그들이 어떻게 행동하고 반응하는지, 어떻게 느끼는지, 어떻게 상황을 파악하는지 알고 있다. 다른 등장인물들이 내러티브에 소개되면 스토리라인이 그들의 관점을 받아들일 수도 있지만, 주된 추진력은 항상 이야기의 핵심인 주인공에게 돌아간다. 소설에서 행동은 등장인물의 머리 **속**, 극적 행동의 **정신세계** 안에서 일어난다. 어떤 소설이든 아무 데나 펼쳐서 한두 장(章)을 읽어보면 내가 의미하는 바를 알 것이다.

희곡에서 행동 또는 스토리라인은 프로시니엄 아치 아래 놓인 무대 위에서 일어나기 때문에, 관객은 등장인물들의 삶과 그들이 생각하고 느끼고 말하는 것을 엿듣는 네 번째 벽이 된다. 그들은 자신의 희망과 꿈, 과거와 미래의 계획에 대해 이야기하고, 요구와 욕망, 두려움과 갈등에 대해 논한다. 이 경우 희곡의 행동은 극적 행동의

언어 안에서 일어나며, 느낌, 행동, 감정을 묘사하는 말로 전달된다. 희곡은 주로 말로 전해진다. 등장인물은 무대 위에서 말하는 사람들이다.

영화는 다르고, 그러므로 시나리오도 다르다. 영화는 기본적인 스토리라인을 극화하는 시각 매체이다. 영화는 사진, 이미지, 조각난 영상을 다루며, 관객은 시계가 똑딱거리는 것을 **보고**, 움직이는 차 안에 타고, 앞유리창에 빗물이 튀는 것을 보고 듣는다. 붐비는 거리를 따라 움직이는 여자, 모퉁이를 천천히 돌아 큰 건물 앞에 멈춰서는 차, 길을 건너는 남자, 열린 출입구로 들어가는 여자, 닫히는 엘리베이터 문을 본다. 이러한 조각조각들, 즉 이러한 시각 정보의 파편들이 결합되어 관객이 단지 보는 것만으로도 사건이나 상황을 파악할 수 있도록 해준다. 〈반지의 제왕: 반지 원정대The Lord of the Rings: The Fellowship of the Ring〉(피터 잭슨, 필리파 보옌, 프랜 월시)와 〈미지와의 조우Close Encounters of the Third Kind〉(스티븐 스필버그)의 오프닝, 또는 〈쇼생크 탈출The Shawshank Redemption〉(프랭크 다라본트)에서 앤디 듀프레인의 탈옥 시퀀스를 보자. 시나리오의 본질은 영상을 다루는 것이다.

그것이 바로 시나리오의 본질이다.

프랑스의 저명한 감독 장뤼크 고다르는 영화가 시각 언어로 진화하고 있으며 그 영상을 읽는 법을 배우는 것이 우리가 할 일이라고 말한다.

몇 년 전 브뤼셀에서 유럽 시나리오 워크숍을 진행한 뒤 베네치아를 처음 방문했다. 그곳에 있는 동안 나는 굉장한 초기 베네치아파 회화 소장품을 전시한 아카데미아 미술관을 찾았다. 중세 수도

원의 수도사들은 성서를 베껴 쓸 때 각 단락의 첫 글자를 확대해서 정교하게 만들었다. (각 장의 첫 글자를 큰 활자로 쓰는 비슷한 관습이 지금도 행해진다.) 얼마 지나지 않아 수도사들은 자신의 필사본에 성경에 나오는 장면들의 삽화를 넣기 시작했고, 곧이어 로마 시대 프레스코와 비슷한 삽화로 벽을 장식했다. 그런 다음 이 장면들은 벽에 기대어진 나무 화판 위로 옮겨졌는데, 이것이 벽에 거는 캔버스 회화의 효시였다. 아카데미아 미술관은 이 놀라운 초기 이탈리아 회화들을 소장, 전시하고 있다.

나는 미술관을 이리저리 둘러보다가 유독 한 그림에 시선이 꽂혔다. 열두 폭의 나무 화판에 각각 그리스도의 탄생, 산상 설교, 최후의 만찬, 십자가 처형 등이 한 장면씩 묘사된 그림이었다. 이 그림의 무언가가 나를 사로잡아 관심을 끌었지만, 그 이유는 몰랐다. 나는 생각에 잠긴 채 오랫동안 그 그림을 뚫어지게 바라보았다. 그리고 자리를 떴지만, 흥미와 호기심이 솟아나 다시 그 그림 앞에 서게 되었다. 무엇이 이 그림을 다른 그림과 다르게 만드는 것일까? 답이 즉시 떠올랐다. 그것은 단순히 하나의 그림이 아니었다. 그리스도의 삶과 죽음에 대한 이야기를 전달하도록 함께 표구된 일련의 열두 폭 그림이었다. 그림으로 전해지는 이야기였다.

심오한 경험이었다. 각 화판 속 이야기와 그림의 상호 작용은 시나리오 속 이야기와 등장인물의 시각적 관계와 같았다.

나는 그 화판들을 바라보다가 불현듯 회화와 영화 사이의 연관성을 깨달았다. 멋지고 놀라운 순간이었다. 모든 것은 다른 무언가와 관련되어 존재한다. 그리고 어느 날 오후 연극 〈카롤라〉의 리허설을 마치고 장 르누아르와 함께 산책을 하던 일이 생각났다. 비가 막 그쳤고, 버클리힐스의 비탈을 거닐다가 르누아르가 멈춰 서더니 바위 한가운데에서 자라는 들꽃 한 송이를 바라보며 말했다. "자연만큼 강한 것은 없어. 자연의 힘이 저 작은 들꽃이 바위를 뚫고 나오게 하는 것이지." 그러고 나서 다시 발걸음을 옮기면서 "배움이란 사물들 간의 관계를 볼 수 있는 것"이라고 했다.

나는 그 말뜻을 이해했다. 자연의 힘은 창조적인 표현의 힘처럼 바위를 뚫고 올라가는 들꽃의 작은 씨앗과 같다. 대시인 딜런 토머스는 이를 "푸른 도화선 속으로 꽃을 몰아가는 힘"이라고 표현했다.

시나리오를 쓸 때는 어떤 일이 벌어지는지를 묘사하는데, 이것이 바로 시나리오를 현재 시제로 쓰는 이유이다. 독자는 극적 구조라는 맥락 안에 설정된 행동의 묘사를 카메라가 보는 대로 보게 된다. 신이나 시퀀스를 쓸 때는 등장인물이 무엇을 말하고 무엇을 하는지, 즉 이야기를 전달하는 일과 사건 등을 묘사한다.

구조는 하나의 맥락이다. 구조는 이야기를 전달하는 이미지의 조각들과 파편들을 제자리에 '담아둔다'. 맥락은 실제로 사물을 내부에 담아두는 **공간**이다. 여행 가방도 하나의 맥락인데, 모양, 종류, 재질, 크기에 관계없이 내부 공간에 옷, 신발, 세면도구 등 넣고 싶은 것들을 담아둔다. 여행 가방은 어떤 크기, 재질, 모양도 될 수 있다. 하지만 내부 공간은 변하지 않는다. 공간이 크든 작든 마찬가지이다. 공간은 공간이다. 빈 유리잔도 마찬가지여서, **내용물**을 제자리에 담아두는 내부 공간을 가진다. 그 안에 원하는 것은 무엇이든 넣을 수 있고, 공간이라는 맥락은 변하지 않는다. 커피, 차, 우유, 주스, 물 등 무엇이든 넣을 수 있고, 공간은 변하지 않는다. 또 포도, 시리얼, 견과류 등 어떤 것이든 넣을 수 있고, 공간이라는 맥락은 항상 내용물을 제자리에 담아둘 수 있다. 마찬가지로, 구조는 선형이든 비선형이든 이야기를 제자리에 담아둔다. 구조는 이야기의 골격이자 척추이다.

극적 구조란 "극적 해결로 이끄는 관련 일, 에피소드, 사건의 선형 배열"로 정의된다.

이것이 쓰기 과정의 출발점이다.

구조는 하나의 맥락이며, 중력이라는 자연력과 같이 모든 것을 제자리에 묶어둔다. 중력은 아원자 입자에서 반물질에 이르기까지 우주의 모든 요소에 영향을 미칠 뿐만 아니라, 지구상 모든 생물 종(種)의 생명 기능에까지 영향을 준다. 중력이 없다면 인간은 똑바로 설 수 없고, 초목이 태양을 향해 자라지도 않으며, 지구가 태양 주위의 안정된 궤도에 머무르지도 않고, 태양이 은하계의 안전한 궤도에 머무르지도 않을 것이다. 요컨대 시나리오에서 구조는 모든 것을 제자리에 함께 **묶어두는** 중력과 같다.

시나리오 구조는 이야기에 너무나 필수불가결하며, 행동, 등장인물과 너무나 밀접하게 얽혀 있어서, 우리는 구조를 거의 보지도 못한다. 좋은 구조는 대개 시나리오의 척추, 기반, 보이지 않는 접착제로만 남아 있다. 나사못이 벽에 그림을 묶어두는 것처럼 이야기를 제자리에 '묶어둔다'. 〈사이드웨이〉(알렉산더 페인, 짐 테일러), 〈뉴 월드The New World〉(테런스 맬릭), 〈대부〉(프랜시스 포드 코폴라, 마리오 푸조) 같은 선형 영화든, 〈디 아워스The Hours〉(데이비드 헤어), 〈본 슈프리머시〉(토니 길로이), 〈잉글리쉬 페이션트The English Patient〉(앤서니 밍겔라), 〈유주얼 서스펙트The Usual Suspects〉(크리스토퍼 매쿼리) 같은 비선형 영화든, 모든 걸작 시나리오에는 강하고 견고한 구조적 기반이 있다.

구조의 매우 흥미로운 점은 복잡한 만큼 간단하다는 것이다. 나는 이것을 얼음과 물의 관계에 비유한다. 얼음은 분명한 결정 구조가 있고, 물은 분명한 분자 구조가 있다. 그러나 얼음이 물에 녹으면 어떤 분자가 얼음이었고 어떤 분자가 물이었는지 알 수 없게 된다. 서로 구별할 수가 없다. 구조에 대해 말한다는 것은 이야기의 본질적 부분에 대해 말하는 것이다. 이런 것들은 동일한 사물의 핵심 부분이다.

이야기가 직선적이든 단편적이든 순환적이든 상관없다. 우리가 보는 것과 그것을 보는 방식이 바로 눈앞에서 진화하고 있다. 이는 새롭게 부상하는 기술에서 확인할 수 있다. 컴퓨터 기술의 급속한 성장과 컴퓨터 그래픽 이미지의 극적인 위력, 그리고 MTV, 리얼리티 TV, 엑스박스, 플레이스테이션 및 모든 새로운 무선 랜 기술의 광범위한 충격이 시각적 의사소통의 모든 단계에 강력한 영향을 미쳤다. 이를 알아차리지 못할 수도 있겠지만, 우리는 시나리오 쓰기의 진화 또는 혁명의 와중에 있다.

나는 1995년에 처음으로 비주얼 스토리텔링의 이러한 변화를 알게 되었다. 20년 가까이 세계 곳곳의 워크숍에서 구조의 본질을 가르치고 있었는데, 그때 내 인식을 근본적으로 바꾸어놓은 영화 세 편을 보았다. 첫 번째는 〈펄프 픽션Pulp Fiction〉(쿠엔틴 타란티노, 로저 애버리)이었는데, 내용 면에서는 'B급' 영화라고 생각했지만, 곧바로 스토리텔링의 새로운 출발이라는 것을 알게 되었다. 내가 세상 어디를 가든 사람들은 〈펄프 픽션〉에 대해 이야기하고 싶어 했다. 많은 워크숍에서 참가자들은 이 영화가 새로운 구조를 나타내는지 물으면서 내 의견을 듣고 싶어 했다. 사람들은 이 영화를 내 구조적 패러다임으로 분석해보라고 '부추겼다'. 모든 사람이 〈펄프 픽션〉이 사고, 개념, 실행 면에서 혁신적이며, 혁명적인 영화로서 모든 것을 갖춘 **바로 그것**이라고 생각하는 것 같았다.

몇 달 후 멕시코시티에서 멕시코 정부를 위한 시나리오 워크숍을 진행하고 있을 때, 유명한 멕시코 감독 호르헤 폰스의 새 영화 시사회에 초대받았다. 살마 아예크가 첫 주연을 맡은 〈미다크 앨리El callejón de los milagros〉(영어 제목: Midaq Alley)라는 영화였는데, 내 눈에는 영화적이라기보다 소설적으로 보였다. 이 영화에는 네 가지 이야기가 있었는데, 각 이야기는 네다섯 명의 등장인물을 둘러싸고 전개되었다. 이들은 모두 같은 거리에서 살고 일하고 사랑을 나누지만, 아버지와 아들 사이인 두 주인공의 관계를 산산조각 내는 핵심 사건으로 연결되었다. 이 사건은 어떤 식으로든 모든 등장인물에게 영향을 미치고, 등장인물들과 사건들이 때때로 거의 소설과 같은 회상의 플래시백으로 서로에게 포개지는 구조로 짜여 있다. 이 영화는 멜로드라마에 가깝지만 개념과 실행 면에서 뛰어난 독특한 작품이다.

생각하면 할수록 이 두 영화는 앞으로 나타날 수 있는 미래의 시나리오 형식에 영향을 미치는 일종의 지표 내지 표지인 듯 보였다. 이 두 영화를 연구하면서 장 르누아르가 '사물들 간의 관계'라고 부르는 것을 다시 한번 이해하게 되었다. 왜 그런지는 몰라도 나는 이야기가 선형적 진행으로 전개되는 방식과 비선형적 표현으로 전개되는 방식 사이에 어떤 연관성이 있다는 것을 감지했다.

돌아온 지 얼마 되지 않아 〈잉글리쉬 페이션트〉(앤서니 밍겔라)의 시사회에 초대받았다. 그 영화는 너무 좋았다. 과거와 현재가 하나의 유기적인 스토리라인으로 융합되는 방식이 나를 사로잡았다. 이 세 영화의 공통점은 무엇일까? 나 자신에게 물었다.

나는 분명한 것에서 출발했다. 비록 이 영화들이 모두 스타일 면에서는 비선형적 접근 방식을 취하고 있지만, 모두 시작, 중간, 결말을 가지고 있다. 물론 반드시 이 순서대로인 것은 아니다. 내가 항상 마음에 담아두고 있는 러시아 극작가 안톤 체호프의 희곡 『세 자매Three Sisters』의 한 구절이 생각났다. "삶에서 가장 중요한 것은 형식이다. 형식을 잃으면 저절로 끝나며, 우리의 일상생활도 마찬가지다." 삶의 모든 것에는 형식이 있다. 매 24시간은 똑같지만 다르다. 하루는 아침에 시작해서 오후로 접어들고 밤이 뒤따른다. 물론 이른 아침, 늦은 오후, 늦은 밤 등등으로 좀 더 구분할 수도 있다. 우리가 1년이라고 부르는 12개월의 기간도 마찬가지이다. 항상 똑같지만 다르다. 계절도 마찬가지로 봄, 여름, 가을, 겨울이 있다. 결코 변하지 않는다. 이렇게 똑같지만 다르다. 소포클레스가 오이디푸스에게 제시한 수수께끼를 한번 생각해보자. 아침에는 네 다리, 오후에는 두 다리, 밤에는 세 다리로 걷는 것은 무엇인가? 답은 인간이다.

이 모든 질문은 내가 살펴봐야 할 무언가가 이 영화들에 있다는 것을 믿게 만들었다. 나는 〈펄프 픽션〉으로 시작했다. 시나리오 한 부를 구했다. 속표지를 보니 〈펄프 픽션〉이 실제로 "하나의 이야기에 관한 세 가지 이야기"라고 씌어 있었다. 페이지를 넘기자 **펄프** pulp에 대한 두 가지 사전적 정의가 나왔다. "걸쭉한 덩어리"와 "갱지에 인쇄한 저속 잡지나 책"은 확실히 이 영화에 대한 정확한 묘사였다. 그러나 세 번째 페이지에서 목차를 발견하고는 깜짝 놀랐다. 다소 이상하다는 생각이 들었다. 누가 시나리오에 목차를 쓰겠는가? 이 영화는 '제1부 프롤로그, 제2부 빈센트 베가와 마셀러스 월리스의 아내, 제3부 금시계, 제4부 보니의 상황, 제5부 에필로그' 등 다섯 부로 나뉘어 있었다.

대본을 살펴보니, 세 가지 이야기가 모두 줄스와 빈센트 베가가 마셀러스 월리스의 서류가방을 네 남자에게서 되찾아온다는 핵심 사건에서 튀어 나왔다. 이 하나의 사건은 세 가지 이야기의 중심이 되었고, 각각의 이야기는 전체적으로 선형 방식으로 구성되는데, 행동의 시작에서 출발하여 중간으로 접어든 다음 결말까지 이어진다. 각 섹션은 각기 다른 등장인물의 관점에서 제시된 짧은 이야기인 셈이다.

이 핵심 사건이 내가 지금 이해한 것처럼 이야기의 중심이라면, 모든 행동, 반응, 생각, 기억, 또는 플래시백은 이 하나의 사건에 묶여 있다. 전체 영화는 이 하나의 사건을 중심으로 구성되었다가 세 가지 방향으로 갈라진다.

갑자기 모든 것이 말이 되었다. "하나의 이야기에 관한 세 가지 이야기"를 이해함으로써 이 영화를 하나의 통일된 전체로 볼 수 있었다. 〈펄프 픽션〉은 프롤로그와 에필로그에 둘러싸여 있는 세 가지 이야기인데, 시나리오 작가들은 이것을 '북엔드bookend'(세워놓은 책들이 넘어지지 않도록 양쪽 끝에 받치는 물건—옮긴이) 테크닉이라고 부른다. 〈잉글리쉬 페이션트〉도 같은 장치를 사용한다. 〈매디슨 카운티의 다리The Bridges of Madison County〉(리처드 러그라브네스), 〈선셋 대로 Sunset Boulevard〉(빌리 와일더, 찰스 브래킷), 〈라이언 일병 구하기〉(로버트 로댓)도 마찬가지다.

이제 〈펄프 픽션〉이 어떻게 결합되어 있는지 살펴보기 시작했다. 프롤로그는 커피숍에서 다양한 강도 행위에 대해 논쟁을 벌이는 펌프킨(팀 로스)과 허니 버니(어맨다 플러머)라는 두 등장인물을 설정한다. 둘은 식사를 마치자 총을 뽑아들고 그곳을 털어버린다. 영화는 정지화면이 되면서 메인타이틀로 바뀐다. 그러고 나서 관객은 운전 중인 줄스(새뮤얼 L. 잭슨)와 국내외 빅맥Big Mac의 상대적 장점에 대해 알려주는 빈센트(존 트라볼타)의 대화 중간에 끼어든다.

제1부는 영화 전체를 설정하고 관객이 알아야 할 모든 것을 알려준다. 두 남자는 마셀러스 월리스 밑에서 일하는 살인청부업자이다. 이들의 임무, 즉 극적 요구는 서류가방을 되찾는 것이다. 이것이 이야기의 진정한 시작이며, 이 계산에 따라 제1부에서 줄스와 빈센트는 도착해서 자신들의 입장을 밝히고 세 사람을 죽이고, 오로지 신의 은총 덕분에 마빈과 함께 살아서 떠난다. 이것이 이야기의 핵심 사건이다. 이들은 마셀러스 월리스(빙 레임스)에게 보고를 한다. 빈센트는 미아(우마 서먼)를 데리고 저녁을 먹으러 나갔다가, 실수로 헤로인을 과다 흡입한 미아를 회복시킨다. 두 사람은 그날 밤 생긴 일을 아무에게도 말하지 않겠다고 약속하며 헤어진다. 제2부는 부치(브루스 윌리스)와 그의 금시계, 그리고 제1부에서 마셀러스 월리스와 합의한 대로 싸움에서 지기는커녕 상대방을 이기면서 죽여버리면 어떻게 되는가에 대한 이야기다. 제3부는 제1부의 연장선상에서 자동차 전체에 흩어져 있는 마빈의 시체를 청소하는 일을 다룬다. 이어지는 에필로그에서 줄스가 자신의 변화와 자기들 삶에서 신의 개입의 중요성에 대해 이야기한 다음, 펌프킨과 허니 버니가 프롤로그에서 이 영화를 시작했던 강도짓을 재개한다.

〈펄프 픽션〉에서의 이러한 연결을 확인하고 〈미다크 앨리〉, 〈잉글리쉬 페이션트〉와 비교하면서, 기술의 영향으로 인해 시나리오계에 일어나는 변화에 대해 생각하기 시작했다. 이 작품들은 공통점이 있었다. 이야기가 전개되는 방식이라든가 특수 효과, 흥미로운 주제 외에도, 세 영화 모두 정서적인 반응을 일으켰다. 그 순간, 잉마르 베리만이 언급했듯이 영화가 어떻게 구조화되든 영화의 언어가 직접 마음을 움직인다는 것을 깨달았다. 이야기가 전해지는 형식이 선형이든 비선형이든 상관없다. 기발한 특수 효과로 전달되든, 감독의 시각적 탁월함이나 배우의 대단한 연기, 광활한 스케일의 촬영, 시적인 편집으로 치장되든 상관없다. 근본적으로 모든 것을 하나로 묶어주는 것은 단 한 가지뿐이다.

그것은 바로 이야기이다.

영화는 모두 이야기에 관한 것이다. "무(無)에서 생기는 것은 무(無)뿐이다." 리어 왕은 뚜렷한 광기 속에서 혼잣말을 한다. 어떤 틀, 아이디어, 개념, 전문용어, 분석적 해설이 있든, 영화가 직선적으로 진행되든 순환적으로 진행되든, 작은 조각들로 부서지고 쪼개져 있든, 조금도 차이가 없다. 우리가 누구든, 어디에 살든, 어떤 세대에 속하든, 스토리텔링의 단일한 측면은 그대로 남아 있다. 플라톤이 벽에 그림자를 드리워 이야기를 만든 이후로 계속 그래왔다. 그림으로 이야기를 전달하는 기술은 시간, 문화, 언어를 초월하여 존재한다. 스페인의 알타미라 동굴에 들어가 바위그림을 보거나, 히에로니무스 보스와 초기 플랑드르 화파의 작품 세계로 들어가거나, 베네치아에 있는 아카데미아 미술관의 갤러리를 거닐며 그 웅장한 화판들을 바라보면서, 비주얼 스토리텔링의 장관 속으로 들어가게 된다.

이야기가 아무리 진화하거나 획기적이거나 부서지거나 조각난다고 해도, 놀라운 컴퓨터 그래픽이나 기술 혁신과는 상관없이, 모든 시나리오는 구조라는 맥락 속에 존재한다. 구조는 시나리오의 본질적 형식이자 기반이다. 〈터미네이터 2: 심판의 날Terminator 2: Judgment Day〉(제임스 캐머런, 윌리엄 위셔 주니어), 〈스파이더맨 2Spider-Man 2〉(앨빈 사전트), 〈인크레더블The Incredibles〉(브래드 버드), 〈본 슈프리머시〉(토니 길로이), 〈이터널 선샤인Eternal Sunshine of the Spotless Mind〉(찰리 코프먼), 〈맨츄리안 캔디데이트The Manchurian Candidate〉(대니얼 파인, 딘 조가리스)를 보면 모두 극적 구조라는 패러다임 안에서 이야기된다.

나는 비선형 영화를 어떻게 써야 할지 궁금했다. 오늘날 집필되는 대본 상당수는 주인공에게 더 가까이 다가가고 그 머릿속으로 들어가기 위해 의식의 흐름, 플래시백, 회상, 보이스오버 내레이션 등 어느 정도 소설적인 기법을 채택하는 것 같다. 모든 영화가 서로 다르지만 모두가 공유하는 하나의 공통적 유대는 강하고 견고한 구조감이다. 이 작품들은 모두 시작, 중간, 결말이 있으며, 이야기는 스토리라인들을 함께 고정시키는 핵심 사건을 중심으로 전개된다. 〈커리지 언더 파이어Courage Under Fire〉(패트릭 신 덩컨), 〈유주얼 서스펙트〉(크리스토퍼 매쿼리), 〈론 스타Lone Star〉(존 세일스), 〈매그놀리아〉(폴 토머스 앤더슨), 〈아메리칸 뷰티〉(앨런 볼), 〈메멘토〉(크리스토퍼 놀런), 〈사랑의 블랙홀Groundhog Day〉(대니 루빈, 해럴드 레이미스) 등이 좋은 예로, 이들 영화 모두 하나의 핵심 사건을 중심으로 전개되고 있음을 볼 수 있다. 핵심 사건은 스토리라인의 중심이자, 이야기를 앞으로 나아가게 하고 무엇에 관한 이야기인지를 드러내는 엔진이다.

〈본 슈프리머시〉는 제이슨 본(맷 데이먼)이 기억해내고자 하는 핵심 사건, 즉 그가 정치인과 그 아내를 살해한 베를린에서 일어난 사건을 중심으로 전개된다. 〈이터널 선샤인〉의 핵심 사건은 클레먼타인(케이트 윈즐릿)이 조엘(짐 캐리)에 대한 모든 기억을 지우는 것으로 관계를 끝내는 시점이다. 이 사건은 전체 이야기를 설정하고, 우리는 일어나는 일을 주인공과 동시에 경험한다. 〈맨츄리안 캔디데이트〉에서는 실종된 3일 동안 일어난 일이 영화 전체의 내용이다. 이것이 스토리라인의 핵심 사건이다.

〈잉글리쉬 페이션트〉에는 두 가지 스토리라인이 있다. 현재 시점에서의 한 가지는 알마시(레이프 파인스)가 거의 알아볼 수 없을 정도로 화상을 입은 채 발견된 것으로, 몸이 붕대로 감겨 있다. 병원으로 이동하면서 간호사 하나(쥘리에트 비노슈)와의 관계가 시작된다. 알마시는 과거에 있었던 유부녀 캐서린(크리스틴 스콧 토머스)과의 관계에 대한 생각에 잠기며, 관객은 두 가지 관계가 발전하는 것을 보면서 과거와 현재를 오간다. 앤서니 밍겔라는 현재의 이야기를 시작부터 결말까지 구조화하고, 알마시와 캐서린의 이야기를 시작부터 결말까지 구조화한 다음, 이야기를 진전시키기에 적당한 곳마다 관계를 보여주는 여러 부분을 삽입했다. 이것은 아주 효과적으로 작동한다.

구조가 작동하지 않으면 어떻게 되는가? 한마디로 말해 구조가 없는 시나리오는 방향성이 없다. 마치 스스로를 찾아 헤매는 일련의 에피소드처럼 이리저리 떠돈다. 예를 들어 〈21그램21 Grams〉(기예르모 아리아가) 같은 영화는 핵심 사건(자동차 사고)이 여러 등장인물의 삶에 미치는 영향을 묘사하려는 역동적이고 흥미로운 시도를 보여주기는 하지만, 이야기가 전개되는 사이 영화에 구조적 통일성이 없기 때문에 내 마음속에서는 작동하지 않는다. 겉보기에 무계획적이고 비선형적인 방식으로 아무렇게나 만들어진 일련의 시퀀스들일 뿐이다. 〈어 웨딩A Wedding〉(로버트 올트먼)이나 〈아메리칸 핫 왁스American Hot Wax〉(존 케이)는 아이디어가 흥미롭지만 극적 행동이나 전개라는 명확한 선을 가지고 있지 않은 듯하며, 어떤 구조적인 측면이 있든 간에 스토리라인이 아닌 극적 상황만을 부각시키는 것같다. 이 영화들에서 내러티브 행동의 관통선들은 결코 만나지 않는 두 평행선과 같다.

좋은 시나리오는 강한 극적 행동선을 가지며, 어디론가 가면서 해결을 향해 단계적으로 나아간다. 이런 시나리오는 전개의 흐름line of development이라 정의되는 방향성을 가진다. 우리는 휴가나 여행을 갈 때, 공항에 가서 주차할 곳을 찾고 가장 가까운 터미널로 걸어가서 어떤 항공편이 있는지 보고 나서 어디로 갈지 생각하는 식으로 계획을 세우지 않는다. 여행을 갈 때는 어딘가로 가려는 것이다. 목적지가 있다. **여기서** 출발해서 **거기에** 도착한다.

이것이 바로 구조의 핵심이다. 구조는 극적 최대치MDV: maximum dramatic value로 시나리오를 형상화할 수 있는 도구이다. 앞서 언급했듯이 구조는 시나리오를 구성하는 모든 행동, 등장인물, 플롯, 일, 에피소드, 사건 등 모든 것을 함께 **묶어둔다.**

캘리포니아 공과대학 출신의 노벨 물리학상 수상자 리처드 파인먼은 자연의 법칙들은 너무 단순해서 보기가 어렵다고 했다. 그러기 위해서는 복잡성과 이해력이 일반 수준 이상으로 올라서야 한다. 예를 들어, 인류가 자연현상을 거의 4백 년 동안 관찰하고 나서야 뉴턴은 "모든 운동에는 크기는 같고 방향은 반대인 반작용이 존재한다"는 것을 이해했다. 이것이 뉴턴의 운동의 제3법칙이다.

무엇이 이보다 더 간단할 수 있는가?

이 책은 시나리오 쓰기 능력을 향상시킬 기회를 제공하는 워크북이다. 구조에 관한 작은 연습을 해보자. 〈사이드웨이〉, 〈디 아워스〉, 〈텔마와 루이스〉, 〈잉글리쉬 페이션트〉, 〈보통 사람들Ordinary People〉, 〈콜래트럴Collateral〉, 〈본 슈프리머시〉 중 두 편을 골라 각 영화의 구조를 분석할 수 있는지 알아보자.

종이 한 장을 꺼내서 자유 연상으로 각 영화를 시작, 중간, 결말로 나눌 수 있는지 알아본다. 맞는지 틀리는지는 걱정하지 말고, 이야기의 흐름에 관한 생각, 단어, 아이디어 등을 그냥 적어보자. 자신 외엔 아무도 이것을 읽지 않을 것이며, 이를 통해 이야기의 방향에 대해 잘 파악하게 될 것이다.

그런 다음, 당장 머리에 떠오르는 대로 시나리오로 작업하고 싶은 아이디어를 적어본다. 시작, 중간, 결말로 구조화할 수 있는지 알아보자. 선형이든 비선형이든 상관없다. 그냥 두세 페이지 정도에 적는다. 문법, 맞춤법, 구두점에 대해서는 걱정하지 말자. 다 하고 나서는 이것을 치워버리고 잊자.

이 워크북은 경험을 통해 습득될 수 있다. 하는 만큼 더 얻는다.

3

패러다임

"형식은 구조를 따르지만, 구조는 형식을 따르지 않는다."

I. M. 페이
건축가

시나리오는 독특하다. 영상으로 전해지는 이야기로서, 대사와 묘사를 사용하여 이야기를 진전시키고, 내러티브 흐름은 스토리라인을 제자리에 고정시키는 극적 구조라는 맥락으로 결속된다. 즉, 시작, 중간, 결말이 있다. 맥락은 스토리라인을 구성하는 모든 신, 시퀀스, 행동, 대사, 등장인물 등의 내용물을 제자리에 묶어두는 '공간'을 말한다. 맥락은 변하지 않는다. 내용은 변한다.

구조는 형식이다.

윌리엄 골드먼이 말했듯이 "시나리오는 구조, 구조, 구조다." 건축가가 건축물이 어떻게 생겼는지 '볼' 수 있도록 축척 모형을 만드는 것처럼, 작가는 시나리오가 어떻게 보이는지, 즉, 극적 구조라는 맥락을 분명히 보여주기 위해 모형을 만든다. 작가는 이를 패러다임으로 분명히 보여줌으로써 극적 구조라는 맥락을 구축한다. 패러다임은 "모형, 견본 또는 개념적 설계"로 정의된다. 말하자면 시나리오 쓰기 과정에서 이야기에 이르는 도구이자 지침, 로드맵이다.

패러다임에 대하여 알면 알수록 패러다임이 얼마나 중요한지 새삼 깨닫는다. 나는 시네모빌 시스템스에서 스토리 부서 책임자로 일하면서 원작 시나리오 아홉 편을 쓰고, 소재를 찾을 요량으로 2천 편이 넘는 시나리오와 백 편 이상의 소설을 읽은 다음에야 패러다임에 대한 생각을 비로소 갖게 되었다. 내가 읽은 것들 대부분은 그리 좋지 않았다. 사실은 2천 편 이상의 시나리오 중에서 단 40편만을 찾아 재무 담당자에게 제출했다. 그 이후 나는 여러 언어로 쓰인 수천 편의 시나리오를 가지고 시나리오 작가들과 함께 읽고 분석하고 작업했다.

모든 걸작 시나리오가 공통적으로 가지고 있는 것 한 가지는 구조다. 구조는 시스템과 같다. 과학에서는 시스템을 열린 것과 닫힌 것으로 구분한다. 닫힌 시스템은 바위와 같아서 주변으로부터 아무것도 얻지 않고 아무것도 돌려주지 않는다. 바위는 주위에 무엇이 있든 아무것도 서로 교환하지 않는다.

열린 시스템은 도시와 같아서 주변과 상호작용을 하며 이들 사이에는 자연스러운 교환이 일어난다. 도시는 주변 지역의 식품과 원료에 의존하고, 주변 지역 사람들은 도시의 교역 같은 서비스에 의존한다. 도시와 주변 간의 상호 교환이 존재한다.

시나리오는 열린 시스템과도 같다. 작가는 무엇을 쓸지 계획한다. 예를 들어, "그레이스는 빌의 아파트를 나와 한동안 도시를 산책했다." 하지만 이야기가 이렇게 풀리지 않을 수도 있다. 그레이스는 도시를 산책하고 싶은 게 아니라, 음악을 듣고, 춤을 추고, 애플 마티니를 마시고, 사람들과 함께 있고 싶다고 작가에게 '말한다'. 만일 이런 일이 생긴다면 귀담아 들어야 한다. 예기치 않은 이미지나 생각, 시퀀스, 대사 등을 불러일으키는 순간적 즉흥성은 창작 과정을 열린 시스템으로 만든다. 작가라면 새로운 아이디어를 받아들이고 그 과정이 자신의 창조적 자아로부터 나오게끔 열려 있어야 한다. 어떤 선입견이나 아이디어가 시나리오 쓰기 과정에서 방향을 트는 데 방해가 되어서는 안 된다. 글쓰기 경험은 언제나 모험이어야 하며, 창작 과정이 어떻게 자신을 드러낼지는 아무도 모른다.

가르침이 바로 그렇다. 가르침 역시 열린 시스템이다. 선생이 학생들에게 자료를 제시하면, 학생들은 그 자료와 관련된 어떤 것이든 듣고, 질문하고, 의문을 제기하고, 토론하고, 마침내 이해한다. 학생들이 듣는 방식은 기술에 대한 이해나 원소재의 확장에 획기적인 돌파구를 마련할 수도 있으며, 이는 다시 새로운 방향을 가지는 이야기로 진화할 수 있다. 작가가 이런 식의 과정에 열려 있다면, 이야기는 눈에 보이지 않는 '비틀기twist'(이야기 상황의 예상 밖 전환이나 전개—옮긴이)를 이용해서 스토리라인이나 등장인물을 확장하고, 심지어 새로운 등장인물과 서브플롯을 추가하게 될지도 모른다. 이야기의 구조도 바뀔 수 있다.

지난 수십 년간 나는 패러다임을 여러 가지로 정의해왔다. 시나리오를 그림처럼 벽에 걸어놓을 수 있다면, 우리는 시나리오가 어떻게 생겼는지 '볼' 수 있을 것이다. 예를 들어 탁자의 패러다임을 설명하고자 한다면 어떻게 정의하겠는가? 탁자란 무엇인가? 네 다리가 달린 상판. 하지만 여기에는 짧은 탁자, 긴 탁자, 높은 탁자, 낮은 탁자, 좁은 탁자 등 수많은 종류의 탁자가 포함된다. 또한 정사각형 탁자, 원형 탁자, 직사각형 탁자, 팔각형 탁자도 있다. 크롬 탁자, 철제 탁자, 목재 탁자, 유리 탁자, 플라스틱 탁자 등도 있다. 그래도 보다시피 탁자의 패러다임은 변하지 않는다. 바로 '네 다리가 달린 상판'이다. 이것이 탁자의 본질이자 원형(原型)이다.

새 집을 짓거나 낡은 집을 개조할 때는 건축가나 디자이너에게 청사진, 준비 도면, 작업 도면을 그려달라고 의뢰한다. 하지만 나 같은 사람은 청사진만으로는 집이 완성되면 어떤 모습이 될지 상상하는 데 어려움을 겪을지도 모른다. 종이에 그려진 선들은 실제 벽,

문, 천장을 보여주지 않는다. 어떤 심미적 결정을 내리기 전에 모형을 봐야 하는 사람도 있다. 집, 사무용 건물, 수영장, 테니스장, 자동차, 버스, 보트 등 어느 것이든 때로는 모형을 볼 필요가 있다. 즉, 우리에겐 모형이 필요하다.

이와 마찬가지로 패러다임은 시나리오가 어떻게 보일지에 대한 모형, 견본, 개념적 설계이다. 이것을 그림처럼 벽에 걸어놓고 전체 모습을 볼 수 있다면 이렇게 보일 것이다.

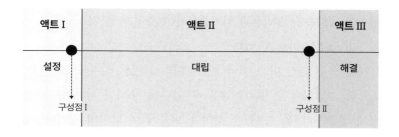

패러다임의 맥락을 살펴보면 바로 이런 식이다. 시나리오가 "극적 구조라는 맥락 속에서 대사와 묘사를 통해 영상으로 전달되는 이야기"라면, 과연 이야기란 무엇인가? 그리고 모든 이야기의 공통점은 무엇인가?

시작, 중간, 결말. 물론 앞서 언급했듯이 반드시 이 순서대로 진행되는 것은 아니다. 극적 매체라는 점을 감안하면 시작은 액트 I, 중간은 액트 II, 결말은 액트 III에 해당한다.

영화의 평균 길이는 약 2시간이다. 시나리오 한 페이지는 대략 상영시간 1분에 해당하므로, 시나리오의 평균 길이는 약 120페이지이다. 더 긴 것도 있고 더 짧은 것도 있지만 대부분은 이 길이에 가깝다. 오늘날 대부분의 메이저 할리우드 스튜디오와 제작사에서 작성하는 계약서에는 대개 제작 중인 영화가 2시간 8분을 넘을 수 없다고 규정되어 있다. 이는 대략 128페이지 분량이며, 누구에게든 예외는 없다.

확인해보고 싶다면, 시나리오를 읽은 다음 영화를 보고 이것이 사실인지 아닌지 한번 알아보자. 시간을 확인해보자. 이야기의 시각적 표현에 익숙해지려면 가능한 한 많은 시나리오를 읽어야 한다. 시나리오를 쓰는 일에 정말 관심이 있다면 손에 넣을 수 있는 모든 시나리오를 읽어야 하고, 사정이 허락하는 한 모든 영화를 가급적 영화관에서 보아야 한다. 그렇지 않다면 DVD 등 다른 매체를 이용하자.

시나리오를 구할 수 없는 경우 인터넷으로 검색해보자. 시나리오 전문 웹 사이트가 많이 있다. 그중에서 simplyscripts.com, script-o-rama.com, dailyscript.com 같은 사이트에서는 대본을 무료로 다운로드할 수 있다. 또는 구글 같은 포털 사이트에서 '시나리오screenplay'를 검색하여 어떤 결과가 나오는지 확인해보자. 다운로드가 가능한 사이트와 시나리오가 아주 많다.

패러다임은 다음과 같이 나뉜다. 참고로 아리스토텔레스는 삼일치(三一致), 즉 시간, 장소, 행동의 일치에 대해 말한 바 있다. 액트 I은 극적(또는 희극적) 행동의 단위이다. 시작 부분의 1쪽에서 오프닝 숏 또는 시퀀스로 시작하여 구성점 I의 끝까지 지속된다. 대략 20~30페이지 분량이며 **설정**Set-Up이라는 극적 맥락으로 결속된다.

액트 II는 구성점 I의 끝에서 시작하여 구성점 II의 끝을 통해 확장되는 극적 행동 단위이며 대략 50~60페이지 분량이다. 이는 **대**

립Confrontation이라는 극적 맥락에 의해 결속된다. 액트 II의 핵심은 갈등과 장애물을 대면하고 극복하는 것이다. 모든 드라마는 갈등이다. 갈등 없이는 행동이, 행동 없이는 등장인물이, 등장인물 없이는 이야기가, 이야기 없이는 시나리오가 없다. 등장인물의 극적 요구, 즉 시나리오가 진행되는 동안 그 인물이 이기고, 얻고, 이루고 싶은 것이 무엇인지를 안다면, 작가는 이러한 요구에 대한 장애물을 만들어낼 수 있고, 등장인물이 자신의 극적 요구를 성취하기 위해 장애물을 극복하는 이야기가 된다.

액트 III 또한 극적 또는 희극적 행동의 단위이며, 80~90쪽쯤에 있는 구성점 II의 끝에서 120쪽쯤에 있는 시나리오의 끝부분까지 지속된다. 이 또한 대략 20~30페이지 분량이며 **해결**Resolution이라는 극적 맥락으로 결속된다. 해결은 해법을 의미하며, 이 행동 단위에서 이야기가 해결됨을 기억하는 것이 중요하다. 깔끔하게 마무리할 필요는 없지만 어떤 방법을 택하든 이야기를 완료해야 한다. 시나리오 쓰기의 준비 단계나 사전 계획 단계에서 이야기의 해결에 대해 알아야 할 것은 한마디로 이야기의 끝에서 등장인물이 어떻게 되는가이다.

등장인물이 사는가 죽는가, 성공하는가 실패하는가, 경주에서 이기는가 지는가, 집에 무사히 돌아오는가 못 돌아오는가, 결혼하는가 이혼하는가? 해결은 해법을 의미하며, 액트 III의 핵심은 이야기가 어떻게 해결되는가이다. 작가인 자신이 이야기를 어떻게 해결할지 모르겠다면, **어떻게 해결되기를 바라는지** 스스로에게 물어보자. 그 방식이 얼마나 효과적인지는 신경 쓰지 말자. 아니면 '그 사람들', 그러니까 자신의 머릿속에 살고 있는 미지의 영화 제작자들이 어떤 식을 원하는지 물어보자. 이야기가 작가의 것이므로 이야기를 어떻게 끝낼지 선택하는 것 또한 작가의 몫이다. 바로 이것이 출발점이 될 것이다.

〈콜래트럴〉의 대본을 준비할 당시 스튜어트 비티는 맥스(제이미 폭스)가 자신의 목숨을 구하기 위해서는 살인청부업자와 맞서야 한다는 것을 알고 있었다. 그러지 않으면 맥스는 로스앤젤레스 거리에서 살해된 또 하나의 희생자가 될 뿐이다. 이것은 자신의 꿈은 스스로 실현하지 않는 한 결코 실현되지 않으리라는 것을 깨닫기 위해 맥스가 겪어야 하는 등장인물의 변화이다. 작가는 이야기는 물론 등장인물의 변화 과정까지 구조화했고, 이것은 패러다임을 구조적인 템플릿으로 사용한 좋은 예이다.

〈아메리칸 뷰티〉나 〈본 슈프리머시〉를 비롯한 수많은 영화에서 액트 I의 길이는 18~22페이지 정도이다. 물론 여기서 말하려는 것은 이런 숫자가 아니라 시작, 중간, 결말이라는 **형식**이다. 액트 II는 50~60페이지 안팎이며, 액트 III는 15~20페이지쯤인 경우도 있다. 패러다임은 단지 모형, 견본 또는 개념적 설계일 뿐이다. 구체적으로 규정된 것이 아니다. 사실, 구조의 장점은 유동적이라는 것이다. 바람에 흔들리는 나무처럼 휘어질지언정 꺾이지는 않는다.

액트 I은 이야기를 설정하는 극적 행동 단위다. 시나리오의 첫 20~30페이지에서 작가는 이야기를 설정해야 한다. 주요 등장인물을 소개하고, 극적 전제(무엇에 관한 이야기인가)를 정립하고, 극적 상황(행동을 둘러싼 정황)을 조성하고, 등장인물의 직업 생활, 개인 생활(관계), 사생활(사적인 시간과 취미) 간의 관계를 설정해야 한다. 전부는 아니더라도 이 요소들 대부분을 첫 번째 극적 행동 단위에서 정립할 필요가 있다.

액트 I의 모든 것은 이야기를 설정하는 데 초점을 맞춘다. 이야기를 진전시키지도, 등장인물 간의 관계를 정립하지도, 등장인물에 관한 정보를 드러내지도 않는 값싼 속임수나 기발한 신, 귀여운 대사에 할애할 시간이 없다. 첫 페이지, 첫 단어에서부터 즉시 이야기를 설정해야 한다. 각 신의 목적은 이야기를 진전시키거나 등장인물에 관한 정보를 드러내는 것이다. 이 두 가지 기능에 도움이 되지 않는 것은 모조리 삭제해야 한다. 액트 I은 이야기를 설정하고 각 신과 시퀀스를 제자리에 묶어둔다. 맥락은 내용, 즉 시나리오를 구성하는 모든 신, 대사, 묘사, 숏, 특수 효과 등을 제자리에 **묶어두는** 공간이다. 이 행동 단위의 모든 것은 다음에 올 모든 것을 설정한다.

그 완벽한 예가 〈반지의 제왕: 반지 원정대〉이다. 짧은 프롤로그가 반지의 역사를 정립한 후, 관객은 샤이어로 들어가는 간달프를 따라간다. 그곳에서 프로도, 빌보 배긴스, 샘, 메리, 피핀을 만나고, 샤이어에서 호빗의 삶을 본다. 관객은 빌보가 반지를 찾았고, 샤이어를 떠나 책을 쓰고 싶어 하며, 반지를 이용해 자신의 생일 파티에서 사라진다는 것을 알게 된다. 이로 인해 간달프는 반지의 역사를 조사하고, 반지가 가져올 위험을 곧 깨닫는다. 이미 사우론의 검은 기병들이 반지를 찾아 샤이어를 뒤지고 있다. 프로도는 빌보가 사라질 때 마지못해 반지를 물려받았고, 간달프는 프로도에게 샤이어를 떠나야 한다고 설득한다. 그래서 프로도와 샘은 여정을 시작하는데, 이들의 임무는 적의 땅 모르도르로 가서 반지가 만들어진 운명의 산의 불길 속에서 반지를 파괴하는 것이다. 프로도와 샘이 비교적 안전한 샤이어를 떠나는 행위는 이제 관객을 액트 II로 이끌고, 둘은 여정이 끝날 때까지 여러 장애물을 거듭 맞닥뜨린다. (참고로 제2편 〈반지의 제왕: 두 개의 탑The Lord of the Rings: The Two Towers〉의 맥락도 그 핵심은 장애물의 대면과 극복이다.) 이 첫 번째 극적 행동 단위에서 주요 등장인물들 간의 관계가 정립되는 등 모든 것이 설정된다. 관객은 누가 주인공인지(프로도), 무슨 이야기인지(용암 속에서 반지를 파괴하는 것), 무슨 극적 상황인지(사우론이 악의 힘을 모아 중간계를 파괴하려는 것)를 알게 된다.

〈반지의 제왕: 반지 원정대〉

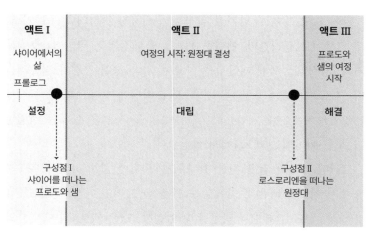

〈쇼생크 탈출〉의 액트 I에서 오프닝 시퀀스는 세 가지 시각적 행동 가닥을 설정한다. 관객은 술에 취한 채 자기 차에 앉아 있는 앤디 듀프레인(팀 로빈스)을 본다. 앤디는 총을 꺼내서 엉성하게 총알을 장전한다. 그런 다음 관객은 아내와 그 정부를 살해한 혐의로 기소된 앤디의 재판에 이어서, 섹스를 하려는 아내와 정부를 보게 된다. 이러한 세 가지 시각적인 극적 행동 가닥이 결합하여 전체 스토리라인을 설정한다. 앤디의 아내와 정부는 살해되고, 앤디는 살인죄로 유죄 판결을 받아 '두 건의 종신형'을 복역하러 감옥에 들어간다. 관객은 앤디 듀프레인과 함께 쇼생크 교도소에 들어가서, 또 다른 살인죄 기결수 레드(모건 프리먼)를 만나게 된다. 레드는 자기가 누구이고 앤디를 어떻게 만났는지를 보이스오버로 설명한다. 교도소장이 쇼생크의 규칙을 알려줄 때 관객은 앤디와 함께하며, 앤디가 호스 물로 씻기고 소독 과정을 거쳐 감방으로 들어가는 것을 지켜본다. 문이 쾅 닫힌다. 쇼생크에 온 걸 환영한다.

밤이 오고, 뚱뚱한 남자가 감정을 주체하지 못하더니 두들겨 맞고 의무실로 끌려간다. 앤디는 세탁실에 배정되고, 극악한 게이 패거리 '시스터스'에게 괴롭힘을 당하며, 감옥 생활에 점차 적응해간다. 액트 I이 끝날 무렵 앤디는 교도소 마당에서 레드를 만나고("당신이 일을 처리해주는 사람이라고 하더군요"), 두 사람은 관계를 정립한다. 모든 이야기는 액트 I에서 설정된다.

그러면 다음과 같은 질문이 나오게 된다. 어떻게 하면 액트 I(설정)에서 액트 II(대립)로 넘어갈 수 있을까? 그리고 어떻게 액트 II(대립)에서 액트 III(해결)로 넘어갈 수 있을까? 답은 액트 I과 액트 II의 끝에 구성점을 만드는 것이다. 구성점의 정의는, **행동에 '관여하여' 행동을 다른 방향으로**, 즉 액트 II나 액트 III로 **전환시키는 일, 에피소드, 또는 사건**이다. 여기서 방향이란 '전개의 흐름'이다. 작가는 이야기를 액트 I(설정)에서 액트 II(대립), 그리고 액트 III(해결)로 진전시킨다.

지난 수십 년간 나는 구성점에 대한 질문을 수없이 접했다. 중대한 일이나 극적 사건이어야 하는가? 신이나 시퀀스가 될 수도 있는가? 두 가지 질문 모두 답은 '그렇다'이다. 구성점은 작가가 원하는 어떤 것이든 될 수 있으며, 이야기의 진행점이다. 구성점은 단순히 한차례 행동일 수도 있다. 〈늑대와 춤을Dances with Wolves〉(마이클 블레이크)에서 존 던바(케빈 코스트너)는 버려진 요새에 도착한다. 구성점은 한마디 대사일 수도 있고, 〈위트니스Witness〉(얼 월리스, 윌리엄 켈리)의 구성점 I처럼 완전한 침묵 속에서 진행되는 짧은 신일 수도 있다. 살인을 목격한 열 살짜리 아미시파 소년이 경찰서에서 존 북(해리슨 포드)에게 살인범을 지목해준다. 구성점은 액션 시퀀스일 수도 있다. 〈본 슈프리머시〉에서 제이슨 본은 나폴리 세관원에게서 도망친다. 〈델마와 루이스〉에서처럼 극적 시퀀스가 될 수도 있다. 델마와 루이스는 주말을 보내러 차를 몰고 산으로 가지만, 잠깐 들른 술집에서 강간을 당할 뻔하자 살인을 저지르고 도주하게 된다.

폴 마저스키가 시나리오를 쓰고 연출한 〈독신녀 에리카An Unmarried Woman〉는 내가 교재로 잘 사용하는 영화다. 이 작품의 액트 I은 에리카(질 클레이버그)의 결혼 생활을 설정한다. 에리카는 남편 마틴(마이클 머피)과 함께 조깅하고, 딸을 등교시키고, 남편과 '속성 섹스'를 즐긴다. 시간제로 근무하는 갤러리에 가고, 화가 찰리(클리프 고먼)의 유혹을 받고, 절친한 친구들과 점심을 먹는다. 친구들과 대화하는 동안 대부분이 이혼했고, 불행하며, 남자들에 대해 심사가 꼬여 있고, 에리카의 17년 결혼 생활을 시기하고 있음이 밝혀진다. 마저스키는 첫 번째 액트에서 에리카가 누구이고 무엇을 원하는지에 대한 다양한 시각적 정보를 활용하여 등장인물을 설정한다.

겉으로는 에리카의 결혼 생활이 원만해 보인다. 그러다가 영화가

20~25분쯤 지나자 남편이 갑자기 무너져 내리며 울음을 터뜨린다.

"무슨 일이야? 왜 그래?" 에리카가 걱정스러운 표정으로 묻는다.

마틴은 에리카에게 돌아서서 다른 여자를 만나 사랑에 빠졌으니 이혼하자고 말한다. 하나의 신과 한마디 대사로 이야기 전체가 다른 방향으로 바뀐다. 에리카는 더 이상 기혼자가 아니며, 이제는 이혼하여 비혼자가 되었다. 이것이 이야기의 진정한 시작이다.

이것은 구성점, 다시 말해 행동에 '관여하여' 행동을 다른 방향, 즉 액트 II로 전환시키는 사건, 에피소드 또는 일의 한 가지 예이다. 구성점은 이야기를 앞으로 나아가게 한다. 액트 I은 에리카를 기혼녀로 설정하고, 액트 II는 에리카가 비혼녀로서 어떻게 대처하는지를 보여주며, 액트 III는 남자에게 기대거나 의지하지 않고 자신만의 방식으로 살아갈 수 있는 독신녀로서의 삶을 극화한다.

이것을 패러다임으로 나타내면 다음과 같다.

〈독신녀 에리카〉

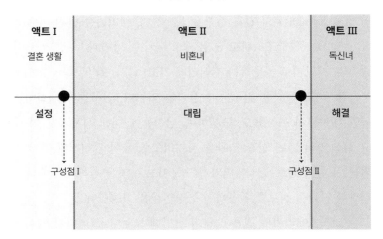

구성점 I은 이야기의 진정한 시작이다. 행동을 앞으로 나아가게 하는 것이라면 무엇이든 구성점이 될 수 있다. 구성점은 우리를 액트 I에서 액트 II로 또는 액트 II에서 액트 III로 이끄는 등장인물의 한 기능이다. 여기서 주목해야 할 것은 시나리오 한 편에 구성점이 여러 개 있을 수도 있지만 이 준비 단계에서는 구성점 I과 구성점 II에만 초점을 맞추고 있다는 점이다. 구성점은 스토리라인의 요소들을 제자리에 묶어두는 고정점anchor point이다.

종이에 한 단어라도 쓰려면 결말, 시작, 구성점 I, 구성점 II를 반드시 알고 있어야 한다. 이 네 가지 요소를 알아야 스토리라인을 '구축'하거나 구조화하기 시작할 수 있다.

액트 II는 또한 '대립'이라는 맥락으로 결속되는 극적 또는 희극적 행동 단위이다. 액트 II는 액트 I 끝의 구성점 I에서 구성점 II의 끝까지 이어지며 대략 50~60페이지에 이른다. 이 부분에서 등장인물은 자신의 극적 요구를 성취하기 위해 수많은 장애물의 도전을 받게 될 것이다. 작가가 등장인물의 극적 요구, 즉 시나리오 전개 과정에서 등장인물이 이기고, 얻고, 이루고 싶은 것이 무엇인지를 안다면, 필요한 장애물을 만들어낼 수 있기에 등장인물이 자신의 극적 요구를 성취하기 위해 장애물을 잇따라 극복하는 이야기가 된다. 앞서 언급했듯 모든 드라마는 갈등이다. 갈등 없이는 행동이, 행동 없이는 등장인물이, 등장인물 없이는 이야기가, 이야기 없이는 시나리오가 없다. 장애물은 내적인(대립을 두려워하는) 것일 수도 외적인(〈콜래트럴〉의 맥스처럼 위험한 상황에 처한) 것일 수도 있으며, 대부분 이 두 가지의 조합이다.

액트 II는 가장 긴 극적 행동 단위이기 때문에 가장 쓰기 어려운 액트이기도 하다. (이 워크북에 제시된 새로운 자료를 보면, 액트 II는 작업이 가능한 두 가지 행동 단위로 나뉜다.) 액트 II에서 작가가 쓰는 모든 신, 묘사하는 모든 숏, 고안하는 모든 시퀀스는 대립이라는 맥락 안에서 결속된다. 〈델마와 루이스〉에서 두 여자는 당황해서 어쩔 줄 몰라 하며 자기들이 저지른 범죄 현장에서 도망치지만, 그 후 거듭되는 장애물을 만난다. 범죄 현장에서 도망쳤고, 돈이 별로 없으며, 차 연료도 거의 바닥났고, 두려움에 떤다. 이들은 내적 장애물(자기들이 저지른 일과 자기들에게 일어날 일에 대한 두려움과 불안감) 또는 외적 장애물(경찰이 두 사람을 신문하려고 한다) 등 온갖 장애물을 마주친다.

〈독신녀 에리카〉의 액트 II는 자신이 '좋았다'고 여기는 17년의 결혼 생활을 청산한 비혼녀 에리카를 다룬다. 에리카는 자신의 새로운 삶에 적응하고 대처하는 법을 배워야 한다. 배신당하고, 버림받고, 화나고, 쓰라린 기분을 느낀다. 이것은 엄청난 변화이고, 적응하기 어렵다는 것을 알게 된다. 심리 치료를 받고, 홀로 아이를 키우는 방법을 배우고, 남성들에 대한 분노를 (남편에게만 국한시키면서) 극복하며, 성적(性的) 실험을 시작한다.

액트 II가 끝나갈 무렵 에리카는 자기가 일하는 화랑에서 화가 솔 (앨런 베이츠)을 만나 섹스를 하지만, 자신이 여전히 실험 중이라 어떤 관계든, 특히 진지한 관계를 시작하고 싶지 않다며 다시 만나기를 거부한다. 그러고는 "상처 주려는 건 아니에요"라고 덧붙인다. 며칠 후 파티에서 솔을 다시 만난다. 일행과 이야기를 나누며 즐거운 시간을 보내던 두 사람은 파티 장소를 함께 떠나기로 한다. 지난번 섹스를 마치며 했던 말에도 불구하고 에리카는 솔을 좋아하고 솔도 에리카를 좋아하며, 이내 편안함을 느껴 솔과 더 많은 시간을 보내기에 이른다. 액트 II 끝의 구성점은 이들이 함께 파티를 떠나기로 결정할 때인데, 이는 영화가 시작되고 나서 80~90분쯤에 발생하며, '행동을 다른 방향으로 전환시켜' 액트 III로 이끄는 사건이다. 세 번째 액트는 에리카와 솔의 새로운 관계에 초점을 맞춘다. 이를 패러다임으로 나타내면 이런 식이다.

〈독신녀 에리카〉

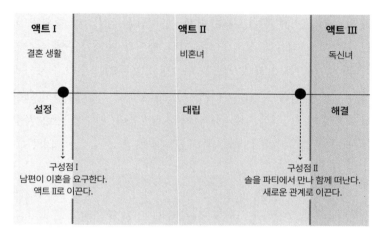

액트 II 끝의 구성점은 액트 III로 '이야기를 전환시킨다'. 행동에 '관여하여' 행동을 액트 III(해결)로 이끄는 사건, 에피소드 또는 일이 바로 구성점이다.

〈쇼생크 탈출〉에서 앤디 듀프레인은 유죄 판결을 받아 복역하던 중 아내와 정부를 실제로 살해한 범인을 알게 된다. 자신이 저지르지 않은 범죄로 약 19년을 복역한 앤디는 교도소장이 재심을 받도록 도와주기를 바란다. 그러나 앤디를 감옥에 가둬두어야 할 나름의 이유가 있는 교도소장은 이를 확실히 하기 위해, 앤디에게 새로운 정보를 준 젊은이가 살해되게끔 만든다. 앤디는 이제 쇼생크를 나갈 수 없다는 사실을 알게 된다. 자신이 뭔가를 하지 않는 한 그곳에서 여생을 보내게 될 것이다. 앤디는 살인죄가 아니라 나쁜 남편이라는 죄밖에 없다. 복역은 계속된다. 〈쇼생크 탈출〉의 주제가 있다면 바로 희망이다.

그래서 앤디는 시기를 틈타 탈출하는데, 관객은 앤디가 몇 년 동안 탈옥을 계획해왔다는 것을 알게 된다. 탈출 시퀀스는 영화의 멋진 순간이자, 액트 II 끝의 구성점이다. 앤디가 탈옥한 후에 작가는 이야기를 해결해야 한다. 레드는 가석방으로 풀려나 앤디가 자기에게 남겨준 바위를 찾더니, 가석방 서약을 깨고는 버스를 타고 멕시코로 향한다. "국경을 넘을 수 있기를 희망한다. 친구를 만나 악수하게 되길 희망한다. 태평양이 내 꿈에서처럼 푸르기를 희망한다. 나는 **희망한다.**"

구성점 II의 기능은 이야기 진행에 기여하는 것이다. 구성점 I과 마찬가지로 구성점 II도 결정, 대사, 신, 또는 액션 시퀀스 등 무엇이든 될 수 있다. 〈델마와 루이스〉에서 등장인물들은 이 지점에 이르기까지 많은 장애물과 마주친다. 돈을 털리고, 경찰에게 쫓기며, 모든 주(州)에 체포가 지시된 상황에서 멕시코로 향한다. 두 번째 액트에서는 한스 짐머가 아름답게 조율한 사운드트랙이 이어지는데, 이는 두 등장인물의 감정 상태를 반영하고 증폭시킨다. 뉴멕시코와 애리조나의 사막 풍경을 가로질러 질주하면서 루이스는 지금 이 밤이 지구상에서 살아 있는 자신들의 마지막 밤일지도 모른다는 것을 깨닫는다. 액트 I의 끝에서 할런을 살해한 자신의 행위가 아마도 자기들의 삶을 앗아가리라는 것을 예감한다.

이러한 예감에 사로잡혀 루이스는 유타주의 광대하고 웅장한 모뉴먼트밸리의 풍경을 가르며 차를 몬다. 달이 차 있어 높은 고원에 빛과 그림자가 드리워 있는 멋진 밤이다. 루이스는 이 아름다운 광경을 바라보기 위해 도로를 벗어나 차를 세운다. 아마도 이 길을 다시 지나갈 수 없을 것이다. 음악이 그치고 사운드트랙에는 풍경의 고요함, 미풍의 속삭임만이 계곡의 밤소리에 섞여 있을 뿐이다. 침묵은 많은 것을 시사하며 극도로 효과적이다.

차에서 내린 루이스는 도로에서 몇 걸음 벗어나 눈앞에 펼쳐진 장관을 경탄하며 바라본다. 그리고 이후의 신에서 자기 입으로 말하겠지만, 할런을 살해한 것이 자기들 죽음의 실제 원인이 되리라는 것을 이해한다.

델마가 뒤로 다가온다. "무슨 일이야?" 침묵을 깨고 묻는다. "아무것도 아니야." 루이스가 대답한다.

대사나 음악이 없는 이 짧은 침묵의 순간은 이들의 확실하고 즉각적인 미래를 엿보게 한다. 이 순간이 구성점 II이다. 그때부터 시나리오의 끝까지 델마와 루이스는 시간과 상황에 맞서며 질주한다. 멕시코까지 가지 못한 채 그랜드 캐니언의 절벽 끝밖에 이르지 못한다. 이들이 자신의 운명을 깨닫는 것은 바로 여기에서다. 앞에는 그랜드 캐니언이, 뒤에는 애리조나 특수기동대의 정예 대원들이 있는 가운데, 두 여자는 여생을 감옥에서 보내는 것도, 총 맞아 죽는 것도 원치 않는다는 것을 알고 있다. 선택권이 주어진다면 스스로 목숨을 끊는 편이 낫다. 둘은 손을 맞잡고, 루이스가 가속 페달을 밟아 그랜드 캐니언의 협곡으로 함께 뛰어든다.

패러다임으로 살펴보자면 다음과 같다.

〈델마와 루이스〉

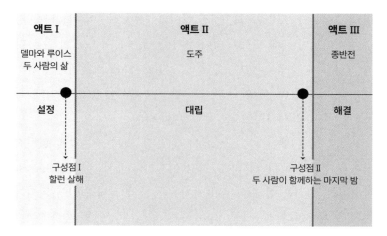

모든 영화에는 구성점이 있는가? '볼만한' 영화는 이야기의 맥락 속에 명확하게 엮이고 규정된 구성점들이 있는 강하고 유기적인 구조를 가진다.

그럼 액트 III로 가보자. 액트 III는 액트 II 끝의 구성점에서 시나리오의 끝까지 이어지는 약 30페이지 분량의 극적 행동 단위이다. 액트 III는 **해결**이라는 극적 맥락을 다룬다. 이야기의 해법은 무엇인가? 등장인물은 사는가 죽는가, 성공하는가 실패하는가, 여행을 가는가 안 가는가, 승진을 하는가 못 하는가, 결혼하는가 이혼하는가, 시험을 통과하는가 못 하는가, 무사히 도망가는가 못 가는가? 작가는 스토리라인의 해법이 무엇인지 알아야 한다. 내가 말하려는 것은 시나리오 마지막에 오는 구체적인 신이나 시퀀스가 아니라,

극적 갈등을 해결하기 위해 무슨 일이 일어나는가이다. 작가가 이야기의 결말을 모른다면 누가 알겠는가?

최근에 나는 NASA의 우주과학자들과 함께 작업할 기회가 있었는데, 미션 설계가 시나리오의 구조화와 똑같은 원칙을 따른다는 것을 목격했다. 과학적 미션 한 건에서 이들이 가장 먼저 하는 일은 그 과업이 무엇인지를 분명히 하는 것이다. 완수하거나 성취하고자 하는 일을 명확히 규정하면서 자신들의 의도를 진술한다. 예를 들어, 화성에 유인 탐사선을 보내 토양 밀도를 측정하고 돌아온다든가, 목성의 위성 이오의 대기 성분을 탐사하고자 한다. 각 프로젝트는 목적지와 목표에서 시작한다. 이와 마찬가지로 작가는 이야기가 어떻게 끝나는지, 즉 해결이 무엇인지 알아야 한다. 바로 이것이 가고자 하는 곳이요 목적지이다.

구성점 II에 다다르면 대개 이야기에는 해결되지 않은 것이 두세 가지 남아 있다. 이것들은 무엇인가? 규정하고 분명히 나타낼 수 있는가? 주인공에게 어떤 일이 일어날 것인가? 〈텔마와 루이스〉에서는 두 가지가 해결되어야 한다. 첫째, 멕시코로 무사히 탈출하는가, 못 하는가? 둘째, 두 사람은 사는가, 죽는가? 액트 III에서는 신 하나하나가 이들의 시간이 어떻게 흘러가고 어떻게 삶을 함께 끝내기로 선택하는지 보여준다. 〈쇼생크 탈출〉에서는 앤디가 구성점 II에서 탈출할 때 앤디에게 무슨 일이 일어나는지 알아야 한다. 앤디는 무사히 도주하는가? 레드는 멕시코에서 온 엽서를 받고 앤디가 성공했음을 알게 된다. 하지만 레드는 어떻게 되는가? 이 두 가지 이야기 요점은 액트 III에서 해결된다. 〈독신녀 에리카〉에서 에리카는 독신이 되는 법을 배우고 자신만의 정체성을 만들어낸다.

보다시피 구조는 부분과 전체 사이의 관계를 극적으로 설정한다. 각 부분은 별개의 완전한 극적 행동 단위이다. 액트 I은 전체이자 부분이다. 시작, 중간, 결말이 있으므로 전체이다. 시작에서 출발하여 액트 I 끝의 구성점 I에서 끝난다. 액트 II도 전체이자 부분으로, 구성점 I의 끝에서 시작하여 구성점 II의 끝으로 이어진다. 액트 III 또한 전체이자 부분이며, 구성점 II의 끝에서 시작하여 시나리오의 끝까지 진행된다. **설정, 대립, 해결**은 이야기를 하나로 묶어주는 맥락이다. '극적 해결로 이끄는 관련된 일, 에피소드, 사건의 선형 배열'이며, 시나리오의 구조적 기반이다.

이야기를 극적으로 표현할 수 있으려면 1) 결말, 2) 시작, 3) 구성점 I, 4) 구성점 II를 알아야 한다. 이 네 가지 요소는 시나리오의 구조적 기반이다. 전체 이야기를 이 네 요소에 맞춰 구성해보자.

이렇게 하면 된다. 아이디어 하나를 골라 주제를 만든다고 해보자. 예를 들어, **결혼 생활이 불행한 젊은 여성 화가가 미술 강좌에 등록하여 강사와 바람을 피운다. 자신의 의지와는 달리 사랑에 빠지고 임신한 사실을 알게 된다. 남편과 정부 사이에서 갈등하던 여자는 두 남자 모두를 떠나 홀로 아이를 키우기로 결심한다.**

주제, 즉 행동과 등장인물을 놓고 가장 먼저 해야 할 일은 주제를 구조화하는 것이다. 이야기의 결말은 무엇인가? 젊은 여자는 마치 입센의 희곡 『인형의 집A Doll's House』의 노라처럼 남편과 정부를 떠나 홀로 아이를 낳으러 가버린다. 이것이 바로 결말이다.

시작은 어떤가? 관객이 젊은 여자의 불행한 결혼 생활을 알게 하려면 이것을 보여주어야 한다. 어떤 신이나 시퀀스가 불행한 결혼을 드러낼 수 있을까? 남편은 소통이 불가능한가? 남편은 아내를 대수롭지 않게 여기는가? 냉담하고 무기력한가? 다른 여자들과 시시덕거리는가? 바람을 피우는가? 어떤 신이 이것을 관객에게 전달할 수 있을까? 두 사람이 침대에 있을 때? 파티에서? 저녁 외출을 준비하며? 이탈리아의 명감독 미켈란젤로 안토니오니는 명작 〈일식L'eclisse〉을 새벽녘 거실에서 시작했다. 거실은 늘어진 커튼, 넘치는 재떨이, 탁자 위 지저분한 유리잔들로 어질러져 있으며, 앞쪽에서 쉴 새 없이 윙윙대는 선풍기 소리만 들린다. 비토리아(모니카 비티)와 연인 리카르도(프란시스코 라발)는 말없이 서로를 노려본다. 서로에게 할 말이 남아 있지 않으며, 해야 할 말은 이미 다 했다. 관객은 즉시 이들의 관계가 끝났음을 알게 된다.

극적 전제를 설명하거나 드러내는 신으로 시작하는 방법을 찾아보자. 그 신을 생각해보자. 몇 가지 방법을 시도해보고 무엇이 가장 효과가 좋은지 알아보자. 신이 낮에 일어나는가, 밤에 일어나는가? 직장에서인가, 집에서인가?

구성점 I에서 무슨 일이 일어나는가? 액트 I이 결혼 생활을 설정한다면, 액트 I 끝의 구성점은 여자가 미술 강좌에 등록하는 대목이다. 이 구성점은 미술 강사와의 관계로 이끌어가서 이야기를 다른 방향으로 '전환'시킨다. 이것이 바로 이야기의 진정한 시작이다.

구성점 II는 어떤가? 구성점 I이 관계의 시작이라면 구성점 II는 여자가 임신한 사실을 알게 되는 곳일 것이다. 이러한 발견은 해결, 즉 이야기의 '해법'으로 이끌어갈 행동을 촉진한다. 여자는 남편과 정부 모두를 떠나면서 딜레마를 해결한다.

결말, 시작, 구성점 I, 구성점 II라는 네 가지 요소를 알고 있다면 패러다임을 그려보자.

스토리: 결혼 생활이 불행한 젊은 여성 화가가 미술 강좌에 등록하여 강사와 바람을 피운다. 자신의 의지와는 달리 사랑에 빠지고 임신한 사실을 알게 된다. 남편과 정부 사이에서 갈등하던 여자는 두 남자 모두를 떠나 홀로 아이를 키우기로 결정한다.

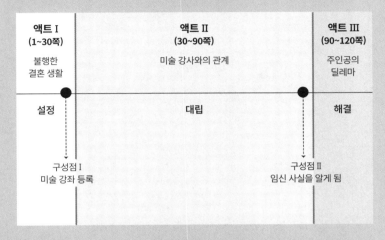

이것이 바로 아이디어가 구조화된 '모양'이다. 패러다임은 스토리라인을 분명하게 '볼' 수 있도록 하는 개념적 도구임을 명심하자. 이것은 개요를 제공한다.

너무 구체적일 필요는 없다. 그저 개괄적이고 대략적으로 설계한다. 자세한 내용은 나중에 써넣으면 된다.

이 연습은 아이디어를 구조화할 채비를 갖추어 시나리오 쓰기 과정의 다음 단계로 나아갈 수 있도록 고안된 것이다.

이는 시나리오를 준비하는 첫 단계이다.

4

네 페이지

"여행을 끝내는 건 좋은 일이지만, 결국 중요한 것은 여행이다."

어슐라 K. 르 귄
작가

얼마 전 나는 유명한 TV 탤런트와 요가 수업을 듣고 있었다. 우리는 이야기를 시작했고, 잠시 후에는 여느 때처럼 화제가 영화로, 그리고 시나리오로 바뀌었다. 탤런트는 멋진 시나리오 아이디어가 있다고 했다.

"무슨 이야기인가요?" 내가 물었다.

"그러니까 사하라 사막의 한 남자 이야긴데, 동틀 녘 사막에서 자욱한 먼지가 피어오르는 긴 숏으로 시작해요. 그러고는 모래밭을 가로질러 질주하는 지프가 보이는데, 갑자기 엔진이 펑펑거리고 털털대더니 이내 꺼져버리죠. 남자는 지프에서 내려 주위를 둘러보고는 보닛을 홱 열어젖혀요. 그때 멀리 모래언덕 뒤에서 이상한 소음이 들려옵니다. 갑자기 경주용 낙타 떼가 언덕을 쓸고 내려오더니 그 사람을 보고 멈춰 섭니다. 다들 적막에 싸인 채 서로를 바라보죠."

그러더니 나를 바라보고 열광하며 말했다. "멋진 아이디어죠?"

"멋진 오프닝이군요. 다음엔 어떻게 되죠?"

"아직 생각해보지 않았어요. 하지만 나중에 다 나올 겁니다, 플롯에서요."

물론이다. 이런 말을 전에도 몇 번이나 들어보지 않았던가? 그런데 무슨 플롯?

나는 이해한다는 양 고개를 끄덕였다. 그럼요, 물론이죠.

나는 시나리오 작가 지망생들에게서 이와 똑같은 시나리오를 수도 없이 들어왔다. 물론 이들은 자기 이야기에 대해 더 이상 말을 할 수 없는데, 그 이야기에 대해 더 이상 아는 것이 없기 때문이다. 아직 스스로도 이야기를 규정하지 않은 것이다.

무엇에 관한 것인가? 스토리라인 묘사라는 측면에서 보자면, **무엇**에 대한 이야기이며 **누구**에 관한 이야기인가? 몇 문장으로 규정하고 분명히 나타낼 수 있는가? 이는 워크숍과 세미나에서 내가 거듭 강조하는 것이다.

"자신의 이야기를 자기 자신이 모른다면 누가 알겠는가?"

시나리오 쓰기는 목적지라기보다 여정에 더 가깝다. 하루하루 변화하는 진행적, 진화적 과정이다. 작가는 단계별로 재료를 준비한다. 우선 아이디어가 필요하다. 이 아이디어를 가지고 주제, 즉 행동과 등장인물을 도출한다. 그런 다음, 이야기를 함께 묶어주는 네 가지 고정점인 결말, 시작, 구성점 I과 구성점 II를 이용해 그 주제를 **패러다임**으로 구조화한다. 이 네 가지를 알기 전에는 어떤 것도 확실하게 쓸 수 없다. 이것들은 이야기를 하나로 묶어주는 접착제이자 스토리라인의 기반이다.

이 네 가지 요소를 알아야 비로소 자신의 이야기를 내러티브 방식으로 말하기 시작할 수 있다. 사실 '내러티브'라는 단어는 사실이든 상상이든 일이나 사건의 배열 또는 순서를 의미하고, 일종의 방향성을 내포한다. 이야기는 시작부터 결말까지 진행된다. 그리고 방향성이란 전개의 흐름임을 기억하자.

이야기를 종이에 적는 것은 필수적인데, 아이디어를 구체화하고 발전시키는 데 필요한 단계이기 때문이다. 앞으로 대여섯 달 뒤 완성될 시나리오와 얼마나 일치하는지, 그리고 좋은지 나쁜지는 전혀 상관없다.

바로 그렇기 때문에 간결한 네 페이지짜리 트리트먼트를 쓰는 것이 꼭 필요하다. 트리트먼트란 스토리라인의 내러티브 시놉시스이다. 등장인물의 삶을 조명하는 데 도움이 된다면 약간의 대사도 넣을 수 있다. 내가 학생들에게 네 페이지짜리 트리트먼트를 쓰게 하는 이유는 이야기를 하나로 묶어주는 구조적인 사건들을 명확히 하고 규정하는 데 도움이 되기 때문이다.

왜 이것이 필요한가? 머릿속에 맴도는 설익고 조각난 아이디어를 종이에 적어둘 수 있게 해주기 때문이다. 트리트먼트는 이야기의 세부 사항을 선명하게 하고 관계를 명확하게 한다.

나는 이것을 '골치 아픈' 연습이라고 부르는데, 이러한 무정형의 아이디어나 개념을 포착하여 형태화해야 하기 때문이다. 이것은 시나리오 쓰기 과정에서 중요한 단계이다.

여기서 한 가지 언급해둘 사실은 할리우드에서는 어떤 트리트먼트든 작가만의 도구에 불과하다는 점이다. 그저 시나리오 쓰기라는 진행적 여정의 일부에 지나지 않는다. 트리트먼트를 쓰면 팔리기를 바라는 것은 헛된 꿈일 뿐이다. 트리트먼트는 시나리오가 아니다. 그러니 트리트먼트가 판매되거나 계약될 것이라고 기대하지 말자. 더구나 신예 시나리오 작가나 지망생이라면 훨씬 어렵다. 텔레비전에서는 이야기가 달라진다. 이 업계에서는 트리트먼트나 비트 시트 beat sheet, 아우트라인outline 등을 프로덕션 담당자나 방송사와 협력하여 개발할 수 있다. 하지만 이 책에서 이야기하는 것은 시나리오다. 할리우드에서는 완성된 시나리오만 스튜디오와 제작사에 보낼 수 있다.

유럽과 몇 군데 중남미 국가에서도 이야기가 달라진다. 예를 들어 유럽에서는 트리트먼트가 영화위원회나 문화부 관계자의 힘으로 판매되거나 계약되기도 하며, 그러면 작가는 적게나마 돈을 받아 트리트먼트를 시나리오로 발전시킨다. 시나리오가 완성된 후에 어떻게 될지는 물론 아무도 모른다. 때로는 트리트먼트가 계약되어 시나리오로 완성되지만, 모종의 이유로 선반에 처박혀서는 먼지만 뒤집어쓰고 만다. 감독이 구해지지 않는다거나, 소재가 마음에 들지 않을 수도 있고, 예산이 너무 크다든가, 영화위원회의 정책이나 위원이 바뀌는 경우도 있다. 이유야 많다. 나는 유럽과 중남미 시나리오 작가들에게서 이런 경우를 수도 없이 전해 듣는다. 얘기하자면 끝이 없다.

네 페이지 트리트먼트 쓰기가 무조건 해야 하는 일은 아니지만, 시간을 들여 자료를 제대로 준비한다면 실제 쓰기 과정에 큰 도움이 된다.

나는 이러한 사실을 어렵게 배웠다. 데이비드 L. 월퍼 밑에서 다큐멘터리를 만들던 시절, 나는 전속작가로 125편이 넘는 방송 다큐멘터리에 참여하여 대본을 쓰거나 제작, 조사, 연출 등을 했다. 4년 반이 지나자 변화가 필요하다고 느꼈다. 월퍼 프로덕션을 떠나 장편 영화 프로덕션의 제작 담당자 자리를 적극적으로 찾아다녔다. 하지만 당시에는 아무것도 구할 수 없었다. 상황이 녹록지 않았다. 그러다가 몇 달 후, 월퍼 프로덕션에서 함께 일했던 월론 그린이 연출하는 〈스프리Spree〉라는 장편 다큐멘터리의 대본을 다시 써달라는 요청을 받았다. TV 시리즈 〈법과 질서Law & Order〉의 제작 책임자인 월론은, 내 멘토로서 내가 시나리오를 이해하는 데 매우 중요한 역할을 해준 작가 겸 감독 샘 페킨파와 함께 〈와일드 번치The Wild Bunch〉를 공동 집필하기도 했다.

〈스프리〉를 쓴 후 나는 프로덕션 일자리를 기다리는 동안 작가를 직업으로 삼아도 되겠다는 것을 깨달았다. 그래서 이곳저곳에서 일하며 근근이 생계를 유지하는 프리랜서의 삶을 사는 시나리오 작가가 되었다. 이런 식으로 지내며 7년 동안 원작 시나리오 아홉 편을 썼다. 그중 두 편은 제작되었다. 다른 대본 네 편은 옵션 방식으로 계약되었다. 이는 제작자가 일정액을 작가에게 지불하고 일정 기간(대개 2년) 동안 영화를 제작할 독점권을 갖게 된다는 것을 의미한다. 그 기간이 끝나자 권리는 내게 되돌아왔다. 나머지 세 편은 아무런 제안도 받지 못했다. 다들 자기가 그 작품들을 얼마나 좋아하는지 말해주었지만 아무 일도 일어나지 않았고, 그 시나리오들은 여전히 내 선반 위에 놓여 있다. "할리우드는 격려로 인해 죽을 수 있는 유일한 곳"이라고 소설가 도러시 파커가 말했다.

내가 일하는 방식은 간단했다. 아이디어가 생기면 조사를 했다. 소재에 익숙해질 때까지 도서관에서 책을 빌려 보고 사람들과 이야기를 나누었다. 그런 다음 등장인물을 만들고, 등장인물 전기를 쓰고, 또 다른 사람들과 이야기하고, 사진이나 그림 자료를 보고, 그 시대의 일기를 구해 직접 경험한 내용을 읽었다. 그러고 나서 앉아서 쓰기 시작하는데, 그 일을 '타자기에 머리 박기'라고 부르곤 했다. 나는 언제나 대본을 써냈지만 신체적, 정서적 소모가 대단히 컸다. 지루하고 고통스러운 과정이었다. 이렇게 몇 년을 작업하고 나서야, 시나리오 쓰기를 내 **선택**이 아니라 **의무**로 대하기 시작했다. 이 둘 사이에는 큰 차이가 있다. 전자는 긍정적 경험인 반면, 후자는 부정적 경험이다. 두 측면을 모두 보는 것이 중요하긴 하나, 글 쓰기는 부정적이거나 고통스러운 경험 정도로 치부하기에는 너무나 힘겹고 부담이 큰 일이다.

이 시절 내가 쓴 대본 하나는 고통스러웠지만 궁극적으로는 유익한 경험이었다. 부치 캐시디, 선댄스 키드와 함께 말을 몰던 밸린저라는 남자가 등장하는 서부 영화였다. 페킨파의 말을 빌리면, 밸린저는 '변화하는 시대에 불변하는 자'였다. 1902년 부치와 선댄스가 남아메리카로 떠났는데도 밸린저는 시대가 변하고 있다는 것을 믿지 않았다. 뒤에 남은 그는 두어 차례 강도질로 체포되어 투옥되었고, 이후 탈옥하여 자신이 할 줄 아는 유일한 일인 은행 강도를 계속했다.

밸린저는 시대에 맞지 않는 인물이었다. 10년 늦게 태어났다고도 할 수 있고, 어쩌면 10년 일찍 태어났다고도 할 수 있다. 이것이 기본 아이디어였다. 밸린저는 어디에도 어울리지 않는 인물이었다.

배경 이야기에서 밸린저는 은행을 털다 잡혀서 실형을 선고받는다. 나는 10년 형을 선고받은 밸린저가 4년간 복역하다 감옥에서 탈출하는 흥미진진한 시퀀스로 대본을 시작하고 싶었다. 탈옥한 뒤 옛 동료와 팀을 이뤄 젊은 단원 몇 사람을 영입해서는 옛날 방식대로 살아가고자 한다. 하지만 물론 시대는 변했다. 은행은 수표, 주식, 채권 같은 환금성 유가증권을 취급하기 시작했고, 소위 전화기라는 것을 이용해 덴버에서 샌프란시스코로 통화를 할 수 있게 되었다. 밸린저는 이런 것을 이해할 수 없었다. 강도질을 계획하고는 아무 일도 되지 않는 탓에 기대가 좌절된다. 어느 날 얻은 것이라고는 현금화할 수 없는 수표 다발과 천 달러짜리 지폐 한 장뿐이다.

또 어떤 날에는 겨우 몇백 달러어치 동전과 약간의 증권이 전부다.

이때 무엇을 해야 할지 어디로 가야 할지 모르는 가운데 밸린저를 쫓는 핑커턴사 소속 탐정들이 바짝 다가온다. 밸린저는 자신의 시대가 끝나가고 있음을 알게 되고, 볼리비아에 있는 부치와 선댄스에게 가는 일을 의논한다. 마지막 한탕을 꾸민 일당은 말을 타고 퓨젓사운드 기슭에 있는 워싱턴주의 어느 마을로 향한다. 이들은 강도짓을 벌이지만 이어지는 총격전 끝에 돈을 챙기지 못하고, 밸린저는 자신을 쫓는 연안경비대 쾌속정과 일부러 충돌하여 삶을 끝내기로 한다. 마지막 말은 "부치랑 선댄스 생각이 맞았는지도 몰라"였던 것 같다.

내가 '구덩이'에 틀어박혀 쓰기 시작했을 때 아는 것은 이것뿐이었다. 하지만 이번에는 '타자기에 머리 박기'가 통하지 않았다. 아니, 30페이지 정도는 효과가 있었지만 곧 혼란에 빠졌다. 무슨 일이 일어났는지, 무엇을 해야 할지, 어디로 가야 할지 알 수 없었고, 몇 주 동안 스토리라인과 씨름하다가 악명 높은 글쓰기 장애에 빠져들었다.

끔찍했다. 나 자신을 돕기 위해 마약을 잔뜩 하기 시작했지만 이야기를 찾기는커녕 오히려 점점 더 멀어져갔다. 화가 치밀었고 낙담하고 좌절하다가 깊은 우울증에 사로잡혔다. 그런 상태가 몇 주나 이어졌고, 결국 겁이 나서 모든 것을 그만두었다. 마약도 뚝 끊었다.

며칠 후 메이저 제작사의 각색 담당자로 있던 친구에게 전화가 와서 함께 저녁식사를 했다. 식사 중에 내 고충을 토로하자 친구는 아주 단순한 질문을 던졌다. "무엇에 관한 이야긴데?"

나는 말문이 막힌 채 친구를 바라보았다. '글쓰기 장애'로 인한 절망과 고뇌와 우울증 탓에 내 이야기에 관한 모든 것을 잊어버렸다. 누군가에게서 이야기를 들려주고 소리 내어 묘사해달라는 요청을 받은 것은 처음이었다.

무엇에 관한 이야기였는지 기억해보려고 잠시 말을 더듬다가 마침내 그 기본 아이디어를 불쑥 말하게 되었다. 친구는 듣더니 몇 가지 관련된 질문을 했으며, 몇 가지 제안을 하고 나서 서면으로 뭔가를 보고 싶다고 말했다.

그 말에 응한 나는 그날 밤 집에 돌아와서 자리에 앉아 짧은 트리트먼트를 썼다. 내 이야기를 알게 되자마자 글쓰기 장애가 사라졌다. 무슨 일이 일어났는지 믿을 수가 없었다. 바로 그때 **"글쓰기에서 가장 어려운 일은 무엇을 쓸 것인지 아는 것"**이라는 말을 이해하게 되었다.

이 경험은 자신의 이야기를 안다는 것이 얼마나 중요한지를 내게 일깨워주었다. 미국, 캐나다, 유럽, 멕시코, 남아메리카 등지의 시나리오 워크숍과 세미나에서 나는 무엇인가를 쓸 수 있으려면 우선 자신의 이야기를 반드시 알아야 한다는 사실을 끊임없이 강조한다. 그리고 이 모든 것은 결말, 시작, 구성점 I, 구성점 II라는 네 가지 요소를 포착하여 극적 스토리라인으로 구조화할 수 있을 때 시작된다.

왜 열 페이지도 스무 페이지도 아닌 네 페이지 트리트먼트인가?

왜냐하면 작가는 이 단계에서 자신의 이야기에 대해 많은 것을 알지는 못하기 때문이다. 행동과 등장인물에 관한 대략적 아이디어, 플롯을 위한 개괄적 기반, 그리고 결말, 시작, 구성점 I, 구성점 II라는 네 고정점만 알고 있을 뿐이다. 이 정도가 이 시점에서 이야기에 관해 알고 있는 모든 것이다. 특정한 신의 목적이 무엇인지, 스토리라인에서 그 신이 어떤 역할을 하는지 모른다. 아마도 그 신이 이야기를 진전시키는지, 아니면 등장인물의 정보를 드러내는지조차 모를 것이다. 이 단계에서 대부분의 작가는 이런 질문에 대한 답을 가지고 있지 않다. 작가는 스토리라인을 짜서 내러티브에 기반하여 고정시켜야 한다.

트리트먼트는 실제 시나리오 쓰기를 준비하는 데 도움을 준다. 따라서 이 간결한 네 페이지 트리트먼트를 쓸 때는 지나친 세부묘사에 빠져들지 말아야 한다. 지금 너무 많은 세부 사항을 추가하는 것은 도움이 되지 않는다.

주인공이 어떤 차를 타는지, 어떤 아파트에 사는지, 어떤 그림이 벽에 걸려 있는지, 왜 비행기 대신 기차를 타고 가는지 등 나중에 언제라도 개개인의 성격묘사를 추가하여 더 구체화할 수 있다. 하지만 지금 당장은 이런 것을 알아둘 필요가 없다.

그래서 이 단계에서는 네 페이지짜리 트리트먼트가 스토리라인을 구성하는 데 이상적인 분량이다. 이것은 이야기가 아니라 이야기의 개요이자 시나리오 쓰기 과정의 출발점에 불과하다. 따라서 기대, 희망, 꿈 등은 모두 서랍 속처럼 눈에 띄지 않는 곳에 치워두고, 그냥 앉아서 트리트먼트를 쓰자.

이쯤에서 과제를 내보겠다. 스토리라인의 내러티브 시놉시스가 될 네 페이지 트리트먼트를 써보자. 앞 장들에서는 아이디어를 추출하여 주제화하는 것에 대해 언급했다. 기본적으로 이것은 이야기가 **무엇**에 관한 것이고 **누구**에 관한 것인지를 묘사한다. 그런 다음 그 주제를 패러다임에 맞춰 세분하여 결말, 시작, 구성점 I, 구성점

II를 파악했다. **패러다임**은 작가의 구조적 닻이 된다.

이제 스토리라인의 주제, 즉 행동과 등장인물을 패러다임의 극적 구조 속에 배치해보자. 처음엔 결말, 다음엔 시작, 그다음엔 구성점 I과 구성점 II를 결정한다. 앞 장의 구조에 대한 연습에서 했던 방법대로 해본다.

아리스토텔레스의 말대로, 처음부터 시작한다. 오프닝 신 또는 시퀀스는 무엇인가? 여기서 약간 세부적으로 들어갈 수 있다. 어디서 일어나는가? 〈콜래트럴〉에서 로스앤젤레스에 도착하는 빈센트처럼 공항에 도착하는 등장인물로 시작하는가? 아니면 황량한 길 위에서, 자동차 안에서, 산간 오지에서 일어나는가? 〈본 슈프리머시〉에서처럼 꿈이나 플래시백으로 시작하는가? 아니면 혼잡한 도시의 거리에서, 텅 빈 엘리베이터에서, 또는 〈원초적 본능Basic Instinct〉(조 에스터하스)처럼 침실에서 에로틱한 섹스 신으로 시작하는가? 당장은 너무 자세하고 정확하게 쓸 필요가 없다. 아직 모든 것을 알 필요가 없다. 스토리라인을 대략적으로만 다루면 된다. 세부 사항은 나중에 나올 것이다.

오프닝 신이나 시퀀스가 사무실에서 벌어진다면 등장인물은 무엇을 하고 있는가? 월요일 아침에 출근한 참인가? 금요일 오후에 퇴근하는 길인가? 나중에 모두 바꿀 수 있으니 대강 묘사한다. 이 과제의 목적이 네 페이지로 스토리라인을 규정하고 요약하는 것임을 명심하자.

여덟 페이지도 다섯 페이지도 아닌 **네** 페이지다.

일단 오프닝 신이나 시퀀스가 결정되면 트리트먼트를 두 가지 개별 범주로 나눌 것이다. 내가 신이나 시퀀스의 **극적 재현**dramatic recreation이라 부르는 첫 번째 범주는 행동을 시각적으로 묘사한다. 예를 들어보자. "밤, 자동차 한 대가 천천히 거리를 지나간다. 길모퉁이를 돌아 길가에 멈춰 선다. 전조등이 꺼진다. 차는 저택 앞에 서 있다. 기다린다. 정적. 멀리서 개가 **짖는다.** **조**는 운전석에 조용히 앉아 있고, 조수석에는 무선 수신기가 놓여 있다. 조는 급히 이어폰을 귀에 꽂고는 경찰의 무전 내용을 잡기 위해 다이얼을 천천히 돌린다. 그런 다음 듣는다. 그리고 기다린다."

내가 이것을 **극적 재현**이라고 부르는 이유는 시각적으로 구체적인 행동 묘사이기 때문이다. 여기서는 오프닝 신이나 시퀀스를 설정한다는 것을 기억하자. 오프닝의 행동을 반 페이지 정도로 묘사한다. 필요하다면 몇 마디 대사를 사용한다.

이것은 시나리오가 아니라 이야기의 내러티브 시놉시스, 즉 트리트먼트일 뿐임을 기억하자.

내가 **내러티브 시놉시스**라고 일컫는 두 번째 범주에서는 행동을 포괄적이고 개략적으로 요약한다. 가령 최근에 이혼한 어머니와 10대 아들의 관계에 관한 이야기라고 해보자. 아들은 다른 주(州)에 있는 아버지와 함께 살고 싶어 한다. 작가는 액트 I의 나머지 부분에서 무슨 일이 일어나는지 **요약**하고자 한다. 만약 오프닝 신이나 시퀀스가 어머니가 빈집에서 깨어나는 꿈으로 시작된다면, 액트 I의 나머지 부분은 두 사람의 관계를 설정하고 정립하는 것을 다룬다. 예를 들어보자. "어머니는 아들과 소통하려 하지만, 아들은 학교 성적이 형편없는 데다가 교사들에게 반항하고 무례하게 굴면서 계속해서 삶을 엉망으로 만든다. 풋볼이나 역도 같은 '사내'만의 일을 못하는 어머니의 신체적 무능력에 대해 불평하면서 끊임없이 비난을 던진다. 분명 어머니는 아들을 잃어간다고 느끼는 것 같다. 그래서 아들과 시간을 더 많이 보내겠다고 맹세하고 자신의 일과 행복보다 아들을 우선시한다. 하지만 그 결심은 아들의 존경이나 감사를 얻는 데 별 도움이 되지 않는다. 어머니는 이제 어떻게 해야 할지, 아들의 애정을 되찾기 위해 무엇을 해야 할지 모른다."

내러티브 시놉시스는 액트 I의 나머지 부분에서 일어나는 행동의 요약이자 개괄적 묘사이다. 이런 유형의 글쓰기를 오프닝, 즉 극적 재현과 대조해보면, 오프닝은 구체적이지만 내러티브 시놉시스는 개괄적이라는 것을 알 수 있다. 이것이 바로 네 페이지 트리트먼트에서 만들어내고자 하는 톤이다. 여러분은 트리트먼트가 완전한 이야기처럼 보이기를 바라겠지만, 실상은 구체적인 스토리라인의 네 가지 요점만 있을 뿐이다. 이는 작가를 바로 다음 단계인 구성점 I의 **극적 재현**으로 이끈다.

액트 I 끝에 있는 구성점이 되는 사건, 에피소드 또는 일은 무엇인가? 액션 시퀀스인가, 대화 시퀀스인가? 어디서 일어나는가? 그 신이나 시퀀스의 목적은 무엇인가? 구성점은 항상 등장인물의 한 가지 기능이라는 점을 기억하자. 그 구성점이 등장인물을 드러내는가, 아니면 이야기를 진전시키는가?

그다음, 반 페이지 정도의 **극적 재현**으로 액트 I 끝의 구성점을 쓴다. 이를테면 액션 영화를 쓰고 있다고 치자. 등장인물은 악행에 대해 복수하는 임무를 띠고 있는데, 자기를 누가 왜 쫓고 있는지 다른 장소로 이동함으로써 밝혀내고자 한다. 그러면 구성점을 이렇게 간단히 쓸 수 있다. "오토바이에 앉은 남자는 동쪽을 향해 있다. 여행 짐도 꾸렸다. 엔진의 회전속도를 높인다. 기어를 넣는다. 기다림은 마침내 끝났다. 때가 되었다. 전사가 전투에 복귀하고 있다." 구성점은 장소 변경처럼 간단할 수도, 탈옥처럼 복잡할 수도 있다는 것을 기억하자. 작가가 선택하기 나름이다.

그 밖에 고려할 점이 몇 가지 더 있다. 등장인물의 극적 요구가 구성점 I에서 변경된다면, 새로운 극적 요구가 무엇인지를 분명히 한다. 〈델마와 루이스〉에서 두 여자는 주말을 보내러 출발하지만, 강간 미수범을 살해한 후 극적 요구가 바뀐다. 이제 이들은 경찰을 피해 달아나는 두 지명 수배자다.

오프닝, 액트 I, 구성점 I 등 세 가지 극적 요소만으로도 네 페이지 트리트먼트 중 한 페이지 반을 채우게 된다. 겨우 두 신 또는 시퀀스만으로 말이다.

액트 I을 완성했으니 이제 액트 II로 넘어갈 준비가 되었다. 액트 II는 대략 60페이지 분량의 극적 행동 단위로, 구성점 I의 끝에서 시작하여 구성점 II의 끝까지 지속된다. 그리고 **대립**이라는 극적 맥락으로 결속된다. 등장인물의 극적 요구, 즉 시나리오가 진행되는 동안 그 인물이 이기고, 얻고, 이루고 싶은 것이 무엇인지를 안다면, 그 요구에 상응하는 장애물을 만들어낼 수 있다. 그러면 등장인물이 극적 요구를 성취하기 위해 거듭되는 장애물을 극복하는(또는 극복하지 못하는) 이야기가 된다.

모든 드라마는 갈등이라는 것을 명심하자. 갈등 없는 행동이, 행동 없는 등장인물이, 등장인물 없는 이야기가, 이야기 없는 시나리오가 없다.

그러니 액트 II에 대해 잠시 생각해보자. 등장인물은 갈등에 직면할 것이다. 갈등은 '반대'를 의미하는데, 그렇다면 등장인물은 무엇에 맞닥뜨리게 되는가? 두 가지 유형의 갈등이 있다는 사실을 유념해야 한다. 외적 갈등의 경우에는 등장인물의 극적 요구에 반하여 작용하는 힘이 있다. 이런 갈등은 이를테면 누군가에게 쫓기거나 누군가를 쫓는 것, 적에게 붙잡히는 것, 자연재해가 닥친 와중에 살아남으려는 것, 신체적 부상을 극복하는 것 등이다. 내적 갈등은 실패에 대한 두려움, 성공에 대한 두려움, 친밀감에 대한 두려움, 책무에 대한 두려움 등이다. 내적 갈등은 등장인물의 행동에 장애가 될수 있다. 등장인물의 극적 요구를 방해하는 것은 인물 내부의 정서적 힘이다.

〈콜드 마운틴Cold Mountain〉(앤서니 밍겔라)이 좋은 예이다. 인먼(주드로)은 미국 남북전쟁 중에 부상을 입어 후방 병원으로 이송된다. 플래시백과 보이스오버 내레이션으로 관객은 인먼과 에이다(니콜 키드먼)의 관계를 보고 듣는다. 에이다가 "내게 돌아와줘요"라고 간청하자 인먼은 남부 연합군에서 탈영하여 콜드 마운틴으로 돌아가는 물리적, 정서적 여정을 시작한다. 콜드 마운틴이라는 공동체는 물리적인 마을일 뿐만 아니라 마음속의 정서적인 장소이기도 하다. 콜드 마운틴과 에이다에게 돌아가기라는 자신의 극적 요구를 충족하기 위해 인먼은 날씨, 적병, 포획, 남부 연합 경찰의 추적을 비롯한 온갖 장애물을 극복해야 한다. 액트 II에서 인먼은 내적, 외적 장애물 모두에 직면하며, 인먼이 귀향 여정에서 살아남으려 애쓸 때 드라마와 긴장이 생겨난다.

에이다의 갈등은 내적이면서 외적이기도 하다. 에이다는 '숙녀'로서의 기술과 자질을 갖추도록 양육되었다. 피아노를 치고, 교회 모임에서 안주인 역할을 하는가 하면, 글을 읽고, 품위 있는 말벗이 될 수도 있다. 하지만 아버지가 죽은 후 농장에서 살아남는 법에 대해서는 아무것도 모른다. 울타리 고치기라든가 작물 심기, 홀로서기 등 살아남으려면 해야만 하는 일들을 전혀 모른다는 내적 좌절감에 대처해야 한다.

대부분의 경우 우리는 내적 갈등과 외적 갈등을 모두 겪는다. 따라서 액트 II에서 일어나는 행동을 묘사할 준비를 하면서, 등장인물이 마주치게 될 장애물 몇 가지를 개략해보는 것이 좋다.

먼저 종이 한 장을 따로 꺼내서 액트 II에서 등장인물이 직면하는 네 가지 장애물을 열거한다. 이 장애물들이 무엇인지 알고 있는가? 이것들을 규정하고 분명히 나타낼 수 있는가? 내적 장애물인가, 외적 장애물인가? 생각해보고, 준비가 되면 그냥 열거한다. 이 네 가지 장애물이 이야기 진행 과정에서 극적 갈등을 일으키는지 자문해보자. 그랜드 캐니언의 식물학자 이야기라면 위험한 급류를 탄다거나 무시무시한 더위에 녹초가 되는 것, 또는 발목이 심하게 삐거나 뼈가 부러지는 것 같은 신체적 곤경 등이 있음 직한 장애물이다. 뗏목 전복, 물자 분실, 다른 등장인물과의 마찰일 수도 있다. 내적이든 외적이든 또는 이 둘의 조합이든 네 가지 갈등을 선택하되, 항상 등장인물 앞을 막아서는 동시에 이야기를 액트 II 끝의 구성점까지 진전시키는 장애물인지를 확인한다.

그런 다음 다시 트리트먼트로 돌아간다. 이 네 가지 갈등을 스토리라인의 고정점으로 활용하여, 액트 II의 행동을 한 페이지짜리 **내러티브 시놉시스**로 요약한다. 네 가지 장애물에 맞서는 등장인물을 따라가고, 각각의 장애물을 약 4분의 1페이지씩으로 요약해보자. 이때 극적 흐름을 생성하는 것이 중요하다. 이러한 장애물을 직면하고 극복하는 등장인물에 초점을 맞추고, 단순히 그 행동, 즉 어떤 일이 일어나는지를 개략적으로 묘사한다. 앞서 언급했듯이 구체적인 세부 사항에 너무 많은 시간을 할애하면 네 페이지가 아니라 여덟 페이지 정도가 되고 말 것이다. 그러니 개괄적으로 묘사한다. 이 단계에서 지나친 세부묘사는 적이다.

이 작업을 마치면 약 두 페이지 반을 썼을 것이다. 이제 액트 II 끝의 구성점을 쓸 준비가 되었다. 구성점 II는 무엇인가? 이것을 묘사할 수 있는가? 극화할 수 있는가? **극적 재현**으로 구성점 II를 반 페이지 정도 쓰자. 원한다면 필요한 경우 몇 마디 대사를 사용한다. 액트 II 끝의 구성점이 어떻게 행동을 액트 III로 '전환'하는가? 세부 사항에 개의치 말고 이야기가 매끄럽게 흘러가도록 한다. 다시 말하지만, 세부묘사를 추가하고 싶은 마음이 저도 모르게 들더라도 주의하면서 휘말리지 않도록 한다. 생각이 길어지기 시작하면 알아 차릴 것이다. 정확히 **어떻게** 그 일이 일어나는지, 등장인물의 구체적 동기가 무엇인지, 어떤 차를 타는지, 어떤 직업이나 장소를 이용하는지 등을 결정하느라 시간을 허비하고 있을 테니까. 이 연습에 등장인물의 과도한 동기는 필요치 않다.

이제 액트 III, 해결이다. 액트 III에서는 무슨 일이 벌어지는가? 등장인물은 사는가 죽는가, 성공하는가 실패하는가, 경주에서 이기는가 지는가, 결혼하는가 못 하는가, 이혼하는가 안 하는가, 악당을 해치우는가 못 해치우는가? 이야기의 해결책은 무엇인가? 스토리라인을 해결하려면 어떤 일이 벌어져야 하는지 알고 있는가? 구체적이 아니라 개괄적인 내용이면 된다. 액트 III에서 벌어지는 일에 대한 **내러티브 시놉시스**를 반 페이지 정도로 쓴다. 해결을 간단히 묘사하자.

이제 결말이다. 해결이 무엇인지 알 테니 반 페이지 분량으로 결말에 대한 **극적 재현**을 쓴다. 구출 같은 액션 시퀀스일 수도 있고, 결혼식 같은 정서적 신일 수도 있다. 완벽할 필요는 없으며, 나중에 결말을 놓고 원하는 대로 자유롭게 바꿀 수 있다. 이 시점에서 결말 신이나 시퀀스는 극적 선택일 뿐이며, 실제 쓰기 과정에서 변경, 강화, 과장할 수 있다. 이 연습을 마치면, 스토리라인을 네 페이지로 극화하여 써놓은 셈이다.

요약하자면 다음과 같다.

1/2페이지: 오프닝 신 또는 시퀀스의 **극적 재현**.

1/2페이지: 액트 I의 나머지 부분에서 무슨 일이 일어나는지를 요약한 **내러티브 시놉시스**.

1/2페이지: 액트 I 끝의 구성점의 **극적 재현**.

1페이지: 그런 다음 별도의 종이에 액트 II에서 등장인물이 직면하는 네 가지 장애물을 쓴다. 장애물은 내적이거나 외적이거나, 아니면 이 둘의 조합이 된다. 다음엔 등장인물이 직면하는 네 가지 갈등에 초점을 맞추어 액트 II의 행동을 요약하는 한 페이지짜리 **내러티브 시놉시스**를 쓴다. 그냥 각각의 장애물을 두세 문장으로 묘사하면 된다.

1/2페이지: 액트 II 끝의 구성점의 **극적 재현**.

1/2페이지: 액트 III (해결)에서 행동의 **내러티브 시놉시스**.

1/2페이지: 시나리오의 결말 신 또는 시퀀스의 **극적 재현**.

이것이 네 페이지 트리트먼트다. 마치 이야기처럼 보이고, 이야기처럼 읽히지만, 무엇에 관한 스토리라인인지를 적은 트리트먼트일 뿐이다. 이것을 서부 또는 동부의 미국작가조합Writers Guild of America에 등록할 수 있는데, 이러한 '저작자 증명'은 www.wga.org에서 온라인 등록이 가능하다. 이 책을 쓰는 시점(2006년)에 비회원은 20달러, 회원은 10달러의 비용이 든다. 트리트먼트를 등록하면 등록일 기준으로 이야기의 저작자임을 주장할 수 있다. 저작권 취득은 필요 없다. 그리고 원한다면 네 페이지 트리트먼트를 배달 증명 우편으로 자신에게 보낼 수도 있는데, 이것을 받았을 때 봉투를 열지 않아야 한다.

이 네 페이지 쓰기는 내가 '골치 아픈' 연습이라 부르는 것으로, 아마도 시나리오를 쓰는 전체 과정에서 가장 쓰기 힘든 것일 듯싶다. 미숙하고 막연한 아이디어를 가지고, 임의로 결말을 선택하고, 시작, 중간, 결말이라는 형태로 구조화해야 한다. 작업에 활용할 재료가 정말 많지 않기 때문에 힘들다. 등장인물은 규정되지 않았고, 구체적인 세부묘사가 들어갈 공간이 없다. 너무 세세하게 묘사하다 보면 결국 길을 잃거나 혼란에 빠질 수도 있다. 스토리라인을 써서 네 페이지로 맞추는 데 두세 번이 걸릴 수도 있다. 처음에는 여덟 페이지를 쓰고, 다음에 다섯 페이지로 줄이고, 마지막에 네 페이지로 끊을 수 있을 것이다.

트리트먼트를 쓸 때 온갖 내적 저항을 경험할 수도 있다. 짜증이나 싫증이 날 수도 있고, 쓰고 있는 내용에 대해 판단이나 평가를 내려려 할 때도 많을 것이다. 자신의 비판적인 목소리가 "이건 세상에서 가장 따분한 이야기야!"라고 말할지도 모른다. 아니면 "싫어!

단순하고 시시해"라든가 "흔해빠졌네", "어째서 이걸 가능하다고 생각했지?"라고 할 수도 있다.

이런 목소리가 옳을지도 모른다. 이 단계에서는 이야기가 실제로 지루할 가능성이 크다.

그래서? 이것은 네 페이지 트리트먼트일 뿐이다. 그냥 종이에 처음 적어본 것일 뿐, 그 이상이 아니다. 그저 네 페이지를 쓰고 있다는 사실을 놓쳐서는 안 된다. 네 페이지는 네 페이지일 뿐, 이 내용을 돌에 새기거나 황금으로 쓰지는 않을 것이다. 그냥 트리트먼트를 쓰자. 완벽하지 않아도 괜찮다.

이 네 페이지 트리트먼트는 앞으로 완성될 최종 시나리오와 거의, 심지어 전혀 관련이 없을 수도 있다는 것을 명심하자. 출발점일 뿐 완성품이 아니다. 이야기는 써나가는 과정에서 변화하고 진화하고 성장할 것이므로 이 페이지들이 흠잡을 데 없이 완벽할 것이라고 기대하지 말자. 기대는 접어두자. 지나친 비판적 평가는 필요 없다. 나중을 위해서 아끼자! 글쓰기는 경험적이다. 하면 할수록 더 쉬워진다.

마지막으로 주의할 점이 하나 있다. 트리트먼트를 완성한 다음 이것이 효과가 있는지, 아니면 좋은지 나쁜지 확신이 서지 않을 것이다. 그래서 쓰고 있는 것에 대해 피드백이나 어떤 확언을 듣고 싶어 할지도 모른다.

그러면 안 된다.

아내, 남편, 연인, 친구, 형제, 자매가 읽게 해서는 안 된다. 물론 그 사람들은 읽고 싶어 할 것이다. 심지어 네 페이지를 읽어보자고 간청하고 애원할 수도 있다. 허락하면 안 된다. 이유는 다음과 같다.

나는 많은 학생들이 자기 삶에서 중요한 사람들에게 피드백과 확언을 구하고자 이것을 보여주도록 했다. 특히 한 여학생은 불안해하며 남편에게 트리트먼트를 보여주었다. 마침 영화계에 종사하던 남편은 아내에 대한 사랑으로, '솔직해지고' 싶은 마음에서, 그리고 심히 염려되어서, 자기가 진정으로 어떻게 생각하는지를 말해주었다. 남편의 '진실'은 소재가 밋밋하고 등장인물들이 구체적이지 않다는 것이었다. 게다가 몇 년 전에 비슷한 영화가 만들어진 것 같다는 말도 덧붙였다. 말할 것도 없이 아내는 망연자실했다. 그 트리트먼트를 서랍에 넣어 묻어버렸을 뿐만 아니라, 더욱 심각한 사실은 다시는 글을 쓰지 않았다는 것이다. 훌륭한 희극적 잠재력을 가지고 있었지만 자신보다 남편이 더 많이 안다고 생각했기 때문에 그 말을 듣기로 했고, 결코 회복하지 못했다.

나는 이런 일이 반복되는 것을 보아왔다. 이렇기에 여러분은 이것이 네 페이지 트리트먼트일 뿐이라는 것을 이해해야 한다. 시나리오가 아니다. 이것은 출발점에서의 연습일 뿐 종착점이 아니다.

이 네 페이지를 팔 수 있다고 생각하지 말자. 그저 마음속에서 이야기를 명확히 하기 위한 연습이다. 그냥 연습을 하고 이야기를 하자. 트리트먼트를 팔려고 하거나, 영화가 만들어지면 얼마나 많은 돈을 벌지 생각하는 데 얽매이지 말자.

스토리라인을 네 페이지로 써 내려가는 데만 집중하고, 다 쓰고 나서 무슨 일이 일어날지는 걱정하지 말자.

고대 산스크리트 경전 『바가바드 기타Bhagavad Gita』에는 이런 말이 있다.

"자기 행동의 결실에 집착하지 말라."

1. 자신의 이야기에 있는 네 가지 요점을 **패러다임**으로 구조화해보자.

2. 반 페이지 분량으로, 오프닝 신을 **극적 재현**으로 극화해보자.

3. 반 페이지 분량으로, 액트 I에서 무슨 일이 일어나는지 **내러티브 시놉시스**를 작성해보자.

4. 반 페이지 분량으로, 오프닝 신 또는 시퀀스에서 했던 것처럼 구성점 I의 **극적 재현**을 작성해보자.

5. 별도의 종이에, 액트 II에서 등장인물이 직면하는 네 가지 장애물을 열거해보자. 이러한 장애물은 내적이거나 외적이거나, 이 둘의 변형일 수도 있다.

6. 한 페이지 분량으로, 등장인물이 직면하는 네 가지 장애물을 **내러티브 시놉시스**로 요약해보자.

7. 반 페이지 분량으로, 구성점 II에서 무슨 일이 일어나는지를 **극적 재현**으로 작성해보자.

8. 반 페이지 분량으로, 액트 III에서 무슨 일이 일어나는지를 **내러티브 시놉시스**로 작성해보자.

9. 반 페이지 분량으로, 이야기의 결말 신이나 시퀀스를 **극적 재현**으로 작성해보자.

10. 패러다임을 그려보자. 그러면 다음과 같이 보일 것이다.

구조화된 패러다임

이야기: _____

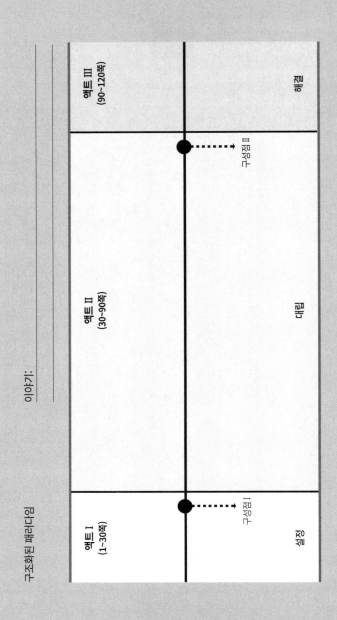

액트 I (1~30쪽)	액트 II (30~90쪽)	액트 III (90~120쪽)
구성점 I	구성점 II	
설정	대립	해결

5

등장인물의 창조

울프:
"네가 등장인물character이라고 해서 개성character이 있다는 건 아니야."

쿠엔틴 타란티노, 로저 애버리
〈펄프 픽션〉

오래전 이탈리아에 사는 친구들과 함께 여행하다가 성 프란체스코의 고향인 아시시라는 작은 마을을 방문했다. 우리는 버스를 타고 길고 구불구불한 길을 올라 프란체스코가 살고 일하고 공부하던 언덕 높은 곳 작은 교회와 수도원에 도착했다. 나는 그에 대해 잘 알지 못했다. 프란체스코 수도회를 창설했고, 숭고한 시와 수필, 철학을 썼다는 것 정도만 알고 있었다. 내가 보았던 회화와 이미지 속의 프란체스코는 항상 새와 동물들에게 둘러싸여 있었다. 그는 동물들과 대화할 수 있었다고 전해진다. 프란체스코의 시와 글은 자연의 조화와 결합으로 가득하며, 모든 생명이 신성한 의식(意識)으로 연결되어 있다고 한다. 그는 모든 생물이 서로 관련되어 있다고 말했다. 새, 나무, 바위, 강, 개울, 바다 등 우리는 모두 하나의 의식이 구현된 존재이며, 생명체로서 우리는 우리를 통해 흐르는 생명력을 표현한다. 그것을 신이든 자연이든, 그 무엇이라고 불러도 상관없다. 그것은 그 자체다.

교회와 수도원에 산재해 있는 조그만 방들을 둘러보고, 숲이 우거진 언덕에 난 비탈길을 오르며 그늘과 햇빛 속을 거닐던 나는 새들이 사방에서 소란스럽게 울며 지저귀고 있다는 것을 알아차렸다. 소리와 움직임의 교향곡을 지켜보며, 성 프란체스코가 걷던 길을 걷는다는 것에 대해 생각했다. 그러자 내 호흡이 차분해지고 마음도 평온해졌음을 깨닫게 되었고, 명상 상태에 빠진 듯 느껴졌다. 아름다운 풍경을 둘러보자니, 내가 풍경의 조화로 인해 이런 느낌을 경험하는 것인지, 아니면 땅과 나무와 새들이 성 프란체스코의 상태를 흡수해두었기에 내가 그 장소 자체의 에너지나 진동 속에 잠겨든 것인지 궁금했다. 이 신성한 상태, 즉 마음은 차분하지만 감각이 완전히 깨어 있는 상태가 프란체스코가 시와 글에서 언급한 것과 같은 상태인지 궁금했다.

나는 인간이 일상적인 현실을 초월하여 이런 초월의 상태로 들어갈 수 있는 이 같은 잠재력을 가지고 있는 것이 아닌가 하고 추측했다. 마치 내가 주변의 환경에 동화된 것 같았다. 얼마나 오랫동안 그 오솔길에 서서 이 에너지에 사로잡혀 있었는지 모르겠다. 몇 분, 아니 한 시간 정도 지났을까, 주위를 둘러보니 근처 나뭇가지에 새 떼가 앉아 있었다. 새들이 내 생각의 파동에 감응하는 듯 나를 지켜보고 있다는 것을 마음속 깊이 깨달았다. 특별한 경험이었다.

나는 정신을 차리고 수도원으로 이어지는 길을 따라 걷기 시작했다. 언덕을 내려가면서 성 프란체스코가 어떤 사람인지 궁금해졌다. 인간으로서의 정체성을 초월하여 이 살아 있는 에너지 또는 진동에 동화되어 아시시의 새와 동물의 정신과 하나가 될 수 있을 정도로 광채가 번득이는 강한 존재였을까? 인간의 한계를 뛰어넘어 이 신성한 에너지와 하나가 될 수 있는 자는 대체 어떤 사람일까? 다시 말해 성 프란체스코가 어떤 특질을 가지고 있기에 그토록 독특한 사람이 되었던 것일까?

그러자 등장인물에 대한 질문이 뒤이어 떠올랐다. 내가 선생으로서나 학생으로서 등장인물의 특질에 대해서 쓰고 가르칠 때 여러 번 스스로에게 던진 질문이었다.

무엇이 좋은 등장인물을 만드는가?

등장인물의 목적이나 동기인가? 대사인가? 시나리오 전개 과정에서 등장인물이 성취하려는 일인가? 그의 통찰력, 영리함, 신뢰성, 개연성인가? 아니면 진실성인가? 극적 목적의 달성을 위한 행동인가? 등장인물은 시나리오 전개 과정에서 관객의 관심을 지속시키기 위해 어떤 특질을 가져야 하는가?

철학자들은 인간의 삶이란 행동의 총합으로 평가되는 것이라고 이야기한다. 우리의 삶은 일생 동안 성취하거나 성취하지 못한 것으로 '평가'된다. 아리스토텔레스는 "삶은 행동으로 존재하고, 그 끝은 행동의 한 유형이지 특질이 아니다"라고 했다.

등장인물이란 무엇인가?

행동이 바로 등장인물이다. 인물은 말하는 바가 아니라 행동하는 바에 따라 규정된다.

시나리오에서는 등장인물이 행동을 몰아가든가 행동이 등장인물을 몰아간다. 예를 들어 〈본 슈프리머시〉에서 제이슨 본은 여자친구 마리의 죽음에 대한 복수를 하고, 누가 무슨 이유로 자기를 쫓는지 알아보고자 길을 떠난다. 이것은 복수 이야기가 될 수도 있지만, 그 대신 발견과 구원의 이야기가 된다. 이 경우 등장인물이 행동을 몰아간다. 제이슨은 CIA 요원 두 명이 살해된 베를린에서 자신의 지문이 발견되었다는 것을 알게 된다. 하지만 그는 수천 킬로 떨어진 인도 고아에 있었다. 누가 그를 쫓고 있는가? 그리고 왜? 영화 중반부에서 그는 자기가 몇 년 전에 러시아 정치인과 그 아내를 살해했던 장본인임을 알게 된다. 이제 자신의 행동에 대한 책임을 인정하고 자기가 죽인 두 사람의 딸을 찾아야 한다. 여기서 등장인물을 결정하는 것은 행동이다.

〈배트맨 비긴즈Batman Begins〉(크리스토퍼 놀런, 데이비드 고이어)에서는 행동이 등장인물을 몰아간다. 브루스 웨인은 아버지와 어머니의 피살에 대한 복수를 시작한다. 하지만 먼저 박쥐에 대한 두려움을 극복해야 한다. 〈배트맨 비긴즈〉는 고담시에 정의와 질서를 가져오기 위해 자신의 두려움을 극복하는 망토 두른 투사의 이야기다. 이 두 가지 요소는 이야기를 역동적인 해결로 몰아가는 내러티브 추진력이 된다.

월터 테비스의 소설을 시드니 캐럴과 로버트 로센이 각색한 고전 영화 〈허슬러The Hustler〉에서 패스트 에디 펠슨(폴 뉴먼)은 말솜씨 좋고 빨리 치기로 유명한 오클랜드 출신 당구 선수다. 패스트 에디는 '스트레이트 풀(포켓 당구 게임의 한 가지—옮긴이)의 제왕' 미네소타 패츠(재키 글리슨)와 대결하러 온다. 실력이 더 나음에도 불구하고 패스트 에디는 자신의 태도와 행동으로 인해 버트 고든(조지 C. 스콧)의 말처럼 '패배자'가 된다. 이야기가 진행되는 동안 패스트 에디는 패자에서 승자가 된다. 이것이 바로 그의 행동이자 등장인물의 변화이다.

좋은 등장인물은 시나리오의 심장이자 영혼이요 신경계이다. 이야기는 등장인물을 통해 전달되고, 이는 관객이 우리의 일상적 현실을 초월하는 보편적인 감정을 경험하도록 유도한다. 좋은 등장인물을 창조하는 목적은 관객에게 자극과 감동, 영감을 주는 독특한 인간성을 포착하려는 것이다.

영국의 위대한 극작가이자 시나리오 작가 해럴드 핀터는 이렇게 말한다. "작가가 등장인물을 창조할 때 그들은 작가를 조심스럽게 관찰한다. 터무니없게 들릴지 몰라도 나는 내 등장인물로부터 두 가지 고통을 당한다. 내가 등장인물을 왜곡하고 위조할 때면 나는 그들의 고통을 목격한다. 그리고 내가 등장인물의 핵심에 다다르지 못할 때, 그들이 고의로 나를 회피할 때, 그들이 어둠 속으로 물러 갈 때 나는 고통을 겪는다.

작가와 등장인물 사이에는 갈등이 생기게 마련이다. 대체로 등장 인물이 승리자이고 당연히 그래야 한다. 작가가 등장인물을 위한 청사진을 마련하고, 자신의 계획을 한시도 방해하지 못하도록 인물 을 청사진에 엄격히 끼워 맞추려 한다면, 그리고 그들을 지배하려 한다면, 이는 등장인물을 죽이거나 아예 탄생 자체를 말소시키는 것과 다름없다."

F. 스콧 피츠제럴드는 일기에 "한 인물로 시작된 이야기는 하나 의 전형type을 창조한다"고 적었다. 그가 스물두세 살 무렵 쓴 데뷔 작 『낙원의 이쪽This Side of Paradise』은 아내 젤다를 모델로 한 매혹적 인 여주인공을 묘사했다. 이 소설은 출간 즉시 베스트셀러가 되었 고, 피츠제럴드가 창조한 '전형'이 얼마 후 영화를 통해, 특히 '잇 걸 It girl'(1927년에 출연한 영화 〈잇It〉의 흥행으로 붙여진 별명―옮긴이)로 유 명해진 클래라 보의 영화들로 대중화되었다. 전국 여성들이 그를 흉내 내어 옷을 입고 머리를 했으며 행동과 말까지 따라 했다. 보는 1920년대의 한 현상이었던 '플래퍼flapper'(당시 자유를 찾아 복장, 행동 등의 관습을 깨뜨린 '말괄량이' 여성을 지칭하는 말―옮긴이)의 전형이 되 었다.

플래퍼는 분명 하나의 전형이다. 마찬가지로 제임스 딘도 전형이 었는데, 사람들에게 자신처럼 보이고 행동하도록 영감을 주었기 때문이다. 1960년대의 히피도 하나의 전형이며, 비틀스와 밥 딜런도 마찬가지다. 이들은 한 세대 전체에 영향을 주었다. 긴 머리는 유행이 되었고, 반전 시위가 일상이 되었으며, 도처에 히피들이 있었다. 마돈나도 새로운 사고방식과 옷차림을 고무했기에 하나의 전형이다. 마이클 조던 또한 하나의 전형으로, 훌륭하고 유명한 이 농구선수를 따라 사람들은 10년 넘게 머리를 밀고 다녔다.

좋은 등장인물의 창조는 시나리오의 성공에 필수적이다. 따라서 작가는 '하나의 전형'을 만들어내야 한다. 앞서 언급했듯이 모든 드라마는 갈등이다. 갈등 없이는 행동이, 행동 없이는 등장인물이, 등장인물 없이는 이야기가, 이야기 없이는 시나리오가 없다.

등장인물을 창조할 때는 인물의 내면과 외면, 희망과 꿈과 두려움, 좋아하는 것과 싫어하는 것, 배경과 습관을 알아야 한다. 다시 말해 등장인물은 개인사를 지녀야 한다.

등장인물을 창조하는 것은 신비로운 창작 과정의 일부이다. 그것은 끝없이 계속되는 연습이다. **등장인물**의 문제를 진정으로 해결하기 위해서는, 우선 그 삶의 기반과 뼈대를 구축한 다음 개성 있는 모습을 강조하고 확장할 재료를 덧붙이는 것이 필수적이다.

무엇이 좋은 등장인물을 만드는가? 등장인물의 목적인가? 동기인가? 등장인물이 대처해야 하는 갈등을 극복하거나 극복하지 못하는 방식인가? 아니면 대사인가? 시나리오 전개 과정에서 등장인물이 어떤 특질을 보여주는지 자문해보자. 등장인물을 창조하기 위해서는 관객이 응원하고 동질감을 느낄 만한 누군가가 되도록 독특하게 만들어주는 등장인물의 **맥락**, 즉 행동의 특질을 설정해야 한다. 일단 이것을 설정하면 등장인물의 다양한 특성과 습관으로 색을 입히고 음영을 넣으면서 성격묘사를 추가할 수 있다.

행동이 곧 등장인물이다. 시나리오에서 등장인물은 수동적이 아니라 능동적인 힘이 되어야 한다는 것을 유념하자. 나는 등장인물이 일, 에피소드, 또는 사건에 반응하기만 하는 시나리오를 수도 없이 읽었다. 등장인물이 어떤 일도 일어나게 하지 않으며, 단지 일이 그 인물**에게** 일어날 뿐이다. 너무 수동적인 주인공은 걸핏하면 종이 위에서 사라지고 사소한 등장인물이 앞으로 튀어나와 주인공에 대한 관심을 분산시킬 것이다.

나는 영화계에서 일하며 수천수만 편의 시나리오를 읽고 평가했다. 그리고 이 모든 읽기와 분석을 거친 끝에, 좋은 등장인물을 만드는 데 네 가지가 들어간다는 것을 이해하기에 이르렀다. (1) 좋은 등장인물은 강하고 뚜렷한 **극적 요구**를 가진다. (2) 개성 있는 **관점**을 가진다. (3) **태도**를 구체화한다. (4) 어떤 **변화**나 **변혁**을 겪는다.

이 네 가지 요소, 즉 이 네 가지 필수적 특질은 시나리오에서 좋은 등장인물을 만들어주는 닻이다. 모든 주요 등장인물은 강한 극적 요구를 지닌다. **극적 요구란 시나리오 전개 과정에서 주인공이 이기고, 얻고, 이루려는 것이다.** 극적 요구는 스토리라인의 내러티브 행동을 통해 주인공을 움직이는 목적, 임무, 동기, 힘이다.

대부분의 경우 극적 요구를 한두 문장으로 표현할 수 있다. 이것은 대개 간단하며 한마디 대사나 등장인물의 행동을 통해 진술될 수 있다. 어떻게 표현하든지 간에 작가는 등장인물의 극적 요구를 **반드시 알아야 한다.** 작가가 모른다면 누가 알겠는가?

〈신데렐라 맨Cinderella Man〉(클리프 홀링즈워스, 아키바 골즈먼)에서 제임스 브래덕(러셀 크로)의 극적 요구는 가족을 부양하는 것이다. 그가 이것을 어떻게 해내느냐가 영화의 내용이다. 제임스가 대공황으로 인해 흔들리고 비틀거릴 때 이 극적 요구는 그를 안정시키면서 포기 않고 버티도록 하는 원동력이 된다. 아이러니하게도 대공황 전에 왼쪽 손목에 입은 부상이 왼손을 강화하는 데 이용하는 도구가 된다. 부두 노동자로 일하면서 왼손으로 화물을 들어 올리던 제임스에게 두 번째 싸울 기회가 주어지자 그의 극적 요구는 맥스 베어(크레이그 비어코)와 맞붙는 헤비급 세계 챔피언 결정전에서 승리할 용기와 의지를 부여한다.

〈델마와 루이스〉에서 등장인물들의 극적 요구는 멕시코로 무사히 탈주하는 것이다. 이것이 스토리라인상에서 두 등장인물을 몰아가는 것이다. 〈콜드 마운틴〉에서 인먼의 극적 요구는 연인 에이다가 있는 고향으로 돌아가는 것이고, 에이다의 극적 요구는 살아남아 자신이 처한 상황에 적응하는 것이다. 〈반지의 제왕〉에서 프로도의 극적 요구는 반지를 운명의 산으로 가져가 반지를 창조해낸 불길 속에서 파괴하는 것이다.

시나리오 전개 과정에서 등장인물의 극적 요구가 변할 때가 있다. 등장인물의 극적 요구가 변하는 경우는 대개 이야기의 진정한 시작인 구성점 I에서 발생한다. 〈아메리칸 뷰티〉에서 레스터(케빈 스페이시)의 극적 요구는 자신의 삶을 되찾는 것이다. 이야기가 시작될 때 자기를 죽은 사람처럼 느끼던 그는 딸의 친구 앤절라(미나 수바리)를 만나 삶을 되찾게 된다. 영화의 나머지 부분은 다시금 기쁨, 자유, 충만한 자기표현 속에서 삶을 사는 법을 익히는 레스터를 보여준다.

극적 요구는 스토리라인상에서 등장인물을 작동시키는 엔진이다. 등장인물의 극적 요구는 무엇인가? 이를 몇 단어로 규정할 수 있는가? 간단하고 명확하게 말할 수 있는가? 등장인물의 극적 요구를 아는 것은 필수적이다. 〈미드나잇 카우보이Midnight Cowboy〉와 〈귀향Coming Home〉으로 아카데미상을 받은 시나리오 작가 월도 솔트는 나와 대담하는 자리에서 자신이 등장인물을 창조할 때는 등장인물의 극적 요구로 시작하며, 이것이 이야기의 구조를 만들어내는 힘이 된다고 말해주었다.

또한 성공적인 시나리오의 열쇠는 소재를 준비하는 것임을 강조했다. 작가가 등장인물의 극적 요구를 안다면 대사는 '변질'되기 일쑤인데, 이는 배우가 대사가 제대로 기능하도록 언제든 즉흥적으로 처리할 수 있기 때문이라고 했다. 하지만 등장인물의 극적 요구는 신성불가침한 것이라고 단호하게 덧붙였다. 그것은 전체 이야기를 제자리에 위치시키기 때문에 변화될 수 없는 것이다. 그는 종이에 말을 써넣는 것은 시나리오 쓰기 과정에서 가장 쉬운 부분이며, 심혈을 기울여야 하는 것은 이야기의 시각적 구상이라고 말했다. 그러면서 "예술은 불필요한 것을 제거하는 것"이라는 피카소의 말을 인용했다.

좋은 등장인물을 만드는 두 번째 요소는 **관점**이다. 관점이란 '어떤 사람이 세상을 보거나 생각하는 방식'이다. 사람은 누구나 각자의 관점을 가진다. 관점은 하나의 신념 체계이며, 알다시피 우리가 진실이라 믿는 것이 우리에게 진실이다. 『요가 바시스타Yoga Vasistha』라는 제목의 고대 힌두교 경전에는 "세상은 당신이 보는 그대로이다"라고 씌어 있다. 이는 우리 머릿속에 있는 생각, 느낌, 감정, 기억 등이 우리의 일상 경험에 반영됨을 의미한다. 어느 위대한 존재가 말했듯이 "사람은 자기가 먹는 빵을 굽는 제빵사이다."

관점은 **우리가** 세상을 **보는** 방식에 음영을 넣고 색을 입힌다. "세상은 불공평해"라든가 "시청을 상대로 싸울 수는 없다고", "인생은 도박이다", "늙은 개에게 새로운 재주를 가르칠 수는 없다니까", "운은 스스로 만드는 것이다", "성공은 누구를 아느냐에 달려 있지" 같은 말을 듣거나 이러한 말에 반응한 적이 있는가? 이런 것들이 바로 관점이다. 관점은 신념 체계이므로, 우리는 마치 이런 것이 진실인 것처럼 행동하고 반응한다. 그래서 누구나 확실하고 분명한 자신만의 독특한 관점을 가진다. 왜냐하면 관점을 결정하는 것은 경험이기 때문이다.

등장인물이 환경운동가인가? 인도주의자인가? 인종주의자인가? 운명론이나 점성술을 믿는가? 부두교나 주술을 믿는가? 심령술사나 영매를 통해 미래를 볼 수 있다고 믿는가? 〈매트릭스The Matrix〉의 네오처럼 우리가 직면하는 한계는 스스로 만들어낸 것이라고 믿는가? 의사, 변호사, 『월 스트리트 저널』, 『뉴욕 타임스』를 신뢰하는가? 대중문화의 신봉자, 『타임』, 『피플』, 『뉴스위크』, CNN, 저녁 뉴스의 옹호자인가?

관점은 개별적이고 독립적인 신념 체계이다. "나는 신을 믿는다"는 하나의 관점이다. "나는 신을 믿지 않는다"도 관점이다. "나는 신이 있는지 없는지 모르겠다"도 그렇다. 이것들은 서로 뚜렷이 다른 세 가지 관점이다. 각각은 개인의 경험 체계 안에서 진실이다. 여기에 옳고 그름, 좋고 나쁨에 대한 판단이나 증명, 평가는 있을 수 없다. 관점은 장미 덤불 속 한 송이 장미처럼 유일하고 독특한 것이다. 두 잎, 두 꽃, 두 사람은 결코 서로 같지 않다.

어떤 등장인물의 관점이 돌고래와 고래는 지구상에서 가장 지능이 높은, 어쩌면 인간보다도 영리한 종(種)이기 때문에 이 동물들의 무분별한 살육이 도의적으로 잘못되었다는 것일 수도 있다. 이 인물은 '고래와 돌고래를 구하자'라는 문구가 적힌 티셔츠를 입고 시위에 참가함으로써 그러한 관점을 옹호한다. 이는 성격묘사의 한 방법이다.

모든 사람은 각자의 관점을 가진다. 내 친구는 채식주의자인데, 이는 관점을 표현한다. 또 한 친구는 중동에서의 전쟁에 반대하는 행진에 나서면서 이 운동을 물심양면으로 지원한다. 이것은 관점을 표현한다. 낙태 찬성론자와 반대론자들 사이의 대립을 상상해보자. 대립되는 두 가지 관점은 갈등을 유발한다.

〈쇼생크 탈출〉에는 앤디와 레드 사이의 관점 차이를 드러내는 짧은 신이 있다. 쇼생크 감옥에서 거의 20년을 보낸 후 레드는 냉소적인 인간으로 변했다. 그의 눈에 **희망**은 단지 두 글자짜리 단어에 불과할 뿐이다. 레드의 영혼은 교도소 시스템에 완전히 짓밟혔다. 레드는 앤디에게 화를 내며 말한다. "희망은 위험한 거야. 사람을 미치게 하지. 여긴 희망이 발붙일 곳이 없어. 이런 생각에 익숙해지는 게 좋을 거야." 하지만 그는 정서적 여정을 거치면서 "희망은 좋은 것"임을 이해하게 된다. 영화는 레드가 가석방 서약을 깨고 버스를 타고 멕시코로 앤디를 만나러 가면서 희망적 분위기로 끝난다. "국경을 넘을 수 있기를 희망한다. 친구를 만나 악수하게 되길 희망한다. 태평양이 내 꿈에서처럼 푸르기를 희망한다…. 나는 **희망**한다."

앤디는 다른 관점을 가진다. "세상에는 회색 돌을 깎아 만든 장소만 있지 않아요. 우리 마음속에는 그자들이 절대 가둘 수 없는 작은 것 하나가 있죠. 바로 희망이에요." 그는 이렇게 믿는다. 이것이 바로 앤디를 감옥에서 버티게 하는 것이다. 단지 모차르트 오페라의 아리아를 한 번 더 듣고 싶다는 희망은 자신의 일생 중 일주일을 '구멍'이라 불리는 독방에서 희생하게 만든다. 희망은 앤디 듀프레인이라는 인물의 내부에 있는 강한 원동력이다.

좋은 등장인물을 만드는 세 번째 요소는 **태도**이다. **태도**란 '방식 또는 견해'이며, 어떤 사람의 지적 판단에 따라 결정된 개인적 견해를 반영한다. 태도는 관점과 달리 개인적 판단으로 결정된다. 이를테면 옳거나 그르거나, 좋거나 나쁘거나, 긍정적이거나 부정적이거나, 화나거나 기쁘거나, 냉소적이거나 순진하거나, 우월하거나 열등하거나, 진보적이거나 보수적이거나, 낙관적이거나 비관적이다.

태도는 한 사람의 행실을 포괄한다. 매사에 '항상 옳은' 누군가를 알고 있는가? 그것은 태도다. 사회적으로나 도덕적으로 우월하다는 것도 태도다. '마초적'이라는 것도 그렇다. 정치적 견해는 태도를 표현한다. 세상이 잘못 돌아간다고 불평하는 것도 마찬가지다. 프로 스포츠에서 상대에게 퍼붓는 독설은 일상화되었다. 이것 또한 태도이며, 대부분의 랩 음악 가사도 그렇다.

마찬가지로, 뭔가를 사러 갔더니 거기 있고 싶어 하지 않는 표정으로 부정적 에너지를 발산하며 자기가 여러분보다 우월하다고 생각하는 판매원을 상대한 적이 있는가? 이런 것이 태도다. 너무 과하거나 너무 간소하게 차려입고, 말 그대로 '적절한' 의상을 갖추지 않은 채 어떤 행사에 참석한 적이 있는가? 어떤 사람들은 언제나 자신이 도덕적으로 상대보다 우월하다는 인상을 줄지도 모른다. 이렇게 의로운 행동을 한다는 의식은 그 사람의 태도를 반영한다. 그 사람들은 자신이 옳고 상대가 틀렸다고 확신한다. 판단, 견해, 평가는 모두 태도에서 비롯된다. 태도는 사람들이 내리는 **지적인** 결정이다. 우디 앨런의 〈애니 홀Annie Hall〉에서 앨비 싱어는 자기 태도를 이렇게 밝힌다. "나 같은 사람을 회원으로 받아들이는 클럽엔 절대 가입하지 않겠어."

등장인물의 태도를 이해하는 작가는 행동과 대사를 통해 그 인물이 누구인지를 보여줄 수 있게 된다. 자신의 삶과 일에 의욕적인가, 아니면 못마땅해하는가? 사람들은 태도를 통해 자신의 다른 부분을 표현한다. 예를 들어 어떤 사람은 세상이 자기를 돌봐줄 의무가 있다고 느끼는가 하면, 자신이 성공하지 못한 것을 '자기가 아는' 누군가의 탓으로 돌리기도 한다.

때로는 한 사람의 태도를 중심으로 하여 신 전체를 구축할 수 있다. 〈콜래트럴〉이 바로 그런 예이다. 구성점 II에서 맥스가 처음으로 빈센트와 정면으로 맞설 때 두 등장인물의 태도가 신의 대부분을 몰아간다. 화가 나서 흥분한 맥스는 빈센트에게 묻는다. "날 죽이고 다른 택시를 찾지 그랬어?" 빈센트는 두 사람이 연결되어 있다고 대답한다. "알잖아, 운명은 서로 얽혀 있어. 우주적 우연. 헛소리지만." 맥스는 "개소리하시네"라고 말한다. 빈센트는 다소 방어적으로 "내가 하는 일은 쓰레기를 처리하는 것뿐이야. 나쁜 놈들을 죽이는 거라고"라며 정당화하려 한다.

이 모든 언쟁은 태도의 하나이다. 두 등장인물 모두 자신의 행동을 옹호함으로써 의견을 피력하고 있다. 왜 사람들을 죽이는지 맥스가 묻자 빈센트는 "이유 따윈 없어…. 좋은 이유도 없고, 나쁜 이유도 없어. 죽느냐 사느냐지"라고 말한다. 빈센트는 자신이 빼앗는 생명들에게 전혀 '무관심하다'고 말한다. "이봐, 자넨 뭘 몰라. 수억 개 별로 이루어진 수백만 개 은하계와 그중 하나 위에 작은 점 하나. 한순간 반짝하는… 그게 우리야. 우주에서 길을 잃었어. 우주는 널 신경 쓰지 않아. 경찰, 너, 나? 누가 알아주지?" 맥스는 자신의 목숨을 구할 수 있는 행동을 스스로 취하기 전에는 이 악몽이 끝나지 않으리라는 사실을 그제야 깨달으며 겁에 질려 빈센트를 바라본다.

빈센트가 맥스의 헛된 꿈을 캐묻고 깨버리면서 이 언쟁은 **등장인물을 드러낸다.** 지금까지 맥스는 '언젠가'를 기다리며 꿈속에서 살아온 거라고 빈센트는 말한다. 언젠가 자신의 리무진 회사를 설립하겠다는 꿈을 이룰 것이고, 언젠가 꿈의 여자를 만날 것이고, 언젠가 한 인간으로서 모든 것을 얻고 이룰 것이라는 식으로 말이다. 그 '언젠가'는 망상에 가깝다. 빈센트는 오직 지금, 오늘, 이 순간, 이 시점만이 존재한다고 지적한다. '언젠가'는 맥스가 진정으로 원하는 바를 추구하지 않는 것을 덮는 핑계가 되고 말았다.

〈애니 홀〉에서 앨비 싱어는 오프닝 대사에서 자신의 태도를 드러낸다. "산다는 게 뭘까요. 수많은 고통, 고뇌, 근심, 문제. 그리고 너무 빨리 끝나버리죠. 이게 어른이 된 내 삶을 여자관계라는 측면에서 보여주는 핵심적인 농담입니다." 이 작품은 바로 그의 여자관계에 관한 영화다. 영화는 그의 태도를 보여준다.

관점과 **태도**를 구분하기가 어려울 때도 있다. 많은 학생들이 이 두 가지 특질을 규정하려고 애쓰지만 나는 그건 별문제가 아니라고 말해준다. 등장인물의 기본 핵심을 만들 때 작가는 이를테면 등장인물이라는 커다란 밀랍 덩어리를 네 개의 분리된 조각으로 떼어낸다. 그렇다면 부분과 전체가 아닌가? 어느 부분이 **관점**이고 어느 부분이 **태도**인지 누가 신경 쓰겠는가? 달라지는 것은 없다. 부분들과 전체는 사실 같은 것이다. 그러니 인물의 어떤 특성이 **관점**인지 **태도**인지 불확실하다 해도 걱정할 것 없다. 그 개념들은 그냥 마음속에서만 구분하자.

좋은 등장인물을 만드는 네 번째 특질은 **변화** 또는 **변혁**이다. 등장인물이 시나리오 전개 과정에서 변화하는가? 그렇다면 그 변화는 무엇인가? 그것을 규정할 수 있는가? 분명히 나타낼 수 있는가? 시작에서 결말에 이르기까지 등장인물의 감정 변화를 추적할 수 있는가? 〈고양이와 개에 관한 진실The Truth About Cats & Dogs〉(오드리 웰스)에서는 두 등장인물 모두 자신이 누구인지를 새롭게 알게 해주는 변화를 겪는다. 애비가 자신이 **있는 그대로의 모습으로** 정말 사랑받는다는 것을 마지막에 받아들임으로써 등장인물의 변화 과정이 마무리된다.

〈콜래트럴〉의 시작 부분부터 맥스는 택시 배차 담당자에게 맞서기를 두려워하고 우편엽서 속 사진에 담긴 '언젠가'를 꿈꾸며 살아가는 나약한 겁쟁이로 묘사되어왔다. 그러다가 과속으로 달리는 택시의 광포와 혼란 가운데서 벌어지는 신은 맥스의 나약함이 강인함으로 변하는 내적 변화를 보여주면서 궁극적으로는 영화의 결말로 이끈다. 맥스라는 등장인물의 변화는 이렇게 완성된다.

시나리오 전개 과정에서의 등장인물 변화는 그 인물과 어울리지 않는다면 필수 사항이 아니다. 그러나 변혁이나 변화는 특히 요즘 같은 시기에 우리 문화에서 보편적인 것 같다. 내 생각에 우리는 모두 〈이보다 더 좋을 순 없다As Good As It Gets〉(마크 앤드러스, 제임스 L. 브룩스)의 멜빈(잭 니콜슨)과 조금씩 비슷한 면이 있다. 멜빈은 복잡하고 괴팍한 사람인데, 영화 끝부분에서 "당신과 함께 있을 때 난 더 좋은 사람이 되고 싶소"라고 말할 때 그의 극적 요구가 표현된다. 우리도 모두 이러고 싶어 할 것 같다. 변화와 변혁은 우리 삶에서 끊임없이 이어진다. 작가가 등장인물의 내면에 어떤 감정 변화를 일으킬 수 있다면, 이는 행동의 변화를 만들어내고 그 인물의 정체성에 또 다른 차원을 더해준다. 등장인물의 변화를 잘 모르겠다면 에세이를 한 페이지 정도 쓰면서 감정 변화를 추적해보자.

〈허슬러〉에서 패스트 에디의 극적 요구는 미네소타 패츠를 이겨서 하룻밤에 만 달러를 버는 것이다. 시나리오 전체가 이러한 극적 행동을 중심으로 엮여 있다. 패스트 에디는 미네소타 패츠와의 첫 시합에서 진다. 자존심과 자만심, 그리고 '지는' 태도(시합 중에 술을 너무 많이 마신다)가 패배를 야기한다. 그는 자신이 정말로 패배자라는 사실을 받아들여야 한다. 이를 깨달은 그는 버트 고든(조지 C. 스콧)과 계약한다. 왜냐하면 "조금이라도 있는 것이 아무것도 없는 것보다는 낫기" 때문이다. 자신이 누구인지를 깨닫고 받아들임으로써 그는 승자가 될 수 있다. 패스트 에디는 미네소타 패츠에게 도전하고 이번에는 쉽게 물리친다. 그는 패자에서 승자로 바뀐다. 이것이 그의 변화, 그의 변혁이다.

〈씨비스킷〉(게리 로스) 또한 변화의 좋은 예이다. 실화를 바탕으로 한 이 영화에서 관객은 등장인물들이 누구인지, 그리고 이들이 되고 싶어 하는 것이 무엇인지를 알게 된다. 찰스 하워드(제프 브리지스)는 떼돈을 벌기 위해 주머니에 단돈 몇 달러를 넣고 샌프란시스코로 온다. 그는 미래를 믿는 사람이다. 하지만 어린 아들이 자동차 사고로 죽고 아내도 떠나버리자 하워드는 깊은 우울증에 빠진다.

그는 젊은 여자를 만나 결혼하고 말과 경마에 흥미를 가진다. 그러나 마음속 깊은 곳에는 아들을 잃은 슬픔이 계속 남아 있다.

레드 폴러드(토비 매과이어)는 책과 지적인 토론으로 가득 찬 부유한 중산층 가정에서 성장한다. 그러나 레드는 말타기에 재능이 있다. 대공황이 닥치자 그의 가족은 집에서 쫓겨나 근본적인 생존 투쟁의 장으로 떠밀리게 된다. 열다섯 살 무렵 레드는 몇 차례 경마 대회에 참가하여 크게 성공한다. 사실 아들을 부양할 수가 없던 레드의 아버지는 그를 마사(馬舍) 주인에게 넘겨주고 만다. 레드는 자기가 쓸모없고 불필요한 존재라고 느끼며, 레이싱 서킷에서 겨우 생계를 이어나가면서 자멸적인 행동이 곧 뚜렷해진다.

톰 스미스(크리스 쿠퍼) 또한 동물과의 교감이라는 묘한 재능을 가지고 있다. 그의 삶을 움직이는 한 가지는 자유를 추구하는 것이다. 영화 초반의 경이로운 작은 신에서 톰 스미스는 말을 타고 넓은 평원을 달리다가 철조망으로 막힌 곳에 다다른다. 그가 울타리를 살펴보는 동안 관객은 찰스 하워드가 미래에 대해 이야기하는 것을 보이스오버로 듣는다.

이 세 등장인물은 이들이 삶에서 잃어버린 것을 보여줌으로써 설정된다. 하워드는 아들을, 폴러드는 가족을, 톰 스미스는 자유를 잃었다. 게다가 씨비스킷이라는 말의 삶은 또 어떤가. 생후 6개월 만에 어미와 격리되어, 여러 말 조련사에게 훈련과 벌과 조롱을 받는다. 곧 씨비스킷은 스미스가 관찰한 바와 같이 "말이 된다는 것이 어떤 것인지 잊어버린" 반항적인 동물이자 무법자가 된다.

이 넷은 함께 모여 여행길에 오르며, 노력과 팀워크를 통해 온 나라를 위한 슬로건을 만들어낸다. 하워드는 자신의 팀을 가족이라 여기고, 레드는 하워드를 아버지처럼 존경한다. 톰 스미스는 별하늘 아래서 잠을 잔다. 그리고 이들 모두를 하나로 묶어주는 것은 씨비스킷의 영웅적인 행동이다. 영화의 마지막 신에서 레드 폴러드는 이런 생각을 밝힌다. "모두들 우리가 이 고장 난 말을 발견해서 고쳤다고 생각하지만 우린 그런 적 없어…. 녀석이 우리를 고쳤지. 우리 모두를. 그리고 어찌 보면 우린 서로를 고쳐준 셈이지."

하워드, 폴러드, 스미스, 그리고 씨비스킷, 이들 모두는 변화나 변혁을 겪고, 그 과정에서 감동과 영감을 주며 관객의 감성을 사로잡는다.

주디스 게스트의 원작 소설을 앨빈 사전트가 각색한 〈보통 사람들〉은 중대한 변화를 겪는 콘래드 재럿(티머시 허턴)을 보여준다. 영화 초반에 콘래드는 형의 죽음, 부모와의 단절로 인해 고립되고 정서적으로 피폐되어 있지만, 끝에서는 자신을 드러내고 표현할 수 있게 된다. 그리고 형의 죽음에 대한 정서적인 역학 관계를 이해하고 자신의 고통스런 자책감을 벗어버릴 수 있게 된다. 이제 콘래드는 아버지와 정신과 의사에게 스스로 도움을 청할 수 있으며, 신뢰할 수 있고 함께하고 싶은 여자를 만난다.

아버지(도널드 서덜랜드)도 변화를 겪는다. 처음에는 진부하고 독선적이지만, 아들의 말을 듣게 되고, 인내심과 이해심을 갖게 되며, 자기 자신과 자신의 태도, 결혼 생활에 문제가 없는지 생각한다. 심지어 아들을 치료하는 정신과 의사(저드 허시)에게 도움을 청하기도 한다. 한마디로 말해, 자신의 가치, 요구, 욕망에 대해 의문을 가져 보는 것이다.

주요 등장인물 중에서 유일하게 변화를 겪지 않는 사람은 콘래드의 어머니(메리 타일러 무어)이다. 시작 부분의 지문에 "우아하고 신중한 인물"로 묘사된 것처럼, 마치 "모든 것이 빠짐없이 가득하고, 제자리에 완벽하게 정리된" 자신의 냉장고 같다. 그는 외모가 모든 것이라 믿는 사람이다. 집은 더없이 깔끔하고, 옷장은 깨끗하며, 장담컨대 집 전체의 어떤 서랍을 열어도 모든 것이 꼼꼼하게 정리되어 있을 것이다. 그런 사람이다. 언제나 자신이 옳다고 확신하면서 태도와 소신을 굽히지 않으며 자제력을 확고히 유지하는 것 같다. 영화가 끝날 무렵에도 아버지, 아들과 달리 어머니는 변하지 않으며, 가정은 파탄에 이른다. 마지막 신에서 어머니가 떠난 뒤 아버지와 아들은 현관 앞에 앉아 있다. 어머니가 떠남으로써 아버지와 아들은 더 가까워지게 된다.

여러분의 등장인물이 정서적이든 신체적이든 어떤 변화를 겪도록 할 수 있는지 확인해보자. 이는 언어나 피부색, 문화, 지리적 위치를 초월한 보편적 인식의 측면에서 등장인물을 확장하고 심화할 것이다.

등장인물의 네 가지 요소인 '극적 요구, 관점, 변화, 태도'를 숙지하고 규정할 수 있다면 작가는 좋은 등장인물을 창조하는 도구를 갖게 된다. 때로는 이것들이 중첩되기도 하는데, 가령 태도가 관점으로 나타나고, 극적 요구가 변화를 야기하며, 변화가 등장인물의 태도에 영향을 미치는 식이다. 그러더라도 걱정할 것 없다. 때로는 어떤 것을 다시 조합하려면 우선 분해해야 하는 법이니까.

주인공을 결정해보자. 그 주인공의 **극적 요구**는 무엇인가? 시나리오가 진행되는 동안 여러분의 등장인물이 이기고, 얻고, 이루고자 하는 것은 무엇인가? 등장인물을 시작에서 결말까지 몰아가는 감정적 또는 육체적인 힘은 무엇인가? 이것을 규정하고 분명히 나타내보자. 한두 문장으로 쓴다. 명확하고 간결하게 규정해보자.

같은 방법으로 등장인물의 관점에 대해서 생각해보자. 등장인물은 세상을 어떻게 **보는가**? 웨스 앤더슨의 〈맥스군 사랑에 빠지다〉의 찬란한 오프닝 신처럼 몽상가나 이상주의자같이 장밋빛 안경을 통해 보는가? 혹은 〈아메리칸 뷰티〉의 레스터 버넘처럼 지치고 냉소적인 눈을 통해 보는가? 이는 신념 체계임을 기억하자. 등장인물의 관점을 파악해보자. 이것을 써보자. 규정해보자.

마찬가지로 등장인물의 **태도**도 생각해보자. 등장인물의 방식이나 견해는 무엇인가? 이것을 써보자. 규정해보자.

변화는 어떠한가? 여러분의 등장인물이 시나리오가 진행되면서 어떤 변화를 겪는가? 무슨 변화인가? 이것을 써보자. 규정해보자.

몇 문장으로 이러한 네 가지 특질을 규정할 수 있어야 한다. 이 단계에서는 쓰는 시간보다 생각하는 시간이 더 중요하다. 앞서 언급했듯이 글쓰기에서 가장 어려운 일은 무엇을 쓸 것인지 아는 것이다. 좋은 등장인물을 만들어내는 특질들을 생각하고, 이것들이 등장인물에게 어떻게 적용되는지 알아보자.

6

등장인물의 도구

내레이터:
"로얄 테넌바움은 서른다섯 살 되던 겨울에 아처 대로에 집을 샀다.
십 년이 지나 부부는 세 자녀를 두었는데 그 후 갈라섰다."

웨스 앤더슨, 오언 윌슨
〈 로얄 테넌바움The Royal Tenenbaums 〉

———————

　1장에서 언급했듯이, 소설의 행동은 극적 행동의 정신세계 안에서 일어나고, 희곡의 행동은 대사를 통해 펼쳐진다. 그리고 시나리오는 극적 구조라는 맥락 속에서 대사와 묘사를 통해 영상으로 전달되는 이야기이다. 이것들은 스토리라인에 접근하는 세 가지 형식, 세 가지 방법이다.

　영화는 행위이다. 등장인물이 처한 상황에서 어떻게 행동하고 반응하는지를 통해 인물에 대해 많은 것을 알게 된다. 영상은 등장인물의 여러 면모를 드러낼 수 있다. 예를 들어 〈델마와 루이스〉에서 두 여자는 여행가방을 각자 다른 방식으로 싼다. 델마는 옷장 앞에 서 있다가 결정을 못 하고 모든 것을 가져간다. 반면 루이스는 비닐로 싼 신발 한 켤레, 스웨터 두 벌, 브래지어 두 개, 속옷 세 벌, 양말 두 켤레를 넣고 나서 혹시 몰라 양말 한 켤레를 더 던져 넣는다. 그런 다음 싱크대에 놓여 있는 유리잔 하나를 씻고 말려서 치워놓고 문밖으로 나간다. 두 사람의 행동은 자신들의 특성에 대해 무엇을 드러내는가? 델마는 얼빠지고 멍청하다고 할 수 있는 반면, 루이스는 명확하고 체계적으로 보인다. 영화는 행위이다.

　〈씨비스킷〉 또한 좋은 예다. 씨비스킷의 기수를 찾고 있던 톰 스미스는 어느 기수가 씨비스킷에게 올라타려 하는 동안 사육사 넷이 반항적인 말을 멈추게 하려고 애쓰는 광경을 지켜본다. 그 말은 격렬한 몸부림으로 저항한다. 말에 올라타지 못한 기수는 화가 나서 혼잣말을 중얼거리며 자리를 뜬다. 고개를 가로저으며 발걸음을 떼던 스미스는 레드 폴러드가 네 사육사와 주먹다짐하는 것을 보게 된다. 그 기수는 다른 남자들에게 겁 없이 덤비면서 계속 싸운다. 스미스는 싸우는 레드를 보고 나서 싸우는 씨비스킷을 본다. 이렇게 둘을 번갈아 보면서 그의 마음이 움직이고 있음을 우리는 알 수 있다. 스미스는 우리가 보는 것을 본다. 씨비스킷과 레드는 같은 부류다. 대사도 설명도 없다. 그다음에 우리가 알게 되는 사실은 레드가 그 말의 기수라는 것이다.

등장인물은 자신의 가치관, 행동, 신념의 측면에서 깊숙한 내면을, 즉 **자신이 누구인지** 드러낸다. 등장인물은 행동과 반응, 그리고 창조적인 선택을 통해 자신을 조명한다. 반면에 **성격묘사**는 등장인물이 사는 방식, 운전하는 차, 벽에 걸어둔 그림, 좋아하는 것과 싫어하는 것, 먹는 것을 비롯한 여러 형태의 성격 표현 등 그 삶의 세부 사항으로 표현된다. 성격묘사는 한 개인의 취향과 그 사람이 세상에 자신을 어떻게 나타내는지를 표현한다.

등장인물의 창조는 시작에서 결말까지, 페이드인에서 페이드아웃까지 작가와 함께하는 과정이다. 지속적인 교육적 발전이자, 등장인물의 삶 속으로 점점 더 깊이 들어가면서 계속 확장되는 경험이다.

등장인물을 창조하는 요령은 여러 가지다. 어떤 작가는 오랜 시간 등장인물에 대해 숙고한 다음 그 인물을 '안다'는 느낌이 들 때에야 비로소 쓰기 시작한다. 어떤 이는 등장인물의 성격묘사를 세심히 정리한 목록을 만든다. 어떤 이는 등장인물의 삶의 주요 요소를 인덱스카드에 정리한다. 어떤 이는 광범위한 개요를 쓰거나 행동에 관한 도표를 그린다. 어떤 이는 등장인물의 용모를 가늠하게 해주는 잡지와 신문의 사진을 이용한다. 그리고 "저게 바로 내 등장인물"이라고 말한다. 그 사진들을 작업 공간 위에 붙여놓고 등장인물들과 '함께하고자' 한다. 어떤 이는 등장인물의 모델로 유명한 배우를 이용한다.

등장인물의 창조를 더 쉽게 만들어주는 것이면 무엇이든 좋은 도구가 될 수 있다. 자신만의 방식을 선택하자. 여기에 언급된 도구 중 몇 가지 또는 전부를 선택하든가, 전혀 선택하지 않아도 좋다. 어떤 도구가 효과적이라면 사용하고, 아니면 사용하지 말자. 등장인물을 창조하는 자신만의 방식, 자신만의 스타일을 찾는다. 중요한 것은 그 방식이 자신에게 효과적이어야 한다는 점이다.

가장 통찰력 있는 등장인물 도구 한 가지는 **등장인물 전기**를 쓰는 것이다. 등장인물 전기는 출생부터 이야기가 시작되는 시점까지 등장인물의 역사를 드러내는 자유연상, 자동기술 연습이다. 이것은 등장인물의 품행이 형성되는 시기에 영향을 미치는 육체적, 감정적, 내적, 외적 힘을 포착하고 규정한다. 이 도구는 등장인물을 드러내는 과정이다.

처음부터 시작해보자. 등장인물은 남성인가, 여성인가? 이야기가 시작될 때 몇 살인가? 어디에 사는가? 어느 나라, 어느 도시인가? 어디에서 태어났는가? 외동인가, 아니면 형제자매가 있는가? 형제자매와의 관계는 어떠했는가? 좋았는가, 나빴는가? 신뢰하는 사이였는가, 위태로운 사이였는가? 어린 시절을 어떻게 보냈는가? 행복했는가, 불행했는가? 질병이나 상해로 신체적, 의료적 어려움을 겪었는가? 부모와의 관계는 어떠했는가? 좋았는가, 나빴는가? 말썽을 많이 일으키는 장난꾸러기 아이였는가, 아니면 사교적 삶보다 자신만의 내면적 삶을 선호하는 조용하고 내성적인 아이였는가? 고집이 세고 의지가 강하고 독선적이었는가? 사회적으로 활동적이고, 쉽게 친구를 사귀고, 친척이나 다른 아이들과 잘 어울렸는가? 어떤 아이였는가? 좋은 아이였는가, 나쁜 아이였는가? 활발하고 외향적이었는가, 수줍어하고 학구적이며 내성적이었는가? 자신의 상상력이 자신을 인도하게끔 하자.

등장인물을 태어날 때부터 체계적으로 나타내기 시작하면, 등장인물의 신체와 외형이 성장하고 확장되는 것을 볼 수 있다. 이것은 등장인물을 **형성**하는 과정임을 기억하자.

등장인물 부모의 직업은 무엇인가? 부모는 가난한가, 중산층인가, 중상류층인가? 이혼했는가? 등장인물은 편부모 밑에서 자랐는가? 이것이 등장인물에게 영향을 주었는가? 부모가 신체적으로나 언어적으로 학대했는가? 조부모는 어떠한가? 고모나 삼촌 같은 친척들은? 등장인물은 거친 환경에서 컸는가, 보호 속에서 컸는가? 부모가 정규직으로 일했는가? 만약 그렇다면 이것이 등장인물에게 어떤 영향을 미쳤는가? 부모가 경제적인 어려움을 겪었는가? 그런 어려움 때문에 어떤 희생을 치러야 했는가?

대체로 나는 등장인물 전기를 등장인물의 생애 첫 10년, 두 번째 10년, 세 번째 10년, 그리고 필요하다면 그 이후까지로 구분한다. 작가는 행동 패턴이 형성되는 시기인 첫 10년을 철저히 탐구하고 싶어 할 것이다. 미취학 시절을 상상하고 나서 초등학교 시절의 삶을 추적해보자. 친구, 가족, 교사와의 관계를 그려볼 수 있는지 알아보자.

열 살에서 스무 살까지, 등장인물의 생애 중 두 번째 10년을 생각해보자. 중학교와 고등학교 시절이 여기에 해당한다. 등장인물은 성장하면서 어떤 영향을 받았는가? 친구들은 누구였는가? 어떤 관심사를 가졌는가? 등장인물은 토론이나 역사 동아리 같은 과외 활동에 관심이 있었는가? 방과 후에 스포츠라든가 사회 및 정치 활동에 참여했는가? 성 경험은 어떠했는가? 첫사랑은 누구였는가? 다른 학생들과의 관계는 어떠했는가? 고등학교 때 아르바이트를 했는가? 형제자매와의 관계는? 질투심이나 적개심이 있었다면 어떤 식으로 등장인물의 행동에 나타났는가? 이 시기에 부모와의 관계는 어떠했는가?

고등학교 생활은 어떠했는가? 교사와의 관계는 어떠했는가? 멘토가 있었는가? 만약 있었다면 누구였는가? 그리고 멘토의 지도가 어떤 도움이 되었는가? 등장인물의 정서에 영향을 미칠 만한 충격적인 사건이 일어났는가? 스스로 아웃사이더라고 느꼈는가? 〈퀸카로 살아남는 법Mean Girls〉(티나 페이)을 살펴보자. 영화 전체가 이러한 상황을 중심으로 구성된다. 작가는 등장인물의 성장기에 대해 가능한 한 많은 정보를 얻고자 한다.

등장인물의 생애 중 세 번째 10년 속으로 들어가보자. 대학에 진학했는가? 진학했다면 어떤 대학인가? 무엇을 전공했는가? 꿈, 희망, 포부는 무엇이었는가? 착실한 학생이었는가, 파티만 즐기는 학생이었는가? 평균 평점은 얼마였는가? 대학에 다니면서 관심사가 바뀌었는가? 연애는 어떠했는가? 경험이 많았는가, 적었는가? 학내 정치 현장에 활발히 참여했는가? 대학 시절에 정규직이나 임시직으로 일했는가?

졸업한 후에는 어떻게 되었는가? 쉽게 일자리를 구했는가? 결혼해서 정착했는가? 삶의 방향에 대해 상실감과 혼란감을 느꼈는가? 이 시기는 개인의 꿈이 현실과 충돌하곤 하기 때문에 생애 중에서 중점을 두기에 좋은 기간이다. 때로는 이 전제를 중심으로 전체 이야기를 구성할 수도 있다. 이야기가 시작되는 시기까지 등장인물의 삶을 계속 탐구해보자.

등장인물 전기는 얼마나 효과가 있을까? 이 전기는 주인공에 대한 심대한 통찰을 드러내는 엄청난 도구이자, 갈등을 생성해내는 놀라운 원천이다.

등장인물 전기는 작가만을 위한 도구이지만, 이런 전기적 자료를 시나리오에 조금, 심지어 전부 포함하고 싶어질 때도 있다. 〈로얄 테넌바움〉에서는 시나리오의 처음 몇 페이지에서 내레이터가 가족사를 들려주면서 등장인물을 설정하는데, 이는 시나리오에 대한 소설적 접근법이다. "로얄 테넌바움은 서른다섯 살 되던 겨울에 아처 대로에 집을 샀다. 십 년이 지나 부부는 세 자녀를 두었는데 그 후 갈라섰다. …" 내레이터가 이러한 정보를 전달하는 동안 우리는 세 자녀가 성장하는 모습을 보게 된다. 이는 가족, 실패, 용서라는 우리에게 익숙한 앤더슨식 주제를 정립하면서 영화 전체의 기조를 설정한다.

〈애니 홀〉에서 우디 앨런은 시나리오의 첫 열 페이지에 앨비 싱어의 등장인물 전기를 보여준다. "내 생각에 난 꽤 행복한 아이였습니다. 2차 세계대전 때 브루클린에서 자랐죠." 그런 다음 어린 시절 그가 성장하는 모습을 보여주며 이것이 그의 여자 관계에 어떤 영향을 끼쳤는지 알려준다. "정신과 주치의는 내가 어린 시절의 기억을 과장한다고 말하지만, 맹세코 난 브루클린 코니아일랜드 지구의 롤러코스터 밑에서 자랐습니다. 어쩌면 그게 신경이 좀 과민한 내 성격을 설명해주는지도 모르겠네요."

등장인물이란 그 사람 경험의 총합이다. 배우들 또한 성격 구축과 형성을 위해 등장인물 전기를 이용한다. 내 학생이었던 한 여배우는 마틴 스코세이지의 영화 오디션에 참가했다. 오디션을 준비하면서 등장인물 전기를 작성하는 것으로 자신의 배역에 접근했으며, 자신에게 주어진 오디션 신을 감정상의 시작, 중간, 결말로 구조화했다. 오디션을 지켜본 스코세이지는 그에게 호감을 가졌고 잘 준비했다고 평했다. 그 후 세 번에 걸쳐 다시 불렀는데, 그중 두 번은 로버트 드 니로와의 오디션 때문이었다. 두 사람 모두 호감을 가졌으나 그 여배우는 결국 배역을 얻지 못했다. 이들은 '다른 외모'의 배우를 선택했다. 그것이 연예계다. 하지만 그를 그 정도까지 이끈 것은 그런 준비였다.

작가도 등장인물을 잘 알 수 있도록 이런 준비를 해야 한다. 분량은 어느 정도여야 할까? 나는 학생들에게 자유연상으로 쓴 등장인물 전기는 약 다섯에서 일곱 페이지 남짓이어야 한다고 말한다. 물론 어림잡아 그렇다는 것이다. 또한 내가 등장인물 전기를 쓴다면 때로는 25페이지 정도를 쓸 것이라고도 얘기해준다. 등장인물의 친가와 외가 조부모부터 시작하여, 다음엔 부모로 내려오고, 그러고 나서 그 인물의 출생부터 이야기가 시작될 때까지의 삶에 대해 쓸 것이다. 심지어 등장인물의 전생(前生) 전기에다가 점성술 차트까지 쓸 수도 있다. 자유연상으로 가능한 한 많은 페이지를 쓸 것이다. 사실 몇 페이지를 쓰는지는 중요하지 않다. 15페이지든 20페이지든 등장인물을 알기 위해 필요한 모든 일을 할 것이다.

여러분의 등장인물을 파악하는 데 어려움이 있다면, 등장인물 전기를 일인칭으로 써보자. 예를 들면 이런 식이다. "내 이름은 데이비드 홀리스터. 7월 5일 보스턴에서 태어났다. 아버지는 해양 변호사였는데 늘 화난 것처럼 보였다. 이유는 분명치 않으나 그건 내 탓이라고 생각했다. 아버지는 내가 전문직 종사자가 되길 바랐으나 난 음악에 더 흥미가 있었다."

등장인물 전기의 대단한 점은 완성했을 때 등장인물을 정말 잘 알고 있다는 느낌이 든다는 것이다. 전기를 다 쓴 다음엔 서랍에 넣어둬도 된다. 아무렇게나 흩어져 있던 그 모든 생각과 느낌, 감정을 머릿속에서 꺼내어 종이에 옮겨놓았기 때문이다. 이 작업은 빈 종이를 마주할 때 등장인물의 목소리를 찾는 데 도움이 될 것이다.

등장인물 전기가 출생부터 이야기가 시작될 때까지 인물의 삶을 파고든다면, 페이드인에서 페이드아웃까지 시나리오가 진행되는 동안 등장인물의 삶은 어떤가? 이제 등장인물의 **직업적, 개인적, 사적**인 면을 규정하자.

우선, 등장인물의 **직업 생활**은 어떤가? 주인공의 직업은 무엇인가? 직장 상사와의 관계는 어떤가? 좋은가? 나쁜가? 무시당하는가? 이용당하는가? 박봉인가? 현재의 직장에서 얼마 동안 일했는가? 동료들과의 관계는 어떤가? 서로 잘 어울리는가? 언제 어디서 직장 생활을 시작했는가? 우편물 관리실에서? 간부 수련회에서? 대학 졸업 후 바로 취직했는가?

상사와 등장인물 사이에 감정적 긴장을 유발하는 뭔가가 있는가? 혹시 고객을 놓친 일인가? 〈아메리칸 뷰티〉에서 레스터는 고용

주와 14년쯤 함께해왔는데, 이야기가 시작될 무렵 회사에서는 경영 컨설턴트를 고용하여 사업 효율성을 평가하게 된다. 레스터는 이를 탐탁해하지 않는다. 아내 캐럴린은 부동산 중개인인데, 이 활동은 두어 신에만 나오지만 캐럴린의 성격을 다채롭게 만들어준다.

등장인물에 관한 이러한 사실들을 아는 것은 중요하다. 〈본 슈프리머시〉에서 제이슨 본은 기억상실증 환자로, 자기가 누구인지, 과거 내력이 어떤지 알아내기 위해 온갖 장애물을 극복해야 한다. 여러분 등장인물의 직업 생활을 추적하는 두세 페이지짜리 자유연상 에세이를 써보자. 직장에서의 관계가 어떻든 간에 그 관계에 초점을 맞춰 등장인물의 삶을 묘사하고 탐구한다.

등장인물의 직업 생활을 정립하고 규정했다면 이제 **개인 생활**로 파고들자. 이야기가 시작할 때 등장인물은 미혼인가, 기혼인가, 사별했는가, 이혼했는가, 별거 중인가? 이야기가 시작되기 직전에 별거했을 수도 있다. 아니면 관계가 험난하여 곧 갈라설지도 모른다. 만일 기혼이라면 언제 누구와 결혼했는가? 어디서 만났는가? 누군가의 소개로? 우연히? 업무상 만남으로? 결혼 생활은 괜찮은가? 서로 당연하게 여기는 결혼 생활인가? 〈신데렐라 맨〉에서 짐 브래덕(러셀 크로)과 아내 메이(르네 젤위거)의 결혼 생활이 좋은 예이다. 이들의 결혼 생활은 영화가 진행되는 내내 시험에 들게 되며, 서로와 자녀에 대한 헌신은 등장인물에 또 다른 차원을 더해준다. 〈밀리언 달러 베이비〉(폴 해기스)에서 프랭키 던(클린트 이스트우드)과 등장하지 않는 딸 사이의 관계는 딸에게 써 보내지만 모조리 반송되는 프랭키의 편지를 통해서만 포착되는데, 마찬가지로 이런 관계 역시 관객에게 프랭키와 매기(힐러리 스웽크)의 관계에 대한 더 깊은 통찰

을 제공한다. 무슨 일이 프랭키와 딸 사이에 불화를 초래했는가? 왜
그런 적대감이 생겼는가? 그저 암시만 되었을 뿐인데도 이는 프랭
키와 제자 사이의 관계에 강력한 동기 부여 장치를 더해준다.

사생활은 등장인물이 혼자 있을 때 하는 일이다. 등장인물의 취
미나 관심사는 무엇인가? 조깅? 피트니스? 요가? 대학 공개강좌?
요리, 목공, 집수리, 그림 그리기, 글쓰기, 원예? 이렇게 등장인물의
사생활을 규정하는 것은 인물에 깊이와 입체감을 더해주는 훌륭한
방법이다.

존 프랭컨하이머 감독의 어느 영화에서 주인공인 형사는 매주 한
번 정통 프랑스 요리 강습을 수강한다. 형사의 꿈은 특별한 수플레
를 만드는 것이다. 연쇄살인범을 추적 중이던 그는 공교롭게도 요
리 교실에서 수플레를 준비하던 바로 그날 밤 범인을 잡게 된다. 작
지만 훌륭한 설정이다. 〈쇼생크 탈출〉에서 앤디 듀프레인의 취미는
돌을 조각하여 체스 말을 만드는 것이다. 나중에 관객은 이 같은 관
심이 땅굴을 파서 쇼생크 교도소를 탈출하는 것으로 이어진다는 것
을 알게 된다.

등장인물의 직업 생활, 개인 생활, 사생활을 각각 두세 페이지로
써보자. 자유연상법을 사용하여, 그냥 나오는 대로 쓴다. 이를 규정
하고 분명히 나타내되 검열하지는 말자. 이 작업을 진행하면서 여
러분이 등장인물을 **드러내는** 과정 중에 있음을 기억하자. 이것은
등장인물을 창조하는 도구 중 한 가지일 뿐이다.

조사는 등장인물을 창조하는 능력 키우기에 이용할 수 있는 또
하나의 도구이다. 여기에는 **현장** 조사와 **자료** 조사 두 가지가 있다.

현장 조사에서는 아이디어, 생각, 느낌, 경험, 배경 등의 소재를

얻기 위해 사람들을 인터뷰하게 된다. 맞춤 차량을 제작하는 자동차 수리소에 관한 이야기를 쓰고 있는데, 그곳이 어떻게 가동되는지를 알고 싶다고 해보자. 인근 지역에 이런 업체가 있는지 알아보자. 필요하다면 인터넷으로 검색해본다. 관리자, 디자이너라든가 수리소에서 일하는 사람들과 이야기를 나눈다면 그곳 사람들과 환경을 파악할 수 있을 것이다.

하고 싶은 질문 목록을 작성하고, 응답자의 말을 녹음할 기기와 자신의 느낌을 기록할 노트를 가져간다. (유의 사항: 전화로든 직접 만나서든 녹음 가능 여부를 반드시 물어보아야 한다. 특히 시나리오나 드라마 대본을 쓴다고 말하면 대부분 승낙할 것이다. 만일 그 사람이 시간당 보수나 선금 같은 것을 요구한다면 다른 사람을 찾자.) 대부분의 사람들은 자신의 전문 지식을 들려줄 것이다. 게다가 이렇게 쓴 대본이 팔려서 제작에 들어간다면, 제작자는 그 응답자에게 영화에 대한 일종의 컨설턴트가 되어달라고 요청할 수도 있다.

신문 기사의 주인공과 이야기하고 싶다면, 신문사에 전화를 걸어 그 기사를 쓴 기자를 찾아서 그 사람과 연락할 수 있는지 알아보자. 주인공에게 전화해서 관심을 표명하고 인터뷰가 가능한지 물어본다. 무엇을 알아낼 수 있는지 확인한다. 유명한 스튜디오 임원이자 작가인 한 친구는 암살 전문가에 관한 이야기를 썼다. 초고를 완성했지만 불만족스러워하며 내게 한번 읽어보라고 부탁했다. 내가 읽어보니 주제는 좋았지만 이야기가 피상적이고 깊이와 입체감이 부족했다. 얼마나 조사했는지 물었는데 "아주 조금"이라는 대답을 듣고 놀랐다. 나는 그러니 그럴 수밖에 없다면서, 주인공에 대한 조사를 한 뒤에 고쳐 써야 한다고 말해주었다.

마침 몇 달 전 『롤링 스톤』지에 한 암살 전문가와의 심층 인터뷰가 실렸다는 것이 기억났기에 이것을 친구에게 일러주었다. 친구는 잡지사에 전화해서 그 기사를 쓴 기자와 통화했고, 기자는 그 암살자를 찾아서 만남을 주선해주었다. 내 친구는 암살의 세계에 대해 상상했던 것보다 더 많은 사실을 알게 되었다. (마찬가지로 〈콜래트럴〉의 빈센트라는 인물이 그렇게 잘 그려진 이유 하나는 시나리오 작가 스튜어트 비티가 준비한 광범위한 조사 덕분이었다.) 암살자와 이야기를 나눈 친구는 대본을 고쳐 썼으며, 만일 영화화가 될 경우 암살자가 아주 좋은 조건에 특별 컨설턴트로 고용되도록 요청하기로 합의했다. 물론 약속은 못 해주었지만, 제작자나 감독에게 이런 요구 정도는 할 수 있었으니까. 나중에 이 대본은 한 제작자에게 옵션 계약(시나리오를 일정 기간 내에 영화로 제작할 독점권을 일정액에 구매하는 계약—옮긴이)을 통해 넘어갔고, 몇 달 후 스튜디오에 팔려 영화화가 진행되었다. 암살자는 영화의 자문위원이 되어달라는 요청을 받았다.

최근에 미래 공상과학 시나리오를 쓰고 있었던 나는 지구에 충격을 미칠 만한 강력한 우주 현상에 대한 정보가 필요했다. 그래서 제트추진연구소에 전화를 걸어 홍보 담당자에게 내가 찾고 있는 것을 말했더니, 담당자는 감마선 폭발 분야에서 일하는 두 과학자에게 나를 안내해주었다. 나는 약속을 정하고 녹음기를 가지고 가서 그 주제에 대한 과학자들의 생각과 아이디어를 녹음했다. 심지어 시나리오를 쓸 때 그들의 아이디어를 조금 사용하기도 했다. 이것이 바로 **현장 조사**의 가치이다.

자료 조사는 도서관, 박물관, 기관에 가서 책, 정기간행물, 마이크로피시microfiche(책의 각 페이지를 축소 촬영한 시트 필름—옮긴이), 옛날 신문에서 정보를 얻는 것이다. 데이비드 L. 월퍼 프로덕션에서 다큐멘터리를 제작하던 시절 나의 주된 업무는 조사였기에, 나는 자료 '찾기'에 꽤 능숙해졌다. 나는 열일곱 살의 그레이스 켈리의 첫 모델 사진을 발견했다. 악명 높은 피그스만 침공 당시 어느 배에서 찍은 원본 영상을 찾아낸 후, 어디서 어떻게 그것을 발견했는지를 알아내려는 국무부와 FBI 관계자들에게 조사를 받은 적도 있다. 훗날 메릴린 먼로로 알려질 젊은 여배우의 첫 연기 영상(유니언 76 가스 회사의 단편 홍보 영화)을 찾아내기도 했다.

인물이든 사건이든 어떤 주제에 대한 정보를 찾고 있다면 도서관에서 그 주제에 대해 쓴 책이나 잡지를 찾아보자. 눈에 띄는 것이 있으면 목차를 훑어보자. 흥미로워 보이는가? 관심 있는 분야에 적용할 만한가? 두세 장(章)을 살펴보자. 읽기 쉬운가? 주제를 명확히 하는 데 도움이 되는 사실과 세부 내용이 충분히 실려 있는가? 책 서너 권에 담긴 자료만 해도 파악하는 데 족히 몇 주는 걸릴 것이다. 필요하다면 나중에 언제든지 다시 가서 다른 책도 구할 수 있다. 필요조차 없을지도 모르는 너무 많은 정보에 짓눌리는 것은 바람직하지 않다.

몇 년 전, 나는 현장 답사를 나간 고고학자에 관한 프로젝트를 조사하면서 배경 정보를 조금 얻고 싶었다. 그래서 UCLA 고고학과에 전화를 걸어 현장 답사를 막 마치고 돌아온 대학원생과의 인터뷰를 마련했다. 그런 다음 이야기의 배경인 노던 애리조나 박물관에 전화를 했고, 나와 통화한 사서는 책, 기사, 영화, 내가 이야기 나눌 수 있는 사람들의 이름 등 완벽한 목록을 보내주었다. 그것이야말로 매우 귀중한 도구였다.

잡지와 신문을 확인해보자. 『정기간행물 독자 가이드Reader's Guide to Periodical Literature』와 『뉴욕 타임스 색인The New York Times Index』을 참조하자. 책이나 정기간행물을 찾는 데 도움이 필요하다면 도서관의 안내 데스크로 가보자. 대개 사서들은 큰 도움이 된다. 또한 찾은 책의 말미에 있는 참고문헌 목록을 확인해본다. 나는 원작 시나리오든 다큐멘터리 영화든 모든 프로젝트를 이런 방식으로 시작한다.

조사는 등장인물과 이야기를 확장하는 훌륭한 도구이다. 〈씨비스킷〉은 이런 조사가 플롯뿐만 아니라 영상과 당시의 뉴스릴에서도 얼마나 효과적으로 스토리라인의 역사적 관점을 넓힐 수 있는지를 보여주는 좋은 예이다. 조사는 시간과 장소를 포착할 뿐만 아니라 이야기에 이용할 만한 사건이나 일을 제공해주는 훌륭한 도구이다.

대사는 어떤가? 대사는 등장인물의 도구이다. **등장인물의 기능**이기도 하다. 대사 쓰는 감각이 유달리 탁월한 작가가 있는 것은 사실이다. 하지만 자신의 등장인물을 충분히 잘 알고 있다면, 등장인물의 내면에 자연스럽게 들어갈 수 있다면, 그렇게 쓴 대사는 그 인물의 '본질'을 포착할 수 있을 만큼 개성적이고 잘 어울릴 것이다. 작가는 등장인물을 드러내기 위해 뭔가를 말하거나 보여주는가 하면 설명할 수도 있다.

내가 끊임없이 받는 질문 하나는 "어떻게 하면 대사를 더 잘 쓸 수 있을까요?"이다. 내가 무슨 문제가 있는지 물어보면, "약하고, 억지스럽고, 어색하고, 가짜 같고, 다 똑같이 들리거든요"라고들 대답한다. 그 말이 맞는 듯도 싶다.

사람들은 대사에 집착하곤 하는데, 대사가 무엇인지 혹은 무엇을 하는지 모르기 때문이다. 이런 사람은 대사를 너무 중요시한다. 좋은 대사가 시나리오의 '모든 것'이라고 말하며, 글쓰기를 시작했는데 대사가 기대에 미치지 못하면 걱정과 불안, 심지어 분노나 우울에 휩싸인다. 그런 나머지 자신의 작업을 검열하면서 판단과 평가를 내리다가 지나치게 비판적이 된다. 계속 이런 식이라면 아마도 글쓰기를 그만둘 것이다. 대사가 그리 좋지 않다는 이유를 대면서 말이다.

그래서 어떻단 말인가? 대사는 경험이다. 하면 할수록 더 쉬워진다. 앉아서 쓰기 시작하면 아마 형편없는 대사를 50~60페이지씩이나 쓸 것이다. 엉망인 채로 내버려두자! 이 단계에서는 상관없다. 나중에 고쳐 쓸 것이므로, 주저치 말고 형편없는 대사를 써보자. 대부분의 초고는 이런 식이기 마련이다. 초고에는 아무도 완벽한 대사를 쓸 수 없다. 좋은 대사 쓰기란 피아노 치기나 수영, 자전거 타기와 같은 기술이다. **하면 할수록 더 쉬워진다.** 얼마나 좋은지 나쁜지는 신경 쓰지 말자. 그 과정을 믿자. 그것은 상상을 뛰어넘는다. 등장인물이 스스로 말하도록 하자. 그냥 계속 쓰자. 자신의 어떠한 판단이나 평가도 자신에게 영향을 주지 않도록 주의한다. 물론 말처럼 쉽지는 않다. 형편없는 대사를 주저 없이 쓰자. 첫 페이지, 첫 단어부터 완벽한 대사를 쓰고 싶다는 함정에 빠져서는 안 된다.

대사의 목적은 무엇인가? 대사는 두 가지 기능을 제공한다. 이야기를 진전시키든가, 등장인물을 드러내는 것이다. 다음에 영화를 볼 때는 가급적 영화를 연구할 수 있는 집에서 보면서 대사를 들어보자. 종이 한 장을 꺼내 각 신에서 대사가 수행하는 역할을 표기한다. 실제로 각각의 신을 이 두 가지 기능에 따라 얼마든지 표로 정리할 수도 있다. 내 말이 맞는지 한번 시험해봐도 좋다.

형편없는 대사를 50~60페이지씩 쓸 의지가 있다면, 대부분의 경우 자연스러운 글쓰기 과정에서 저절로 문제가 해소될 것이다. 등장인물에게 개성을 부여할 법한 작은 구절이나 표현, 특별한 억양이나 리듬을 찾아낼 것이다. 초고를 완성할 무렵에는 이런 변화에 놀랄 것이다. 이들 페이지를 고쳐 쓰다 보면 대사는 엄청나게 좋아질 것이다. 대사 쓰는 재능을 타고난 사람도 있긴 하다. 하지만 대다수 사람들 또한 이를 발전시킬 수 있다.

더욱 효과적인 대사를 쓰는 데 도움이 되는 도구들도 있다. 우선 친구나 아는 사람과의 대화를 담는 녹음기를 이용할 수 있다. 이것을 재생하여 들어보자. 대화가 얼마나 단편적이고, 생각들이 얼마나 빨리 오가는지 주목하자. '진짜' 대사가 어떤 것인지 알고 싶다면, 시나리오 형식으로 타이핑해본다. 버릇과 억양을 유심히 듣고, **말투**를 발견해보자. 다음엔 그런 '리듬' 또는 그런 '언어'로 이야기하는 등장인물에 대해 생각해보자.

유명한 저널리스트인 한 수강생이 오랫동안 생각해왔던 시나리오를 쓰고 있었다. 문체는 우아하고 읽기 쉬웠으며, 대사는 아름다웠다. 말하자면, 종이 위에서는 아름답게 **읽혔다**. 모든 문장이 간단명료했으며, 모든 아이디어가 의도와 실행으로 완결되었다. 어법과 문장부호도 완벽했다.

하지만 소리 내어 읽으면 전혀 효과가 없었다. 사람들은 숙련되고 우아한 산문체로 말하지 않는다. 현실 속 사람들은 단편적인 말, 장황한 문장, 불완전한 생각으로 이야기를 나누며, 분위기와 주제를 눈 깜짝할 사이에 바꾼다. 사람들이 말하는 것에 귀 기울여보자. 사람들이 말하는 방식에 대해 완전히 새로운 인식을 갖게 될 것이다. 대사는 아름다운 산문이나 운율적인 시로 전달되지 않는다. 시나리오 작가는 셰익스피어처럼 대사를 쓰지 않는다.

시나리오는 시각적 경험이 되기 전에 읽는 경험이 먼저 이루어진다. 앞서 언급했듯이 대사의 주된 기능 한 가지는 이야기를 진전시키는 것이다. 이런 의미에서, 스토리라인이 진행됨에 따라 무슨 일이 일어나고 있는지를 독자가 알 수 있도록 필요한 사실과 정보를 전달해야 한다.

이야기를 진전시킨다는 것은 독자와 등장인물이 무슨 일이 일어나고 있는지 알 수 있도록 필요한 **서설적**(序說的) **설명**exposition을 제공하는 것을 의미한다. 서설적 설명이란 이야기를 진전시키거나 등장인물에 관한 정보를 드러내는 데 필요한 정보이다. 반드시는 아니지만 이런 설명은 대개 대사를 통해 이루어진다. 등장인물이 무슨 일이 일어났는지 이야기함으로써 스토리라인의 다음 방향이 설정된다. 과도한 설명은 진부하고 평범하며 지루하다. 너무 많은 설명은 필요 없으며, 설정할 만큼만 있으면 된다.

한 가지 좋은 예가 〈쇼생크 탈출〉이다. 앤디 듀프레인이 감옥에 들어갈 때, 첫 신은 새로운 수감자들이 넓은 입소 구역으로 걸어 들어가는 것을 보여준다. 교도소장은 자신을 소개하고 교도소 규칙을 하달한다. "난 노턴 소장이다. 너희는 죄인이고 인간쓰레기다. 그래서 너희를 나한테 보낸 것이다. 규칙 제일조, 신성모독 금지. 내 교도소에서 주님의 이름이 함부로 들먹여지는 것을 좌시하지 않겠다. 나머지 규칙은 차차 알게 될 것이다."

단순하고 분명하다. 그저 이야기를 설정하고 다음에 무슨 일이 일어날지 암시하는 정도다. 수감자 한 명이 "밥은 언제 먹습니까?"

라고 묻자, 주제넘게 말했다는 이유로 심하게 얻어맞는다. 이런 것이 '규칙'이다. 〈아메리칸 뷰티〉에서처럼 서설적 설명을 시각적으로 전달할 수도 있다. 오프닝 숏들은 레스터가 사는 도시, 거리, 집을 보여준다. 보이스오버로 레스터는 말한다. "내 이름은 레스터 버넘. 마흔두 살이다. 일 년도 안 돼서 난 죽을 것이다. … 저건 아내 캐럴린. 저 전지가위 손잡이가 원예용 나막신과 잘 어울리는 게 보이지? 우연이 아니다."

대사의 두 번째 기능은 등장인물을 드러내는 것으로, 이는 여러 가지 방법으로 수행될 수 있다. 때로는 서설적 설명과 마찬가지로 직접적으로 드러낼 수도 있다. 그런가 하면 불분명하거나 예상치 못한 방법으로 **신의 내용을 거스르도록** 하여 간접적으로 처리할 수도 있다. 상황이 좋아 보이고, 일상적 대화처럼 보이는 대사는 다정다감하고 솔직할지도 모르지만, 등장인물들이 말하는 내용은 매섭고 독기가 넘칠 수도 있다. 〈아메리칸 뷰티〉의 식당 신이 좋은 예이다. 레스터와 아내 캐럴린, 딸 제인이 식당 테이블에 앉아 저녁을 먹고 있다. 테이블 위에는 촛불이 놓여 있고, 아름다운 꽃들이며 차갑게 해둔 와인도 있고 배경에는 잔잔한 음악이 흐른다. 함께 저녁 식사를 하는 미국인 가정은 정말 근사해 보인다.

하지만 이 신의 주제는 다름 아닌 불평이다. "엄마, 항상 이런 엘리베이터 음악을 들어야 해요?" 제인이 투덜댄다. 그러자 캐럴린은 이렇게 대꾸한다. "아니, 그렇지 않아. 내가 막 먹으려는 영양가 있으면서도 풍미 넘치는 식사를 네가 준비하기만 하면 얼마든지 네가 원하는 음악을 들을 수 있을 거야." 거기서부터 대화는 내리막길로 접어들더니 분노와 침묵과 죄책감으로 끝나고 만다.

등장인물을 드러내는 또 다른 방법은 다른 사람들이 대사를 통해 그 인물을 조명하도록 하는 것이다. 헨리 제임스는 자신의 조명 이론Theory of Illumination에서, 이야기의 주인공이 원의 중심을 차지하고 주변부에는 다른 등장인물들이 위치한다는 견해를 개진했다. 한 등장인물이 주인공과 상호작용을 할 때마다 그 인물은 마치 어두운 방으로 걸어 들어가 각 구석에 있는 램프를 켜듯이 주인공의 다른 면을 '조명'한다. 마찬가지로, 대사는 등장인물에 대한 뭔가를 조명하고 드러낸다.

때로는 **서브텍스트**subtext라는 도구를 사용하여 신을 꾸밀 수 있다. 서브텍스트란 신에서 **언급되지 않는 것**이다. 내 친구 중에 여러 텔레비전 시리즈에 출연했던 배우가 있었는데, 놀고 있었기에 일자리가 필요했다. 그의 친한 친구가 대작 영화의 감독으로 막 고용된 참이었다. 두 사람은 서로 본 지가 꽤 되었으므로 만날 시간을 정했다. 물론 내 친구의 바람은 그 영화에 자신의 배역이 있을지 알아보는 것이었다. 감독의 바람은 모호했다. 그러니 이들이 함께 만나 식사하는 동안 말하지 않은 단 한 가지는 무엇이었을까? 내 친구가 일자리를 필요로 한다는 것. 이것이 바로 서브텍스트이다.

〈애니 홀〉에는 이것을 포착하는 작지만 훌륭한 신이 있다. 앨비 싱어는 애니 홀을 막 만났고, 그들은 술 한잔을 하러 애니 집으로 돌아간다. 발코니로 나가 서로 대화할 때 두 사람이 실제로는 무슨 생각을 하는지가 스크린에 자막으로 나타나는데, 이는 서로에게 말하는 것과 완전히 모순된다. 서브텍스트를 사용하여 얻을 수 있는 깊이와 크기를 보여주는 멋진 신이다.

대립의 드라마는 효과적인 대사를 쓰는 또 다른 방법이다. 신에

외부 힘이나 인물 내부에서 비롯된 갈등을 만들고 싶다면 언어적 대립을 만들 수 있다. 〈사이드웨이〉에서 마일스(폴 지어마티)와 잭(토머스 헤이든 처치)은 서로 다른 것을 바라기 때문에 끊임없이 대립한다. 마일스는 와인 시음을 즐기려 하지만, 잭은 섹스를 원한다. 상반된 관점을 가진 두 등장인물은 작가가 이야기를 계속 진전시키고 인물의 특성을 보여줄 갈등을 유발하는 대사를 만들어낼 수 있게 해준다.

대사는 좋은 장면전환transition(시간의 경과를 보여줄 목적으로 하는 신과 신의 연결을 뜻하며, 경우에 따라서는 '장면전환 효과'를 지칭하기도 한다—옮긴이) 방법이기도 하다. 말 또는 시각적 장면전환은 신과 신을 연결한다. 한 등장인물이 무엇인가를 말하는 것으로 신을 마친 다음, 다른 등장인물이 같은 대화를 이어가는 새로운 신으로 넘길 수 있다. 예를 들어, 질문을 하는 등장인물로 신을 끝내고 그 질문에 대답하는 다른 등장인물로 다음 신을 시작할 수도 있다. 이것은 〈양들의 침묵The Silence of the Lambs〉(테드 탤리)과 〈줄리아Julia〉(앨빈 사전트)에서 효과적으로 이루어진다. 몽타주 시퀀스, 즉 하나의 아이디어로 연결되고 명확한 시작, 중간, 결말이 있는 일련의 시각적 신들을 쓸 수도 있다. 〈아메리칸 뷰티〉는 부동산 시퀀스에서 이것을 멋지게 보여준다. 캐럴린은 집 한 채를 팔기 위해 여러 사람에게 보여준다. 대화가 집 안 여러 장소에 각기 다른 인물들이 등장하는 여러 신에 걸쳐 지속되는데, 전체 시퀀스가 실로 하나의 신이라 할 만하다. 이것은 시간, 장소, 행동을 응축하는 방법이다.

이상과 같은 것들이 등장인물의 도구이다. 완전하고 입체적인 등장인물을 만들고 효과적인 대사를 쓰는 것은 인물의 특성을 조명하고 드러낸다.

바로 이것이 핵심이다.

주요 등장인물 두세 명에 대해 일곱에서 열 페이지 정도로, 필요하다면 더 길게 등장인물 전기를 써보자. 인물들의 어린 시절에 초점을 맞춘다. 등장인물이 어디서 태어났는가? 부모의 직업은 무엇인가? 부모와의 관계는 어떠한가? 형제자매가 있는가? 관계는 어떠한가? 화기애애한가, 아니면 서로 으르렁거리는가?

등장인물이 10대와 20대 때 다른 사람들과 맺는 관계를 규정하고 이러한 관계들이 어떻게 인물의 특성을 형성하는지 확인해보자. 헨리 제임스의 **조명 이론**을 기억하자. 모든 등장인물은 주인공을 조명한다.

등장인물 전기 쓰기를 시작하기 전에 며칠간 등장인물에 관해서 생각한 다음, 두세 시간을 방해받지 않고 작업할 수 있는 기간을 확보한다. 전화도, TV도, 이메일도, 게임도, 친구 방문도 안 된다. 긴장을 풀기 위해 조명을 어둡게 하거나 잔잔한 음악을 듣는다거나 와인을 반 잔 정도 마시는 것도 좋다. 그 이상 마신다면 음주를 위한 글쓰기가 될 것이다. 그런 다음 등장인물에 대한 생각, 아이디어, 느낌 '꺼내기'를 시작한다. 그냥 그것이 슬슬 나오도록 한다. 문법, 문장부호, 맞춤법, 필체 등에 대해서는 걱정하지 말자. 아무 걱정 말고 그냥 종이에 자신의 생각을 옮겨 적자. 이 내용은 다른 사람에게 보여주는 것이 아니다. 그저 등장인물을 발견하고 알아갈 때 이용하는 하나의 도구에 지나지 않는다. 나중에 등장인물 전기 중에서 일부를 시나리오에 포함하고 싶다면 그래도 된다. 하지만 우선 지금은 등장인물을 종이에 옮겨놓는다. 등장인물이 자신을 발견하도록 내버려두자.

등장인물의 직업 생활, 개인 생활, 사생활도 마찬가지로 꾸며보자. 직업, 인간관계, 취미 등에 대해 한두 페이지를 써보자. 등장인물의 '인생 중 어느 날'을 세밀히 묘사하여 그 사람의 전형적인 하루가 어떤지를 쓰는 것도 좋다. 침대에서 일어나는 순간부터 밤에 잠자리에 들 때까지 무엇을 하는가? 한두 페이지로 써본다. 더 많이 써야겠다 싶으면 그렇게 한다. 더 적게 써도 괜찮을 것 같으면 그렇게 한다.

등장인물의 삶에서 불확실하다고 느끼는 영역을 발견하거든 한두 페이지로 써보자. 자유롭게 연상하자. 필요하다면 조사를 해본다. 작가와 등장인물 사이의 관계는 절친한 두 친구 사이와 같다. 필요한 것을 결정하고 규정하자.

무언가를 써야 할지 말아야 할지 모르겠다면 그냥 써보자! 이 단계에서는 미리 편집을 해서는 안 된다. **자신**의 대본, **자신**의 이야기, **자신**의 등장인물, **자신**의 극적 선택이다. 이 과제를 마치면 등장인물을 마치 친한 친구처럼 잘 알게 될 것이다.

7

갈등과 '존재의 원'

"오직 중요한 것은 이야기뿐으로,
이야기는 등장인물들 사이의 갈등에서 비롯된다.
작가는 인물들의 요구와 동기로 시작하여
이것들을 한데 묶어야만 이야기를 진화시킬 수 있다.
그러면 이것들이 작가를 위해 이야기를 만들어낼 것이다."

프랭크 피어슨
〈 뜨거운 오후Dog Day Afternoon 〉, 〈 폭력 탈옥Cool Hand Luke 〉

시나리오를 쓸 때 명심해야 할 가장 본질적인 측면은 모든 드라마가 갈등이라는 점이다. 많은 작가가 이 사실을 잊고 있는 것 같다. 시나리오에서 신의 목적이 이야기를 진전시키거나 등장인물에 관한 정보를 드러내는 것이라면, 때때로 작가는 이야기를 전달한다는 것이 갈등에 초점을 맞추는 일 없이 등장인물을 체스 말처럼 행동을 통해 움직이는 것을 의미한다고 생각하기도 한다.

시나리오 쓰기에서 갈등이 왜 그렇게 중요한가?

갈등은 긴장감, 리듬, 서스펜스를 조성하여 독자나 관객이 다 함께 손에 땀을 쥐도록 만들기 때문이다. 영화 한 편은 인생보다도 크다. 세상에 어떤 질서를 부여하는 대본을 쓰고자 한다면, 독자를 끌어들여야 한다. 갈등을 일으켜야 한다는 말이다.

갈등이라는 단어는 '반대 입장에 서 있음'을 뜻한다. 문학 용어로는 대체로 "인물들 사이의 대립적인 힘, 그리고 플롯을 형성하거나 유발하는 행동을 창조하는 것"으로 정의된다. 강하고 분명한 극적 요구를 지닌 등장인물이 있다면 작가는 그 요구에 반하는 장애물을 만들 수 있다. 그러면 등장인물이 자신의 극적 요구를 성취하기 위해 거듭되는 장애물을 극복하는 이야기가 된다. 신 안에 강하고 뚜렷한 관점을 가진 한 인물과 그와 반대되는 관점을 가진 또 다른 인물이 있다면, 그 결과 강하고 지속적인 갈등이 생겨난다. 결국 관건은 정서적 또는 물리적 맥락에서 갈등을 지속시키는 것이다.

〈콜드 마운틴〉은 갈등의 다차원적 복잡성을 잘 보여주는 좋은 예이다. 앤서니 밍겔라 감독이 각색한 찰스 프레이저의 소설은 미국 남북전쟁을 배경으로 한다. 국가를 정치적, 지리적 노선에 따라 난폭하게 쪼개버린 잔인무도의 시기였다.

이야기의 초점은 세 등장인물에게 맞추어진다. 목수 인먼(주드 로)은 재주가 많지만 과묵한 사람이다. 침례교 목사의 딸 에이다(니콜 키드먼)는 읽기, 쓰기, 피아노 연주를 비롯해 완벽한 '안주인'이 될 소양을 갖춘 남부 '미인'으로 키워진 젊은 여자다. 루비(르네 젤위거)는 에이다에게 정신력과 자립심을 가르치고, 에이다가 전혀 몰랐거나 꿈꿔본 적도 없는 세계를 드러내주는 거침없는 유랑자이다. 전쟁으로 터전을 잃은 세 생명은 육체적, 정신적 생존을 함께 지탱하기 위해 서로에게 의지하는 법을 배운다.

그리고 노스캐롤라이나의 블루리지산맥 기슭에 위치한 작은 마을 콜드 마운틴은 영원히 잃어버린 시간과 장소, 생활 방식을 상징한다. 콜드 마운틴은 실로 사랑의 등불이자 마음속에 자리한 장소와도 같다.

〈콜드 마운틴〉의 핵심은 갈등인데, 이는 극적 상황과 함께 정립되고 설정된다. 이야기는 미국에서 변화된 생활 방식을 선도하는 주(州)들 사이의 갈등 속에서 펼쳐진다. 변화에는 갈등이 뒤따르게 마련이다. 이야기는 플래시백으로 시작되는데, 북부 연방군 병사들은 남부 연합군 진영 아래에 터널을 뚫고 폭약을 설치한다. 인먼이 관객에게 소개될 때 그는 에이다가 보낸 많은 편지 중 하나를 다시 읽는데, 에이다는 보이스오버로 자신의 희망과 꿈을 인먼에게 들려준다. 이미 이 편지는 인먼 및 남군 진영과의 극명한 시각적 대비를 제공한다. 에이다의 말이 들리는 동안에도 관객은 북군 병사들이 도화선에 불을 붙이는 것을 지켜본다. 그러고는 아수라장이 펼쳐 진다. 공격하던 북군은 자기들이 쓰레기장에 갇혔음을 알아차리고, 남군은 그 구덩이 사방에 둘러서서 수많은 인명들에게 총을 발사한 다. 그렇게 영화는 시작한다.

이런 광기와 혼란 속에서 관객은 2년 전의 콜드 마운틴으로 되돌 아가서, 인먼이 기억하는 에이다와의 만남을 보게 된다. 벌써부터 북과 남, 옳음과 그름, 국가와 개인 등 이야기 속 힘의 대립이 갈등 을 유발한다.

이후에 벌어진 교전에서 부상을 입은 인먼은 "돌아와줘요, 내 사 랑"이라는 에이다의 말을 듣고는 남군을 탈영하여 이 전쟁의 광기 에서 벗어나기로 결심한다. 사랑하는 여인이 있는 집으로 돌아가고 자 하는 인먼은 콜드 마운틴으로 돌아간다는 자신의 극적 요구에 따라 움직인다. 호메로스의 『오디세이』처럼 인먼의 험난한 여행기 는 집으로 돌아가겠다는 욕망을 가진 한 남자에 관한 이야기로, 여 행길에 놓인 온갖 장애물에 직면한다. 인먼의 이야기는 용기와 자 존심, 로맨틱한 사랑, 충성심을 확인하는 궁극적 시험대가 된다. 그 는 적군뿐만 아니라 남군의 현상금 사냥꾼까지 피해 도망쳐야 한 다. 굶주림과 피로를 견뎌야 하며, 혹독하고 때로는 통행조차 불가 능한 지역을 3백 마일 이상 걸어서 콜드 마운틴으로 가면서 두려움 과 회의감이라는 내적 문제에도 대처해야 한다. 엄청난 여정이다. 콜드 마운틴으로 돌아가는 발걸음을 디딜 때마다 대처하고 극복해 야 할 새로운 갈등이 생겨난다.

여행 신화는 모든 인류의 표현에 있는 보편적인 주제로서, 언어,

문화, 인종, 지역을 막론하여 표현되고 모방된다. 우리는 모두 탄생에서 죽음으로 이어지는 똑같은 인생길을 걷고 있으며, 〈반지의 제왕: 반지 원정대〉에서 간달프가 말하다시피 우리가 할 일은 "우리에게 주어진 시간을 어떻게 쓸지 결정하는 것"이다.

여행이라는 보편적인 주제는 〈펭귄: 위대한 모험March of the Penguins〉(뤼크 자케, 미셸 페슬레 각본의 프랑스 다큐멘터리를 조던 로버츠가 각색)에서도 표현된다. 이 비범한 다큐멘터리는 황제펭귄 떼가 남극의 번식지로 돌아가면서 모질고 험한 환경이라는 장애물에 맞서는 여정을 보여준다. 영화는 살아남으려는 펭귄들의 강렬한 의지를 포착하고, 관객은 이 여정에서 서설적 설명, 갈등, 골칫거리, 내러티브 진행, 장면전환, 서프라이즈, 절정, 해결 등 모든 드라마의 정서적 토대를 보게 된다.

갈등이라는 맥락을 만들고자 한다면, 여기에는 두 가지 종류가 있음을 알 수 있다. 바로 **내적 갈등**과 **외적 갈등**이다. 인먼은 탈영하여 에이다에게 돌아가기로 결심한다. 그가 행동을 취하든 취하지 않든 생존의 위험을 견디면서 겪는 두려움, 회의감, 사랑, 인내 등은 모두 내적 갈등을 나타낸다. 외적 갈등은 전쟁, 날씨, 물리적 지형, 유혹, 육체적 고난 등의 위험처럼 인물 밖에서 작용하는 힘이다.

〈콜드 마운틴〉에서 에이다는 항상 아버지(도널드 서덜랜드)의 보호를 받으며 도시에서 자란 교양 있는 여성이다. 아버지의 예기치 못한 죽음과 인먼의 부재로 인해, 에이다는 삶을 스스로 꾸려갈 방법을 아무것도 모른 채 농장에 완전히 홀로 남겨져 극도의 위험에 처해 있음을 깨닫는다. 굶주림과 습격, 그리고 인먼이 다시는 돌아오지 않을지도 모른다는 가능성에 직면한 에이다는 적응하고 먹고사는 법을 배워야 하기에 자립심 강한 루비를 믿을 수밖에 없다. 루비는 에이다에게 농작물 심는 법, 울타리 수리법, 자기 몸 지키는 법 등을 가르친다. 이들은 자신들을 둘러싼 적대 행위와 유혈 사태 속에서 함께 살아남을 방법을 찾는다.

등장인물의 내면적 삶을 탐구하여 시나리오 속의 갈등을 발견하고 극화해보자. 월도 솔트는 내게 성공적인 시나리오의 열쇠는 소재를 준비하는 것이라고 말해준 적이 있다. 앞서도 언급했다시피, 그는 대사란 '변질'되기 일쑤인데, 이는 배우가 대사가 제대로 기능하도록 언제든 즉흥적으로 처리할 수 있기 때문이라고 했다. 하지만 등장인물의 극적 요구는 신성불가침한 것이라고 단호하게 덧붙였는데, 그것은 전체 이야기를 제자리에 위치시키는 것이기 때문이다. 또한 종이에 말을 써넣는 것은 시나리오 쓰기 과정에서 가장 쉬운 부분이라고 했다.

갈등은 등장인물을 창조하는 주된 요인이다. 대개의 경우 등장인물을 가로막는 힘은 내적 갈등과 외적 갈등의 조합이 된다. 이야기 속의 갈등은 내러티브 추진력이 스토리라인을 따라 이동하도록 작동시키는 긴장감의 원천이다.

때로는 등장인물 앞에 가로놓이는 갈등이 시나리오의 특정 신이나 순간에 대한 반응인 경우도 있다. 〈크림슨 타이드Crimson Tide〉에서는 핵잠수함에 핵미사일 발사를 명령하는 '우발사태 조치전문'이 수신된다. 곧이어 또 다른 우발사태 조치전문이 들어오지만, 미처 전체 전문을 읽기 전에 전송이 중단된다. 무슨 내용일까? 미사일 발사를 재확인하는 것일까? 아니면 앞선 명령을 취소하는 것일까? 이 전문 때문에 무엇을 해야 하는지 말아야 하는지가 영화 내의 주된 갈등이며, 긴장감과 서스펜스가 고조되다가 적절한 조치가 개시되기에 이른다. 이들이 명령의 내용을 보기 위해 무선 통신기를 수리하는 동안 불안정한 휴전이 합의된다. 그리고 몇 분간의 이 기다림 동안 **전달되지 않은 내용**으로 인해 갈등이 시작된다. 갈등은 점점 고조되어 그 순간의 긴장감을 더한다. 두 주인공(덴절 워싱턴과 진 해크먼)의 대화는 '전문의 문제'를 다루지 않는다. 대신 두 인물은 비엔나의 유명한 마장마술용 리피차너 말이 흑마냐 백마냐를 논한다. 이 대화는 그 신의 서브텍스트뿐만 아니라 두 남자 사이에 존재할 법한 인종적 함의까지 반영한다. 이것은 그 순간의 긴장감에 내재된 갈등을 보여주는 훌륭한 예이다.

〈콜래트럴〉에서 갈등은 빈센트가 하룻밤 동안 고용한 택시 운전사 맥스의 극적 요구로 시작된다. 살인청부업자 빈센트는 살인 다섯 건을 저지르기로 계약한 상태다. 빈센트의 의도를 알게 된 맥스는 말 그대로 종범자가 되지만, 달아나려 해도 달아날 수 없다. 일단 갈등이 설정되면, 이 갈등은 내러티브의 연료가 되어 행동을 진전시킨다. 맥스의 경우 외적 갈등이 내적 갈등을 불러일으킨다. 12년 동안 맥스는 자신의 리무진 서비스를 시작하겠다는 꿈을 꾸어왔다. 매일 밤 근무를 시작할 때 습관적으로 택시를 청소하고, 선바이저 뒤에 작은 무인도 사진을 끼워 넣고, 새 메르세데스 리무진에 대한 꿈을 꾼다. 하지만 이미 언급했듯이, 액트 II의 끝 무렵에 맥스는 자신이 '언젠가'의 삶을 살고 있음을 깨닫는다. '언젠가' 돈을 많이 벌어 리무진 서비스 업체를 차릴 것이며, '언젠가' 택시 일을 그만두고 정말로 원하는 일을 할 것이다. 하지만 모두가 알다시피 그런 '언젠가'의 꿈들은 결코 실현되지 않는다. 등장인물의 꿈과 현실 사이의 충돌은 갈등을 생성한다. 웨스 앤더슨의 〈맥스군 사랑에 빠지다〉가 좋은 예이다.

이것이 갈등의 본질이다. 등장인물을 창조하고 체계적으로 나타내는 일을 시작하면서, 이야기를 진전시키는 데 도움이 되는 내적 또는 외적 갈등을 만들어낼 수 있는지 확인해야 한다.

신의 목적은 이야기를 진전시키거나 등장인물에 관한 정보를 드러내는 것임을 기억하자. 이를 이루어내는 극적 핵심은 갈등, 즉 내적 갈등 또는 외적 갈등을 유발하는 것이다.

갈등은 등장인물과 스토리라인에 갖가지 의미심장한 방식으로 영향을 미치는 국면들을 만들어낼 수 있다. 폴 토머스 앤더슨의 걸작 시나리오 〈매그놀리아〉는 화해와 용서라는 주제가 이야기 전반에 걸쳐 엮여 있으며, 부모의 과거 행동이 자녀의 행동 형성에 어떤 영향을 미치는지 보여준다. 암으로 죽어가는 얼(제이슨 로버즈)은 임종을 앞두고 아들 프랭크(톰 크루즈)에게 아들이 열네 살이던 당시 죽어가는 어머니를 혼자 돌보도록 남겨두었던 일에 대해 용서를 구한다.

얼이 죽어가는 아내를 버린 이 사건은 프랭크의 삶에 깊은 영향을 미쳤다. 그리하여 프랭크는 자신의 분노를 다른 남자들에게 섹스를 '이성(異性)을 파멸시키는' 무기로 사용하도록 설득하는 일에 쏟아붓는 생활을 꾸려가기에 이르렀다. 마침내 임종하는 얼과 대면해서야 프랭크는 아버지와의 관계를 완성할 수 있다. 이 신은 등장인물 전기에서 밝혀진 특정 사실이 등장인물의 삶을 **형성하는** 데 어떻게 도움을 주는지 보여준다. 등장인물 전기를 통해 작가는 등장인물을 **형성한** 다음 스토리라인에서 그가 어떤 사람인지를 보여줌으로써 그 인물을 **드러낼** 수 있다. 입센의 명작 희곡 『유령Ghosts』
은 이 영화와 동일한 주제를 몇 가지 다루면서, 아버지에게서 아들
로 대물림되는 죄를 이야기한다.

이를 달성하는 방법 한 가지는 '**존재의 원**Circle of Being'이라는 연
습을 수행하는 것이다. 이 연습은 스토리라인에 정서적 영향을 미
치는 등장인물의 삶 속 사건을 찾아낼 수 있게 해주는 과정이다. 대
체로는 아홉 살에서 열여덟 살 사이에 주인공에게 일어나는 사건이
나 일이다. 이는 인격 형성에 중요한 시기로, 충격적인 일이 인물의
삶의 전체 과정에 영향을 미칠 수 있다. 이를테면 부모나 사랑하는
사람의 죽음, 깊은 정서적 흉터나 육체적 상처를 남기는 신체적 학
대, 또는 새로운 도시나 국가로의 이주 등이 있다.

나는 이러한 사건을 '**존재의 원**'이라고 부른다. 등장인물을 하나
의 원으로 그린 다음 그 삶에서 일어난 일들을 파이 나누듯 잘라두
면, 인물의 행동에 영향을 미치는 삶에서의 육체적, 감정적, 정신적,
영적, 사회적, 초자연적, 정치적, 트라우마적, 지적 사건이나 일을
끄집어낼 수 있기 때문이다. 이 연습을 통해 등장인물의 다채로운
초상을 만듦으로써, 성격묘사를 확장, 심화해주는 감정, 생각, 느낌
을 끄집어낼 수 있다.

〈델마와 루이스〉는 **존재의 원** 사건과 그 사용법을 보여주는 좋
은 예이다. 캘리 쿠리의 시나리오에는 루이스가 텍사스에서 자랄
때 강간을 당했지만 법적 응보를 얻지 못했다는 것이 명시적으로
언급되어 있지 않다. 비록 시나리오에서 한두 번 암시만 될 뿐이지
만, 과거 시련은 영화가 흘러가는 내내 루이스의 육체적, 정신적, 감
정적 행동에 영향을 미친다. "엉겁결에 남자 머리를 날려버린다 해

도 텍사스에선 절대 잡히고 싶지 않아!" 이런 멍에에서 비롯된 분노와 상처는 결국 스토리라인 전체를 작동시키는 사건, 즉 주차장에서 델마를 강간하려던 남자에게 총을 쏘는 사건으로 이어진다. 이는 왜 루이스가 애초에 방아쇠를 당기는지, 그리고 왜 텍사스주 안에는 한 발도 들여놓지 않겠다고 맹세하는지를 설명해준다.

"죽은 채로 잡히는 게 낫겠어"라고 루이스는 단호하게 말한다. 그리고 물론 이것은 예언적인 말이 된다. 오클라호마시티에서 텍사스를 거치지 않고 멕시코로 가는 유일한 길은 유타와 애리조나를 경유하는 먼 길이다. 이 결정으로 인해 두 여자 모두 결국 목숨을 잃게 되지만, 지금은 달리 어떤 방도가 없다. 내가 느끼기에 이 '존재의 원' 사건은 할런이 델마를 강간하려는 것을 루이스가 보게 되는 주차장에서 촉발된다. 루이스는 완전히 이성을 잃고 방아쇠를 당겨 할런을 죽인다. 내게 있어 그 주차장에서 방아쇠를 당기는 루이스는 현재의 루이스가 아니라 오래전 텍사스에서 강간당한 어린 소녀이다.

나중에 형사 햄(하비 카이텔)이 전화로 루이스에게 "텍사스에서 무슨 일이 있었는지 알고 있다"고 말하고, 얼마 후 델마도 강간 시도를 언급하며 "너한테 일어난 일이지 않아?"라고 추측한다. 루이스는 끝내 대답하지 않는다.

등장인물의 '존재의 원' 사건을 만들어내는 것은 인물을 빚어내고 살을 붙이는 데 대단히 유용한 도구이다. 등장인물의 삶 속으로 들어가서 아홉 살에서 열여덟 살 사이에 그 삶에서 어떤 충격적인 사건이 일어났을 법한지 떠올려보자. 심지어 작가 자신의 삶을 탐색하면서, 이 기간 동안 자신의 삶에서 일어났을 법한 충격적인 사건을 살펴도 좋다.

왜 아홉에서 열여덟 살인가? 첫째, 한 사람의 삶에서 인격 형성에 가장 중요한 시기로, 정신에 의식적, 무의식적으로 배어 있는 특정한 행동 패턴을 초래하기 때문이다. 저명한 행동심리학자 조지프 칠턴 피어스는 인간의 지능에는 네 번의 중대한 (급)성장 시기가 찾아온다고 말한다. 첫 번째 지능 성장기는 아이가 한 살 무렵 걸음마를 배울 때 나타난다. 두 번째 지적 급성장은 네 살 무렵 일어나는데, 자기가 뚜렷한 정체성과 의사소통 능력을 가지고 있음을 알게 된다. 세 번째 지능 성장 단계는 아홉에서 열 살 무렵 나타난다. 이때는 자기가 유일무이한 목소리를 가지고 있다는 것을 깨닫고 권위에 의문을 품기 시작하면서 무엇이 옳고 그른지에 대한 나름의 의견을 형성하고 생각을 말하기 시작할 나이다. 이 시기는 어린 사람의 삶에서 중요한 시간이다.

인간 지능의 네 번째 단계이자, 피어스가 보기에 아마도 가장 중요한 급성장은 열대여섯 살 무렵 펼쳐진다. 어린 사람이 권위에 반기를 들고 자신만의 목소리를 찾으려고 하는 나이다. 부모가 더 이상 우주의 중심이 아니라는 것을 불현듯 깨닫게 되고, 바깥세상으로 눈을 돌려 행동의 모델을 찾는다. 또래들의 영향을 크게 받으며, 옷을 다르게 입고, 머리를 염색하고, 몸에 피어싱이나 문신을 하고, 마약을 해보는 등 부모나 사회보다 또래들에게 더 인정받을 만한 행동을 한다. 이런 행동들은 10대들의 개성, 그리고 또래 집단이라는 배경 속에서 자기들이 어떤 사람인지를 표현한다. 이들은 정체성이 있다. 여러분의 자녀나 조카 또는 친구 자녀들이 어떻게 옷을 입고 행동하고 반응하는지 한번 보자.

마치 가구가 카펫에 자국을 남기듯, 이 시기의 발달은 너무도 영향력이 커서 남은 평생 동안 잠재의식적 각인을 남길 수 있다. 잠시 시간을 내어 자신의 삶을 돌아보고 이 시기가 얼마나 영향력이 있었는지 살펴보자. 그냥 눈을 감고 아홉 살에서 열여덟 살에 이르기까지 자신에게 가장 큰 영향을 준 특정한 사건이나 일이 혹시 있었는지 되돌아보자. 머릿속에 떠오르는 사건이나 일은 무엇인가? 잠시 시간을 내어 그 사건이 자신에게 어떤 영향을 미쳤으며 삶을 어떻게 변화시켰는지 생각해보자.

다시 등장인물의 삶으로 돌아가서 중대한 영향을 미칠 만한 사건이나 일을 만들어내면, 인물의 짜임새와 깊이를 향상시킬 수 있다. '존재의 원' 사건을 만들어냄으로써 등장인물의 차원을 확장할 갈등이나 플롯상의 골칫거리를 생성할 수 있다.

유명한 현역 극작가인 한 학생이 희곡을 시나리오로 각색하고 싶어 했다. 수년 동안 서로 보지 않고 지내던 두 자매가 화해하는 흥미로운 이야기였다. 이야기는 치과 의사인 주인공이 치과 진료를 받는 신으로 시작된다. 마취 상태에서 플래시백이 펼쳐지는데, 어린 소녀 시절 그녀는 언니가 삼촌에게 강간당하는 것을 목격했다. 들킬까 봐 겁에 질려 도망가다가 바위에 걸려 넘어지는 바람에 앞니를 다쳤는데, 바로 그 이에 **지금 문제가 생긴 것이다.** 지금까지 그 사건의 기억을 완전히 억누르고 있었던 주인공은 이로 인해 언니와 화해하게 된다. 이 '존재의 원' 사건은 전체 이야기를 촉발했다. 화해와 용서라는 주제는 시나리오의 내러티브 추진력이 되었다. 나는 작가에게 시나리오 전체에 걸쳐 분포한 시각적 조각들로 이야기를 전개하면서 '존재의 원' 사건을 보여줄 것을 제안했다. 주인공이 시각적 파편들로 사건을 복원하자, 최종 대본은 매우 강력한 것으로 탈바꿈했다. 〈본 슈프리머시〉는 같은 종류의 시각적 기법을 내러티브 전반에 걸쳐 사용하는데, 베를린에서 정치인 네스키와 그 아내를 살해했던 것을 기억해내려는 본의 기억의 파편을 보여준다. 이는 영화 관람에 긴장과 힘을 더해준다.

이것이 바로 '존재의 원'의 영향력이다. 일단 등장인물의 삶에 영향을 미칠 만한 경험이나 사건을 만들어내면, 작가는 그 사건을 바탕으로 하여 등장인물의 감정선을 그려가면서 인물이 그 경험을 직면하고 해결하도록(아니면 해결하지 못하도록) 할 수 있다. 이는 강하고 분명한 관점과 태도를 만들어내어 등장인물을 구체화하는 방법이 되며, 그 속에는 갈등의 불씨가 간직된다. 어떤 영화는 이런 '존재의 원'을 스토리라인의 기반으로 사용하기도 하는데, 이는 영화 전체의 주제가 된다.

쿠엔틴 타란티노의 〈킬 빌: 1부Kill Bill: Vol. 1〉 또한 이를 잘 보여준다. 〈킬 빌〉 1부와 2부 모두 복수라는 주제를 다룬다. 그러나 1부에서 더 브라이드(우마 서먼)와 상대역 오렌(루시 류)의 이야기를 규정하는 것은 '존재의 원' 사건이다. 애니메이션 시퀀스로 오렌이 일본 암흑가의 두목이 되는 사연이 소개된다. 어린 시절 오렌은 부모가 야쿠자에게 살해되는 것을 목격한다. 살육이 벌어지는 동안 침대 밑에 웅크려 있던 그녀는 영원한 복수를 맹세한다. 몇 년 후 부모의 살인자를 유혹하여 그와 심복들을 살해함으로써 복수를 한다. 그리고 일본에서 가장 악명 높은 암살자가 되어 곧 일본 암흑가의 일인자로 올라선다. 이로 인해 결국 첫 편의 후반부 대부분을 차지하는 오렌과 더 브라이드 사이의 대결이 펼쳐지기에 이른다. 관객은 '존재의 원' 사건이 오렌의 삶을 어떻게 변화시켰는지를 상세히 볼 수 있다.

때로는 작가가 등장인물에게 '존재의 원' 사건을 아무런 어려움 없이 찾아줄 수 있다. 등장인물 전기에서 자연스럽게 흘러나오는 것이다. 그러나 그리 쉽게 풀리지 않을 때도 있다. 등장인물의 삶에 생길 법한 '존재의 원' 사건을 찾느라 생각에 생각을 거듭하면서 몸부림을 쳐야 할지도 모른다.

〈양들의 침묵〉에서 '존재의 원'은 연쇄 살인범을 추적하는 젊은 FBI 수습요원 클래리스 스탈링(조디 포스터)의 변모에 중요한 역할을 하는데, 그녀는 어린 시절에 겪었던 사건과 씨름해야 한다. 이 사건이란 아버지의 죽음으로, 작은 마을의 경찰관이던 아버지가 강도를 진압하던 중 살해된 사건은 그녀의 삶에 큰 공백을 야기하면서 아버지 같은 존재에 대한 잠재의식적 갈구에 영향을 미쳤다.

테드 탤리의 비범한 시나리오는 클래리스의 세 아버지와의 관계에 초점을 맞춘다. 친아버지는 이야기 속에서 유령 같은 존재이다. FBI 아카데미의 행동과학부 책임자 잭 크로퍼드(스콧 글렌)는 다정하지만 엄격하며 다소 거리를 두고 있다. 똑똑하지만 치명적인 한니발 렉터(앤서니 홉킨스)는 버펄로 빌이라는 연쇄 살인범을 쫓을 때 무엇을 찾아야 하는지를 지도해주면서 일종의 멘토가 된다. 〈양들의 침묵〉이 진행되는 동안 '아버지들'은 클래리스가 학생에서 전문가가 되어가는 과정에서 제각기 가르쳐줄 것이 있다.

아버지 찾기는 문학의 주요 테마다. 심리학자들에 따르면, 많은 경우 사람의 성격은 아버지를 찾는 과정에 반영되지만, 실제로 이는 자신의 실체를 찾는 것이다. 사람들은 운명이 자신들을 찾듯 자신의 운명을 찾곤 한다.

아버지의 죽음은 클래리스의 인생에서 '존재의 원' 사건이다. 아버지의 죽음으로 인해 그녀는 몬태나주에 사는 삼촌에게 맡겨진다. 어느 날 밤 클래리스는 도축당하는 양들의 비명 소리에 잠에서 깬다. 그녀는 새끼 양 한 마리를 구하려다 들켜 고아원으로 보내진다. 한니발 렉터는 그녀가 은폐해온 이 정서적 사건을 직시하도록 몰아붙이면서 그 사건을 재현할 수 있게 하여 그로부터 벗어나도록 해준다. 영화가 끝날 무렵 그녀는 자신의 삶을 변화시켰다. 이제는 남자들과의 관계를 일신하는 한편 직업적으로는 최우수 FBI 요원으로서 새로운 삶을 구축하는 문턱에 서 있다. 과거에 벌어진 이 사건에 맞설 수 있어야만 진정으로 자유로워질 수 있는 것이다.

'존재의 원'이 시나리오에 어떤 영향을 미칠 수 있는가? 물론 여러 가지 면에서 영향을 미치지만, 내적이든 외적이든, 스토리라인에서 등장인물이 직면해야 하는 갈등의 원천을 제공한다는 것이 중요하다.

내가 가장 좋아하는 사례 하나는 〈씨비스킷〉이다. 레드 폴러드(토비 매과이어)는 가족이 돌볼 형편이 안 되기에 버림받는다. 여러분은 자신이 열다섯 살쯤일 때 부모가 돌볼 수 없기에 버려지는 것을 상상이나 할 수 있는가?

이것이 레드의 '존재의 원' 신으로, 실제 사건에서 가져오긴 했어도 등장인물 전기를 쓰는 동안 발견할 만한 것이다. 레드가 축제장에서 경마를 구경하고 있을 때, 자기가 좋아하는 책이 가득 담긴 베갯잇을 든 아버지가 다가온다. "정말 미안하구나." 레드를 바라보는 아버지의 눈에 눈물이 고인다. "트레이너한테는 집이 있어. 진짜 집

말이야. … 옆집에 전화도 있으니 2주마다 전화해서 우리가 어디 있는지 알려주마." "안 돼"라고 레드가 외친다. 아버지가 몸을 숙여 아들을 껴안는다.

레드는 무슨 영문인지 모른다. 아버지가 속삭인다. "넌 [경마를] 잘 해낼 거다. 네겐 재능이 있어. … 돌아오마." 그러더니 자신의 말을 믿고 싶어 하면서 다시 한번 아들을 안는다. "꼭… 꼭." 어머니가 흐느낀다.

레드가 여전히 어리둥절해하며 쳐다보는 사이 "아버지가 몸을 뒤로 젖힌다. 그리고 경마장과 축제장의 희미해진 불빛을 둘러본다. 아버지가 잠시 아들을 바라보는 동안 '카메라'는 뒤로 물러나기 시작한다. 그들은 빠르게 군중 속에 묻힌다." 그러고는 다음 신으로 넘어간다.

작은 신이지만 꽤 감정적인 순간이다. 레드가 받는 충격은 엄청나다. 이는 그의 삶에 영향을 미쳐, 낮은 자존감과 깊은 분노에 바탕을 둔 삶을 형성하도록 한다. 감정적으로는 부모에게 버림받아서 자신이 모자란 사람이라고 여기게 되었는데, 주변 사람 모두에게 말을 험하게 하는 행동을 통해 이를 드러낸다.

'존재의 원' 사건은 레드가 평생 동안 직면하고 대처해야 하는 내적 갈등의 원천이다. 그는 자신이 아무것도 누릴 자격이 없다고 생각한다. 이야기가 진행되면서 자존감을 둘러싼 레드의 내적 갈등이 드러난다.

'존재의 원' 사건은 동물에게도 적용된다. 앞서 언급했듯이 나는 씨비스킷이 이 영화의 진정한 등장인물이라고 생각한다. 씨비스킷은 생후 6개월 만에 레드 폴러드처럼 버림받았다. 경주마가 지녀야 할 이미지에 맞지 않았기 때문이다. 녀석은 지는 법을 배웠고, 경주에서 이기는 것이 용납되지 않았다. 녀석이 "말이 된다는 것이 어떤 것인지 잊었다"는 사실도 놀랍지 않다.

씨비스킷은 실제 벌어졌던 '존재의 원' 사건의 영향을 받는다. 내레이터는 다음과 같이 말한다. "씨비스킷은 강력한 말 맨오워의 후손인 하드택의 아들이다. … 생후 6개월 만에 전설적인 조련사 서니 피츠시먼스에게 훈련받게 하려고 보냈지만, 그는 말이 게으르다고 판단했다. … 아비가 사납고 난폭한 경주마였던 반면, 씨비스킷은 하루 중 상당 시간을 잠자면서 노간주나무 밑에서 몇 시간이고 늘어져 있는 것을 좋아했다. 그래서 사람들은 녀석을 '더 잘하는' 말의 훈련 파트너로 만들어 다른 말의 자신감을 북돋우기 위해 일대일 승부에서 지도록 강요했다. … 마침내 경주에 나서게 됐을 때, 씨비스킷은 훈련받은 대로 했다. … 녀석은 졌다. … 물론 일리 있는 조치였다. … 우승마들은 체구가 컸다. 녀석들은 날렵했다. 결점이 없었다. 이 말은 사람들이 늘 기대했던 대로 달렸다."

이것이 바로 등장인물의 삶에서 '존재의 원' 사건이 발휘하는 힘이다. 이는 동물이든 인간이든 내러티브 행동선 속 갈등의 원천이 될 수 있다. 영화는 시각 매체, 즉 영상으로 전달되는 이야기이다. 『요가 바시스타』라는 고서에 적혀 있다시피, "세상은 당신이 **보기** 나름이다." 여러분의 이야기는 등장인물들과 갈등으로 결속되며, 등장인물(들)이 세상의 엄청난 도전에 직면하는 무대가 된다. 갈등과 '존재의 원'은 엔진에 시동을 걸고 스토리라인상에서 등장인물을 작동시키는 열쇠다.

  〈콜드 마운틴〉이나 〈씨비스킷〉, 〈델마와 루이스〉, 〈매그놀리아〉를 구해 보면서 갈등과 '존재의 원'이라는 관점에서 살펴보자. 필요하다면 갈등의 측면에서 눈에 띄는 것에 대한 자유연상 에세이를 쓴다.

  모든 드라마는 갈등이다. 따라서 주인공(들)을 만들어내고자 한다면 갈등을 일으킬 방법을 찾는 것을 생각하는 것이 중요하다. 등장인물에게 작용하는 내적 또는 외적 힘은 시나리오가 진행되는 동안 등장인물이 마주치는 갈등 몇 가지를 분명히 나타내고 규정하는 데 도움이 될 수 있다.

  일단 극적 상황을 규정하고 나면, 갈등의 영역을 외부 원천 또는 내부 원천, 아니면 내·외부 갈등의 조합으로 나눌 수 있는지 살펴본다. 등장인물에게 작용하는 외부적 힘에 대해 생각해보자. 어떤 것들이 있는가? 이 힘들을 규정하고 분명히 나타낼 수 있는가? 한두 페이지 정도의 자유연상 에세이로 적어보자.

  등장인물 전기로 들어가서 등장인물에게 어떤 '존재의 원' 사건을 만들어줄 수 있는지 확인해본다. 사건이 종이 위에 불쑥 튀어나올 때도 있고, 등장인물의 정서적 삶을 파고들어가야만 사건을 찾을 때도 있다. 시나리오에 '존재의 원' 사건을 실제로 사용하지 않는다 해도, 글을 쓰면서 이용할 만한 등장인물의 역사를 알아두는 것이 좋다.

8

시간과 기억

제이슨 본:
"베를린에서 무슨 일이 벌어지는 거지?"

토니 길로이
〈본 슈프리머시〉

이탈리아의 명감독 미켈란젤로 안토니오니는 "영화는 머리를 건 너뛰어 심장에 직접 말하는 언어"라는 말을 남겼다. 이러한 언급이 〈정사L'avventura〉, 〈밤La notte〉, 〈일식〉, 〈붉은 사막Red Desert〉, 〈욕망 Blow-Up〉, 〈자브라스키 포인트Zabriskie Point〉, 〈여행자The Passenger〉 등 그의 대작들에 담긴 인간 정신의 탐구에 스며들었음은 의심의 여지가 없다.

〈여행자〉에서 데이비드 로크(잭 니콜슨)는 북아프리카에서 이야깃거리를 찾아다니는 염세적인 기자로, 심장마비로 사망한 한 영국인을 자기가 머물던 호텔에서 발견한다. 삶에 싫증이 나고, 직업에 환멸을 느끼고, 결혼 생활에서 소외된 데이비드는 오랜 숙고 끝에 그 남자의 신원으로 가장하고 과거 삶의 속박에서 벗어나 새 신분으로 새 삶을 꾸며내기 시작한다. 물론 앞으로 어떤 일이 벌어질지, 자신이 가장한 남자의 정체가 무엇인지 알지 못한다. 그는 미지의 젊은 여자(마리아 슈나이더)를 만나 런던과 뮌헨 그리고 스페인 전역을 돌며 죽은 남자의 막연한 약속을 지키기 시작하는데, '뭔가를 믿었기' 때문이다. 데이비드는 나중에야 그자가 총기 판매상이었음을 알게 된다.

한 신에서 데이비드는 키 큰 나무들이 늘어선 런던 외곽의 긴 시골길을 따라 렌트한 컨버터블을 지붕을 걷은 채 몰고 있다. 뒷자리에 앉은 여자(마리아 슈나이더)가 그를 바라보며 "무엇에게서 도망치는 거죠?"라고 묻는다. 데이비드는 대답 대신 뒤를 돌아보라는 말을 한다. 여자가 뒤쪽을 보자, 관객은 이들 뒤로 공허하고 황량한 도로가 사라지는 것을 여자의 시점으로 지켜본다. 그 순간은 마치 그가 과거를 뒤로하고, 거칠 것 없는 현재로 이동하여, 알 수 없는 불확실한 미래에 도달하는 것을 보는 듯하다. 이 영화의 극치이다.

그 순간에 대한 깨달음을 얻자, 그것이 심오하고 감정적인 차원에서 내게 영향을 미친다는 것을 알게 되었다. 말은 없고 영상만 있는, 그리고 원치 않는 짐처럼 과거를 뒤에 남겨두고 이 삶의 행로를 여행하고 있다는 것에 대한 인식만 있는 상황. 나는 과거를 버리고 시간과 기억에서 벗어나 현재의 순간에 발을 들여놓을 수 있다면 어떨지 궁금했다.

좋아하는 영화를 보게 되면 나는 감정적이고 직관적인 수준으로 즉시 반응한다. 좋든 싫든, 효과가 있든 없든, 마찬가지이다. 시각적으로 탁월한 연출, 배우들의 훌륭한 연기, 웅장한 촬영, 시적인 편집, 기발한 특수 효과 등에 대해 끝없이 이야기할 수 있다. 하지만 근본적으로 모든 것을 하나로 묶어주는 것은 단 한 가지뿐으로, 바로 이야기이다.

아이디어, 개념, 전문용어, 분석적 해설은 실제로 의미가 없다. 영화가 직선적으로 진행되든 순환적으로 진행되든, 작은 조각들로 부서져 있거나 쪼개져 있든, 조금도 차이가 없다. 영화는 모두 이야기에 관한 것이다. 우리가 누구든, 어디에 살든, 어떤 세대에 속하든, 스토리텔링의 단일한 측면은 그대로 남아 있다. 플라톤이 벽에 춤추는 그림자를 드리워 이야기를 만들어낸 이후로 계속 그래왔다. 그림으로 이야기를 전달하는 기술은 시간, 문화, 언어를 넘어 존재한다. 스페인의 알타미라 동굴에 들어가 바위그림을 보거나, 베네치아에 있는 아카데미아 미술관에서 십자가의 길을 묘사한 열두 개의 웅장한 화판들을 바라보며, 비주얼 스토리텔링의 장관 속으로 들어가게 된다.

오늘날 많은 영화 제작자들은 이야기가 처음부터 끝까지 직선적인 내러티브 흐름으로 진행되는 선형 스토리라인은 이제 '현장의 일부'가 아니라 시대에 뒤떨어진 것이라고 주장한다. 3막 구조가 더이상 '현대 영화'와 관련이 없고 그것이 무엇을 의미하든 간에 죽었다고 큰 소리로 선언한다. 한 영화 제작자는 심지어 "할리우드 내러티브 영화는 지금 죽음의 고통 속에 있고 사람들은 다른 것을 찾고있다. 3막 구조의 신봉자들이 번창하고 성장하는 영화를 파괴한다"고 진술하기도 했다.

〈펄프 픽션〉이 처음 '현대적' 영화 구조를 파괴한 이래로 새로운 형식을 추구하는 많은 영화들이 있었다. 〈메멘토〉(크리스토퍼 놀런)와 〈2046〉(왕가위), 〈이터널 선샤인〉(찰리 코프먼), 〈유주얼 서스펙트〉(크리스토퍼 매쿼리) 등은 언뜻 떠오르는 몇 가지 예일 뿐이다. 이 영화들은 알랭 레네가 〈지난 해 마리앙바드에서Last Year at Marienbad〉나 〈히로시마 내 사랑Hiroshima mon amour〉에서 했던 것처럼 특별한 지적 발상을 반드시 보여주는 것은 아니다. 그들은 단지 3막 구조의 형식으로 새로운 도전을 감행할 뿐이다.

〈롤라 런Run Lola Run〉(톰 티크버)은 이를 매우 잘 반영한다. 영화는 비디오 게임처럼 펼쳐진다. 롤라가 남자친구를 구하기 위해 10만 달러를 획득하지 못할 때마다 어떻게 되는가? 게임이 끝난다. 롤라는 처음으로 돌아가서 이길 때까지 다른 게임을 한다.

영화 제작자들은 항상 자신들의 이야기를 전달하는 새로운 방법을 찾고 있다. 그중 몇 편만 예로 들자면 〈킬 빌〉(쿠엔틴 타란티노) 1부와 2부, 〈존 말코비치 되기Being John Malkovich〉, 〈어댑테이션 Adaptation〉(찰리 코프먼), 〈디 아워스〉(데이비드 헤어), 〈매트릭스〉(릴리 워쇼스키, 라나 워쇼스키), 〈매그놀리아〉(폴 토머스 앤더슨), 〈식스 센스 The Sixth Sense〉(M. 나이트 샤말란), 〈잉글리쉬 페이션트〉(앤서니 밍겔라), 〈로얄 테넌바움〉(웨스 앤더슨, 오언 윌슨), 〈아메리칸 뷰티〉(앨런 볼), 〈본 슈프리머시〉(토니 길로이) 등이 있으며, 모두 스타일과 내용 면에서 현대적 시나리오 형식을 추구한다. 얼핏 이 영화들이 선형 내러티브 영화에 반기를 드는 것처럼 **보일** 수도 있지만, 사실은 이들의 전임자들만큼이나 전통적이라는 것이다.

지난 25년 동안 시나리오가 어떻게 진화했는지를 돌아보면 대본의 형식이 상당히 변했다는 것을 쉽게 알 수 있다. 〈미스틱 리버 Mystic River〉(브라이언 헬걸런드), 〈신데렐라 맨〉(클리프 홀링즈워스, 아키바 골즈먼), 〈반지의 제왕〉 3부작, 〈쇼생크 탈출〉(프랭크 다라본트), 〈사이드웨이〉는 모두 선형 스토리라인(즉, 처음부터 끝까지 '직선적' 스토리라인)이며, 최근 몇 년 사이에 보다 소설적인 구조로 만드는 경향이 있었다. 소설의 도구인 의식의 흐름, 기억, 환상, 주관적 현실, 플래시백, 보이스오버 내레이션 등이 새로운 형식을 창조하기 위해 시나리오의 틀 안에서 사용되고 있다. 물론 그들은 무성 영화의 시작부터 이런 방식으로 작업해왔다.

종종 현재의 시간은 〈잉글리쉬 페이션트〉, 〈콜드 마운틴〉, 또는 시간, 사랑, 기억에 대한 명상이나 다름없는 아름다운 〈2046〉에서처럼 과거의 기억과 합쳐진다. 본질적으로 작가는 보다 내면적인 관점을 전달하고 등장인물들의 의식에 더 가까이 다가가려고 노력하는 듯 보인다. 등장인물의 주관적 현실 속에서 과거가 현재에 영향을 미치고 꿈이 현실과 충돌한다. 이러한 시간과 기억의 융합은 내가 현대 시나리오에서 진화라고 여기는 지표 중 하나이다.

이 글을 쓰고 있는 지금, 나는 우리 작가들이 시나리오 형식을 새로운 방향으로 밀어붙이는 시나리오 쓰기 혁명의 와중에 있다고 생각한다. '사물을 보는' 전통적인 방식이 바뀌었고, 우리의 경험과 조화를 이루면서 새로운 기술을 손쉽게 적용할 수 있는 방법을 찾고 있다.

시나리오 쓰기에서의 이러한 혁명 또는 진화는 우리가 세상을 보는 방법에 대한 새로운 시각적 인식에 기반한 것으로 보인다. 오늘날 시나리오 쓰기와 영화 만들기에 대한 대중적 관심은 우리 문화의 필수적인 부분이며 무시될 수 없는 것이다. 아무 서점에나 들어가도 모든 분야의 영화 제작 관련 서적들에 할애된 선반들을 볼 수 있다. 마치 모든 사람들이 영화 제작자가 되고 싶어 하는 듯하다. 대본을 쓰고, 디지털 캠코더를 구해 촬영하고, 컴퓨터로 편집해 특수효과를 추가하고, 음악 데이터베이스에서 사운드트랙을 내려받으면, 친구나 가족에게 이메일로 보낼 수 있는 영화 한 편이 완성된다. 상업적 목적이든 예술적 목적이든 요즘 영화들은 대개 DVD나 파일의 형태로 제공되어 상연된다. 컴퓨터 기술과 컴퓨터 그래픽 이미지의 급격한 부상, MTV, 리얼리티 TV, 엑스박스, 플레이스테이션, 새로운 무선 랜과 블루투스 기술의 영향력 확대, 국내외 영화제 수의 엄청난 증가 등과 함께 영화는 혁명 중에 있다고 생각한다. 낮 시간에 휴대전화나 TV로 시청할 수 있는 단편 TV 시리즈가 이미 제작되고 있다. 분명히 사물을 **보는** 방식은 진화해왔고 진화하고 있다.

시나리오의 관점에서 보면, 위대한 화가들이 풍경과 종교적 인물의 객관적 세계에서 인상주의와 추상적 표현주의의 주관적 세계로 나아간 것과 같은 방식으로 등장인물의 주관적 현실에 더 가까이 다가가려고 노력하고 있는 듯하다. 〈본 슈프리머시〉, 〈킬 빌〉 1부와 2부, 〈이터널 선샤인〉, 〈메멘토〉, 〈커리지 언더 파이어〉, 리메이크된 〈맨츄리안 캔디데이트〉 등을 보자.

왜 이런 일이 일어나는가? 그중 일부는 우리가 보는 방식과 본 것을 해석하는 방식에 변화를 일으키고 영향을 미친 디지털 영화 기술의 발전에 기인한다고 생각한다. 할리우드에서 제작되는 대부분의 영화들은 솜사탕처럼 예쁘다. 뭔가에 관한 것처럼 보일지 모르지만 설탕과 물 말고는 아무것도 없다. 내용물이 없다. 오래전 문학가 거트루드 스타인이 캘리포니아의 항구도시 오클랜드에 대해 말한 것처럼 말이다. "막상 그곳에 가보면 그곳이 없다."

〈카사블랑카〉(줄리어스 엡스타인, 필립 엡스타인, 하워드 코치)와 같은 영화에서 플래시백이 사용된 방식을 보고, 〈보통 사람들〉(앨빈 사전트)의 단편적 플래시백과 비교하고, 이 두 가지 플래시백을 〈본 슈프리머시〉의 단편적 기억의 가닥과 비교한다면, 스타일과 기법 면에서 시각적 진화를 볼 수 있다. 〈카사블랑카〉의 플래시백은 릭(험프리 보가트)과 일자(잉그리드 버그먼)가 만나 사랑에 빠졌던 파리에서의 마법의 시간을 보여준다. 파리에서 이들을 보여주는 플래시백 신은 스토리라인의 내러티브 흐름 속에 삽입된 그야말로 완전한 신이다. 〈본 슈프리머시〉와 〈보통 사람들〉의 영화적 표현을 비교하는 것은 흥미로운 일이다. 영화적 측면에서 볼 때 시각적 속성은 인상적이며, 행동과 등장인물이 표현되는 방식은 영화를 보다 주관적인 경험으로 만든다.

〈보통 사람들〉에서는 스토리라인상에 펼쳐지는 기억의 파편을 중심으로 이야기가 구축된다. 그것은 이야기에 **잘 녹아들어** 있다. 형의 익사 사고에 반응하는 어린 콘래드(티머시 허턴)의 정서적 여정은 자신을 괴롭히는 죄책감으로부터 벗어나기 위해 밝혀내고 받아들여야 하는 것이다. 자신을 있는 그대로 받아들여야 하는 성인이 되어가는 한 젊은이에 대한 이야기는 강력하고 보편적인 것이다. 이 선동적인 사건은 이야기가 시작되기 전에 발생하는데, 두 어린 형제가 호수에서 폭풍을 만나 돛단배가 전복되고, 격렬한 폭풍으로 인해 형이 익사한다. 콘래드의 어머니 베스 재릿(메리 타일러 무어)은 콘래드가 살아 있는 아들이라는 것을 용서할 수 없다. 그리고 이야기 전체를 몰아가는 것은 어머니와 아들 사이의 이러한 관계다.

익사 사고는 영화가 진행되는 동안 작은 파편들로 보인다. 오프닝 숏에서 볼 수 있는데, 순식간에 벌어진 이 일은 콘래드를 악몽처럼 따라다닌다. 그는 자신의 생존에 대해 너무 죄책감을 느낀 나머지 자신이 살아남은 사람이라는 사실을 받아들일 수 없다. 이야기가 시작되기 전에 그는 희박한 자존감으로 인해 손목을 그어 자살을 시도했다. 콘래드는 자신의 존재 전체로 스며들어 자신이 가치 없다고 느끼도록 하는 숨겨진 영향에 대해 알아간다. 익사 사고는 주요 사건으로 영화 전반에 걸쳐 시각적으로 엮여 있으며, 〈본 슈프리머시〉에서 시간과 기억이 제이슨 본에게 작용하듯이 절대적인 힘을 예기하는 것처럼 보인다.

이 글에 '새로운 스타일'의 시나리오를 구현하고 포착하는 것처럼 보이는 영화가 하나라도 있다면 그것은 〈본 슈프리머시〉이다. 진행이 빠르고 흥미진진할 뿐만 아니라 등장인물이 잘 그려지고 이야기가 강력하며, 폴 그린그래스가 연출한 액션 시퀀스는 시각적으로 놀랄 만큼 멋지다. 이 영화를 처음 보았을 때 나는 완전히 흥분했다. 감정적, 육체적으로 온통 나를 감동시켰다. 나는 그 시각적 탁월함에 얼떨떨해져서 그 영화가 어떻게 그리고 왜 나에게 그렇게 강렬한 감명을 주었는지 궁금해하며 영화관을 나왔다.

그래서 다시 한번 그 영화를 보러 갔고 시나리오 작가 토니 길로이가 시나리오 전반에 걸쳐 기본적으로 반응하기만 하는 한 인물의 초상을 완성한 방식에 경탄했다. 사람들은 끊임없이 그를 죽이려 하지만 작가는 여전히 그 등장인물의 깊이와 본질을 포착해낸다. 그뿐 아니라 작가는 시나리오 쓰기에 대한 양식화된 '현대적' 접근법으로 영화 전반에 걸쳐 시간과 기억의 가닥을 삽입한다.

〈본 슈프리머시〉는 시간과 기억의 파편들이 영화 전반에 걸쳐 엮여 있고 감동적이고 적절한 구원의 행동으로 해결된다. 나는 본의 마지막 구원의 행위를 보고 헨리 제임스의 질문에 대한 새로운 통찰력을 얻었다. "사건을 결정하지 않는 등장인물이나 등장인물을 조명하지 않는 사건이 있겠는가?"

제이슨 본은 '나는 누구인가?'라는 보편적 질문에 사로잡힌 기억 상실증을 앓고 있는 남자이다. 어느 날 잠에서 깨어나 자신이 **누구**인지, **어디**에 있는지 알지 못한다고 상상해보자. **어떻게** 그곳에 왔는지, 심지어 **왜** 그곳에 있는지, **무엇**을 하는지, 어떤 언어를 사용하는지, 혹은 자신이 누구인지에 대해 아무것도 알지 못한다. 인생의 모든 것이 문자 그대로 빈 종이이다. 1970년대 로버트 러들럼의 원작 소설에서 본은 오늘날에는 더 이상 관련이 없는 당시의 다양한 정치적, 사회적 문제를 다룬 여행의 희생자이자 구세주이다. 그렇다면 만약 상황이 시대에 뒤떨어지고, 과거가 없고, 현재는 불확실하고, 아마 미래도 없을 본이 주인공인 소설을 각색하려는 시나리오 작가가 자신이라면 어떻게 등장인물과 이야기를 창조하겠는가?

그것은 내가 시나리오 작가 토니 길로이에게 묻고 싶은 수많은 질문 중 하나에 불과했다. 그와 이야기하기 전에 나는 인터넷에 접속해서 그의 필모그래피를 내려받았다. 나는 그가 몇 년 동안 〈돌로레스 클레이본Dolores Claiborne〉(스티븐 킹의 소설을 각색), 〈선택Extreme Measures〉, 〈데블스 에드버킷The Devil's Advocate〉 등의 시나리오를 썼으며, 〈아마겟돈Armageddon〉을 각색한 데 이어 〈베이트Bait〉와 〈프루프 오브 라이프Proof of Life〉도 집필했다는 것을 알게 되었다. 그 무렵 그는 〈본 아이덴티티The Bourne Identity〉를 쓸 기회를 얻었다.

나는 그가 세 번째 제이슨 본 영화인 〈본 얼티메이텀The Bourne Ultimatum〉을 쓰고 있던 뉴욕의 사무실로 그를 찾아갔다. 바로 그때 그는 이야기를 시작하기에 앞서 여전히 생각을 정리하며 혼란에 빠져 있다고 말했다. 내게 그것은 가장 재미있는 부분이다. 혼란은 명확성으로 가는 첫걸음이다.

나는 그의 배경에 대해 물었다. 작가 겸 감독 프랭크 D. 길로이의 아들인 그는 뉴욕주 북부에서 자랐고 원래 음악가로 활동을 시작했다. 여러 밴드에서 연주하고 작사와 작곡에 참여했는데, "그냥 음악 연주에 지쳤어요"라고 내게 말했다. 뉴욕시로 거처를 옮겨 단편 소설을 쓰기 시작한 그는 장편 소설로 옮겨 갔고, 산문 쓰기에 푹 빠졌다.

역시 시나리오 작가인 동생 댄이 대학을 졸업하고 "소설을 시나리오로 각색하는 옵션 계약을 맺었는데 그게 좀 흥미로워 보였죠"라고 길로이가 말했다. "난 음악 연주를 진작 그만둔 참이었는데, 이런 생각이 들었어요. 난 이 소설을 끝내지 못할 거야. 시나리오를 써서 돈을 좀 벌어야지. 빨리. 그런 다음 다시 돌아가서 이 소설을 끝낼 거야. 그래서 이후 5년 동안 바텐더로 일하며 시나리오 쓰는 법을 배웠고 그 형식에 푹 빠졌죠."

길로이는 말을 이어갔다. "음악에서 많은 것을 배웠죠. 음악을 읽지는 않지만, 녹음실에서 음악을 만들고, 녹음하고, 밴드와 리허설하고, 노래를 편곡하는 과정은, 기본적으로 노래에 대해 생각하는 방식은, 항상 같은 창작 과정을 거치는 것 같아요."

"〈본 아이덴티티〉 각색 작업에 어떤 식으로 접근했나요?" 소설의 당시 정치 상황이 지금과는 완전히 달랐기에 내가 물었다. 그는 잠시 말을 멈췄다가 대답했다. "등장인물에서 시작해야 했어요. 만약 내가 그런 상황에 처했다면 어떻게 했을까? 기억상실증이 있고, 깨어났는데 내가 누구인지 모르거나 내가 어디에 있었는지 기억하지 못한다면, 그리고 아무도 나를 알지 못하는 곳에 있고 그들의 언어를 말할 줄 모른다면, 아마 내가 할 줄 아는 것을 통해 내가 누구인지를 알아낼 수 있을 것이다.

그래서 우리는 제이슨이 자신에 대해 알아내는 것을 동시에 알게되는 겁니다. 그가 정신을 차리자 그의 마음은 텅 비어 있어요. 백지처럼 말이죠. 그는 아무런 기준도 없는 환경에 있어요. 그래서 스스로에게 묻는 거죠. 만약 이게 나였다면, 난 어떻게 했을까? 내가 누구인지 어떻게 알아낼 수 있을까? 유일한 대답은 이것인 듯했어요. **내가 할 줄 아는 게 뭐지?** 내가 아기 기저귀를 채울 줄 알까? 빨래를 갤 줄 알까? 타이어를 교체할 수 있을까? 무슨 언어를 말하지? 내가 할 줄 아는 것이 혐오스럽다면 어떻게 하지? 만약 그렇다면, 그건 영화야. 그게 내 출발점이었어요."

〈본 아이덴티티〉는 초반에 이것을 보여준다. 제이슨이 공원 벤치에서 잠을 자고 있는데, 경찰관 둘이 신분증을 제시하라고 거칠게 요구한다. 그는 독일어로 자신의 상황을 설명하려다가 자신이 그 언어를 말할 수 있다는 것을 깨닫는다. 그러나 경찰은 무관심하고 상황이 어떻게 돌아가는지 감지하고 있다. 본은 주저하지 않는다. 그는 두 경찰관을 가격하여 재빨리 제압한다. 어떻게 이것을 할 줄 아는 것일까?

행동이 곧 등장인물이지 않은가?

본은 점차 자신을 방어하는 능력과 함께 사람을 죽일 수 있는 엄청난 능력을 가지고 있다는 것을 알게 된다. 무기에 대한 지식도 지니고 있고 여러 언어를 유창하게 구사한다. 그리고 사람들이 자신을 죽이려 한다는 것을 알게 된다. 그래서 마리(프랑카 포텐테)를 그녀의 차에 태워 어디든 안전한 곳으로 달려간다.

〈본 슈프리머시〉에 접근하면서 길로이는 훨씬 더 어려운 문제에 직면했다. 그 소설이 시대에 뒤떨어졌을 뿐만 아니라, 첫 번째 영화가 원작 내용에서 너무 멀리 벗어났기에 심지어 가장 기본적인 플롯 요소를 연결하는 것조차 불가능했다. 그는 어떻게 새로운 스토리라인을 구축하고 구성할 수 있었을까?

토니 길로이는 두 가지 방식으로 이 문제에 접근했다. 〈본 아이덴티티〉의 끝에서 제이슨은 그리스에서 마리를 찾아내고, 영화는 두 사람이 함께하며 끝난다. 그래서 길로이가 스스로에게 던져야 했던 첫 번째 질문은 그사이에 본과 마리에게 무슨 일이 일어났는지였다. "둘은 어디에 갔던 것일까? 그리고 무슨 일을 겪었을까? 나는 제이슨이 두 사람의 관계에 대한 감정적인 희생을 별로 치르지 않고 도피했기에 아마 행복한 시간은 끝났으리라고 생각했어요. 마리쪽은 쉽고, 제이슨 본에게는 해결해야 할 심리적 문제가 많다고 봤습니다. 그가 얼마나 기억해낼 것인지 관객이 알고 싶어 하리라고 확신했어요. 그것은 해결되지 않은 채였죠. 그래서 그들이 도주할 때 어떤 일이 일어났는지 직접 규정하고 싶었어요.

먼저 두 사람이 갈 만한 로케이션을 찾으려 했습니다. 본이라면 외져서 사람의 발길이 닿지 않는 '안전한' 장소, 하지만 둘이 잘 적응할 수 있는 그런 곳을 찾고 있을 것이다. 그래서 사람들이 영화를 너무 많이 찍지 않은 색다른 장소를 찾기 시작했어요. 마침내 인도에서 고아를 찾았는데, 정말 멋져 보였죠.

로케이션이 결정되자 이들을 위한 신의 개요를 쓰기 시작할 수 있었습니다. 그냥 두 사람이 얘기를 나누도록 해서 무슨 일이 일어나는지 보는 긴 신들요. 둘은 아주 빠르게 하나가 되었고, 함께하는 시간 내내 쫓겼고, 본은 끊임없이 주위를 살펴야 했죠. 나는 그들이 불행할 것이라고 생각했어요. 만약 두통이 더 심해졌다면 어떻게 되었을까? 만약 그의 편집증이 정말로 마리를 괴롭히기 시작했다면 어떻게 될까? 그들 같은 관계라면 현실은 어떠할까?"

처음 시작할 때는 그게 전부였다. 우연히 기억상실증에 걸려 도주 중인 등장인물을 제외하고는 이야기 면에서는 별 내용이 없었다. "그러니 무슨 일이 일어나겠어요? 이야기에 관한 한 나는 다시 원점으로 돌아왔죠. 이건 무슨 영화지? 직감적으로 마리를 스토리라인에 끌어들이고 싶지 않다고 느꼈는데, 〈본 아이덴티티〉에서 이미 그렇기 했기 때문입니다. 난 그녀를 죽이는 것이 최선이라고 생각했어요. 그렇게 하면 첫 편을 반복하지 않을 테니까요.

하지만 어떻게? 그리고 왜? 나는 뭔가 주제 같은 것이 필요하다는 것을 알고 있었지만, 그건 최우선 고려 사항이 아니었기 때문에 이 방향을 따라가면서 그것이 나를 어디로 이끌지 알아보고, 그리고 어쩌면 도중에 더 큰 것을 발견할지도 모른다고 생각했어요. 난 두 사람이 크게 다투는 신을 썼어요. 그는 누군가가 자기들을 따라오는 것을 보았다고 생각하고, 그녀는 항상 도망치는 것에 신물이 나서 다시 거처를 옮기려 하지 않죠. 본의 편집증 때문에 벌써 대여섯 번쯤 거처를 옮겼거든요. 그런데 지금 그는 다시 옮기고 싶어 하죠. 그는 초조해하고, 안절부절못하며, 정신이 혼미해짐을 느낍니다. 그래서 이렇게 큰 다툼이 벌어지죠. 그녀는 집에서 뛰쳐나와 화가 난 채 좌우를 살피지도 않고 길을 건너요. 나는 마리를 버스에 치이게 했습니다. 인도에서는 꽤 흔한 일이죠. 그녀는 죽어요. 그렇게 말이죠. 이런 종류의 영화치고는 충격적이고 신선하고 예상치 못한 것이었어요. 매우 활기찼죠. 그녀의 죽음에 대한 그의 반응, 즉 연루는 시작하기에 흥미로운 지점처럼 보였습니다. 하지만 그게 전부였고, 난 여전히 큰 아이디어를 찾는 데 매달려야 했어요."

그는 이 이야기 문제를 어떻게 해결했을까? 내가 묻자 이렇게 대답했다. "공산주의 중국에서 펼쳐지는 소설에는 제이슨 본을 가장한 도플갱어가 있었어요. 난 그것을 사용할 수 있을지도 모른다고 생각했죠. 아마 누군가가 그를 가장하고 있다? 하지만 왜? 그리고 내가 누군가에게 마리를 죽이게 하고 본이 그녀의 죽음에 대해 복수하게 만든다면, 이 영화는 그저 또 다른 복수 영화가 될 텐데? 만약 그렇다면 무슨 일이 일어날까? 나는 그가 고아에서 마리와 함께 살고 있을 때 왜 누군가가 그를 가장하고 있는지 궁금해지기 시작했습니다.

서른 페이지쯤 지나서 본을 쫓는 또 다른 인물이 필요하다는 걸 알았고, 그래서 패멀라 랜디(조앤 앨런)라는 등장인물을 만들었어요. 왜 그녀가 그를 쫓고 있는 걸까? 마침 내가 베를린에서의 절도 사건을 발전시키기 시작했을 때였죠. 바로 그때 크리스 쿠퍼의 등장인물이 아직 살아 있다면 도움이 됐으리라는 것을 깨닫고는 정말 당황했어요. 하지만 〈본 아이덴티티〉에서 이미 그를 죽여버렸죠. 그때 속편을 만든다는 걸 알았다면 크리스 쿠퍼를 분명히 살려두었을 겁니다.

여전히 이 부분의 개요를 쓰고 있는데, 일단 되는대로 신들을 써보고 살아 움직이는 것이 무엇인지를 보려고 하는 것뿐이에요. 마리가 죽은 후 패멀라 랜디의 팀이 본을 찾기 시작하는 시퀀스를 모두 썼어요. 그가 인도의 감옥에 갇혀 있는 다른 시퀀스의 개요도 썼는데, 그들이 거기서 본을 발견하고는 그가 베를린에서 자기들 돈을 훔쳤을 리 없다는 것을 깨닫게 되죠.”

길로이는 잠시 말을 멈췄다가 다시 이어갔다. “하지만, 그래도 난 아직 큰 주제가 없다고 느꼈습니다. 무엇에 관한 영화인지 규정할 수 없었죠. 모든 것이 화려했고, 잘 움직이고 있었지만, 앞으로 많은 문제가 있으리라는 걸 알 수 있었죠. 이대로라면 아주 단순한 복수 영화가 될 것이 확실했어요. 그때 난 내가 작업을 제대로 하지 않았고, 그 후환이 내게 다시 돌아오리라는 걸 알았어요. 지금 당장 해야 한다는 걸 알았죠.

그래서 글쓰기를 그만뒀습니다. 갑자기요. 어떻게 해볼 도리가 없다고 모두에게 말했어요. 맷 데이먼에게 우리 중 누구도 그저 복수 영화를 찍고 싶어 하지는 않는다고 써서 보냈죠. 왜냐하면 그건 우리가 가던 길이고, 효과가 없을 테니까요. 그리고 마리를 부활시키고 싶지도 않았어요. 내가 그녀를 죽이지 말았어야 한다고, 어쩌면 그녀를 다시 데려올지도 모른다고 생각한 적도 있었습니다. 하지만 생각하면 할수록 효과가 없으리라는 걸 더 잘 알게 되었죠.

그래서 스스로에게 계속 물었습니다. '제이슨 본을 어떻게 해야 하지?' 알다시피 그는 대가를 치르지 않았어. 그는 손에 피를 묻힌 채 이런 종류의 즉각적 변화를 만든 사람이야. 지금까지 너무 쉬웠지. 너라면 어느 날 아침 일어나서 정말 이렇게 말할 수 있을까? '이봐, 내가 누군지 기억이 안 나지만 좋은 사람이라고 새롭게 생각하고 싶어.' 그는 처음부터 이 문제에 정면으로 맞서지 않았지. 그래서 항상 주위를 살피고 끊임없이 도망쳐야 한다고 느꼈어. 그래서 그 모양이야. 그래서 마리를 잃은 거야. 그는 이 모든 죄를 다시 검토해야 해. 왜냐하면 자신에게 정말로 무슨 문제가 있는지 다뤄본 적이 없기 때문이지. 그리고 그가 이 문제를 해결하기 전에는 결코 평화가 찾아오지 않을 거야.

그때 난 이 영화가 정말 사죄에 관한 것일 수 있다는 것을 깨달았죠. 속죄에 관한 영화. 그가 속죄할 수 있는 구체적인 것 하나를 어떻게 찾을 수 있을까? 어떤 강력한 사건. 그래서 생각했어요. 누구에게 사죄할 수 있을까? 바로 그때 베를린에서의 네스키 암살이 떠올랐습니다. 그는 어떤 남자를 죽여야 했지만, 그 아내가 예고도 없이 나타나자 그녀 역시 죽여야 했고, 그런 다음 자신의 흔적을 감추기 위해 아내가 남편을 죽이고 자살한 것처럼 보이게 했어요. 그러고는 본이 저지른 일로 인해 세상 어딘가에 부모 잃은 아이가 생겨났죠."

나는 이 영화의 시나리오를 연구하면서 이것에 대해 생각했고, 이러한 주제적 개관이 시나리오의 전체 내러티브 흐름을 몰아가고 있음을 보기 시작했다. 그것은 영화 전체에 걸쳐 엮여 있는 주요 사건(베를린에서의 네스키 암살)의 토대이다. 이 주요 사건이 결정되면 영화의 나머지 부분을 구축하고 고정시키는 구조적 지점이 된다. 결국 본은 모스크바로 가서 네스키의 딸에게 사죄하고 자신의 죄에 대해 속죄한다.

이때 길로이는 몇 가지 차이를 둬야 했다고 말했다. "우선, CIA의 비밀 암살단 트레드스톤의 요원들은 군인과 같았고, 그들의 임무는 구체적이고 정확했어요. 그게 바로 차이였죠. 트레드스톤이 죽인 사람들 역시 일종의 군인이었습니다. 하지만 네스키의 아내는 부수적인 피해자였어요. 그녀가 거기에 있으리라고는 생각지 못했죠. 본의 즉흥적인 해결책인 '살해 후 자살'은 비극에 전혀 다른 차원을 추가했습니다. 자살한 사람들의 자녀를 몇 명 알고 있는데, 항상 그들을 따라다니는 그림자가 있어요. 아마 제이슨 본이 사죄할 만한 사람들이 많이 있겠지만, 네스키와 관련된 구성은 내가 그에 대한 희망의 가능성을 갖기 위해 사죄가 필요했기 때문에 생겨났습니다. 단순한 '죄송합니다' 이상이어야 했죠.

나는 그가 실제로 뭔가를 주기를 원했고, 그래서 그것은 단지 속죄를 위한 이기적인 부여잡기가 아니었어요. 그리고 본은 두 사람의 딸을 찾을 수 있다면 적어도 한 가지는 더 좋게 만들 수 있다는 것을 알게 되죠. 그 사실을 깨달았을 때 나는 결말로 뛰어넘어 마지막 신의 개요를 적었는데, 아주아주 빨리 떠올랐어요. 처음부터 완전히 상황에 몰입되었죠. 영화를 몰아갈 궁극적인 지향점이 생겼다는 것을 알게 되었죠. 그때 영화 전체가 활짝 열렸습니다."

나는 길로이에게 본의 기억의 관점에서 베를린 시퀀스를 어떻게 구조화했는지 물었다. 나도 아주 오래전에 무슨 일이 일어났는데 그 사건에 대한 기억은 전혀 없이 기껏해야 모호한 찰나의 이미지만 남아 있는 비슷한 경험을 한 적이 있다. 그러던 어느 날, 나는 어떤 비슷한 상황에 처하게 되었고, 그 특정한 시간이나 장소에서 일어난 일의 조각난 기억 중 작은 조각 하나가 갑자기 떠올랐다. 기억은 아주 깊이 묻혀 있는 무언가를 휘저어서는 상황, 한마디 대사, 심지어 컵 바닥에 남아 있는 찻잎에 의해 자극될 수 있도록 한다. 마치 『잃어버린 시간을 찾아서』의 마르셀 프루스트처럼 말이다.

네스키 부부를 살해한 것이 스토리라인의 근간이다. 이 영화를 하나로 묶는 것은 바로 이 발견의 여정이다. 이것은 모든 것이 흘러나오는 스토리라인의 근원이자 중심이다. 길로이는 이 사실을 알게 되자 본의 기억을 되살리기 위해 이 핵심 사건의 특정한 조각들을 영화 전반에 걸쳐 짜 맞추기 시작했다. 그래서 〈본 슈프리머시〉의 오프닝인 조각난 꿈 시퀀스가 이 영화에 매우 중요한 것이다.

영화는 꿈속에서 시작된다. 자동차 앞유리에 떨어지는 비, 유리창을 닦는 와이퍼의 마찰음, 길 건너 호텔의 뿌연 노란색 불빛, 희미한 소리, 조각난 이미지. 의식의 범위 밖에 있는 분열되고 돌발적인 시각 정보들이 꿈속에서 펼쳐진다.

본은 깜짝 놀라 깨어나고 머리를 맑게 하려고 애쓴다. 기억해내려고 애쓰지만 헛수고로 끝난다. 마리는 그를 위로하려 하지만 그럴 수 없다. 그들은 인도 고아에 있다. 그런 다음 신이 베를린으로 바뀐다. 밤. 침입. 두 남자가 사무실에 침입해서 지하실에 플라스틱 폭발물을 설치하는 모습을 보지만 무슨 일이 벌어지고 있는지는 정확히 알 수 없다. 정전이 되고, 총성이 울린다. 그러고는 패멀라 랜디의 지휘 아래 있는 버지니아주 랭글리의 CIA 본부에 대혼란이 일어난다.

다시 신이 고아로 바뀐다. 마리는 본의 일기를 훑어볼 기회를 잡는다. 본에 대해 아는 것이 거의 없다는 것을 보여주는 좋은 방법이다. 본이 직접 쓴 거리와 도시에 대한 언급, 다양한 글귀 등과 함께 한 대목이 눈에 띈다. "나는 누구였는가?" 이것이 바로 〈본 슈프리머시〉의 핵심이다.

본이 고아의 해변을 따라 달리기를 마치자, 신이 바뀌며 본을 추적하는 러시아인 키릴(칼 어번)이 도착한다. 그리고 CIA에서는 본과 트레드스톤의 이름이 튀어나오면서 패멀라 랜디가 무슨 일인지 알아내기로 마음먹는데, 결국 자기네 요원 두 명이 살해당한 것을 알게 된다. 고아로 돌아와, 키릴은 본을 발견하고 격렬한 추격을 벌이는데 그 결과로 마리가 죽게 된다. 이 사건은 액트 I 끝의 구성점으로 이끈다.

본은 무슨 일이 일어나고 있고 그 배후가 누구인지 알아내기로 결심한다. 바로 그 순간, 복수 영화가 될 것처럼 보인다. 본은 마리의 유품을 땅에 묻고 나폴리로 이동하며, 누가 왜 이런 일을 벌이는지 알아내기로 마음먹는다. 그는 제지받고, 신문당하고, 탈출하고, 트레드스톤의 정체를 알게 되고, 그리고 뮌헨에서의 사건 이후 베를린으로 이동하여 패멀라 랜디와 결국 '대면'하게 된다. 여기가 바로 중간점이다.

액트 II의 후반부에서 그는 베를린의 범죄 현장에 본의 지문을 남겨놓은 자가 애벗(브라이언 콕스)이라는 것을 알게 된다. 액트 II의 끝에서 애벗이 자백하고 자살한 뒤에 본이 할 일은 단 한 가지밖에 남아 있지 않다. 그는 자신의 행동에 대한 책임을 지려고 모스크바행 기차에 올라 네스키의 딸을 찾아 나선다. 이제는 구원의 시간이다. 모스크바 거리를 질주하는 엄청난 자동차 추격전 끝에 본은 마침내 자기가 찾던 젊은 여자를 발견하고는 용서를 구하고 떠난다.

이것이 이 영화의 구조다. 빠르게 진행되는 액션 영화의 맥락 안에서 시간과 기억의 요소를 통합하는 주제적 기반을 갖추면서 간결하고 깔끔하고 빈틈없다. 아주 뛰어난 영화이면서, 기술과 진화의 측면에서 시나리오 쓰기 기술을 발전시킨 훌륭한 사례이다.

그리고 이를 하나로 묶는 것은 두 가지 사건이다. 하나는 선동적인 사건인 마리의 죽음이다. 다른 하나는 핵심 사건인데, 본이 베를린에서 일어난 일과 그 일에서의 자신의 역할을 알아내는 것이다. 베를린에서 일어난 일은 대본의 근간이 된다. 토니 길로이는 "베를린에서 일어난 일로 신을 쓰고 나서는 글 쓸 준비를 하고 매일 출근했죠"라며, 거기서부터는 시간과 기억을 스토리라인에 시각적 예리함을 가지고 기술적으로 주입하는 것이 문제였다고 했다.

"그 사건이 무엇인지 알았을 때 난 아주 현실적으로 생각하고 있었어요. 본이 속죄를 구할 만큼 아주 특별한 암살은 무엇일까? 어떤 암살이 이 사건을 아주 특별하게 만들까? 이런 질문들을 스스로에게 해야 했고, 난 거의 즉시 답을 얻었어요. 그것은 본의 첫 번째 암살이었고, 그에 대한 기록은 전혀 남아 있지 않다. 애벗과 크리스 쿠퍼의 인물 외에는 아무도 그 일에 대해 아는 사람이 없다.

직관적으로 난 이 영화의 진짜 시금석 두 가지를 두드렸다는 것을 깨달았어요. 첫째, 아이들이 있는데 그들은 두 영화를 통해 강한 모티브를 만들어내죠. 〈본 아이덴티티〉에서는 아프리카 독재자가 자기 아이들을 보트에 태우고, 나중에 본과 마리가 도주할 때 농가에서 아이들을 보게 되죠. 아이들은 나타날 때마다 엄청난 힘을 지닌 것처럼 보입니다. 난 그것이 세 번째 작품 〈본 얼티메이텀〉에서도 두드러지게 나타날 것이라고 생각해요.

두 번째는 내가 시작 부분에서 마리를 죽였을 때였어요. 이건 네스키 부인을 죽이는 것과 같지 않은가? 그녀도 피해자 아닌가? 부수적인 피해가 아닌가? 그때 난 일이 잘 풀린다는 것을 알았죠. 그것들은 모두 함께 묶여 있었고, 난 강제하지 않았어요. 매 초가 영화에서 중요합니다. 중요하지 않은 것은 단 1마이크로초도 없어요. 모든 것은 무엇인가를 의미하니까요. 모든 플래시백이 거기 있는 이유는 그가 자신이 누구인지에 대한 생각을 되찾으려고 하기 때문입니다."

위대한 시나리오 작가 월도 솔트는 플래시백을 '**플래시프레젠트** flashpresent'라고 부르곤 했는데, 그 이유는 등장인물이 현재 특정 상황에 처해 있고 그 환경 내의 무언가가 과거의 기억을 촉발시키기 때문이다. 길로이는 이에 동의하며 이렇게 덧붙였다. "우리는 〈본 아이덴티티〉에서 어떤 플래시백도 하고 싶지 않았어요. 플래시백 없이 영화 전체를 만들려고 했죠. 그래서 〈본 슈프리머시〉에서 이 중요한 사건을 생각해냈을 때, 난 이것이 플래시백을 넘어설 것이라고 생각했습니다. 대신, 과거와 현재가 실제로 행동 안에서 충돌하기를 원했죠. 〈돌로레스 클레이본〉이라는 영화를 썼는데, 그 영화에서는 거의 모든 종류의 플래시백을 다 사용할 수 있는 기회가 있었기 때문에 그것에 대해 신경 쓰지 않았어요. 글을 쓰면서 페이지에 있는 플래시백을 분리할 수 있는 방법을 찾고 싶었기 때문에 이탤릭체로 쓰기 시작했죠." 나는 그에게 내가 그 대본을 처음 읽었을 때 그것을 알아차렸고, 그런 글쓰기 스타일이 얼마나 강한 인상을 남겼는지를 말했다. 그는 그것을 '컷 투cut to' 스타일이라고 부른다. 두 번째 액트의 중간쯤에서 본이 트레드스톤에 대한 정보를 얻고 왜 그들이 자기를 쫓고 있는지 알아내기 위해 니키(줄리아 스타일스)의 머리에 총을 겨눈다. "방아쇠를 당기기 직전―**갑자기**―**플래시백!** 일순간―*파편 한 조각*―**어떤 여자의 얼굴**―*뒤로 물러서며―애원―우리에게 애원―카메라를 보며 애원*―**러시아어로 살려달라고 간청**―*절망과 공황의 이 끔찍한 혼재―공포―몹시 빠르게―몹시 당황하여.*" 그런 다음 다시 현재로 되돌아오면 머릿속으로 몰려드는 산발적 이미지들을 전혀 예상하지 못하고 머뭇거리며 뒷걸음질하는 본을 보게 된다. 그러고는 바로 다음 신으로 바뀌는데 영화의 오프닝에서 살해 사건이 벌어진 건물 안이다. 〈본 슈프리머시〉의 대본은 놀라운 읽기 경험을 제공한다. 그것은 번개처럼 움직인다.

그렇다면 언제 스토리라인에 플래시백을 사용하는 것이 적절한가? 나는 대부분의 워크숍과 세미나에서 이런 질문을 항상 접한다. 언제 가장 잘 작동하고, 언제 가장 효과적인가?

플래시백은 시나리오 작가가 다른 방법으로는 시나리오에 포함시킬 수 없는 시각적 정보를 독자와 관객에게 제공하는 도구 또는 장치이다. 플래시백의 목적은 단순하다. **등장인물에 관한 정보를 드러내거나 이야기를 진전시키기 위해 시간, 장소, 행동을 이어주는** 기법이다.

달리 이야기를 진전시킬 방법이 없을 때 작가는 자주 플래시백을 시나리오에 사용한다. 때로는 시나리오 작가가 대사로 더 분명하게 드러낼 수 있는 주인공에 관한 정보를 플래시백으로 보여주기로 결정하는데, 그 경우 플래시백은 그 자체로 주의를 끌 뿐 방해가 된다. 별 효과가 없다.

플래시백은 다른 방법으로는 드러낼 수 없는 등장인물이나 이야기에 관한 정보를 드러내는 데 사용할 수 있는 도구로 봐야 한다. 그것은 **물리적** 정보뿐만 아니라 **정서적** 정보도 드러낼 수 있다. 생각, 기억, 꿈, 이를테면 제이슨 본이 기억해내려고 하는 베를린에서 일어난 일, 〈보통 사람들〉에서의 익사 사건, 〈잉글리쉬 페이션트〉에서 알마시(레이프 파인스)의 기억, 또는 〈콜드 마운틴〉에서 인먼(주드 로)의 기억과 같은 것을 드러낼 수 있다.

플래시백은 사실 이야기라기보다 **등장인물**의 기능이다. 앞서 언급했듯이 월도 솔트는 플래시백을 '**플래시프레젠트**'로 여겨야 한다고 생각했는데, 그 이유는 우리가 보는 시각적 이미지는 기억, 환상, 사건 등 등장인물의 관점을 조명하는 것이라면 무엇이든 **현재 순간**에 그가 생각하고 느끼는 것이기 때문이다. 그 이상적인 예로서 〈본 슈프리머시〉를 살펴보자. 플래시백에서 보는 것은 등장인물의 눈을 통해 보이므로 우리는 그가 **현재 순간**에 보고, 생각하고, 느끼는 것을 보는 셈이다. 그것이 〈본 슈프리머시〉에서 일어나는 일인데, 대부분의 행동은 본이 과거로부터 어떤 기억을 되찾고 상기하려고 애쓰는 현재에 일어난다. **플래시프레젠트**란 우리가 생각, 꿈, 기억, 환상 등 등장인물이 현재 순간에 생각하고 느끼는 것을 보는 것인데, 시간에는 제한이나 한계가 없기 때문이다. 주인공의 마음속에는 시간이 존재하지 않고, **플래시프레젠트**는 과거나 현재, 어쩌면 미래의 특정 순간이 될 수도 있다.

그렇다면 플래시백을 언제 사용하고, 언제 사용하지 않는 것이 적절한가?

물론 이에 대한 '규칙'은 없다. 사실상, 〈유주얼 서스펙트〉, 〈롱 키스 굿나잇The Long Kiss Goodnight〉(셰인 블랙), 〈커리지 언더 파이어〉, 〈잉글리쉬 페이션트〉, 〈보통 사람들〉, 〈본 슈프리머시〉처럼 플래시백을 이야기의 필수적인 부분으로 설계했는가에 달려 있다. 혹은 어떤 일이 일어났는지, 어떻게 일어났는지 보여줄 수도 있다. 플래시백은 이야기를 진전시키거나 등장인물에 관한 정보를 드러낸다는 점을 기억하자.

시나리오는 영상으로 전달되는 이야기라는 것을 명심하자. 대사는 이야기를 진전시키거나 등장인물에 관한 정보를 드러내는 시각적 정보의 부속물이 될 뿐이다. 그것은 플래시백과 같은 목적을 가지고 있다. 등장인물에게 영향을 준 사건을 보여주고 싶어서 대본에 포함하기로 결정한다고 해보자. 그래서 신을 살펴보고 플래시백으로 이어지는 좋은 전환점을 찾으면, 이는 플래시백을 삽입하기 위해 신의 중간을 잘라내는 당연한 결과를 초래한다.

어떻게 되는가? 〈본 슈프리머시〉의 경우 이것이 멋지게 작용하는데, 본은 기억상실 상태에 빠져 있어 자신이 누구인지, 베를린에서 무슨 일이 일어났는지 기억하려고 하기 때문이다. 그것은 미스터리여서 그가 현재 자신에게 작용하는 힘에 반응하면서 알게 되는 대로 관객도 알게 된다.

플래시백을 여러 가지 이유로 사용할 수 있지만, 그 주된 목적은 시간과 장소를 이어주고 등장인물에게 영향을 미치는 과거의 정서적 일이나 물리적 갈등을 드러내는 것이다. 때로는 존 세일스의 〈론스타〉에서처럼 등장인물의 행동에 대한 통찰력과 이해를 제공하거나 과거의 미스터리를 해결한다.

플래시프레젠트가 생각이나 기대, 희망에 시각적 표현을 부여하는 데 효과적일 때도 있다. 〈트루 라이즈True Lies〉(제임스 캐머런)에서 해리 태스커(아널드 슈워제네거)가 자기 아내와 바람을 피운다고 생각하는 중고차 판매원을 태우고 코르벳을 몰고 가다가 코에 한 방 먹이는 신을 기억하는가? 그저 희망 사항일 뿐이다. 멋진 작은 터치이기도 하다. 또한 플래시백을 사용하여 일이 어떻게, 왜 일어났는지를 보여주거나, 가까운 미래에 일어날 수도, 일어나지 않을 수도 있는 일로 플래시포워드flashforward를 할 수도 있다. 이 모든 것들이 **플래시백**을 시나리오에 포함시켜 **작동하도록 만드는** 방법이다.

플래시백을 사용하기로 결정했다면 **플래시프레젠트**의 관점에서 생각하자. 현재 순간에 등장인물이 어떤 생각을 하고 있는지 스스로에게 물어보자. 등장인물의 머릿속에 들어가서 현재 순간에 투영되는 생각, 기억 또는 일을 찾을 수 있다면 등장인물에게 어떤 영향을 미치는지 **보여주도록** 해보자. 그래야 최적의 이점을 얻을 수 있다. 필요하다면 등장인물의 **'존재의 원'**(7장 참조)으로 들어가서 무엇을 찾을 수 있는지 알아보자.

어떤 영화들은 플래시백을 주요 스토리라인에 대한 북엔드로 이용한다. 즉 현재 사건이나 일로 대본을 열고, 그런 다음 이야기의 시작으로 되돌아가고, 다시 현재에서 이야기를 끝낸다. 이것은 매우 효과적일 수 있다. 〈매디슨 카운티의 다리〉, 〈선셋 대로〉, 〈애니 홀〉, 〈시민 케인〉, 〈펄프 픽션〉을 살펴보자.

시나리오에 대한 준비 작업을 완료하면, 어떤 식으로 쓰고 싶은지 선형 또는 비선형 형태 중에서 결정할 수 있다.

이로써 실제 시나리오 쓰기가 시작된다.

제2부

시나리오 쓰기

9

액트 I 구조화하기

하워드:
"이건 결승선이 아니야, 친구들.
이제 경주의 시작이지. 미래가 결승선이고⋯."

게리 로스
〈씨비스킷〉

글쓰기에서 가장 어려운 일은 무엇을 쓸 것인지 아는 것이다. 두 번째로 어려운 일은 그것을 쓸 가장 좋은 방법을 찾는 것이다.

이것이 바로 시나리오 쓰기 과정에서 다음에 할 일이다. 앞으로 알게 되겠지만 빈 종이는 새로운 여행의 시작일 뿐만 아니라 여행의 끝이기도 하다. 시나리오를 쓰는 데 필요한 준비를 마쳤고, 이제는 실제로 시나리오를 쓸 준비가 되었다.

지금까지 세 문장으로 된 아이디어를 가지고 극적 구조에 초점을 맞춘 네 페이지 분량의 트리트먼트로 확장했다. 결말, 시작, 구성점 I, 구성점 II를 분리했다. 등장인물의 전기를 썼고, 극적 요구를 규정했고, 관점과 태도 그리고 삶에서 어떤 정서적 변화를 겪었는지 결정했다. 주제나 등장인물이 살았던 역사적 시기에 대한 조사를 진행했다.

이제부터 무엇을 할 것인가? 시나리오 쓰기 과정의 다음 단계는 무엇인가?

액트 I을 구조화한다.

이제 스토리라인의 형식을 갖췄으니 내용을 배치하기 시작할 수 있다. 액트 I은 극적 행동의 단위 또는 토막으로, 1쪽에서 시작하여 액트 I 끝의 구성점까지 이어진다. 대략 30페이지 분량으로, 설정이라는 극적 맥락으로 결속된다. 작가는 이야기를 설정하고, 등장인물들을 소개하고, 그들의 관계를 규정하고, 극적 전제, 즉 그 이야기가 무엇에 관한 것인지를 정립해야 한다. 맥락은 내용물을 제자리에 담아두는 유리잔의 내부 공간처럼 무엇인가를 제자리에 담아두는 공간이라는 것을 기억하자. 맥락은 바뀌지 않으며, 오직 내용만 바뀐다.

액트 I은 등장인물, 대사, 장소, 신, 시퀀스 등의 내용을 제자리에 묶어둔다. 극적 행동 단위로서 액트 I의 모든 것은 등장인물, 상황, 극적 전제가 포함된 이야기를 설정한다. 그래서 액트 I은 매우 중요하다. 모든 것이 이야기와 등장인물을 설정하는 것과 관련이 있다. 이것은 시작에서부터 액트 I 끝의 구성점까지 이끄는 극적 행동 단위이다. 부분이자 전체이므로 신중하게 '설계'해야 한다.

아리스토텔레스는 극적 행동의 삼일치, 즉 시간, 장소, 행동의 일치에 대해 이야기한다. 그래서 이 첫 번째 행동 단위인 액트 I은 이야기가 무엇에 관한 것인지, 누구에 관한 것인지를 정립한다. 〈씨비스킷〉은 좋은 예이다. 이 영화는 1930년대 미국 대공황의 영향을 받은 세 인물과 한 마리 말에 관한 실화를 다룬다. 그들은 한 팀으로 함께 일하면서 전 국민에게 영감을 주는 이야기를 만들어냈다. 작가 겸 감독인 게리 로스가 가장 먼저 정립해야 했던 것은 이야기가 전개되는 시간이었다. 이야기는 모델 T 포드의 숏, 그리고 자동차가 곧 미국 역사의 문화와 윤리에 혁명을 일으킬 것이라는 이해와 함께 시작된다. 시나리오의 오프닝 묘사와 내레이션은 다음과 같다.

모델 T로 페이드인.

자동차라기보다는 하나의 상징물처럼 보인다. 정지되고, 입자가 거친 흑백 이미지 위로 우리의 역사가 되어버린 목소리가 **들린다…**.

내레이터

사람들은 그것을 보통 사람을 위한 차라고 불렀다. 포드 자신은 '위대한 군중'을 위한 차라고 불렀다. 재봉틀이나 주철난로처럼 기능적이고 간단했다…. 역사상 처음으로 노동자가 부품을 가지러 가지 않아도 되었다. 부품이 그에게로 왔다. 자동차 전체를 만드는 대신에 범퍼나 변속 기어, 또는 문손잡이를 만들기만 하면 되었다. 물론 진정한 발명은 자동차가 아니라 그것을 만드는 조립 라인이었다. 곧 다른 기업들도 같은 기술을 차용했다. 재봉사는 단추를 달고, 가구 제작자는 손잡이를 돌려 넣으면 되었다. 그것은 상상력의 시작이자 끝이었다.

이 하나의 신에서 스틸 사진, 자료 사진, 뉴스릴 영상과 함께 보이스오버 내레이션을 사용하여 자동차의 미래의 영향력을 설정할 뿐만 아니라 시대, 장소, 상황을 간략하게 보여준다. 이는 이야기에 배경과 극적 상황을 제공하고, 국가를 변화시켜 이야기의 발판을 마련하는 영향력을 정립한다.

이 모든 것은 시나리오의 처음 몇 페이지에서 찾을 수 있다. 〈씨비스킷〉이 실화이고 논픽션이기 때문에 픽션의 일반적인 규칙을 따르지 않는다고 생각할지도 모른다. 그렇지 않다. 로런스 캐스던의 고전 〈보디 히트〉에서는 첫 페이지의 첫 마디인 "밤하늘의 화염"이 영화 전체를 묘사한다. 네드 러신(윌리엄 허트)은 요행을 바라는 경솔하고 위선적이고 무능한 변호사로 설정된다. 첫 열 페이지에서 그는 매티 워커(캐슬린 터너)를 만나고 난 후, 그녀를 찾아 헤매다가, 마침내 찾아낸다. 그들은 함께 술을 마시고, 그녀는 자신의 '풍경(風磬) 컬렉션'을 보겠다는 그를 (아무 일도 없을 거라고 강조하며) 집으로 들인다.

두 사람 사이의 성적 에너지는 강하고 거의 눈에 띌 정도지만, 떠날 시간이 다가오자 그는 잠시 머뭇거린다. 그는 그녀를 원한다. 그는 차로 걸어가서는 현관문 옆의 큰 창문을 통해 매티를 응시한다. 음악 소리가 커지면서 그의 욕정은 고조에 달하고, 도저히 견디다 못해 그녀에게 달려간다. 유리창을 깨고 들어가서는 그녀를 끌어안고, 마루 위에서 격정적으로 사랑을 나눈다.

액트 I의 전체 단위는 등장인물의 행동으로 설정된다. 그들은 만나고, 그는 그녀를 추적하고, 함께 술을 마시고, 풍경을 보기 위해 그녀의 집으로 돌아간다. 액트 I의 끝에 있는 구성점은 섹스를 할 때이다. 액트 I은 대략 20~30페이지 분량의 극적 행동 단위이다.

〈보디 히트〉의 시나리오 작가 겸 감독인 로런스 캐스던은 시나리오의 첫 마디부터 이야기를 설정한다. 〈보디 히트〉는 정욕, 열정, 배신에 관한 이야기이며, 액트 I의 모든 것은 등장인물과 이야기를 정립하거나 설정한다.

액트 I을 구조화하기 시작하면서 가장 먼저 해야 할 일은 극적 맥락을 정립하는 것이다. 등장인물, 전제, 상황 등을 설정한다. 주인공은 누구이고, 이야기는 무엇에 관한 것이고, 행동을 둘러싼 상황이나 환경은 무엇인가? 여기서는 방향성, 즉 오프닝 숏에서 구성점 I까지 이어지는 전개의 흐름을 구축한다.

〈애니 홀〉이 훌륭한 예이다. 영화가 시작되면 앨비 싱어(우디 앨런)는 카메라를 바라보고 서서 독백을 한다. 독백이 거의 끝나갈 무렵 "애니와 난 갈라섰어요. 그런데 아직 실감이 나질 않는군요. 그러니까, 내 마음속에 남아 있는 관계의 파편들을 체로 거르며 내 인생을 뒤돌아보고는, 어디서부터 어긋난 것인지 찾아내려고 합니다. 그러니까, 1년 전에 우린… 서로 사랑했죠"라고 말한다. 영화 전체가 이 작은 진술에 바탕을 두고 있다. '관계의 파편들'은 무엇이었을까? 그리고 어디서부터 '어긋난 것'일까? 영화에서 관객이 보는 것은 이러한 의문에 대한 답이다.

이야기를 설정하기 위해서는 무엇이 필요한가? 〈사이드웨이〉에서처럼 샌타바버라 와인 산지로 일주일간 여행을 떠나는 것인가? 잭의 임박한 결혼인가, 아니면 마일스의 이혼의 영향인가? 〈독신녀 에리카〉에서 에리카의 경우처럼 결혼 생활에 관한 것인가? 〈E.T.〉에서처럼 집으로 돌아가는 우주선을 놓쳐 낯선 행성에서 곤경에 빠지도록 설정할 것인가? 〈씨비스킷〉의 찰스 하워드처럼 의지가 강한 인물을 설정할 것인가? 〈반지의 제왕〉에서 중간계, 간달프, 호빗족의 경우처럼 설정할 것인가?

무엇을 보여주고 싶은지 결정하는 것은 작가 자신의 몫이다. 그러고 나서야 그것을 어떻게 보여줄지 알아낼 수 있다. 하지만 지금 당장은 그것을 규정하고 묘사하는 것이 중요하다.

액트 I을 어떻게 구조화할 것인가?

첫째, 액트 I, 즉 설정이라는 맥락 안에 고정시킬 수 있는 방식으로 내용을 만들어야 한다. 이렇게 하는 데는 몇 가지 방법이 있는데, 컴퓨터 앞에 앉아 각 신을 몇 마디로 묘사하거나, 메모장에 다양한 신의 개요를 적거나, 비트 시트를 설계하는 것이다. 하지 말아야 할 일은 쓰고자 하는 신의 목록을 단순히 번호순으로 작성하는 것이다. 어떤 사람들에게는 효과가 있을지 모르지만, 나는 아이디어와 내용 면에서 글쓰기 과정을 가능한 한 개방적으로 유지하려고 노력하며, 그래서 내게는 전혀 효과가 없다. 너무 제한적이며 유연성이 부족하다.

나는 유연한 상태를 좋아하는데, 내가 쓰는 신들을 변경하고 조작할 수 있기를 원하기 때문이다. 특히 이 과정에서는 더 그렇다. 그래서 나는 각 신의 개요를 세로 3인치, 가로 5인치짜리 인덱스카드에 적는데, 물론 크기가 다른 카드를 사용해도 된다. 오랜 경험을 통해 나는 열네 장의 카드가 가장 적당하다는 것을 알게 되었다. 카드 한 장에 한 신을 쓰면(나중에 설명하겠지만 그렇다고 반드시 '한 장에 한 신'이 되지는 않는다), 오프닝 신이나 시퀀스에서 액트 I 끝의 구성점까지 액트 I의 내용을 설계할 수 있다.

사람들은 "왜 카드가 열네 장이죠? 열두 장, 열여섯 장, 열일곱 장은 안 되나요?"라고 묻는다. 내 대답은 경험에 근거한 것이다. 카드 개수만 봐도 해당 액트에 내용이 너무 많은지 부족한지 알 수 있다. 작가가 액트 I의 구조를 설계했는데 카드가 열세 장만 있다면 내용을 설정하기에 대체로 충분하지 않다. 열다섯 장이 있다면 대개 액트 I에 너무 많은 내용이 담긴다. 카드 열네 장이 딱 좋으며, 액트 I을 구조화하는 데 효과적인 도구이다. 내 말을 못 믿겠다면 일단 해보고 어떻게 되는지 봐도 좋다.

　이제 액트 I의 구조를 설계할 준비가 되었다. 구조에 대한 첫 번째 정의는 '무엇인가를 구축하거나 결합하는 것'이라는 것을 기억하자. 바로 이것이 지금 해야 하는 일이다. 인덱스카드를 한 줌 꺼내서 한 신에 한 장씩 원하는 신을 쓰기 시작하자. 시간 순서대로 진행할 필요는 없다. 이야기는 어디서 시작되는가? 〈브로크백 마운틴〉의 에니스처럼 고용주의 트레일러에 등장인물이 도착하는 상황에서? 아니면 〈본 슈프리머시〉처럼 플래시백으로 시작하는가? 연속적인 행동선을 원한다고 가정해보자. 아마도 〈디 아워스〉에서처럼 세 주인공이 모두 아침에 일어나도록 할 것이다. 아니면 앨런 볼이 〈아메리칸 뷰티〉에서 레스터의 보이스오버로 그랬듯이 등장인물과 상황을 설정하고 싶을지도 모른다. "내 이름은 레스터 버넘. 마흔두 살이다. 일 년도 안 돼서 난 죽을 것이다. 물론 아직은 그걸 모르겠지만. 여긴 내가 사는 거리다. …" 어쩌면 사무실에서 하루를 시작하는 등장인물로 대본을 시작하고 싶을 수도 있고, 범죄나 살인, 침입을 보여주는 선동적 사건을 쓰고 싶을 수도 있다.

　인덱스카드 한 장에 오프닝 신에 대한 아이디어를 쓰자. 전체 신이 아니라 신에 관하여 몇 단어만 쓰면 된다. 자유롭게 연상하자. 오프닝인 1번 카드와 구성점 I인 14번 카드의 내용은 이미 알고 있을 것이다. 따라서 열두 장만 더 필요할 뿐이다. 액트 I에 있어야 된다고 생각하는 신들에 대한 아이디어를 적어 넣기 시작하자. 너무 많이 생각할 필요는 없다. **카드 한 장에 몇 단어만 사용한다.** 카드 앞뒷면에 신 전체를 쓰는 학생들이 아주 많은데, 그들은 시나리오를 쓰기 시작할 때 카드에 적혀 있는 내용을 그저 종이에 옮겨 쓰기만 한다. 그래서는 효과가 없다. 이때는 의식 속에 떠오를지도 모르는 어떤 새로운 생각이나 아이디어를 받아들이기 위해 여전히 열려 있어야 한다. 그렇지 않으면 창작 과정에서 지나치게 자신을 제한하거나 비판적이 될 것이다.

그런 다음 다른 카드에 다음 신을 쓴다. 여기에도 마찬가지로 몇 단어만 써넣자. 그리고 나서 다음 카드. 또 다음 카드. 카드들에 담긴 신과 시퀀스들이 완성되었다는 느낌이 들 때까지 쓴다. 예를 들어, 취재차 파리에 간 미국인 기자가 젊은 여자와 사랑에 빠지고, 격렬하고 열정적인 관계를 맺고, 다시 돌아오겠다고 약속하며 집으로 떠나는 이야기라면, 첫 번째 카드에는 "파리에 도착"이라고 씌어 있을 것이다. 두 번째 카드는 "호텔 체크인, 집으로 전화", 세 번째는 "편집장과 만남", 네 번째는 "취재 대상과 임무에 관한 브리핑', 다섯 번째는 "공식 리셉션에서 취재 대상과 만남", 여섯 번째는 "문화부 청사에 도착", 일곱 번째는 "취재 대상 인터뷰", 여덟 번째는 "마음이 끌리는 사람 발견" 등등 한 신에 한 장씩, 그가 사랑에 빠지게 될 "젊은 여자와 만나는" 액트 I 끝의 구성점(14번 카드)까지 이어진다. 카드에 어떤 신을 쓸지 말지 확신이 서지 않는다면 그냥 쓰자. 의심스러울 때는 그냥 쓴다. 다 쓰고 났더니 카드가 열 장, 열두 장, 열네 장, 열여덟 장일 수도 있다. 이 첫 번째 시도에서 얼마나 많은 카드가 생기든 간에, 결국 열네 장이 남을 때까지 검토를 거듭해야 할 것이다.

다음엔 첫 신에서 액트 I 끝의 구성점까지 한 장씩 카드를 배치한다. 자유롭게 연상하자. 무슨 일이 일어나는가? 다음엔 어떻게 되는가? 그다음엔 어떻게 되는가? 이것들은 창작 과정에 새로운 생각과 아이디어를 불러일으킬 수 있는 마법의 말들이다. 필요하다면 행동의 흐름을 매끄럽게 하기 위해 카드에 몇 마디 대사를 추가할 수 있다. 주인공은 카드에 적힌 대부분의 신에 있어야 한다. **너무** 구체적으로 적지는 말자. 지금은 행동을 대강 배치하면서 모호하고 개괄적인 편이 더 낫다. 열네 장의 카드를 모두 같은 방식으로 작성할 수 있다.

〈사이드웨이〉를 살펴보자. 1번 카드: 마일스가 잭을 늦게 데리러 감. 2번: 운전하는 마일스. 3번: 마일스가 잭의 약혼녀 가족을 만난다. 4번: 샌타바버라로 가는 고속도로. 5번: 마일스와 잭이 여행에 대해 의논한다. 6번: 약혼녀와 통화 중인 잭. 7번: 마일스가 어머니 집에 간다. 8번: 어머니와의 저녁식사. 9번: 마일스가 어머니 돈을 훔친다. 10번: 마일스와 잭이 몰래 도망친다. 11번: 잭의 욕정. 12번: 샌타로자에 도착. 13번: 마일스가 잭에게 와인 시음법을 가르친다. 14번: 마일스가 마야를 만난다. 이것은 구성점 I이다.

만약 액션 시퀀스를 원한다면, 간단히 '추격 시퀀스', 또는 '강도 시퀀스', '결혼식 시퀀스', '격투 시퀀스', '경주 시퀀스' 등이라고만 쓴다. 지금 그 이상은 필요 없다.

인덱스카드의 양면을 채우고 싶은 유혹을 뿌리치자. 신에 방대한 묘사를 쓸 필요는 없으며 심지어 대사를 포함할 필요도 없다. 앞서 언급했듯이 지금은 시나리오를 쓰기 시작할 때가 아니다. 카드를 작성할 때는 카드를 작성하고, 시나리오를 쓸 때는 시나리오를 쓴다. 하나는 사과, 다른 하나는 오렌지이다.

시나리오 쓰기는 **과정**이므로 계속 변하기 마련이다. 그러니 지나치게 한정되거나 경직되어서는 안 된다. 아무런 제약 없이 자유롭고 열린 상태여야 한다.

액트 I에 해당하는 카드들을 작성한다. 자유롭게 연상하자. 생각을 바로바로 적어두자. 나중에 언제든지 바꿀 수 있다. 다 끝났으면 (보통 몇 시간 걸릴 것이다) 카드들을 되풀이해서 읽으면서, 한 신에서 다음 신으로 쉽게 읽히도록 말을 다듬는다. 원한다면 어떤 카드든 바꾸자. 스토리라인이 더 잘 읽히도록 카드들을 정렬한다. 각각의 카드는 이야기를 한 단계씩, 한 신씩 진전시켜야 한다.

사람들은 시나리오의 첫 신을 쓰려고 뛰어들지만 많은 경우 자기가 어디로 가고 있는지는 잘 모른다. 대부분의 경우 심지어 자신의 등장인물이 어디서 오는지도 어디로 가는지도 모른다. 무엇이 잘못되었는지도 모르고 열에서 열두 페이지를 횡설수설하며 허비할 것이다. '지루하고 진부해' 보이기만 할 뿐 어디론가 가는 것처럼 보이지 않는다. 그들은 스토리라인으로 뛰어들기 위해 일종의 방향성을 잡으려고 애쓰면서 처음 몇 신을 쓰다가 혼란스러워한다.

이렇게 생겨날 만한 문제를 피하는 방법은 배경 이야기를 만드는 것이다. **배경 이야기란 이야기가 시작되기 하루, 일주일, 혹은 한 시간 전에 주인공에게 일어난 일이다.**

작가는 시나리오의 첫 신이나 시퀀스를 알고 있다. 그렇다면 오프닝 신이나 시퀀스가 시작되기 **직전에는** 주인공에게 무슨 일이 일어나는가? 한 시간 전, 하루 전, 일주일 전일 수도 있다. 첫 신에 정서적 스트레스와 긴장감을 더할 수 있는 어떤 일이 등장인물에게 일어났는가? 무슨 일이었는가? 등장인물은 어떤 영향을 받았는가? 특정한 일, 에피소드, 또는 사건을 규정할 수 있는지 알아보자. 사고였는가? 말다툼? 어떤 긴급 상황? 무슨 일이었는가? 언제, 어떻게,

어디서 일어났는가? 그리고 가장 중요한 것으로, 등장인물에게 어떤 정서적 또는 신체적 영향을 미치는가?

내가 가장 좋아하는 영화 오프닝 하나는 안토니오니의 고전 〈일식〉이다. 첫 번째 숏은 넓은 거실을 보여준다. 커튼이 드리워지고 불이 켜져 있다. 남자가 의자에 앉아 있다가 손에 턱을 괸다. 여자가 멍하니 그를 쳐다보다가 더 이상 쳐다보기 싫은 듯 고개를 돌린다. 좌우로 반복해서 움직이는 전면의 작은 선풍기만이 침묵을 깬다. 여자는 느릿느릿 거닐다가 무슨 말이 하고 싶어 멈춰 서는데 여전히 불안하고 쓸쓸해 보인다.

몇 마디 말 이후에 다시 침묵이 흐른다. 4분 30초 이상의 침묵이 이어진다. 그때 관객은 더 이상 나눌 말이 없다는 것을 깨닫는다. 두 사람은 연인 사이였고, 관계는 끝났고, 밤새도록 이야기를 나눴고, 더 이상 할 말이 남아 있지 않다.

여기서는 이야기가 시작되기 전에 나눈 대화가 배경 이야기이다. 어떤 정서적이거나 극적인 면이 있다면 무엇이든 배경 이야기가 될 수 있다. 예를 들어, 데이트를 하러 가는데 차에 시동이 걸리지 않고 기다리는 사람에게 연락할 수 없다면, 이는 배경 이야기가 될 수 있다. 등장인물이 먹을거리를 사러 시장에 가는 것 따위가 아니다. 배경 이야기는 등장인물에게 영향을 미치는 일, 에피소드, 또는 사건이며, 그래서 그 인물은 정서적이거나 극적인 부담감을 가지고 첫 신이나 시퀀스로 진입한다.

다음은 내가 실제로 경험한 배경 이야기의 예이다. 몇 년 전 나는 로지라는 이름의 멋진 고양이를 키웠다. 로지가 열일곱 살일 무렵 심각한 건강 문제가 생기기 시작했다. 어느 날 밤 나는 아주 중요한 저녁식사 모임을 가졌다. 나는 얼마 동안 이날을 고대해왔는데, 내게 매우 중요한 프로젝트가 거론되는 자리였다. 프로듀서, 감독, 스토리 부서 임원 둘과 샌타모니카의 고급 레스토랑에서 만날 예정이었다. 회의 준비를 하고 있을 때 이상한 소리가 들리자 로지가 숨쉬기가 힘들다는 것을 알아차렸다. 즉시 로지에게 응급 처치가 필요하다는 것을 알았다.

나는 최대한 빨리 옷을 입고 로지를 잡아채서는 레스토랑으로 가는 길에 응급 병원으로 달려갔다. 레스토랑에 전화를 걸어 조금 늦을 거라고 말했다. 검사가 끝나자 수의사는 로지가 심각한 상태이며 24시간 동안 의료적 관찰을 위해 로지를 병원에 남겨두어야 한다고 말했다.

나는 무척 당황하여 동물병원을 나와서는 샌타모니카에서의 회의에 서둘러 참석했다. 자, 내가 회의 내내 무슨 생각을 하고 있었을 것 같은가?

이것이 배경 이야기의 힘과 효과이다. 등장인물에 관한 강한 배경 이야기가 있다면, 시나리오의 맨 처음, 즉 첫 페이지 첫 단어를 시작할 수 있다. 배경 이야기는 페이지의 첫 단어부터 스토리라인으로 뛰어들 수 있게 해준다. 따라서 효과적인 배경 이야기를 쓰기 위해 스스로에게 몇 가지 기본적인 질문을 던지자. 이야기가 시작되기 하루, 일주일, 한 시간 전에 주인공에게 무슨 일이 일어나는가? 그것을 묘사할 수 있는가? 분명히 나타낼 수 있는가? 이 일이 첫 신에서 등장인물에게 감정적으로든 육체적으로든 어떤 영향을 미치는가?

효과적인 배경 이야기는 전체 시나리오에 영향을 미칠 수 있다.

〈쇼생크 탈출〉의 오프닝 시퀀스를 보자. 앤디 듀프레인은 술을 마시며 차 안에 앉아 있다가, 총을 꺼내 들고, 위스키를 병째 들이켜며 장전하려고 한다. 그는 차에서 내려 총을 손에 쥔 채 비틀거리며 집 쪽으로 다가간다. 배경 이야기가 무엇이라 생각하는가? 아마도 아내가 골프 코치와 바람을 피우고 있다는 사실을 알아차렸을 때일 것이다. 그것은 주인공에게 영향을 미치고 영화를 시작하는 선동적 사건을 설정하는 사건이다. 그는 아내와 정부를 죽일 작정이며, 이야기를 움직이는 것은 바로 이 신이다.

시나리오에서는 첫 페이지의 첫 단어부터 바로 독자를 사로잡아야 한다. 〈로얄 테넌바움〉, 〈매트릭스〉, 〈반지의 제왕〉, 〈보디 히트〉처럼 말이다. 첫 번째 신이 무엇에 관한 이야기인지 생각할 여유가 없다. 이미 알고 있어야 한다.

작가 자신이 모르면 누가 알겠는가?

배경 이야기는 첫 페이지의 페이드인부터 대본에 돌입하게끔 해준다. 곧바로 강한 극적 또는 희극적 긴장감을 조성해준다. 이야기가 시작되기 하루, 일주일, 혹은 한 시간 전에 등장인물에게 무슨 일이 생기는가? 시나리오가 시작될 때에 어떤 일, 에피소드, 혹은 사건이 등장인물에게 영향을 미치고 있는가?

월요일 아침 직장에 도착하는 주인공으로 대본이 시작한다고 가정하자. 배경 이야기는 금요일 오후 주인공이 사장에게 가서 임금 인상을 요구했는데 거절당하는 것이 될 수 있다.

주인공은 집에 가서 주말 내내 고민한다. 이야기가 시작되기 전 주인공이 무엇을 생각하고 느꼈는지 상상해보자. 그런 다음 월요일 아침 주인공이 직장에 도착하는 것으로 대본을 시작한다. 엘리베이터에서 내리는 주인공을 상상해보자. 입을 굳게 다문 채 어두운 표정인가, 또는 익살맞거나 초연한 표정인가? 아니면 직장 동료들에게 모든 것이 괜찮다는 것을 보여주며 냉정하고 사려 깊은 태도를 취하고 있는가? 하지만 그것은 가면에 불과한데, 그 겉모습 아래에는 표면으로 솟구치려는 분노, 원망, 그리고 낮은 자존감의 씨앗들이 있기 때문이다. 그것들은 어디선가 폭발할 것이다.

이것이 좋은 배경 이야기의 힘이다. 그것은 첫 페이지의 첫 단어부터 행동에 들어갈 수 있게 한다. 이렇게 하면 오프닝 신의 목적을 알기 때문에 어떤 일이 일어날지 알아내려고 '찾으러' 다닐 필요가 없다. 오프닝 신이나 시퀀스는 언제나 가장 쓰기 어려운 것처럼 보인다. 배경 이야기를 아는 것은 시나리오의 첫 페이지부터 최대한의 극적 가치를 달성하는 데 도움이 된다.

한 학생이 오프브로드웨이off-Broadway(브로드웨이에서 벗어나 비상업적인 연극을 상연하는 극장 또는 그 연극—옮긴이)에서 첫 작품을 준비하는 한 여성 연극 연출가의 이야기를 쓰고 있었다. 그는 주인공의 감정 상태가 어떤지 규정하기가 어려워서 이야기를 어디서 어떻게 시작해야 할지 갈피를 잡지 못했다. 시작을 리허설, 아니면 개막 공연으로 해야 할까? 오프닝의 개요를 적을 때마다 불필요한 대사와 무의미한 갈등으로 가득한 장황하고 설명적인 오프닝이 되었다.

그는 어찌할 바를 몰랐다. 그래서 나는 배경 이야기를 써보라고 했다. 주인공의 결혼 생활에 뭔가를 더 첨가하여 시나리오 속의 연극에 영향을 미치게 하는 건 어떤지 조언했다. 그리고 주인공이 연출하는 연극의 줄거리에 대해 물어보았다. 그는 몰랐다. 다시 말하지만, 작가가 모르면 누가 알겠는가?

그래서 그는 집에 가서, 주인공과 남편이 어디서 만났고, 언제 결혼했는지 등 그들의 관계와 이야기가 시작되기 전 주인공에게 영향을 미칠 만한 정서적 힘을 담은 등장인물 에세이를 썼다. 그러고는 배경 이야기를 썼는데, 그럼으로써 시나리오 전체가 활짝 열렸다. 그가 배경 이야기에서 '찾아낸' 것은 다음과 같다. 결혼 생활은 평탄치 않았고, 남편은 첫아이를 갖고 싶어 했지만 주인공은 그럴 준비가 되어 있지 않았다. 그녀의 경력은 이제 막 시작되었고 이 기회를 잃을까 봐 두려웠다. 오프브로드웨이 연극의 연출 기회가 생기자 바로 뛰어들었다. 남편은 이를 매우 못마땅해했고, 주인공과 남편의 사이는 더 벌어졌다.

배경 이야기는 연극 개막 약 3주 전에 일어난 일인데(연극 개막은 구성점 I), 연극이 잘 안 풀리고 있다. 긴장감과 좌절감에 시달리던 중, 연출가는 중요한 마지막 주 리허설이 시작되기 직전에 남편과 '또다시 다투게' 된다. 화나고 흥분한 상태로 그녀는 아파트를 뛰어나가 지하철에 올라탄다. 도심을 벗어나면서 그녀는 연극이 왜 잘 안 풀리는지, 해결책이 뭔지를 문득 깨닫는다. 그녀는 배우들이 리허설하고 있는 극장으로 향한다.

거기까지가 배경 이야기였다. 그 학생은 지하철에서 내린 주인공이 새로운 깨달음을 얻고 리허설 장소로 달려가는 모습으로 자신의 시나리오를 시작했다.

배경 이야기는 그가 강한 극적 긴장감으로 시나리오를 시작할 수 있도록 해주었다. 오프닝 숏부터 스토리라인에 '뛰어들' 수 있었고, 시나리오의 첫 몇 신에서 이야기를 찾아다닐 필요가 없었다. 이야기를 어떻게 시작해야 할지 모르는 상태였다가, 이야기를 극적으로, 효율적으로, 시각적으로 시작하려면 무엇을 해야 하는지 정확히 아는 상태로 바뀌었다.

시나리오 속에 라디오 쇼, TV 드라마, 연극, 영화 같은 '극중극'이 들어가 있다면 그 작품의 전제를 몇 문장으로 묘사할 수 있어야 한다. 그래야만 주인공의 극적 요구에 정서적으로 영향을 주는 이야기 속 이야기의 진행을 구조화할 수 있다. 특히 〈잉글리쉬 페이션트〉나 〈디 아워스〉 같은 비선형 시나리오를 쓰고 있다면 더욱 그렇다. 〈잉글리쉬 페이션트〉에는 이야기를 진전시키는 두 가지 이야기가 있다. 하나는 과거에 있었던 알마시(레이프 파인스)와 캐서린(크리스틴 스콧 토머스) 사이의 러브 스토리이고, 다른 하나는 현재 알마시가 부상을 입은 채 붕대를 감고 있을 때 펼쳐지는 이야기이다. 두 이야기는 처음부터 끝까지 선형으로 구조화되어 있으며, 각 이야기 부분들이 연속적인 내러티브 흐름으로 서로 얽혀 있다.

이처럼 배경 이야기는 첫 신이나 시퀀스를 구상하는 데 도움을 줄 수 있으며, 그래서 작가가 첫 페이지부터 시나리오를 시작하게 해준다. 이야기가 시작되기 하루, 일주일, 혹은 한 시간 전에 주인공에게 무슨 일이 일어나는가? 열 페이지를 넘기기 전에 독자를 사로잡아야 한다는 사실을 기억하자.

간혹 배경 이야기가 너무 마음에 들어서 그 이야기로 시나리오를 시작하고 싶을 때가 있다. 괜찮다. 만약 그렇다면 강한 극적 긴장감으로 새로운 오프닝 신을 시작할 배경 이야기를 또 하나 써보자. 작가가 배경 이야기 한 편을 썼더니 마음에 들고, 그래서 다른 배경 이야기를 썼더니 또 마음에 들고, 그다음에 또 다른 배경 이야기를 쓰고 하면서 급기야 대본의 원래 오프닝이 액트 I 끝의 구성점이 될 때도 있다. 만약 그런 일이 일어나면 그냥 그렇게 하자. 구조는 유연해서, 마치 휘어질지언정 꺾이지 않는 바람 속의 나무와 같다.

그래서 만약 그런 일이 일어나서 한때 배경 이야기였던 이야기로 시나리오를 시작하기로 결정한다면, 등장인물이 어디에서 오는 길인지 항상 알 수 있도록 그냥 또 다른 배경 이야기를 쓴다. 배우들은 항상 이렇게 한다. 배우는 어떤 신에 나오기 전에 자신의 배역이 어디에서 오는 길인지, 신의 목적이 무엇인지, 신이 끝나면 자신이 어디로 갈지 알고 있어야 한다. 이것이 바로 좋은 준비 방법이다.

배경 이야기를 쓸 때도 똑같이 하자.

배경 이야기는 시나리오의 일부가 될 수도 있고 되지 않을 수도 있다. 각각의 대본에 따라 다르다.

액트 I은 설정이라는 극적 맥락으로 결속된 20~30페이지 분량의 극적 행동 단위이다. 이야기, 등장인물, 그리고 등장인물들 간의 관계를 설정해야 함을 기억하자.

그럼 열네 장의 인덱스카드에 액트 I의 행동을 구조화하자.

이미 오프닝 신이나 시퀀스, 그리고 액트 I 끝의 구성점을 알고 있으므로, 첫 번째 카드와 열네 번째 카드는 알고 있는 셈이다. 이야기의 시작 부분에서 출발하여 액트 I 끝의 구성점으로 이어지는 행동을 통해 이동하자. 자유롭게 연상한다. 어디로 가는지 알고 있으니 거기에 다다르기만 하면 된다. 카드 한 장에 한 신이나 한 시퀀스씩, 각 카드에 몇 단어만 사용하여 스토리라인을 카드들에 배치한다. 카드 작성이 끝나면 여러 번 되풀이해서 읽는다. 바꿔야겠다는 '강한 충동'이 생길 때까지 아무것도 바꾸지 않는다. 그런 다음 원한다면, 여기저기 한 단어씩 바꿔가면서 카드가 매끄럽고 쉽게 읽히도록 한다. 스토리라인을 개괄적이고 보편적으로 묘사한다.

카드 작성을 끝낸 후에는 배경 이야기를 쓴다. 배경 이야기가 첫 열 페이지의 행동에 영향을 준다는 것을 기억하자. 오프닝 신을 보자. 어디에서 일어나는가? 이것을 묘사하자. 규정하자.

대본이 시작될 때 등장인물은 어디에서 오는 길인가? 이야기가 시작되기 하루, 일주일, 혹은 한 시간 전에 그에게 무슨 일이 일어났는가?

그냥 자유롭게 연상하자. 문법이나 맞춤법, 구성상의 허점 등은 무시하고 그것을 배치한다. 배경 이야기를 시작, 중간, 결말의 형식으로 배치할 필요가 있거나, 배경 이야기에 대해 편안하게 느끼기 위해 등장인물 에세이를 써야 할 수도 있다. 할 일이 있으면 무엇이든 해보자. 자신이 이야기를 알지 못한다면 누가 알겠는가? 배경 이야기는 두 페이지 정도로 쓰는 게 보통이지만, 더 쓰고 싶다면 그렇게 하자. 길든 짧든 상관없다. 배경 이야기는 시나리오 쓰기 과정에서 역동적이고 강력한 오프닝으로 이끄는 많은 도구 중 하나일 뿐이다.

10

첫 번째 열 페이지

멀레이 부인(가짜):
"남편이 다른 여자를 만나고 있는 것 같아요."

로버트 타운
〈차이나타운〉

시네모빌 시스템스에서 스토리 부서 책임자로 2년 정도 근무하는 동안, 나는 시나리오 2천 편과 소설 1백 편가량을 읽었다. 하도 많이 읽어서 객관적인 시각을 잃을 정도였다. 책상엔 늘 시나리오가 산더미같이 쌓여 있었고, 내가 얼마나 빨리 읽든 간에 읽어야 할 시나리오는 언제나 변함없이 70편이 넘었다. 거의 다 읽었다고 생각할 때면 어김없이 사장이 찾아와서는, "새 시나리오들이 곧 도착하니 일이 밀리지 않도록 서두르는 게 좋겠네"라곤 했다. 그 말은 다음 날쯤 백 편가량 시나리오가 들어올 것이란 뜻이었다.

나는 대본을 읽지 않을 핑계를 찾았다. 대본이 한 페이지짜리 시놉시스와 함께 오면 시놉시스만 읽었다. 작가가 시나리오를 제출할 때 내게 이야기를 말해주면 첫 몇 페이지와 중간 부분 한두 페이지, 마지막 세 페이지를 읽었다. 그래서 스토리라인이나 상황, 서술 방식이 마음에 들면 다 읽고, 그렇지 않으면 반송함, 즉 휴지통에 던져 넣었다. 점심을 너무 많이 먹었거나 술을 많이 마셨을 때에는 의자에 뒤로 기대어 앉아 첫 몇 페이지를 읽다가, 시나리오를 무릎 위에 올려놓고 수화기를 내려놓고는 10~15분 동안 낮잠을 잤다.

끊임없이 상기했듯이 내 업무는 '재료를 찾는 것'이었다. 그럼에도 불구하고 내가 읽은 대본은 대부분 별로 좋지 않았다. 다른 영화나 오래된 TV 시리즈의 아류가 많았다. 기본 아이디어가 한 줄에 불과한 것도 있었는데, 다시 말해 전체 시나리오가 단 한 가지만을 다루었다는 뜻이다. 이를테면, 단지 정신과 의사의 진료실에서 일어나는 일과 이에 대한 등장인물의 반응만을 담은 〈애널라이즈 디스Analyze This〉(피터 톨런, 해럴드 레이미스, 케네스 로너건)라든가, 단순히 귀엽고 재치 있는 판에 박힌 로맨스인 〈네 번의 결혼식과 한 번의 장례식Four Weddings and a Funeral〉(리처드 커티스)과 유사했다. 대개 대본은 얇고 엉성하고 빈약했으며, 흔해빠진 것들이었다. '좋은 소재'가 있기는 했으나 나머지 내용은 형편없이 쓰였을 뿐이었다.

나는 장 르누아르가 전에 그토록 여러 번 지적했던 것을 보기 시작했다. 시나리오 쓰기는 때때로 예술의 경지로까지 승화하는 기술이다. 좋은 시나리오를 쓰려면 말이 아니라 영상으로 이야기를 전달해야 한다. 내가 배웠던 대로 시나리오 쓰기라는 예술은 말보다는 침묵이 더 잘 통하는 지점을 찾는 데 있다.

내가 읽은 2천 편이 넘는 시나리오 중에서 나는 고작 40편만을 영화 제작이 가능하도록 재무 담당자에게 넘겨주었다. 왜 그렇게 적었을까? 휴식이 절실히 필요한 시나리오 작가로서 나는 무엇이 이 시나리오들을 다른 시나리오들보다 더 좋게 만들었는지 궁금했다.

그 후 몇 년 동안 스튜디오와 프로듀서들이 내가 찾아낸 대본을 가지고 영화를 만드는 것을 지켜보았다. 내가 선정한 40편의 대본 중에서 37편의 영화가 결국 만들어졌는데, 〈대부〉, 〈청춘 낙서American Graffiti〉(조지 루커스), 〈제레미아 존슨Jeremiah Johnson〉(존 밀리어스, 에드워드 앤헐트, 데이비드 레이필), 〈엘리스는 이제 여기 살지 않는다Alice Doesn't Live Here Anymore〉(로버트 게철), 〈바람과 라이언The Wind and the Lion〉(존 밀리어스), 〈택시 드라이버Taxi Driver〉(폴 슈레이더) 등이었다.

무엇이 이 40편의 시나리오들을 나머지 1960편보다 더 낮게 만들었을까? 나는 이 대본들을 연구하기 시작했고, 곧 시나리오 쓰기의 본질과 기술에 대한 나름의 이해를 넓히기 시작했다. 얼마 후 특정 스타일을 액션 어드벤처, 로맨틱 코미디, 공상과학, 드라마, 미스터리, 추리 등 특정 장르로 구분하기 시작했고, 그것들이 어떻게 결합되었는지 탐구하기 시작했다. 나는 명확한 시작, 중간, 결말을 가진 하나의 아이디어로 연결된 일련의 신들, 즉 시퀀스의 역학을 이해하기 시작했다.

내가 아직 이러한 관찰 모드에 있던 사이, 셔우드오크스 실험대학에서 시나리오 쓰기 과정을 가르칠 기회를 얻었다. 나는 전에 어떠한 수업도 맡아본 적이 없었고, 내 스승에 대한 기억도 그다지 내세울 만한 것이 없었다. 내게 영향을 미친 스승은 오직 장 르누아르와 1960년대 버클리 캠퍼스의 영어 교수 한 분뿐이었다. 그들은 나의 학습 욕구를 촉발시킨 스승이었다. 나는 르누아르가 말한 것을 기억했다. 좋은 스승은 제자에게 사물들 간의 관계를 보도록 가르치는 사람이다. 내가 그럴 수 있을까? 그렇게 하고 싶은가? 더 큰 문제는 무엇을 가르치고, 그것을 어떻게 할 것인가였다. 내가 할 수 있는 유일한 일은, 나 자신의 쓰기와 읽기 경험을 바탕으로 시나리오 쓰는 기술에 대한 나의 관찰을 들려주는 것임을 깨달았다.

시나리오 선정 담당자로서 난 무엇을 찾았는가? 첫째, 글이 활기찬지, 현재 시제로 쓰였는지, 간결하고 시각적으로 묘사되었는지 등 글을 쓰는 스타일에 주목했다. 스타일이 첫 페이지의 첫 단어부터 정립되어야 했다. 예를 들어, 낡아빠진 건물에 대한 다음의 간단한 설명은 강렬하고 활기차고 시각적인 스타일을 보여주는 좋은 예이다. "밝은 햇살이 녹슨 양철 지붕의 구멍을 뚫고 들어온다. 흙바닥이 파여 있다. 플라스틱 시트가 드러난 깊은 구멍이 파헤쳐져 있다. 한쪽에는 사물함이 열려 있다." 이런 식의 시각적 묘사는 즉시 내 눈길을 사로잡는다.

그다음에 배운 것은 시나리오 선정 담당자로서 첫 열 페이지 안에서 **무엇**에 관한 이야기인지 알아야 한다는 것이다. **극적 전제**는 무엇인가? 〈차이나타운〉의 처음 몇 페이지에 나오는 가짜 멀레이 부인의 대사처럼 간단할 수도 있다. "남편이 다른 여자를 만나고 있는 것 같아요." 물론 그 의문에 대한 답은 엄청난 워터 스캔들과 여러 건의 살인 사건을 밝혀내는 결과를 낳는다.

나는 또한 그 이야기가 **누구**에 관한 것인지 알 필요가 있었다. 주인공은 **누구**인가? 그러면 나는 사건과 등장인물들이 첫 몇 페이지 안에 '설정'되었는지, 그리고 강한 극적 맥락이 정립되었는지 여부를 판단할 수 있다. 〈차이나타운〉에서 제이크 기티스는 분명히 책임자이다.

세 번째로 정립되어야 할 것은 **극적 상황**, 즉 행동을 둘러싼 환경이다. 〈차이나타운〉에서는 극적 상황이 첫 열 페이지 안에 제시되고 논의된다. 로스앤젤레스는 극심한 가뭄에 시달리고 있으며 물은 희소 재화가 되었다. 제이크 기티스는 불륜을 의심받는 어느 유명 인사의 부인이 고용한 사설탐정이고, 그녀의 남편은 로스앤젤레스 수력발전국장이다. 주인공, 극적 전제, 극적 상황의 세 가지가 모두 연관되어 있으며, 이 열 페이지 안에서 이야기를 설정한다.

얼마 지나지 않아 나는 대본이 첫 열 페이지 안에서 작동하는지 여부를 알 수 있었다. 그 행동 단위가 진행되는 동안 무슨 일이 일어나고 있는지 알지 못했다면, 나는 흥미를 잃고 읽는 것을 멈출 방법을 찾기 시작했다.

독자나 관객의 관심을 끌 수 있는 공간은 열 페이지 정도밖에 없다. 필수적인 이야기 정보가 정립되도록 시나리오의 첫 열 페이지를 설정하는 것은 시나리오 작가의 책임이다. 이 첫 열 페이지는 상상력을 가지고 능숙하고 간결하게 설계해야 한다. 이야기를 찾아 헤맬 시간이 없다. 만약 첫 열 페이지 안에서 독자를 이야기 속으로 끌어들이지 못했다면, 그 독자를 잃은 것이다. 첫 열 페이지 안에서 세 가지 주요 요소를 설정하고 정립해야 한다.

첫째, **누구**에 관한 이야기인가, 즉 **누가** 주인공인가? 둘째, 극적 전제는 **무엇**인가, 즉 **무엇**에 관한 이야기인가? 셋째, **극적 상황**은 무엇인가, 즉 행동을 둘러싼 상황이 무엇인가? 다시 말해서, 이야기가 시작되면 주인공에게 어떤 힘이 작용하고 있는가? 이 세 가지 요소를 **어떻게** 통합할 것인지 결정하면, 첫 열 페이지를 극적 행동의 한 단위 또는 토막으로 설계하고 구조화할 수 있다.

오프닝 신은 무엇인가? 어디에서 일어나는가? 하나의 대사 신인가, 하나의 행동 신인가, 아니면 단순히 톤을 정립하는 일련의 숏들인가? 〈콜드 마운틴〉이나 〈글래디에이터Gladiator〉(데이비드 프란조니, 존 로건, 윌리엄 니콜슨)처럼 분위기를 자아내고 싶은가? 〈아메리칸 뷰티〉, 〈반지의 제왕: 왕의 귀환The Lord of the Rings: The Return of the King〉, 또는 〈간디Gandhi〉(존 브라일리)처럼 인물, 시간, 또는 공간의 특성을 정립하고 싶은가? 〈이 투 마마〉(알폰소 쿠아론, 카를로스 쿠아론)처럼 등장인물들과 상황을 설정하고 싶은가? 아니면 〈매트릭스〉나 〈본 슈프리머시〉처럼 흥미진진한 액션 시퀀스로 시작하고 싶은가? 시끌벅적한 오프닝을 원하는가, 조마조마하고 긴장감 넘치는 오프닝을 원하는가? 한밤중 인적이 끊긴 도심의 거리를 달리는 자동차를 원하는가, 일요일 오후 사람들로 북적대는 공원을 거니는 남자를 원하는가?

주인공은 무엇을 하고 있는가? 어디에서 오는 길인가? 배경 이야기는 무엇인가? 어디로 가는 길인가? 그것을 생각하자. 규정하자. 분명히 나타내자. 구조화하자.

필요하다면 첫 신이나 시퀀스를 시작, 중간, 결말의 개별적이고 뚜렷한 부분들로 구조화한다. 어떻게? 별도의 종이 한 장으로 시작하자. 그런 다음, 추격이나 결혼식 시퀀스 또는 아침에 침대에서 막 일어나는 것과 같은 일반적인 행동선을 택하고, 신이나 시퀀스의 맨 처음부터 일어나는 활동을 열거한다. 신은 숏으로 이루어져 있고 장소와 시간이라는 두 가지에 의해 연결되어 있다는 것을 기억하자. 둘 중 하나를 바꾸면 새로운 신이 필요하다.

신의 중간과 끝 부분에도 마찬가지로 신이나 시퀀스 중에 발생하는 많은 활동을 열거해보자. 예를 들어, 첫 신이 사무실에서 일어난다면, 시작 부분에는 사무실에서 회의나 프레젠테이션을 준비하는 등장인물을 보여줄 수 있다. 그가 동료와 함께 프레젠테이션 자료를 검토하면서 일하고 있을 수도 있다. 혹은 친구, 연인, 배우자와 말다툼하고는 출근하기 전에 자료를 뒤적거리는 등장인물을 보여줄 수도 있다.

어쩌면 오후 늦게 출장차 비행기를 타러 가는 등장인물이 짐을 꾸리고 있을 수도 있다. 아니면 〈아메리칸 뷰티〉의 오프닝처럼 자신의 가족을 소개하며 출근 준비를 하거나, 심각한 질병 검사 결과를 알게 되는 것처럼 자신의 삶에 중대한 영향을 미칠지도 모르는 아침에 일어나는 것을 보여줄 수도 있다.

신에 접근하는 방법은 등장인물의 극적 요구를 규정하는 것이다. 이 신은 이야기를 진전시키는가, 아니면 등장인물의 면모를 드러내는가? 이야기와 관련하여 신의 목적은 무엇인가? 갈등, 즉 내적 갈등과 외적 갈등, 또는 둘의 조합을 일으키기 위해 노력하고 있다는 것을 기억하자. 신이 시작되기 전에 등장인물은 무엇을 하고 있으며, 신이 끝난 다음엔 무엇을 하고 어디로 가는가? 신의 시작과 끝에서는 무슨 일이 일어나는가? 이때 신에 사용할 수 있는 몇 가지 시각적 측면과 세부 사항의 개요를 쓰고 싶을 수도 있다.

예를 들어, 〈애프터 라이프After Life〉라는 원작 시나리오의 선동적 사건을 보자. 이 작품은 어느 우주적 사건이 파국을 초래하는 3백 년 후의 미래를 배경으로 하는 공상과학 영화이다. 최근 홀아비가 된 주인공은 마지못해 자신에게 강요된 임무의 지휘권을 수락한다. 그는 비상사태에 가장 잘 대처할 수 있는 사람이다. 오프닝 신은 다음과 같다.

암전으로 시작:

연필로 종이에 쓰는 소리, 그리고 다음 소리가 들린다:

라이터(V.O.)
돌이켜 보면, 우리 세상이 예전과 달라졌다는 것을
쉽게 알 수 있어. 하지만 무슨 일이 있었는지, 그리고 어떻게 그런 일이 일어났는지… 그게 수수께끼야.

페이드인:

실외. 먼 우주 공간

캄캄하고, 으스스하고, 미지의… 벨벳 같은 **파문**이 **기체, 소성단, 성운**의 찬란한 색조를 배경으로 하는 **수억 개의 별**, 즉 **우주**를 드러낸다. 나선형으로 다가가는 **두 개의 중성자성이 회전**하면서 생의 마지막 나노초(10억분의 1초 ─ 옮긴이)의 순간에 결합되어 **빛과 물질에 의한 장관을 연출하며 내파(內破)한다.**

알파에서 오메가로: 시작과 끝.

라이터(V.O.)
어떤 변덕스러운 운명의 장난으로 종말에 한 걸음 더
다가갈 수 있었을까? 음….

화이트아웃:

초대형 폭발이 일어나 엄청난 양의 파괴적인 에너지가 빛의 속도로 칠흑 같은 밤을 뚫고 쏟아진다.
감마선 폭발이라고 알려진 현상.

라이터(V.O.)(계속)
그건 오래전 일이었지, 태초로 거슬러 올라가는.

치명적인 방사선의 거대한 파동이 성운을 불사르고 별을 폭발시키는 등 경로상의 모든 것을 송두리째 집어삼키며 우주를 휩쓰는 순간 **카메라가 떨린다.** 기체, 구름, 물질, 행성체의 층들이 방사선이 지나가면서 사라진다. 수천 광년을 이동하며 믿을 수 없는 파괴의 행적을 남긴다.

실외. 명왕성

멀리서 태양빛을 받아 반짝이는 **명왕성**은 궤도를 따라 조용히 이동한다. 치명적인 감마선이 태양계에 접근한다. **갑자기** 이 작은 **행성**이 **소멸**되면서, 촛불이 바람에 꺼지듯 존재가 사라진다.

페이드아웃, 암전:

페이드인:

실내. NASA 우주기지국, 애리조나 — 낮

자막:

2323년 2월 23일

소리 없이 **깜박이는 빨간 불**. 카메라가 뒤로 빠지면 빈 컴퓨터 화면이 보인다.

화면 위로 현란한 컴퓨터 기호들이 **뿜어져 나온다. 감시 프로 그램**이 가동되고 태양계의 그래픽 디스플레이가 나타난다. 하 지만 어딘지 이상하다. 뭔가가 빠져 있다.

명왕성이다.

궤도는 그대로이나 행성은 거기에 없다. **명왕성이 없다. 사라 졌다.**

트래비스 라이터 박사는 컴퓨터 앞에 앉아 프로그램을 조작하 고 있다. 40대 중반의 늘씬하고 탄탄한 체격의 이 우주과학자 는 프로그램을 조급하게 작동시킨다. 결함이 있으나 그는 제 대로 다루지 못한다.

그는 인터폰 버튼을 누른다.

라이터

　수디!

수디(V.O.)

　네, 라이터 박사님.

그는 깊은 한숨을 내쉬고 피닉스 교외의 눈부신 사막 황무지를 에워싼 산이 보이는 커다란 창문으로 걸어간다. 아침 햇살에 위풍당당한 사와로선인장이 모래와 바위로 채워진 풍경에 점점이 보인다.

라이터(계속)

하룻밤 새? 감시 프로그램에 또 다른 결함이 생긴 것 같아.

수디(V.O.)

네… 하지만 또 늦으셨네요. 박사님이 오고 계시다고 전할까요? 아니면 또 늦으신다고 전할까요?

화가 나서 라이터는 그녀를 쳐다본다.

실내. 실험실 복도 ─ 낮

라이터와 그의 조수, 30대의 매력적인 **수디 파나르지**는 복도를 빠르게 걸어간다.

컷 투:

여기까지가 시나리오의 처음 두 페이지이다. 매 신은 대개 한 가지를 다루는데, 이야기를 진전시키거나 주인공에 대해 알아야 할 것을 드러내기 위해 필요한 한 가지 정보를 담는다. 시나리오 용어로 이를 **누설**reveal이라고 한다. 각 신마다 하나의 누설이 있다. 여러분은 그것이 무엇인지 아는가? 규정할 수 있는가? 행동이나 등장인물을 통해 드러나는가? **등장인물**은 인간적이고 도덕적인 행동을 통해 자신이 누구인지를 드러낸다는 것을 기억하자. **성격묘사**는 등장인물이 어떻게 옷을 입고, 어떤 차를 운전하고, 어디에 살고, 예술, 패션, 음악에 대한 취향이 어떤지 등 자신을 세상에 나타내는 방식이다. 그것은 모두 그들이 누구인지에 대한 표현이다.

신을 쓸 때 도움이 되는 좋은 요령이 있는데, **늦게 들어가서 일찍 나오는 것**이다. 〈내일을 향해 쏴라Butch Cassidy and the Sundance Kid〉, 〈모두가 대통령의 사람들〉, 〈프린세스 브라이드The Princess Bride〉 등 수많은 명화의 시나리오를 쓴 윌리엄 골드먼은 신에 언제 들어갈 것인지에 대한 이야기를 이렇게 들려준다. 골드먼은 가상의 상황을 설정한다. 한 기자가 신문이나 잡지 기사를 작성하기 위해 누군가를 인터뷰한다. 시작 부분은 기자가 인터뷰를 준비하고 인터뷰 장소에 도착하는 것을 보여준다. 중간 부분에서는 인터뷰 대상과 인사를 나누고, 서로 편안해지고, 녹음기를 꺼내고, 인터뷰를 시작한다. 끝 부분은 인터뷰를 마무리하고, 짐을 꾸리고, 상대에게 감사 인사를 하고, 코트를 입고, 문으로 걸어가다가, 갑자기 무언가를 기억해내고, 돌아서서는, "아, 그런데, 마지막 질문 하나가 있는데"라고 말하는 것이다. 이것이 이 가상의 신의 시작, 중간, 결말이다.

골드먼은 시나리오 작가가 어디에서 신에 들어갈 것인지 묻는다. 기자가 도착할 때? 인터뷰 대상과 인사를 나눌 때? 인터뷰 진행 중에? 모두 답이 아니다. 골드먼이 보기에, 신에 들어가기에 가장 좋은 곳은 가능한 한 마지막 순간, 즉 기자가 "아, 마지막 질문 하나가 있는데"라고 묻는 누설 직전이다. 그 전에 일어나는 불필요한 일들을 모두 생략하고 신에서 밝혀져야 할 것에 집중할 수 있기 때문에 그곳이 신에 들어가기 가장 좋은 지점이 될 것이다. **늦게 들어가서 일찍 나온다.**

〈매그놀리아〉에 작지만 훌륭한 신이 있다. 클로디아(멜로라 월터스)가 술집에 앉아 있는데 한 남자가 다가와 "안녕"이라며 말을 건다. 그녀도 "안녕"이라고 한다. 그러고는 클로디아의 집으로 신이 바뀌어 "아파트에 비틀거리며 들어가서", 코카인을 몇 줄 들이마시고는, 그가 그녀를 보며 "그럼?"이라고 말하면, 신이 바뀌며 섹스를 한다.

훌륭한 시나리오이다. 관객이 빈칸을 채울 수 있다. 무슨 일이 일어나고 있는지 알고 있으며 설명이 필요하지 않다. 이것은 늦게 들어가서 시작, 중간, 결말을 지나 일찍 나오는 아주 좋은 예이다.

첫 번째 열 페이지의 극적 행동 단위를 쓰기 위한 선택사항을 탐색하면서 첫 신에서 극적 전제를 정립할 수 있겠는가? 아니면 다섯 번째 신에서 할 것인가? 그 전제는 극화할 만큼 분명하게 마음속에 그려져 있는가? 〈매트릭스〉나 〈미지와의 조우〉처럼 액션 시퀀스로 대본을 열기로 결정한다면, 그 액션을 시작, 중간, 결말로 구조화할 수 있는가? 아니면 〈콜래트럴〉에서 빈센트(톰 크루즈)가 로스앤젤레스 국제공항에 도착하는 것처럼 일련의 숏이기를 원하는가? 아니면 〈원초적 본능〉, 〈크림슨 타이드〉, 〈피아니스트The Pianist〉(로널드 하우드)의 오프닝처럼 대본을 여는 선동적 사건을 만들고 싶은가?

이것들은 모두 창의적인 결정이다. 신이나 시퀀스에서 가장 흥미로운 부분을 선택하고 그것을 출발점으로 삼아야 한다. 독자를 사로잡아야 한다. 첫 신을 클로즈 숏close shot(피사체를 위주로 한 근거리 숏 또는 접사 숏—옮긴이)들로 처리할 것인가, 아니면 식당이나 거실처럼 전체 로케이션의 마스터 숏master shot으로 처리할 것인가? 여기서 의도는 신이나 시퀀스가 가장 효과적으로 작동하도록 최대의 극적 가치를 지닌 최고의 시각적 인상을 만드는 것이다.

첫 페이지의 첫 단어부터 즉시 스토리라인을 설정하는 것이 필수적이다. 열 페이지 안에 독자나 관객의 관심을 끌기 위해서는 능숙하고, 정확하고, 신중하게 디자인하는 것이 좋다.

〈반지의 제왕: 반지 원정대〉의 오프닝은 좋은 예이다. 처음 몇 페이지는 반지의 역사를 설정한다. 반지가 운명의 산의 불길 속에서 만들어지고, 선과 악의 투쟁이 진행되고, 그 반지는 만들어진 장소에서 파괴되어야 한다. 일단 이것이 정립되면 신이 바뀌고 간달프가 중간계에 도착하며 이야기가 전개되기 시작한다.

이 대본은 선동적 사건인 액션 시퀀스로 시작하며, 갈라드리엘(케이트 블란쳇)의 보이스오버 내레이션으로 반지의 역사를 소개한다. "그것은 위대한 반지들이 만들어지며 시작되었다. … 세 개는 모든 존재 중에서 가장 현명하고 가장 아름다운 불멸의 엘프들에게 주어졌다. 일곱 개는 산의 전당의 위대한 광부이자 장인인 드워프들에게. 그리고 아홉… 아홉 개는 그 누구보다도 권력을 갈망하는 인류에게 주어졌다. 이 반지들 안에는 각 종족을 다스릴 힘과 의지가 내재되었다. 하지만 그들은 모두 속아 넘어갔다. 또 다른 반지가 만들어졌기 때문이다. … 모르도르의 땅에서, 운명의 산의 불길 속에서, 어둠의 왕 사우론은 다른 종족들을 통제하기 위해 비밀리에 지배의 반지를 만들었다. … 그리고 이 반지에 자신의 잔혹성, 사악함, 그리고 모든 생명을 지배하려는 의지를 쏟아부었다. 그들 모두를 다스리기 위한 절대 반지…."

반지를 위한 이 오프닝 전투가 진행되는 동안 선동적 사건이 발생한다. 반지가 사라진 다음, 5쪽에서, "가장 어울리지 않을 생명체… 호빗, 샤이어의 빌보 배긴스에게" 발견된다. 자신의 "소중한 것"을 잃고 괴로워하는 생명체 골룸이, 6쪽에서, "곧 호빗족이 모두의 운명을 좌우할 시기가 오리라"는 것을 알린다.

다음 신에서는 간달프(이언 매켈런)가 도착하여 프로도(일라이자 우드)의 인사를 받으며 샤이어로 들어간다. 그는 빌보 배긴스(이언 홈)를 방문하고, 10쪽에서, 빌보는 간달프에게 자신이 얼마나 피곤한지 얘기한다. "내 마음속에서 그걸 느껴. 난 휴가가 필요해. 아주 긴 휴가. 난 내가 돌아오리라 기대하지 않아. 사실, 그렇게 하지 않을 작정이야."

우리가 첫 번째 열 페이지에서 알게 된 것을 보자. 반지의 역사를 정립했고, 골룸을 소개했고, 빌보가 반지를 어떻게 발견했는지 보았고, 주인공 둘(간달프와 프로도)을 만났고, 샤이어에서 빌보가 간달프에게 반지에 대해 누설하며 사라지고 싶다고 말하는 것을 들었다. 이야기를 진전시키기 위해 알아야 할 모든 것이 설정되었다. 간결하고, 깔끔하고, 빈틈없으며, 독자와 관객의 관심을 끌기 위해 시각적으로 설계되었다. 그리고 놀라울 정도로 효과적이다. 이 전체 행동 단위, 즉 첫 열 페이지가 〈반지의 제왕〉의 세 에피소드를 모두 설정하는 것이다.

〈아메리칸 뷰티〉에서 제인(소라 버치)은 리키(웨스 벤틀리)에게 자기 아버지를 죽여줄 수 있는지 묻는다. 그런 다음 부감으로 촬영된 거리의 설정 숏으로 바뀌며 레스터 버넘(케빈 스페이시)네 가족이 사는 집으로 이동한다. 집이 보이며 레스터가 보이스오버로 말하는 것이 들린다. "내 이름은 레스터 버넘. 마흔두 살이다. 일 년도 안 돼서 난 죽을 것이다. 물론 아직은 그걸 모르겠지만." 레스터의 아내와 딸, 그리고 이웃들이 소개된다. 몇 번의 간단한 획으로 주인공이 누구이며 이야기가 무엇에 관한 것인지, 즉 자신의 '삶'을 되찾으려는 레스터에 관한 것임을 알려준다. 그러고는 구성점 I에서 그가 앤절라(미나 수바리)를 만나는 중요한 사건이 생기면서 진정한 이야기가 시작된다.

오프닝 신의 또 다른 좋은 예는 〈크림슨 타이드〉이다. 항공모함 갑판 위에서 군용 제트기가 이륙하는 것을 보여주다가 러시아 반군이 크렘린을 점령하고 미국에 대한 핵 공격을 위협하는 뉴스릴을 보여준다. 그런 다음 텔레비전 화면에서 멀어지며 부함장 론 헌터(덴절 워싱턴)의 네 살배기 딸의 생일파티로 전환된다. 이것은 상황을 활용하여 등장인물을 드러내는 신이다. 매우 시각적인 시퀀스이면서 선동적 사건의 훌륭한 예이다.

코미디, 드라마, 스릴러, 러브 스토리, 무엇을 쓰든 전혀 차이가 없다. 형식은 일정하게 유지된다. 〈애니 홀〉은 앨비 싱어(우디 앨런)가 자신과 애니(다이앤 키턴)의 관계가 끝났고 어떻게 "내 마음속에 남아 있는 관계의 파편들을 거르고 있는지"를 들려주는 독백으로 시작된다. 그 '관계의 파편들'이 플래시백으로 전달되기에 이것은 실로 전체 영화이다. 이 모든 것이 시나리오의 첫 페이지에 설정되어 있다.

고전적인 **필름 누아르**인 로런스 캐스던의 〈보디 히트〉는 첫 열 페이지 안에서 이야기를 설정하는 또 다른 좋은 예이다. 영화는 네드 러신(윌리엄 허트)이 자신과 하룻밤을 보낸 여자가 옷을 입는 동안 창밖으로 먼 곳에서 난 불을 바라보는 것으로 시작된다. 러신은 불을 지른 것은 "아마 내 의뢰인 중 하나"일 것이라고 말한다. 3쪽에서, 그는 법정에 있으며, 관객은 그가 게으르고 '무능한' 변호사라는 것을 알게 된다. 판사는 짜증을 내며 그에게 말한다. "다음에 내 법정에 올 때는 변호를 더 잘하든가, 아니면 좀 더 변호하기 쉬운 의뢰인과 오기 바랍니다." 4쪽에서, 그는 친구 로언스틴(테드 댄슨)과 점심을 먹는데, 관객은 러신이 "요행을 바라는" 사람임을 알게 된다. 이는 그에 관한 많은 것을 말해준다.

6쪽에서, 그는 자신의 변호사 사무실에 나이 든 의뢰인과 함께 있다. 러신이 소개해준 의사가 그녀에게 유리한 증언을 하지 않겠다고 했기에, "좀 더 이해심 많은" 의사를 알아보겠다고 말한다. 그리고 "그런 당돌한 놈들을 고소할 겁니다"라고 덧붙인다.

다음 7쪽에서, 밤이고, 그는 따분하다. 술집에서 나와, 바닷가 연주회장 근처를 어슬렁거린다. 음악을 듣다가, "너무나도 아름다운 여인" 매티 워커(캐슬린 터너)가 자기 쪽으로 걸어오는 것을 본다. "그녀는 그를 아주 가까이 스쳐 지나가고… 러신의 몸은 어떤 힘에 이끌리듯이 그녀가 지나갈 때 순간적으로 동요한다."

그녀를 따라가서 이야기를 붙이려 하자 그녀는 기혼자라고 말한다. 그는 "난 **행복한** 기혼자예요"라고 말했어야 한다고 대꾸한다. 그녀는 그를 유심히 살펴보고, "당신은 아주 똑똑하진 않죠?"라고 말한다. 그러고 나서 얼른, "난 그런 남자가 좋아요"라고 한다.

그는 그녀에게 "잘 보살핌을 받고 있는" 것처럼 보인다고 한 다음, "난 보살핌이 필요하지만, 밤에만 그렇죠"라고 덧붙인다. 러신은 "너무 밝히다가 망한" 그런 부류의 사람이다. 매티가 체리 스노콘 빙수를 자기 블라우스에 엎지르자, 러신이 화장지를 구해 돌아와보니 그녀는 이미 어둠 속으로 사라진 뒤였다.

이 페이지들은 잘 설계된 오프닝의 아주 좋은 예이다.

시나리오의 첫 열 페이지가 이야기 설정의 측면에서 얼마나 중요한지 알 수 있다. 이 부분은 최대한의 극적 가치를 위해 계획되고, 설계되고, 실행되어야 한다. 이 페이지들을 제대로 설정하면 이야기는 단순함, 통찰력, 이해력을 바탕으로 적절하게 전개될 수 있다.

이제 준비는 끝났다. 스토리라인을 명확히 했고, 등장인물 작업도 마쳤고, 인덱스카드에 첫 번째 액트를 구조화했고, 배경 이야기를 썼고, 첫 번째 열 페이지를 설계했다. 이제 주인공을 소개하고, 극적 전제를 정립하고, 극적 상황을 창조하는 이 극적 행동 단위를 쓸 준비가 된 것이다.

〈콜래트럴〉, 〈아메리칸 뷰티〉, 〈반지의 제왕〉, 〈시민 케인〉, 〈이브의 모든 것All About Eve〉, 〈차이나타운〉, 〈본 슈프리머시〉, 〈쇼생크 탈출〉, 〈원초적 본능〉과 같이, 효과적인 첫 열 페이지를 설명하는 데 도움이 되는 영화를 보자. 이 대본들 중 일부는 simplyscripts.com, script-o-rama.com, dailyscript.com 등의 웹 사이트에서 온라인으로 구할 수 있다. 아니면 인터넷으로 '시나리오'를 검색해서 찾을 수도 있다.

첫 열 페이지가 아마 가장 어려울 것이다. 결국 처음 몇 단어를 종이에 적고, 아직 자신의 스타일을 찾지 못해서, 혼란, 불안, 불확실함을 경험하게 될 것이다. 염려할 것 없다. 그냥 앉아서 쓰자. 형편없는 페이지들을 과감하게 쓰자.

다른 생각은 말고, 그냥 쓰자. 뛰어들자. 과정을 믿자. 장 르누아르의 말에 따르면, 결과가 어떻든 간에, 좋든 나쁘든, 부정적이든 긍정적이든, "진정한 예술은 예술을 하는 **행위** 속에 있다."

최악의 경우라고 해봐야 몇 페이지를 형편없이 쓰는 것이다. 그래서? 그렇게 못 썼다면, 그냥 던져버리면 그만이다. 남에게 꼭 보여줘야 하는 것은 아니다.

처음 몇 페이지가 얼마나 좋고 나쁜지를 스스로 묻는다면, 그 답이 무엇인지 추측할 필요 없다. 당연히 나쁘다고 할 것이다. 지루하고, 재미없고, 진부하고, 평범하고, 흔해빠진 것임을 알게 될 것이다. 이것이 정확한 평가일 것이다. 어쩌면 사실일 수도 있다. 그런데 이런 평가는 누가 내리는가? 자신이다.

개의치 말자. 단지 평가일 뿐이다. 아무 의미도 없다. 스와미 묵타난다가 말하기를, "마음은 이상야릇하고 재미있는 것이다. 여름에는 겨울을 기다리고, 겨울에는 여름을 기다린다" 하였다.

하지만 평가는 시나리오 쓰기 과정의 일부이다. 기대를 갖되, 글쓰기 경험을 방해하지 않도록 하자. 시나리오 서식이 시나리오 쓰기를 가로막아서는 절대로 안 된다. 서식은 너무 간단해서 어렵다.

파이널 드래프트Final Draft 같은 시나리오 작성 소프트웨어가 사용자를 위해 서식을 설정한다. 좋은 연습은 시나리오 열 페이지를 타이핑하는 것이다. 아무 시나리오나 가져와서 아무 곳이나 펼쳐 열 페이지를 타이핑해보자. 페이지에 있는 모든 것을 그대로 베끼면서 서식에 익숙해지도록 한다. 시나리오를 구할 수 없다면, 온라인에 접속해 좋아하는 시나리오를 다운로드하자. 많은 웹 사이트가 있으므로, 열 페이지의 단어 하나하나, 숏 하나하나를 그대로 베긴다. 이것이 시나리오 쓰기 과정에 조금씩 다가가도록 돕는 효과적인 방법임을 알게 될 것이다.

글쓰기를 시작하면 스토리라인을 신별로, 숏별로 배치한다. 모든 것을 마스터 숏의 개념으로, 즉 **실내. 레스토랑**INT. RESTAURANT 또는 **실외. 주차장**EXT. PARKING LOT과 같이 표기하는 것이 더 쉽다는 것을 알게 될 것이다. 약간의 실수를 두려워 말자. 첫 페이지부터 완벽하게 써지지는 않을 것이다.

　　　　　　　　　　　　　　　시나리오 워크북

그저 자신의 이야기를 하자.

내가 장 르누아르와 함께 일할 때, 그는 창작 작업을 시작하는 것은, 그림이든 교향곡이든 소설이든 간에, 옷가게에 가서 새 양복을 입어보는 것과 아주 흡사하다고 말했다. 처음 입어보면 안 맞는 것 같고 불편하게 느껴진다. 여기는 줄이고 저기는 늘이고 해서 꼭 맞게 한다. 다시 입어보면 보기엔 꼭 맞는 것 같지만 여전히 소매 부분이 약간 죄는 느낌이다. 어깨를 으쓱거려 그 부분을 조금 느슨하게 하고 좀 더 편안하게 만든다. "하지만 그 옷에 익숙해지려면 한동안 입고 다녀야만 한다"고 르누아르는 말했다.

시나리오를 쓰는 것도 같은 원리이다. 마찬가지로 익숙해져야 한다.

되지도 않는 글을 써보자. 어색하고, 과장되고, 지루한 대사를 마음껏 써보자. 지금 단계에서는 상관없다.

이제 앉아서 주인공, 극적 전제, 극적 상황에 초점을 맞추어 시나리오의 첫 번째 열 페이지를 써보자.

"천 리 길도 한 걸음부터"라는 것을 명심하자.

11

두 번째와 세 번째 열 페이지

노턴 교도소장:
"주님을 믿어라. 네놈들의 궁둥이는 내 것이다.
쇼생크에 온 걸 환영한다."

프랭크 다라본트
〈쇼생크 탈출〉

내가 시나리오 워크숍을 처음 지도하기 시작했을 때 학생들은 시나리오의 첫 번째 열 페이지를 매우 열심히 설계하고 실행했다. 하지만 두 번째 열 페이지에서는 전혀 딴판이었다. 새로운 인물을 추가하고, 정교한 액션 시퀀스를 계획하고, 스토리라인과는 전혀 상관없는 장치들을 등장시켰다. 아마도 첫 번째 열 페이지에 지나치게 힘을 쏟아부은 탓에, 두 번째 열 페이지에서는 갈피를 잡지 못하는 것 같았다. 오프닝을 '홀가분하게' 벗어나기 위해서 이야기와 맞든 안 맞든 정교한 신을 만들어내야 한다는 '강박 관념'에 사로잡혀 있는 것 같았다.

결과는 심각했다. 혼란스럽기만 했지 이야기가 없었다. 독자는 떠났다. 스토리라인은 스스로를 찾아 헤매다가 방향을 잃고 제자리에 있었다.

모든 것이 뒤죽박죽이었다.

액트 I은 1쪽부터 액트 I 끝의 구성점까지 이르는 약 30페이지 분량의 극적 행동 단위로, 설정이라는 극적 맥락에 의해 결속된다. 그것은 주인공, 극적 전제, 극적 상황을 정립해야 한다. 방향성을 가지며 내러티브와 등장인물 전개의 구체적인 흐름을 따른다.

나는 이 특정한 극적 행동 단위가 응집력 있는 전체로서 작용하도록 하기 위해 무엇을 해야 하는지에 대한 통찰력을 얻고 싶었다. 그래서 좋은 시나리오들의 두 번째 열 페이지를 탐구하기 시작했다. 이를 염두에 두고 대본을 읽기 시작했을 때 이 두 번째 행동 단위에서 등장인물이 어떤 사람인지에 대해 더 많이 알게 되고 '어느 하루'를 통해 그를 따르는 경우가 많다는 것을 알아냈다. 영화는 행위이므로 등장인물의 특성과 행동에 영향을 미치는 스토리라인의 극적 힘을 가지고 그의 일상을 따라간다면 그가 누구인지 더 잘 이해하기 시작할 수 있다.

〈차이나타운〉에서 모든 것은 첫 번째 열 페이지에서 설정된다. 그런 다음 두 번째 열 페이지에서 제이크 기티스는 새로 맡은 임무를 시작하는데, 멀레이가 누구와 '관계를 맺고 있는지'를 알아내는 일이다.

기티스는 무엇을 하는가?

먼저, 11쪽에서, 그는 멀레이를 시의회 회의실에서부터 로스앤젤레스의 고수부지까지 따라가고, 그런 다음 해변으로 추적해 간다. 그곳에서 오후와 밤의 대부분을 보낸 후, 그는 가뭄이 한창일 때 도시의 저수지에서 바다로 물이 버려지고 있다는 것을 알게 된다. 시간이 너무 늦어지자 그는 멀레이의 차바퀴 밑에 값싼 시계를 놓아두고 떠난다. 다음 날 그는 그것을 주워들고는 수력발전국 국장이 그곳에 새벽 3시까지 있었음을 알아낸다. 그는 동료에게 "녀석 머릿속엔 물 생각뿐"이라고 말한다. 피그 앤 휘슬 레스토랑 밖에서 찍힌 사진으로 멀레이가 노아 크로스(존 휴스턴)와 심하게 다툰 사실이 드러난다. 전화가 울리고, 기티스는 멀레이가 에코 공원에서 '그 여자'와 함께 발견되었다는 것을 알게 된다.

기티스는 말한다. "젠장, 또 물이군." 그는 그 공원으로 가서, 노 젓는 배를 타고, 멀레이와 그와 함께 발견된 '작은 반전'의 사진을 찍고, 적어도 자기 생각에는 이 사건은 이제 종결되었다고 판단한다.

다음 날 그는 자신이 찍은 멀레이와 '그 여자'의 사진이 『더 타임스』 1면에 "국장의 불륜으로 퓨즈 끊긴 수력발전국"이란 제목으로 실려 있는 것을 보고 놀란다.

그는 그 사진이 어떻게 거기에 실렸는지 모른다.

이것이 〈차이나타운〉의 두 번째 열 페이지이다. 작용과 반작용이다. 기티스는 첫 번째 열 페이지에서 일을 맡고, 두 번째 열 페이지에서 그 일을 한다. 거대한 워터 스캔들을 밝혀내는 사건에 초점을 맞추면서 이야기 가닥이 행동을 통해 어떻게 엮이는지 주목하자.

극적 전제의 관점에서 행동이 얼마나 명확하게 규정되어 있는지를 보고 나서 **주인공에 초점을 맞추는 것**이 두 번째 열 페이지를 위한 꽤 훌륭한 '법칙'임을 알게 되었다. 주인공은 이 두 번째 열 페이지의 거의 모든 신에 등장해야 한다. 첫 열 페이지를 사용하여 이야기가 무엇에 관한 것이고 누구에 관한 것인지를 설정하고 정립한다면, 다음 열 페이지 분량의 극적 행동 단위는 주인공이 어떤 사람인지에 초점을 맞출 필요가 있다.

〈쇼생크 탈출〉(프랭크 다라본트)에서 첫 열 페이지는 세 가닥의 극적 행동을 하나의 시퀀스로 엮는다. 앤디 듀프레인(팀 로빈스)은 차 안에서 술을 마시고 취한 채 총을 장전하고 먼 집을 향해 비틀거리며 다가간다. 그런 다음 아내와 그 정부를 살해한 혐의로 재판을 받는다. 세 번째 가닥은 아내와 정부가 섹스하는 모습을 보여준다. 이세 가지 행동선은 하나의 내러티브 행동선으로 얽혀 있다.

7쪽에서, 쇼생크 교도소 신으로 바뀌어 레드(모건 프리먼)의 가석방이 또 한 번 거부된다. 그가 누구인지, 무엇 때문에 수감되어 있는지, 그리고 재소자들 사이에서 그의 지위가 무엇인지를 알려준다. 8쪽에서, 앤디는 쇼생크에 도착하여 두 번의 종신형을 '잇달아' 복역하기 시작한다. 10쪽에서, 노턴 소장은 앤디를 비롯한 수감자들에게 규칙을 하달한다. "규칙 제일조, 신성모독 금지. 내 교도소에서 주님의 이름이 함부로 들먹여지는 것을 좌시하지 않겠다. 나머지 규칙은 차차 알게 될 것이다." 요점은 우두머리 교도관 해들리가 수감자 한 명을 심하게 구타할 때 드러난다. 노턴이 말한다. "주님을 믿어라. 네놈들의 궁둥이는 내 것이다. 쇼생크에 온 걸 환영한다."

이것이 첫 번째 열 페이지이다. 두 번째 열 페이지 분량의 행동 단위는 앤디 등의 수감자들이 소독을 위해 호스로 씻기고, 옷과 담요를 지급받고, 발가벗은 채 교도소 구내를 지나 각자의 감방으로 안내되는 것으로 시작한다. 우리는 앤디와 함께 감옥에 들어가, 그가 보는 것을 보고, 그가 듣는 것을 듣는다. 감옥의 긴 첫날 밤 동안 앤디와 함께 있는데, 다른 재소자들이 새 수감자들 중 누가 가장 먼저 망가질지 내기하는 것을 듣는다.

다음 날 아침, 17쪽에서, 앤디는 레드를 비롯한 재소자들을 만나고, 19쪽에서, 세탁실로 배속된다. 그가 일하는 숏 다음에 샤워장 신으로 바뀌며 '시스터스'에게 괴롭힘을 당한다. 그는 예의 바르게 행동하려 하지만 그들은 마치 '먹잇감을 노리는 자칼'과 같다. 이것이 두 번째 열 페이지의 끝이다.

이 열 페이지 분량의 두 번째 극적 행동 단위가 얼마나 촘촘하게 설계되었는지 보자. 앤디는 모든 신에 등장한다. 우리는 그와 함께 쇼생크에 들어가 그가 배우는 것을 배우고, 그가 보는 것을 보고, 유죄 판결을 받은 중죄인으로서 그의 여생이 어떻게 될지 엿본다.

이 두 번째 극적 행동 단위는 앤디 듀프레인의 '어느 하루'를 보여준다.

이 두 번째 열 페이지의 극적 단위에 접근할 때는 첫 번째 열 페이지에서 했던 것만큼 주의 깊고 효율성 있게 설계하도록 노력하자. 카드를 배치해보자. 여전히 쓸 만한가? 전에는 생각지도 못했던 새로운 신들을 추가해야 할 필요가 있는가? 그렇다면 그것들을 넣자. 주인공은 신마다 나오는가? 그래야만 한다. 주인공은 **적극적**인가? 주인공은 행동을 시작하고, 첫 번째 열 페이지의 전제와 상황에 반응하는가? 뉴턴의 운동 제3법칙을 기억하자. "모든 운동에는 크기가 동일한 반대 방향의 반작용이 존재한다."

이것은 정말로 알아야 할 것이다. 주인공은 반드시 적극적이어야 한다. 그는 무엇을 할지, 어디로 갈지 결정을 내려야 하기 때문이다. 첫 번째 열 페이지는 등장인물, 극적 전제, 극적 상황을 설정한다. 두 번째 열 페이지는 등장인물과 그의 관계를 확장하고 아마 그의 일상에서 그를 보는 데 초점을 맞춘다. 이야기는 언제나 방향성을 가지고, 액트 I 끝의 구성점으로 이끄는 전개의 흐름에 따라 앞으로 나아가야 한다.

뭔가를 변경하거나 카드에서 손을 떼고 싶다면 그렇게 하자. 일단 변경하고 무슨 일이 일어나는지 보자. 효과가 있을 수도 있고, 없을 수도 있다. 때로는 페이지를 쓸 때 새로운 신이 머릿속에 떠오르기도 한다. 그런 일이 일어나면 그 신을 쓰자. 이는 창작 과정의 일부분이다. 그것은 다른 신으로, 그리고 또 다른 신으로 이어질 것이며, 그러면 다음에 무엇이 올지 궁금해질지 모른다. 카드를 보면 이야기를 계속 진행할 수 있는 정확한 장소를 알게 될 것이다.

이 새로운 신들로 실수를 했다면, 이는 분명하게 드러날 것이다. 일어날 수 있는 최악의 상황은 몇 신이나 페이지를 쓰고 그것들이 효과가 있는지 없는지 볼 수 있다는 것이다. 어쩌면 이틀간 쓴 글을 잃게 될 것이다. 무슨 상관인가? 지금 새로운 것을 시도하는 편이 나중에 하는 것보다 낫다. 몇 페이지 안에 변경한 것들이 효과가 있는지 없는지 알게 될 것이다. 만약 그렇다면 어떻게 진행해야 할지 확신할 수 없는 지점에 이를지도 모른다. 그냥 스스로에게 물어보자. "다음엔 무슨 일이 일어나는가?" 다음 신이나 신들로 안내할 수 있는 마법의 단어들이다. 페이지가 제대로 작동하지 않으면 새로운 신을 처음 시작했던 곳으로 돌아가서 거기서부터 앞으로 나아가자.

필요한 신을 추가하고 원하는 대로 변경하자. 이것은 종이에 옮긴 첫 초안일 뿐이며, 정말 형편없는 페이지들을 탐구하고 쓸 용의가 있어야 한다. 스토리라인을 분명하고 간결하게 만들기 위해 필요한 일은 무엇이든 해보자.

이것으로 대략 20페이지의 시나리오를 쓰게 된다. 이제 세 번째 열 페이지를 쓸 준비가 되었고, 이는 구성점 I을 쓰는 것을 의미한다. 액트 I 끝에 있는 구성점은 무엇인가? 〈델마와 루이스〉에서 루이스가 강간범 할런을 살해하는 것과 같은 극적인 신일 수도 있고, 〈쇼생크 탈출〉에서 앤디 듀프레인이 레드에게 돌망치를 부탁하는 것과 같은 대화 신일 수도 있고, 〈반지의 제왕: 반지 원정대〉에서 프로도와 샘이 운명의 산의 불길 속에서 반지를 파괴하기 위한 여행을 시작하면서 안전한 환경의 샤이어를 떠나는 것과 같은 단순한 행동일 수도 있다. 구성점이 무엇인지는 의심의 여지가 없을 것이다. 가장 먼저 한 일이 **패러다임**에 맞춰 아이디어와 스토리라인을 구조화한 것이며, 따라서 결말, 시작, 구성점 I과 구성점 II를 이미 알고 있기 때문이다.

하지만 **패러다임**에 맞춰 아이디어를 구조화한 다음 구성점이 바뀌었을 수도 있다. 구조는 바람에 휘어질지언정 꺾이지 않는 나무처럼 유연하다. 구성점이 스토리라인상에서 앞이나 뒤로 밀려서 바뀌는 경우가 종종 있으니, 구성점 I이나 구성점 II가 무엇인지에 대한 최초의 생각을 고수하려 하지 말자. 이야기의 요구를 충족시키기 위해 해야 할 일을 하자.

구성점 I이 무엇인지 분명히 알고 나면 그곳에 다다르기 위해 무엇을 해야 하는지 스스로에게 물어보자. 구성점 I에 다다르기 위해 어떤 신이나 신들을 써야 하는가? 보통 한두 신이면 된다. 액트 I 끝의 구성점에 도달할 수 있도록 어떤 이야기 영역을 채워야 하는지 묘사하고 분명히 나타낼 수 있는가?

〈쇼생크 탈출〉의 첫 번째 열 페이지에서 재판을 받는 앤디와 가석방 위원회에서 거부되는 레드를 본다. 10쪽에서, 앤디는 쇼생크에 도착한다. 두 번째 열 페이지에서는 쇼생크에서의 삶을 본다. 그것은 20쪽 끝까지 이어진다. 그러고는 세탁실에서 일하는 앤디를 보고, 앤디에 대해 말하는 레드의 보이스오버를 듣고, 다음 신에서 앤디는 레드를 마당에서 만나 돌망치를 구해달라고 부탁한다. 이것이 구성점 I이다.

왜 그들의 만남이 구성점 I인가? 이 시나리오는 두 남자의 관계에 관한 것이기 때문이다. 그리고 이 신은 두 사람 우정의 본질을 정립한다. 그래서 이 신은 등장인물의 관점에서뿐만 아니라 행동의 관점에서도 매우 중요한 신이다. 신의 목적은 이야기를 앞으로 나아가게 하거나 등장인물에 관한 정보를 드러내는 것인데, 이 신은 두 가지 모두를 수행한다. 레드가 보이스오버로 말할 때 앤디의 특성이 드러난다. "그는 자신에 대해 꽤 확고부동했으며, 이곳에서는 평범하지 않은 걸음걸이와 말투를 지녔다. 그는 아무 근심도 걱정도 없이 공원에서 산책을 하듯 한가로이 거닐었다. 마치 이곳으로부터 그를 보호하는 투명 코트를 입고 있었던 것처럼…. 그래, 처음부터 앤디를 좋아했다고 말하는 것이 옳을 것 같다."

구성점 I은 "행동에 '관여하여' 그것을 다른 방향으로 전환하는 일, 에피소드, 또는 사건"이다. 액트 I은 20~30페이지 분량의 극적 행동 단위로, 처음부터 시작해서 구성점 I에서 끝나며, 설정이라는 극적 맥락으로 결속된다.

〈신데렐라 맨〉(클리프 홀링즈워스, 아키바 골즈먼)은 챔피언 결정전에서 독일의 맥스 베어를 상대로 싸운 헤비급 챔피언 제임스 J. 브래덕(러셀 크로)의 일대기를 기록한다. 이 영화는 브래덕이 전도유망한 복서로서 (비록 왼손이 약하지만) 확실하게 시합을 이기며 아내와 세 자녀에게 안락한 삶을 제공하는 것으로 시작된다. 그 후 대공황이 닥치고, 브래덕은 어렵게 싸움을 이어간다. 그의 능력은 줄어들고 있고, 그저 그런 저니맨journeyman 복서와 '마지막 기회'의 시합을 벌이다가 손이 여러 군데 부러져서는 경기를 끝내지 못한다. 그 결과 면허를 박탈당하고 싸울 수 없게 된다. 그는 생계를 꾸리고 가족을 부양하기 위해 무엇을 할 수 있는가?

이것이 첫 번째 액트의 기본 행동이다. 구성점 I은 브래덕이 손이 부러지는 바람에 싸울 자격을 잃는 곳이다. 첫 번째 열 페이지는 복서로서의 성공과 아내와의 관계를 설정한다. 두 번째 열 페이지는 그의 특성과 인격을 드러낸다. 아내와 가족에 대한 헌신, 신념, 그리고 어린 아들이 음식을 훔쳤다는 것을 알게 되었을 때처럼 강한 도덕적 청렴함을 보여준다. 그는 아들을 벌주는 대신 훈계한다. "어떤 일이 일어나도 우리는 도둑질을 하지 않는다. 절대로…. 네가 뭔가를 가져가면 다른 누군가는 그것 없이 견뎌야 한다."

이는 두 번째 열 페이지의 끝으로 이끈다. 구성점 I은 브래덕의 손이 부러져 경기가 중단되는 것이다. 그래서 20쪽에서부터 손이 부러지는 지점까지 세 개의 작은 신이 있다. 브래덕은 경기 전에 라커룸에서 매니저 겸 트레이너 조(폴 지어마티)의 지시를 받는다. 우리는 그의 오른손이 힘이 없고 고통스럽다는 것을 알게 된다.

그런 다음 그는 한참을 걸어서 링에 오르고 경기 중에 손이 부러진다. 다음 신에서 그의 면허가 정지된다. 이 두 번째와 세 번째 열 페이지가 끝나기 전에 등장인물과 이야기의 주제적 맥락이 설정되고 확장된다.

〈보통 사람들〉(앨빈 사전트)은 첫 번째 열 페이지에서 극적 전제를 설정하고, 두 번째 열 페이지에서 주인공에 초점을 맞추고, 세 번째 열 페이지에서 액트 I 끝의 구성점까지 이끈다는 점에서 여전히 대표적인 예라고 할 수 있다.

첫 번째 열 페이지는 이야기를 설정한다. 우리는 부엌에 있는 베스(메리 타일러 무어)를 만나고, 그녀의 '깔끔하고 정돈되고 완벽한' 가정을 본다. 고등학교 성가대에서 연습을 하는 콘래드 재럿(티머시 허턴)을 보고, 통근 열차를 타고 귀가하는 남편 캘빈(도널드 서덜랜드)을 만난다. 그들은 마치 일러스트레이터 노먼 록웰의 그림에서 흔히 보이는 '완벽한' 가족과도 같다. 캘빈이 열차에서 내릴 때 한 친구가 "캘빈, 정말 안됐어, 모든 게"라고 말할 때를 빼고는 말이다. 이상하다.

5쪽에서, 베스와 캘빈이 극장에서 집으로 돌아오고 있을 때, 침대에 누워 있는 콘래드가 보이고, 그런 다음 성난 바다, 보트, 도움을 청하는 손 등 이미지의 파편들이 보이면서 콘래드는 깜짝 놀라 잠에서 깬다. 부모가 귀가하고, 9쪽에서, 캘빈이 아들 콘래드에게 묻는다. "의사를 부르는 게 어때?"

"아뇨." 콘래드가 대답한다.

"날짜가 다 됐어. 계획대로 해야 될 것 같다."

"의사를 부를 필요가 있는지 없는지 지켜보는 게 계획이었잖아요."

아버지는 물러선다. "알았다. 걱정 말고, 가서 자거라."

이것이 대본의 첫 번째 열 페이지이다. 완벽한 보통 사람들의 모습, 뭔가 하나 잘못되어 있긴 하지만 우리는 알지 못한다.

두 번째 열 페이지는 콘래드가 '식은땀을 흘리며 겁에 질려' 또 다른 악몽에서 깨어나는 것으로 시작한다. 콘래드가 아침을 먹으러 내려오는데 주방이 굉장해 보인다. 모든 것이 깨끗하고 깔끔하고, 프렌치토스트가 프라이팬에서 지글거리고, 캘빈 앞에는 신문이 펼쳐져 있다. 한 가지만 빼고 완벽하다. 콘래드는 배고프지 않다. 독선적인 어머니는 화가 나서 프렌치토스트를 음식 찌꺼기 처리기에 던져버리고, 아버지는 둘을 달래보지만 실패한다.

12쪽에서, 콘래드는 '친구들' 차에 타지만, 우리는 그가 학교에 들어가자 거리감과 불안감을 느끼고 있다는 것을 알게 된다. 영어 교사가 그에게 관심을 갖고 격려해주면서, '리포트 걱정은' 안 해도 된다고 말한다. 다음 신인 18쪽에서, 콘래드는 정신과 의사 버거 박사 (저드 허시)에게 전화해서, "힐즈버러 병원의 크로퍼드 선생님이 소개했어요"라고 말한다.

방과 후 콘래드는 수영 연습을 하러 가고, 코치가 더 열심히 하라고 다그치는 소리를 듣지만, 뭔가 그를 가로막고 있는 게 분명하다. 그는 어딘가에 정신이 팔려 있고, 긴장해 있는 것 같다. 그런 다음 부모님과 저녁을 먹는다. 부모님은 예의를 갖춘 대화를 나누지만, 콘래드는 아무 말도 없다.

이것이 두 번째 열 페이지로, 주인공에 초점을 맞추고 있다. 콘래드는 기본적으로 모든 신에 등장한다. 20쪽에서, 그는 불안감에 사로잡혀 학교를 뛰쳐나온다. 다음 숏에서 그는 큰 빌딩 앞에 서서 들어갈지 말지 망설인다. 들어가서는 버거 박사를 만난다. 다음 쪽에서 우리는 콘래드가 '자살 기도를 해서' 4개월 동안 정신병원에 있었다는 것을 알게 된다. 병원에서 나온 지 한 달쯤밖에 안 되었다. 버거 박사와의 대화를 통해 콘래드에게 무슨 일이 일어났는지 알게 된다. 이것으로 9쪽에서 아버지와 아들이 의사에 관해 얘기를 나눈 것이 무슨 뜻인지 분명해졌다. 얼마 전에 콘래드의 형 벅이 항해 중 사고로 익사했다는 것과, 이것이 콘래드의 심리 상태에 중대한 영향을 미쳤음을 알게 된다.

의사가 "뭐가 달라졌으면 좋겠니?"라고 묻자, 콘래드는 "저를 통제하고 싶어요. 그래서 사람들이 저를 걱정하지 않게요"라고 대답한다.

버거 박사와의 대화 신은 액트 I 끝의 구성점이다.

그날 저녁 식탁에서 콘래드는 부모님께 버거 박사를 보러 갔었다고 말한다. 아버지는 기뻐하며 격려하지만, 어머니는 걱정하며 시선을 돌린다.

이것이 〈보통 사람들〉의 첫 30페이지이다. 이는 전체 이야기를 설정한다.

첫 번째 열 페이지에서 우리는 문제가 있다는 것을 **보고**, 두 번째 열 페이지는 문제가 무엇인지 **규정하고**, 세 번째 열 페이지에서 우리는 문제가 **무엇**인지 이해하게 된다. 이것을 표로 그려보면 다음과 같다.

액트 I
〈보통 사람들〉

첫 번째 열 페이지	두 번째 열 페이지	세 번째 열 페이지
주인공, 극적 전제, 극적 상황을 **설정한다**.	주인공에 **초점을 맞춘다**.	**문제를 규정한다**.
뭔가 잘못된 것 같다.	학교에서의 근심과 거리감.	구성점 I을 극화한다.
	'문제'의 조짐이 **보인다**.	정신과 의사에게 가고, 벽이 익사한 사실을 알게 된다.

구성점 I
23~26쪽

이것이 액트 I으로서, 극적 행동의 한 단위, 한 토막이다. 1쪽부터 액트 I 끝의 구성점까지 이어지며, **설정**이라는 극적 맥락으로 결속된다.

시나리오의 두 번째 열 페이지를 구성하는 카드 서너 장을 배치해보자. 주인공에 초점을 맞춘다. 그는 모든 신에 등장하는가? 다른 등장인물이나 사건으로 옮겨 가야 한다면, 주인공에 맞춰진 초점을 유지할 수 있는지 확인한다. 글을 쓰기 전에 행동에 대해 생각하자. 그것이 어디로 가는지 보자.

자신의 이야기를 하자. 필요한 것들을 보여주자. 어떤 신을 쓰고 있는데 정말 '좋은' 생각이 떠오르면 그것을 밀고 나가서 쓰자. 가로막지 말고 내버려두자. 최악의 경우라고 해봐야 효과가 없는 몇 페이지를 쓰는 것뿐이다. 무슨 상관인가? 나중이나 다른 신을 위해 아낄 것 없다. 그냥 쓰자.

이야기할 것이 충분치 않다고 걱정하지 말자! 만약 하루 내내 일하고 '부업으로' 글을 쓴다면 각각의 열 페이지 단위는 일주일 동안 쓰기에 딱 알맞은 분량이다. 이틀간 행동에 대해 생각한 다음, 앉아서 쓰자. 대본을 부분별로 나눠, 즉 극적 행동 단위에 맞춰 쓴다고 생각하면 쓰기가 훨씬 수월해짐을 느낄 것이다.

더 편리하다면 주말에 쓰자. 토요일에 두 시간 동안 자료를 정리한 다음 몇 페이지를 쓴다. 열 페이지가 더 좋기는 하지만 두세 페이지만이라도 가능하다면 쓸 수 있는 만큼 쓴다. 일요일에는 토요일에 쓴 글을 마무리하거나 다듬을 수 있다. 이는 실행 가능하고 대부분의 사람들이 할 수 있다.

이제 두 번째 열 페이지를 쓴다. 깔끔하고 '완벽하게' 하려고 너무 시간을 허비하지 말자. 중요한 것은 처음부터 끝까지 계속 앞으로 나아가는 것이다. 더 좋은 아이디어가 있다고 첫 열 페이지로 돌아가서 뭔가를 바꾸면 안 된다. 효과가 없을 것이다. '제대로' 하려고 너무 시간을 들인 사람은 보통 50~60페이지쯤에서 연료를 다 써버려 작업을 미뤄야 한다. 대부분의 경우 작업을 포기하고 다시 시작하지 않는다.

자신의 글쓰기에 대해 어떤 평가나 판단을 내린다면, 대개 부정적일 것이다. 그것을 싫어할 것이다. 종이에 옮긴 첫 초안은 보통 형편없기 마련이니 염려할 것 없다. 종이에 뭔가를 쓰면 언제든 되돌아가서 수정하고, 다듬고, 더 좋게 만들 수 있다. 내가 쓴 첫 번째 초안은 보통 내 기대치의 60퍼센트 수준이다. 두 번째로 쓸 때에는 75~80퍼센트 수준으로 올린다. 마무리 단계의 초안에서는 90~95퍼센트가 되도록 최선을 다한다. 언젠가 더 나아질 것이다.

세 번째 열 페이지는 액트 I 끝의 구성점으로 바로 이어진다. 무엇이 구성점인가? 어떤 신 또는 시퀀스가 구성점 I로 이끄는가? 구성점 I로 이끄는 데 필요한 장면전환 신들을 분명히 쓴다. 행동에 관여하여 그것을 다른 방향으로(이 경우 액트 II로) 전환하는 일, 에피소드, 또는 사건을 설계해봤는가?

그것을 묘사할 수 있는가? 구성점 I을 시각적으로 설계해보자. 그런 다음 그것을 쓴다. 이야기를 대사로만 전달하고 있는가, 아니면 시각적인 요소를 사용하고 있는가?

영화는 행위이다. 시나리오는 영상으로 전해지는 이야기라는 점을 유념하면서, 이야기의 오프닝을 생각해보자. 자동차가 건물을 떠나 거리로 나가는 것을 보여주자. 등장인물이 택시를 타고, 건물로 걸어 들어가고, 엘리베이터에 올라타는 모습을 보여주자. 이는 이야기를 열어주고, 시각적 질감을 부여한다. 이야기가 계속 실내 신으로만 이어지길 바라지는 않을 것이다. 활짝 열고 밖으로 나가자!

그냥 자신의 이야기를 해보자. 너무 빨리 이야기하려 들지 말자. 어떤 사람들은 전체 이야기를 첫 열 페이지에서 다 써버려서 더 이상 할 이야기가 남아 있지 않다. 종이에 옮긴 첫 초안을 자신의 표현과 시각적 스타일을 찾는 연습으로 활용하자.

어쨌든 자신이 쓴 것의 70~80퍼센트를 고쳐 쓰게 될 것이다. 액트 II와 액트 III를 다 쓰고 나면 고쳐 쓰기를 시작할 때 무엇을 해야 할지 정확히 알게 될 것이다. 지금은 걱정할 것 없다. 그저 자신의 페이지를 쓰자. 세 번째 열 페이지를 마치면 액트 II로 넘어갈 준비가 된 것이다.

글쓰기는 한 숏씩, 한 신씩, 한 시퀀스씩, 한 행동씩, 날마다 매달려야 하는 작업이다. 쓰다 보면 언젠가 더 나아지리라는 것만 알아두자.

그 과정을 즐기자.

12

중간점 찾기

조반니(마르첼로 마스트로이안니)가 발렌티나(모니카 비티)에게:
"난 이제 더 이상 글을 쏠 능력이 없어.
무엇을 쏠지 몰라서가 아니라 어떻게 쏠지 몰라서야.
사람들은 이런 걸 '위기'라고 하지. 하지만 내 경우엔 내 안에 뭔가가 있어.
내 삶 전체에 영향을 주는 뭔가가 있어."

미켈란젤로 안토니오니
〈밤〉

시나리오 워크숍을 처음 지도하기 시작했을 때, 나는 각 수업을 8주 과정으로 편성했다. 첫 번째 수업은 액트 I에 초점을 맞추어, 4주 동안은 시나리오를 쓰기 위한 준비에 할애했고, 남은 4주 동안은 실제로 쓰기에 들어갔다. 수업의 목표는 액트 I을 완성하는 것이었다.

첫 번째 8주 과정을 끝마친 후, 얼마간 쉬었다가 다음 수업으로 이어갔다. 이 수업의 목표는 액트 II를 구조화하고, 설계하고, 완성하는 것이었다.

대부분의 학생들은 쉬는 동안에도 쓰기를 계속했다. 그들은 첫 번째 수업을 하면서 갖게 된 마음가짐과 창조적 에너지를 느슨하게 하고 싶지 않았다. 두 번째 액트 수업을 들으러 다시 온 그들은 나에게 자신들이 쓴 글을 보여주었고, 나는 깜짝 놀랐다. 그 글들은 형편없었다. 방향성도 없고, 전개의 흐름도 없고, 유기적 스토리라인의 흔적도 없고, 갈등도 거의 없었다.

내 개인적인 글쓰기 경험에 따르면, 액트 II는 언제나 가장 통과하기 힘든 관문이다. 빈 종이 60매를 마주하는 것은 위협적이다. 자신이 창조한 미로에서 '어쩔 줄 모르거나' 그냥 '나가버리거나' 단순히 '사라지기' 십상이다. 결국 글쓰기에서 가장 어려운 일은 무엇을 쓸 것인지 아는 것이다.

학생들에게 일어난 이 일은 **어떻게 하면 안 되는지**를 실제로 보여주었다. 이 빈 페이지들에 극적 행동을 채워 넣기 시작했을 때 그들은 어쩔 줄 몰라 했다. 어디로 가야 할지, 무엇을 해야 할지 몰랐다. 개요를 잃었고 자신의 이야기를 전달하는 데 집중하지 않았다. 내가 즐겨 말했던 것처럼 그들은 폭풍우 속의 맹인 같았다. 자신이 어디로 가고 있는지 모른 채 비에 흠뻑 젖어 있었다.

액트 II는 **대립**이라는 극적 맥락으로 결속된 60페이지 분량의 극적 행동 단위로, 구성점 I 끝에서 시작하여 액트 II 끝의 구성점으로 끝난다. 액트 II는 주인공의 극적 요구를 규정함으로써 시작된다. 등장인물의 극적 요구, 즉 시나리오가 진행되는 동안 주인공이 이기고, 얻고, 이루고 싶은 것을 안다면 **그 요구에 따라 장애물을 만들 수 있고,** 그러면 이야기는 **등장인물이 자신의 극적 요구를 성취하기 위해 거듭되는 장애물을 극복하는 것**이 된다.

갈등이 액트 II의 내러티브 흐름을 앞으로 나아가게 하는 것임을 이해한다면, 이는 이야기의 엔진을 점화시키는 열쇠가 된다. 〈콜드 마운틴〉, 〈킬 빌〉 1부와 2부, 〈본 슈프리머시〉, 〈아메리칸 뷰티〉, 〈펄프 픽션〉처럼 비선형 형태로 전달되든, 〈킹콩〉, 〈브로크백 마운틴〉, 〈쇼생크 탈출〉, 〈델마와 루이스〉, 〈위트니스〉처럼 선형 형태로 전달되든, 구성점 I은 이야기의 진정한 시작이다. 6장에서 언급했듯이 내적이든 외적이든 갈등은 등장인물의 핵심으로 곧바로 이끈다. 갈등은 등장인물의 특성을 **드러낼** 뿐만 아니라 등장인물이 세상에 자신을 나타내려고 선택하는 방식에 영향을 미치기도 한다.

여러 번 언급했듯이 모든 드라마는 갈등이다. 갈등 없이는 행동이, 행동 없이는 등장인물이, 등장인물 없이는 이야기가, 이야기 없이는 시나리오가 없다.

그렇다면 시나리오의 액트 II 쓰기에 착수하려면 어디에서 시작하겠는가? 구성점 I에서 구성점 II로 어떻게 다다르겠는가?

패러다임을 보자.

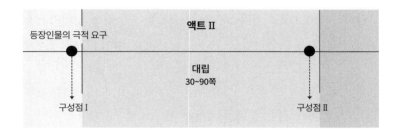

앞에서 언급했듯이, 액트 II는 주인공의 극적 요구를 규정함으로써 시작된다. 등장인물의 요구가 변경된다면, 그 변경은 구성점 I에서 일어난다. 〈델마와 루이스〉에서 두 여자는 주말 휴가를 떠난다. 그런데 구성점 I에서 루이스가 할런을 죽인 후 그들의 요구가 변경된다. 더 이상 산에서 즐거운 시간을 보내는 것이 아니다. 이제는 두 여자가 멕시코로 안전하게 탈출하기를 바라며 도망가는 것이 된다. 자신의 등장인물의 극적 요구를 규정할 수 있는가? 이야기가 시작된 이후 변경되었는가? 〈콜드 마운틴〉에서 인먼의 요구는 남북전쟁에서 싸우는 것이었다. 그런데 구성점 I에서 에이다의 편지를 읽고 그녀가 자기를 사랑하고 있으며 콜드 마운틴으로 돌아오길 바란다는 것을 알게 된다. 사랑하는 사람이 기다리는 고향으로 돌아가는 것은 또한 마음의 상태를 나타낸다. 전쟁 전의 콜드 마운틴은 평화, 온정, 사랑의 장소였다. 인먼의 요구는 물리적 차원으로만이 아니라 정서적 차원으로도 되돌아가는 것이다. 이러한 요구는 그가 악천후, 굶주림, 총격, 포획, 탈출 등을 겪어내며 3백 마일 넘게 걷도록 만든다.

〈차이나타운〉에서 액트 I은 제이크 기티스를 남편이 바람을 피우고 있는지 확인하려는 멀레이 부인이 고용한 탐정으로 설정한다. 그런데 구성점 I에서 기티스는 사무실로 돌아와 진짜 멀레이 부인(페이 더너웨이)을 만나는데, 부인은 그를 고용한 적이 없다고 진술한다. 하지만 그녀가 그를 고용하지 않았다면 누가 그랬단 말인가? 그것은 기티스의 극적 요구가 되고, 여기가 액트 II가 시작되는 곳이다. 누가 그리고 왜 그를 함정에 빠뜨렸는지 찾는 것이다. 극적 행동이 진행되는 동안 기티스는 그 의문에 대한 답을 찾는 과정에서 거듭되는 장애물을 마주한다.

등장인물의 극적 요구를 알고 있는가? 구성점 I에서 일어나는 사건이나 일은 무엇인가? 등장인물의 극적 요구가 변하는가? 무엇에서 무엇으로? 그것을 규정할 수 있는가? 분명히 나타낼 수 있는가? 〈브로크백 마운틴〉(래리 맥머트리, 다이애나 오사나)처럼 진정으로 사랑 관계에 있는 누군가에게 진실함을 유지하는 것인가? 아니면 〈킬빌〉 1부와 2부에서처럼 빌을 죽이는 것인가? 아니면 〈본 슈프리머시〉의 제이슨 본처럼 베를린에서 무슨 일이 일어났는지 알아내는 것인가?

이야기는 어디로 가고 있는가? 등장인물은 어떤 변화를 겪을 것인가? 어떤 장애물을 등장인물이 마주할 것인가? 〈브로크백 마운틴〉처럼 그것들은 내적 갈등에서 비롯되는가? 아니면 〈킹콩〉이나 〈콜드 마운틴〉, 〈킬 빌〉처럼 외적 갈등에서 비롯되는가? 구성점 I을 이야기의 진정한 시작으로 보고 등장인물의 극적 요구를 안다면,

두 번째 액트로 들어갈 준비가 된 것이다.

시나리오 워크숍 초기에 나는 액트 II에 행동을 배치하기 위해서는 행동을 쓰기 전에 먼저 구조화해야 한다는 것을 알고 있었다. 따라서 학생들은 자신의 재료를 먼저 준비해야 했다. 명백해 보일지 모르지만, 학생들 입장에서는 액트 II를 위한 재료를 준비하느라 멈추고 싶어 하지 않았다. 그래서 그냥 뛰어들어 글을 쓰기 시작했다. 그들이 혼란스러워하는 것도 당연했다! 시나리오의 두 번째 액트를 쓰기 위해 가장 먼저 해야 할 일은 재료에 대한 통제력을 갖는 것이다. 어디로 가는지 알고 싶다면 거기에 어떻게 다다를 수 있는지 알아내야 한다.

나 자신에게 물었다. 작가가 액트 II를 구상하고 쓰는 데 효과적으로 도움을 줄 수 있는 어떤 도구를 창조하거나 체계화하기 위해 내가 무엇을 할 수 있을까? 이 60페이지 분량의 극적 행동을 쓰는 동안 작가에게 일종의 '통제력'을 줄 수 있는 무엇인가를 말이다. (하지만 재료에 대한 '통제'는 부정확한 표현이다. 마치 물 한 묶음을 쥐려 하는 것과 같다.)

이 질문을 곰곰이 생각하고 있을 때, 내 오랜 친구 데닌 페킨파에게서 전화가 왔다. 데닌과 나는 모두 UC 버클리에 다녔고, 장 르누아르와 함께 그의 연극 〈카롤라〉의 세계 초연에서 작업하고 연기했다. 데닌은 주인공 카롤라를 연기했고, 나는 카롤라의 연인인 무대감독 캉팡 역을 맡았다. 우리는 몇 년 동안 정기적으로 연락했지만 오랫동안 만나지 못했다. 데닌은 말리부에서 삼촌과 함께 지낸다고 했다. 갑자기 페킨파라는 이름이 뇌리를 스쳤다. 혹시 삼촌이 샘 페킨파냐고 묻자, 웃으며 그렇다고 대답하고는 나를 집으로 초대했다.

한 영화 잡지에 〈하오의 결투Ride the High Country〉에 대한 첫 영화 리뷰를 쓴 이래 줄곧 페킨파의 팬이자 숭배자였던 나는 며칠 후 부푼 가슴으로 다소 빠르고 거칠게 말리부로 차를 몰았다. 데닌을 다시 보고, 어쩌면 샘을 만날지도 모른다는 생각으로 흥분했다. 내가 도착했을 때 샘은 회의 중이었고, 그래서 데닌과 나는 해변을 걸으며 지난 몇 년 동안 서로의 삶의 변화에 대해 이야기했다. 대화하는 동안 내가 〈하오의 결투〉를 얼마나 좋아하는지, 그리고 그런 시나리오를 얼마나 쓰고 싶어 하는지 말하지 않을 수 없었다. 데닌은 미소를 지으며 샘이 특히 지금 그 말을 듣고 싶을 것이라고 말했다. 나는 무슨 말인지 몰랐으나 곧 알게 되었다.

집으로 돌아가니 샘이 있었고, 우리는 주로 영화와 인생에 대해 이야기하면서 오후를 함께 보냈다. 물론 샘의 기이한 술주정, 영화 제작진과의 불화, '완벽주의'적인 태도, 스튜디오와 프로듀서들과의 갈등에 대한 이야기를 많이 들어봤기 때문에, 그를 직접 만났을 때 무엇을 기대해야 할지 정말 몰랐다.

샘은 호감이 가고 전혀 꾸밈이 없으며 예리한 감수성과 이해력을 지닌 사람이었다. 그는 '독한 술'은 마시지 않고 하루에 맥주 두 병만 마신다고 했다. 그리고 대화 중에 4년 전 〈메이저 던디Major Dundee〉 이후로 영화를 만들지 않았다는 사실을 알게 되었다. 오스카 솔과 공동 집필한 〈메이저 던디〉는 〈하오의 결투〉 직후에 만들어졌는데 결국 그에게 '개인적인 재앙'이나 다름없는 충격적 경험을 안겨주었다. 〈메이저 던디〉를 작업하는 동안 그는 '까다롭다'는 평판을 얻었는데, 할리우드에서 이 단어는 '고용 불가능'을 의미한다. 그 이후로 어떠한 작업도 할 수 없었고, 이제야 〈와일드 번치〉라는 새로운 시나리오를 고쳐 쓰고 연출할 기회를 얻게 되었다.

다음 몇 주 동안 나는 말리부에서 많은 시간을 보냈고, 어느 날 오후 늦게 샘이 〈와일드 번치〉의 하루 작업을 마치고 나서 마당에 함께 앉아 말리부의 장엄한 일몰을 보고 있을 때 나는 그가 어떻게 이야기를 구조화하는지를 물었다. 그는 잠시 머뭇거리더니 중심부 장식에 '이야기를 걸어놓는 것'을 좋아한다고 말했다. 대개 이야기의 중간쯤에 일어나는 어떤 특정 사건까지 행동을 구축한 다음, 그 밖의 모든 것이 그 사건의 결과가 되도록 한다는 것이었다. 〈하오의 결투〉에서 이 '중심부' 사건은 사창가의 결혼식 신이라는 것을 알게 되었다. 일단 그가 이야기와 등장인물을 설정하고 나면 모든 것이 그 결혼식 시퀀스로 이어졌고, 그러면 영화의 나머지 부분은 그 시퀀스의 결과물이었다. 이를 계기로 작가가 액트 II를 더 쉽게 쓸 수 있도록 내가 무엇을 할 수 있을지 다시 생각해보았다. 이론적으로는 극적 스토리라인을 구축하고, 또한 어떤 중심부 사건 주위로 그것을 '걸어놓을' 수 있다고 생각했다.

액트 II를 쓰는 학생들을 생각하면서 '중심부 장식'처럼 작용하는 어떤 일, 에피소드, 또는 사건을 찾을 수 있을지 궁금해했다. 그것은 행동을 앞으로 나아가게 할 뿐만 아니라, 액트 II를 두 개의 분리된 극적 행동 단위로 나눠야 했다. 나는 누구든지 30페이지 분량의 행동 단위로 작업할 수 있다는 것을 알고 있었다. 그러한 사건이 60쪽 전후에서 발생한다면, 액트 II를 두 개의 분리된 30페이지 분량의 행동 단위로 나눌 것이다. 액트 II의 전반부와 후반부가 이 중간점 midpoint의 사건으로 연결될 것이다.

이야기:

구조화된 패러다임

| 액트 I (1~30쪽) | 액트 II (30~90쪽) | 액트 III (90~120쪽) |

전반부 30~60쪽

후반부 60~90쪽

구성점 I

구성점 II

중간점

설정

대립

해결

중간점: 극적 행동 사슬이 연결고리로서 액트 II의 전반부를 액트 II의 후반부에 연결한다.

시나리오 워크북

직관적으로 난 그것이 적합하다고 생각했다. 더욱이 효과가 있으리라는 것도 알았다. 즉, 액트 II의 중간에 있는 어떤 신이나 시퀀스가 행동을 구조화하고 쓰는 맥락 안에 재료를 고정시키리라는 것이다. 이때 나는 새로운 시각에서 영화를 보기 시작했다. 시나리오를 쓰는 경험을 통해 글쓰기 과정이 자신에게 올바른 질문을 하고 올바른 답을 기다리는 것임을 배웠다. 그것은 뜻밖의 순간에 드러날 것이다. 그리고 바로 그런 일이 일어났다.

1970년대 후반 당시 나는 폴 마저스키의 〈독신녀 에리카〉를 교재로 쓰고 있었다. 그래서 두 번째 액트가 왜 그렇게 잘 작동했는지에 대한 일종의 통찰력을 얻고자 영화를 다시 보았다. 앞서 언급했듯이 설정 부분은 에리카(질 클레이버그)의 성공적인 17년 결혼 생활을 다룬다. 그녀는 남편 마틴(마이클 머피)과 함께 조깅하고, 그가 출근하기 전에 '속성 섹스'를 즐긴다. 그런 다음 10대 딸을 학교에 데려다주고, 갤러리에서 파트타임으로 일하고, 화가 찰리(클리프 고먼)의 '유혹'을 받는다. 친구들과 함께 점심식사를 하는데 겉으로는 행복하고 만족스러워 보인다. 지금까지는 훌륭하다. 액트 I은 그녀의 훌륭한 삶과 훌륭한 결혼 생활을 보여준다.

그러고는 영화가 25분쯤 지날 때 그녀와 남편이 여름휴가 계획을 세우고 레스토랑을 나서는데, 그가 무너져 내리며 불쑥 말을 꺼낸다. "다른 여자와 사랑에 빠졌어. 이혼하고 싶어." 구성점 I이다.

액트 I에서 기혼자였던 에리카는 액트 II에서 갑자기 비혼자가 된다. 하룻밤 사이에 새로운 생활 방식에 적응하고 새 출발을 해야만 한다. 쉽지 않은 일이다. 그녀는 혼자 사는 데 어려움을 겪는다. 딸과도 문제가 생긴다. 그래서 남자를 증오한다, 모든 남자를. 그녀는 심리 치료를 받으러 다닌다. 소개로 만난 남자가 수작을 부리자, 그를 택시 밖으로 떠밀어 이스트 리버 드라이브 위로 내팽개쳐버린다.

그녀의 치료사인 여자는 에리카에게 남자에 대한 증오를 버려야 하고, 그러려면 약간의 위험을 무릅쓰고 실험을 해봐야 한다고 말한다. "물론 제가 어떻게 하라고 말할 수는 없어요. 하지만 저라면 이렇게 하겠어요."

"어떻게요?" 에리카가 묻는다.

"밖에 나가서 남자를 찾겠어요."

60쪽에서 그 일이 일어난다. 그다음 신은 그녀가 독신자 술집에 있는 모습을 보여주는데, 이곳에서 화가 찰리를 만난다. 그녀는 그의 아파트로 가서 함께 밤을 보낸다. 그때부터 그녀는 솔(앨런 베이츠)을 만나는 액트 II의 끝까지 내내 매번 다른 남자와 섹스에 탐닉하지만, 관계가 지속되길 원치 않는다. 그녀와 관계를 갖고 난 오후에 솔은 다시 만나고 싶다고 말하지만, 그녀는 거절한다. "실험하는 중이에요… 사랑하지 않는 남자와 관계를 갖는 느낌이 어떤지 알고 싶어서."

60쪽은 치료사와 함께 있는 신으로, 액트 II 전반부의 행동을 액트 II 후반부로 연결한다. 30~60쪽쯤에서 주인공은 '반(反)남성적'이고, 60~90쪽에서는 '섹스에 탐닉한다'.

흥미롭다.

이것을 **패러다임**으로 그려보면 다음과 같다.

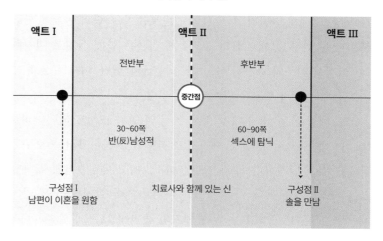

〈독신녀 에리카〉

| 액트 I | 액트 II | 액트 III |

전반부 / 후반부

중간점

30~60쪽
반(反)남성적

60~90쪽
섹스에 탐닉

구성점 I
남편이 이혼을 원함

치료사와 함께 있는 신

구성점 II
솔을 만남

다시 한번 페킨파가 '중심부 장식'에 대해 내게 했던 말을 떠올렸다. 이 시점에서 내가 어떤 사건이나 사건을 내 기대에 부응하도록 강요하고 있는지, 아니면 나의 관찰이 스토리텔링 과정에서 자연스럽고 직관적인 순간인지 확신할 수 없었다. 나는 둥근 못을 네모난 구멍에 끼워 넣고 싶지 않았다.

하지만 얼마 후, 폴 슈레이더(〈택시 드라이버〉, 〈캣 피플Cat People〉, 〈아메리칸 지골로American Gigolo〉)가 시나리오를 쓸 때 60쪽 전후에 "무슨 일이 일어난다"고 말한 것이 떠올랐다.

60쪽. 샘 페킨파처럼 그는 **중심부 장식**에 이야기를 걸어놓을 것 같았다. 샘의 진술, 폴 슈레이더와의 대화, 그리고 〈독신녀 에리카〉, 세 가지 사이의 관계를 생각하면서 다른 시나리오에서도 같은 일이 일어났는지 궁금했다. 그래서 〈애니 홀〉과 〈코드네임 콘돌Three Days of the Condor〉(로렌조 셈플 주니어, 데이비드 레이필) 등 교재로 사용했던 여러 시나리오를 탐구하기 시작했다. 〈애니 홀〉에서는 앨비와 애니가 구성점 I에서 만난다. 액트 II의 전반부는 두 사람의 관계를 확립하는 것을 다루고, 액트 II의 중간쯤에 그들은 함께 살기로 결정한다. "이것이 일종의 중간점 아닐까?" 나는 궁금했다. 이사를 온 후에는 그들의 관계가 새로운 단계로 나아간다.

〈코드네임 콘돌〉에서 CIA '독서 조직'의 일원 조지프 터너(로버트 레드퍼드)는 동료들 점심을 사가지고 사무실로 돌아와서는 모두들 살해된 것을 발견한다. 누가 그랬을까? 그리고 왜? 충격에 휩싸인 그는 거리로 도피한다. 마침내 그는 어디로 가야 할지, 누구를 믿어야 할지 모른다. 그리고 두 번째 액트의 중반에 그는 캐시(페이 더너웨이)를 인질로 잡고, 그 액트에서 둘 사이의 유대가 시작된다. 두 영화 모두 그러한 사건이 두 번째 액트 중간쯤에 일어난다.

이것을 **패러다임**으로 그려보면 다음과 같다.

〈 코드네임 콘돌 〉

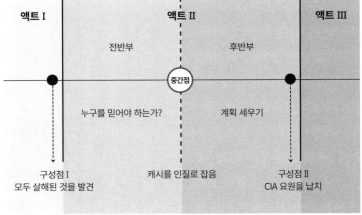

말이 되는 듯했다. 그리고 영화를 더 볼수록, 대본을 더 읽을수록, 그에 대해 더 생각할수록, 액트 II의 중간에 어떤 사건이 분명히 일어나 두 번째 액트 전반에 걸쳐 행동을 구성하고 구조화하는 고정점으로 사용될 수 있다는 것을 알게 되었다.

그래서 나는 이것을 **중간점**이라고 불렀다. 그것은 60쪽 전후에 일어나는 어떤 일, 에피소드, 또는 사건으로, 액트 II를 두 가지 극적 행동의 기본 단위, 즉 전반부와 후반부로 구분한다.

내가 중간점이라 불렀던 사건은 구성점 중 하나이기는 하지만, 더 중요한 구성점이다. 두 번째 액트에서 중간점의 기능은 **극적 행동 사슬의 연결고리**가 되는 것이고, 액트 II를 두 개의 분명한 극적 행동 단위로 나누는 것이다. 액트 II의 전반부는 구성점 I에서 중간점까지 이어지며, 액트 II의 후반부는 중간점에서 구성점 II까지 이어진다.

나는 시나리오의 워크숍, 컨설팅, 분석에 중간점이라는 구성 개념을 사용하기 시작했다. 시나리오를 가르치고 평가하는 측면에서 그것이 얼마나 유익한지 보았다. 다시 한번, 그것은 글쓰기에서 가장 어려운 일은 무엇을 쓸 것인지 아는 것임을 보여주었다.

세미나나 워크숍에서 중간점을 가르치기 시작한 나는 그 결과에 놀랐다. 학생들은 갑자기 액트 II를 확실하게 파악했다. 그들은 이제 자신의 재료를 어느 정도 통제할 수 있는 것처럼 느껴진다고 내게 말했다. 더 이상 재료에 휘둘리지 않았다. 이제는 글을 쓸 때 길을 잃지 않았다. 어디로 가고 있고 거기에 어떻게 다다를 수 있는지 알았다.

그 이후로 나는 전 세계에서 수천 차례 시나리오 워크숍을 지도

하며, 액트 II를 두 개의 뚜렷한 극적 행동 단위(중간점에 의해 연결된 전반부와 후반부)로 구성하는 힘은 의심할 여지 없이 기능적이고 효율적으로 돌파구를 열어준다는 것을 거듭 증명해왔다.

현대 영화에서 중간점이 어떻게 작동하는지 살펴보자. 8장에서는 〈본 슈프리머시〉의 핵심 사건이 어떻게 영화 전체를 구조적으로 결속시키는지 보았다. 중간점은 제이슨 본이 패멀라 랜디(조앤 앨런)와 대립할 때 행동을 연결하고 이야기를 진전시킨다. 제이슨이 자신이 아는 사람의 이름을 기억하고 구체적으로 누가 자신을 쫓는지 알게 되는 것은 이번이 처음이다. 〈킹콩〉(피터 잭슨, 필리파 보엔, 프랜 월시)에서는 영화의 전반부가 상황과 등장인물을 설정하고, 그들이 섬에 도착하는 구성점 I까지 항해를 연대순으로 보여준다. 그것이 이야기의 진정한 시작이다. 두 번째 액트의 중간쯤에 거대한 고릴라를 만난다.

중간점에서 킹콩의 등장은 액트 II 전반부의 행동을 액트 II 후반부에 연결하는 사건이다. 사실 그것은 극적 행동 사슬의 연결고리다. 이야기를 진전시키고 액트 II 후반부의 감정적이고 육체적인 행동을 증폭시킨다.

그렇다면 **중간점**을 결정하는 가장 좋은 방법은 무엇일까? 잠시 복습해보자. 가장 먼저, 결말, 시작, 구성점 I, 구성점 II의 네 가지를 규정하면서 시나리오를 쓰는 여정을 시작했다. 그렇다면 구성점 I에서는 어떤 일, 에피소드, 또는 사건이 구성점 II에 이르도록 행동을 계속 앞으로 나아가게 할 것인가? 중간점은 **극적 행동 사슬의 연결고리**임을 기억하는 것이 필수적이다. 그것은 액트 II의 전반부와 후반부를 연결한다. 그 사건은 이야기를 진전시켜 액트 II의 후

〈킹콩〉

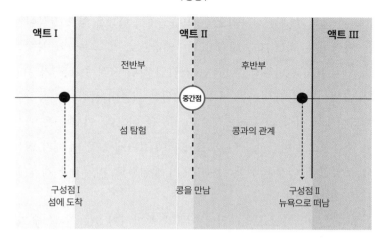

반부로 이끌며 구성점 II에 다다르는 궤도에 오르게 한다.

중간점은 시나리오의 두 번째 액트에서 중요한 구조적 요소다. 좋은 예가 〈타이타닉Titanic〉이다. 구성점 I에서 잭(레오나르도 디카프리오)은 로즈(케이트 윈즐릿)가 갑판에서 바다로 뛰어내리려는 것을 막는다. 이 사건은 그들의 관계를 시작하는 것이고, 액트 II의 전반부에서 행동을 지배하는 것이 바로 이 관계이다. 두 사람은 서로를 알아가고, 로즈의 약혼자와 그녀의 어머니라는 장애물에 직면하게 된다.

로즈를 구한 보답으로 잭은 일등칸 살롱에서의 저녁식사에 초대된다. 그는 빌린 턱시도를 입고, 저녁식사를 하며 자신의 견해를 분명히 말하고, 그들은 서로를 알아가기 시작한다. 사실 액트 II 전반부의 **맥락**인 **하위 극적 주제**sub-dramatic theme**가 서로를 알아가는 것**이라고도 말할 수 있다. 그런 맥락을 잘 보여줌으로써 작가는 중간점으로 이끄는 행동에 집중할 수 있게 된다.

하위 극적 주제는 시나리오의 이 부분에서 행동을 앞으로 몰아가는 맥락이다. 액트 II가 대립이라는 맥락으로 결속되어 있기는 하나, 액트 II의 전반부와 후반부는 각각의 하위 극적 주제를 가진다. '서로 알아가는 것'이라는 이 하위 맥락은 그들이 선적된 자동차의 뒷좌석에서 사랑을 나누는 것으로 절정을 이룬다. 이 행동은 관객을 **중간점**으로 바로 이끈다. 로즈와 잭이 갑판에 있을 때 배가 빙산에 부딪친다. 이것이 전체 시나리오의 중심부로, 이야기를 계속 앞으로 나아가게 한다.

우리는 이것이 스토리라인에 어떻게 통합되어 있는지 알 수 있다. 액트 I은 로즈와 잭의 개별적 삶을 설정한다. 구성점 I에서 잭은 로즈가 갑판에서 뛰어내리려는 것을 막는다. 액트 II 전반부의 행동은 그들의 관계로, 계층이나 상황 같은 장애물을 극복하면서 서로를 알아가고, 사랑을 나눌 때 관계의 정점에 이른다. 중간점은 타이타닉호가 빙산에 부딪칠 때인데, 이는 액트 II의 후반부로 관객을 이끌며, 이제 그들의 안전과 생존을 다루게 된다. 하지만 사실상 이 이야기는 타이타닉호의 침몰을 배경으로 하는 로즈와 잭에 관한 것이며, 이 관계가 어떻게 로즈를 가족과 사회의 제약으로부터 해방시켜 완전한 자기표현의 삶을 살게 하는지를 보여준다.

빙산과의 충돌은 액트 II의 후반부로 이끌어 액트 II 끝의 구성점에 이르게 하는 행동이다. 그 구성점은 로즈가 자신이 매달려 있던 보트 내리기용 대빗을 떠나 잭에게 돌아갈 때이다. 죽는다면 차라리 연인의 품에 안겨 죽으리라 결심한 것이다. 액트 II 후반부의 하위 극적 주제는 **로즈와 잭이 함께하는 것**이라고 할 수 있다.

이러한 것이 액트 II의 전반부와 후반부를 연결하는 중간점의 중요성이다. 중간점은 극적 행동 사슬의 연결고리다.

〈타이타닉〉

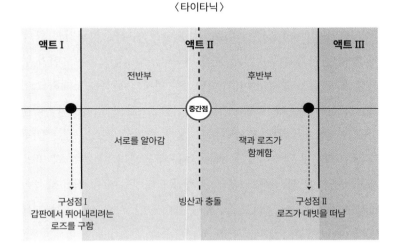

내게 매우 흥미로운 점은 중간점이 구조적인 관점에서 두 번째 액트에 대한 새로운 접근법을 시사할 뿐만 아니라 등장인물의 깊이와 차원을 확장한다는 것이다.

〈쇼생크 탈출〉에서 앤디 듀프레인(팀 로빈스)은 구성점 I에서 레드(모건 프리먼)를 만난다. 그들의 관계가 시작되고, 앤디는 감옥에서의 일상에 정착한다.

소장의 존중을 받기 시작하면서 그는 도서실에 배정되고, 추가 기금을 위한 의회의 도움을 받으려고 애쓴다. 6년 동안 그는 도서실을 확장할 기금을 마련하기 위해 일주일에 한 통, 때로는 두 통의 편지를 쓴다. 행동이 바로 등장인물이지 않은가?

마침내 수표와 책 몇 상자가 도착하자 앤디는 물건들을 살펴본다. 그중 하나는 모차르트의 오페라 〈피가로의 결혼〉 앨범이다. 마음을 졸이며 그는 레코드를 올려놓고 소장실 문을 잠그고는 구내방송 장치를 켜서 아리아의 선율이 감옥 전체에 들릴 수 있도록 한다. 감옥 안의 모든 곳에서 음악이 연주되면서 앤디의 '황홀감과 환희'와 함께 경쾌하고 우렁차게 울려 퍼진다. 레드의 보이스오버가 이어진다. "난 지금까지도 이 두 이탈리아 여자가 무엇을 노래하고 있었는지 전혀 모른다. 그들이 말로 표현할 수 **없을** 정도로 아름다운 것을 노래하고 있었다고 생각하고 싶다. 그들의 목소리는 정말 **우렁찼다.** 회색빛 장소에 있는 어느 누구의 꿈보다 더 높고 더 멀리. 마치 아름다운 새가 우리 집 작은 새장에 날아들어 이 벽들을 녹여버리는 것 같았고, 그리고 그 짧은 순간 동안 쇼생크에 있는 모든 사람들이 자유를 느꼈다."

이런 일이 벌어지는 동안 소장과 교도관들은 앤디를 잡으러 소장실로 들어오려 한다. 레드가 말한다. "앤디는 그 작은 해프닝으로 2주 동안 독방에 갇혀 있었다." 하지만 앤디는 개의치 않는 듯했다. "내가 한 일 중 가장 쉬운 거였죠"라고 그는 나온 후 친구들에게 말한다. 그는 레드 등에게 상기시킨다. "세상에는 회색 돌을 깎아 만든 장소만 있지 않아요. 우리 마음속에는 그들이 절대 가둘 수 없는 작은 것 하나가 있죠. 바로 희망이에요."

레드는 동의하지 않는다. 그의 관점은 다르다. "희망은 위험한 거야. 사람을 미치게 하지. 여긴 희망이 발붙일 곳이 없어. 이런 생각에 익숙해지는 게 좋을 거야." 앤디가 음악을 들려주는 이 사건이 바로 중간점으로, 액트 II의 후반부에서 그의 인물 특성에 대한 좀 더 많은 통찰을 관객에게 제공하기 위해서 이야기를 앞으로 나아가게 한다.

이 세 가지 요소, 즉 **구성점 I, 중간점, 구성점 II**는 두 번째 액트 전체를 지탱하는 구조적 기반이다. 구성점 I과 구성점 II를 모두 알기 전까지는 중간점을 결정할 수 없다. 작업 방식은 다음과 같다.

첫째, 결말을 결정한다. 둘째, 오프닝을 선택한다. 셋째, 구성점 I을 선택한다. 넷째, 구성점 II를 선택한다. 이 네 가지 요소가 패러다임에 배치되고 나서야 중간점을 결정할 수 있다. 물론 시나리오의 모든 구조적 구성 요소가 유연하기는 하지만, 시작하기 전에는 이 것들이 작가를 안내하기 위해 제 위치에 있어야 한다.

나에게 중간점은 액트 II의 구성과 구조화 면에서 통찰력을 얻고 이해하는 데 필수적인 것이기 때문에 중요하다. 이 이야기 요점은 액트 II라는 내러티브 행동선을 설계하고 구조화하는 데 도움이 될 것이다.

패러다임 속에 있으면 패러다임을 볼 수 없다.

좋아하는 영화 두 편을 골라 두세 번씩 보자. 처음 볼 때는 그저 즐기면서 흠뻑 빠져들자.

두 번째 볼 때는 분석을 해보자. 필기도구를 준비해 메모한다. 구성점 I과 구성점 II를 추출하고 규정하자. 액트 II의 구조를 파악할 수 있는지 보자. 구성점 I에서 출발해보자. 구성점 I은 영화가 시작되고 나서 20~30분쯤에 나타난다. 필요하다면 시계로 확인한다.

구성점 I을 결정했거든 주인공의 행동을 따라가보자. 영화 시작 후 50~60분쯤에 중간점을 위치시킬 수 있는지 확인하자. 시계를 보자. 영화가 끝나면 여러분이 규정한 중간점이 정확한지 알아보자.

왜 그것이 중간점인가? 액트 II의 전반부와 후반부를 잇는 극적 행동 사슬의 연결고리 역할을 하는가? 그런 다음 영화를 처음부터 끝까지 다시 보며 확인하자. 이를 **패러다임**으로 그려봐도 좋다. 이쯤 되면 다음 단계로 넘어갈 수 있다.

13

전반부, 후반부

노아 크로스:
"당신은 상황이 돌아가는 걸 안다고 생각할지 모르지만 사실은 몰라."

로버트 타운
〈차이나타운〉

나는 액트 II가 쓰기에 가장 어려운 부분이라는 것을 항상 알고 있었다. 액트 I이나 액트 III보다 두 배나 길 뿐만 아니라 까다롭고 복잡하며, 이를 실행하기 위해서는 정교함과 숙련도가 더 요구된다. 스토리라인을 찾아서 앞으로 나아가게 하는 것 자체가 도전이다. 액트 II는 대략 60페이지에 달하는 극적 행동 단위이며, 글을 쓸 때는 항상 끝나는 지점을 염두에 두어야 한다. 어디로 가는지 알고 있다면 거기에 어떻게 다다르는지 알아낼 수 있다. 그런 일이 효과적으로 일어나려면 등장인물의 행동 과정을 계획하고 정교하게 만들어야 한다. 구성점 I에서 구성점 II까지 주인공에게 신체적으로, 정신적으로, 또는 정서적으로 어떤 일이 일어나는가? 그가 마주하는 장애물은 무엇인가? 이 행동 중에 등장인물의 변화가 있는가? 그렇다면 변화는 무엇인가? 이야기를 흥미롭고, 서스펜스 넘치고, 긴박하고, 박력 있게 유지할 만큼 큰 위험이 도사리고 있는가?

우리는 극적 행동의 구체적인 단위로서 액트 I 쓰기를 시작했다. 액트 II 쓰기에 착수하려면 앞으로 나아가도록 방향을 유지하는 것이 중요하다. 액트 II의 전반부에 어떤 일이 일어나는가? 등장인물의 극적 요구는 무엇인가? 그 극적 요구의 장애물은 무엇인가? 주인공에게 물리적으로나 정서적으로 어떤 일이 일어나는가? 구성점 I에서 중간점까지 어떤 일이 일어나는가? 이 모든 것을 하나로 **묶는 것은 무엇인가?** 그것이 바로 가장 먼저 알아야 할 것이다. 전반부의 **하위 극적 맥락**sub-dramatic context을 결정하고 나면 그것을 작동시키는 데 필요한 **내용**, 개별적 신 또는 시퀀스를 제공할 수 있다.

맥락은 극적 또는 희극적 내용을 제자리에 **담아두는** 빈 유리잔의 **내부** 공간이라는 것을 기억하자.

액트 II 전반부의 **하위 극적 맥락**이 무엇인지 알고 있는가? 어떤 아이디어나 원칙이 행동을 제자리에 담아두는가? 관계인가? 여행? 휴가의 시작? 갑자기 실직하는 것인가, 아니면 취직하는 것인가? 아니면 결혼의 시작이나 이혼의 시작일 수도 있다.

그것을 규정할 수 있는가? 분명히 나타내보자. **패러다임**으로 그려보자.

일단 액트 II의 전반부와 후반부의 하위 극적 맥락을 결정하고 나면 가장 극적인 방식으로 스토리라인을 실행하는 행동선을 설계할 수 있다. 그것이 바로 극적 맥락이 하는 일이다. 행동과 내용을 제자리에 '담아둔다'.

중간점의 개념을 학생들에게 처음 가르치기 시작했을 때 나는 그것이 매우 효과적인 도구라는 것을 알고 있었지만, 당시에는 전반부와 후반부의 하위 극적 맥락에 대한 충분한 설명, 이유, 실례를 가지고 있지 못했다.

그즈음 벨기에의 네덜란드문화부 소속 영화인 두 사람이 그해 여름 브뤼셀에서 시나리오 워크숍을 지도해달라고 나에게 요청해 왔다. 이야기를 나누다가 그중 한 명이 나에게 『시나리오란 무엇인가 Screenplay』를 출판한 이후로 새롭게 발견한 것이 있는지 물었다. 나는 그에게 중간점에 대해 이야기했고, 내 시나리오와 워크숍에 그 내용을 어떻게 포함하기 시작했는지 이야기했다.

내가 〈차이나타운〉의 필름과 대본을 브뤼셀로 가져갈 예정이었기에, 그는 내게 〈차이나타운〉의 중간점은 무엇이고, 그것이 행동에 어떻게 영향을 줬는지 물었다. 나는 지금 당장은 잘 모르겠다고 사실대로 말했다. 내 무지를 덮어보려고 대본의 60쪽만 펴보면 된다고 주장했다. 그래서 우리는 대본 60쪽을 펼쳤는데, 제이크 기티스가 남편을 잃은 지 얼마 안 된 에벌린 멀레이와 술집에서 이야기하는 신이었다. 그는 주머니에서 봉투 하나를 꺼내어 수표를 보내준 것에 대해 그녀에게 감사를 표하지만, 그녀가 뭔가 말해주지 '않은' 게 있다고 덧붙인다. "당신은 뭔가 숨기고 있는 것 같군요, 멀레이 부인." 그는 봉투에 인쇄된 ECM이라는 이니셜을 가리킨다. 그리고 불쑥 C가 무엇을 나타내는지 묻는다.

그녀는 약간 더듬거리며 대답한다. "크… 크로스요."

"결혼하기 전 이름이군요?" 그가 묻는다.

그렇다.

그는 잠시 생각하다가 어깨를 으쓱하더니 화제를 돌린다.

나는 대본을 내려놓았고, 그는 내가 혼란스러워하고 있음을 알아차렸다. "그게 중간점인가요?" 그가 물었다. 만일 그렇다면 그 이유는? 나는 그를 바라보며 그 신이 중간점이라는 것을 증명해야 했는데, 곧 포기했다. 나 자신이 대체 무슨 얘기를 하고 있는지도 몰랐기 때문이다. 그것이 중간점인지 아닌지도 몰랐고, 맞다 해도 이유를 몰랐다. 웃음으로 넘겨보려고 하면서 얼른 화제를 바꿨다.

그들이 떠난 뒤 나는 워크숍을 준비하기 시작했다. 〈차이나타운〉 대본을 다시 읽고 영화를 여러 번 더 보았다. 결국 중간점은 60쪽에 있는 술집 신이 아니라 바로 뒤인 63쪽의 옥외 주차장 신이라고 결론지었다. 이 신에서 기티스는 멀레이 부인에게 이렇게 말한다. "당신이 정 알고 싶다면, 당신 남편은 살해당했어요. 그리고 우리는 가뭄에 시달리고 있는데, 어떤 놈은 시(市) 저수지에서 물 수천 갤런을 쏟아버리고 있어요. 젠장, 난 코를 잃을 뻔했어요! 큰일 날 뻔했지. 난 코로 숨 쉬고 싶거든요. 내 생각에 당신은 아직도 뭔가 숨기고 있어요."

내가 보기에 중간점은 '그것'이었다. 필름과 시나리오를 가지고 브뤼셀에 가서 영화를 보여주고, 그에 관한 얘기를 나누고, 강의와 워크숍에 이용했다. 강의용 영화가 된 셈이다.

배움이란 사물들 간의 관계를 볼 줄 알게 되는 것이다. 그 영화에 대해 이야기하면 할수록 거기서 더 많은 것을 배운다. (나는 아직도 〈차이나타운〉이 지난 30년 사이에 쓰인 미국 시나리오 가운데 최고일 것이라 생각한다.)

구름 낀 토요일 아침, 팔레 데 보자르 미술관에서 나는 그 영화를 유럽 영화인들에게 보여주었고, 그런 다음 우리는 수많은 청중 앞에 모여 앉아 토론했다. 나는 중간점에 대해 이야기하고, 그것이 어떻게 홀리스 멀레이, 제이크 기티스, 멀레이 부인 사이를 연결하기 시작했는가에 대해 말하기 시작했다. 이 신에서 기티스는 수력발전국의 새로운 책임자 옐버턴의 정보를 원한다. 비서가 그에게 옐버턴이 회의 중이며, 언제 나올지 모른다고 말한다. "기다릴게요." 기티스는 담뱃불을 붙이고 의자에 털썩 주저앉아 느긋하게 말한다. "전 점심을 오래 먹어요. 하루 종일 먹기도 하죠."

그는 콧노래를 흥얼거리고, 비서는 긴장하고 초조해한다. 그는 일어나서 벽을 따라 어슬렁거리며 수력발전국의 역사를 상세히 보여주는 사진들을 본다. 그중에는 홀리스 멀레이와 노아 크로스(존 휴스턴)라는 남자가 여러 건설 현장에서 함께 찍은 사진도 몇 장 있다.

크로스. 귀에 익은 이름이다. 그는 에벌린 멀레이가 준 봉투를 꺼내 ECM이란 이니셜을 본다. 그리고 비서에게 노아 크로스가 수력발전국에서 일했는지 물어본다. 당황한 비서는 그렇다고 했다가 아니라고 한다. "노아 크로스는 수력발전국을 멀레이와 공동으로 **소유하고** 있었어요." 그들은 동업자였다고 그녀는 설명한다. 멀레이는 물을 공공 소유로 해야 한다고 생각했지만 크로스는 반대했고, 둘 사이는 틀어졌다.

뭔가 기티스의 뇌리를 스쳐 갔다. 에벌린 멀레이는 노아 크로스의 딸이고, 그녀는 아버지의 동업자와 결혼한 것이다. 에벌린은 누구 편일까? 아버지, 아니면 죽은 남편? 기티스는 노아 크로스가 홀리스 멀레이를 죽일 만한 아주 강한 동기가 있었음을 갑작스럽게 깨닫는다.

이제야 말이 되기 시작한다. 그 정보는 액트 II의 극적 행동 안에서 매우 중대한 연결고리이며, 퍼즐의 해법을 가리키는 첫 번째 단서이다. 제이크 기티스는 결국 노아 크로스가 살인과 워터 스캔들에 책임이 있다는 것을 밝혀낸다. 이것은 극적 행동의 연결고리로서, 기티스가 상황을 파악하는 데 필요한 결정적 단서이다.

"당신은 상황이 돌아가는 걸 안다고 생각할지 모르지만 사실은 몰라." 여전히 제이크는 누가 그를 함정에 빠뜨렸고 왜 그랬는지 모르지만, 지금 추적 중이다. 이것이 바로 중간점을 매우 중요한 이야기 진행점으로 만드는 것이다. 그것은 퍼즐을 푸는 데 도움이 될 조각들, 즉 정보를 찾아다니는 기티스에게 초점을 맞추어 액트 II의 전반부를 설정한다. 에벌린 멀레이, 노아 크로스, 홀리스 멀레이 사이의 연결은 중간점에서 이루어지며, 액트 II의 전반부와 후반부 사이의 극적 행동 사슬의 연결고리를 제공한다. 전반부에서 기티스는 **돌아가는 상황**을 파악하고, 후반부에서는 **누가 배후에 있는지**를 알아낸다.

이것을 **패러다임**으로 그려보면 다음과 같다.

〈차이나타운〉

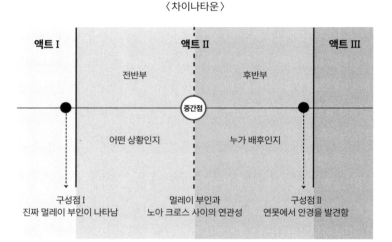

일단 이러한 연결을 파악하자, 두 번째 액트 전체가 맞아떨어졌다. 모든 것이 16세기 벨기에 태피스트리의 색실로 짠 그림처럼 견고하게 엮여 있음을 보았다. 이러한 정보, 즉 이러한 연결은 이야기 진행점으로서 한 단계씩, 한 사건씩, 한 신씩, 액트 II 끝의 구성점으로 이어지면서 이야기를 앞으로 나아가게 한다.

중간점을 아는 것은 스토리라인을 특정한 행동선에 집중할 수 있게 해주는 필수 도구이다. 그로 인해 이제 방향성, 즉 전개의 흐름을 갖게 된다. 일단 중간점을 알게 되면 액트 II의 전반부와 후반부의 하위 극적 맥락을 정립하여 내용을 구조화하고 구성할 수 있다. 그것은 하나의 고정점으로서 작가 자신이 어디로 가고 있는지를 알고 있다고 확신하고 안심하면서 스토리라인을 '구축'할 수 있도록 한다. 그리고 이야기를 액트 II의 후반부로 나아가게 하는 이야기 진행점이 된다.

간혹 액트 II의 전반부와 후반부의 내용을 구성할 때 새로운 신, 새로운 아이디어, 새로운 관계, 심지어는 한 번도 생각해보지 못했던 새로운 등장인물을 발견하기도 한다. 글을 쓸 때에는 '지금 당장' 효과가 있는 것으로 써야 한다. 시나리오 쓰기 과정을 믿자. 그것은 자신의 능력 이상이다. 옳다고 느껴지는 것을 하자. 오래전에 결정했던 것에 연연하지 말자.

사건이 일어난다. 사람들이 변한다. 사정이 변한다.

여기서 할 수 있는 질문은 오직 '그것이 효과가 있는가?'이다. 만약 그렇다면 그것을 사용하고, 그렇지 않다면 하지 말자. 글을 쓰면서 갑자기 새로운 생각이나 새로운 방향, 혹은 계획에 없었거나 생각하지 않았던 무엇인가가 떠오르면 그냥 써보고, 시험해보고, 효과가 있는지 알아보자.

학생들에게 몇 번이고 반복해서 말하지만, 미심쩍을 때에는 써보자. 신을 쓸지 말지 확신이 서질 않는다면 그냥 써보자. 최악의 경우라고 해봐야 그것이 효과가 없다는 것을 알게 되는 것뿐이다. 새로운 신을 추가하는 것보다는 신을 잘라내는 것이 더 쉬움을 알게 될 것이다. 종이에 옮긴 첫 초안을 175페이지 분량씩 써내자. 물론 다시 돌아가서 몇 페이지는 다시 써야 할 것이다. 무슨 상관인가? 내가 지도하는 워크숍에서, 우리는 그 워크숍이 배움의 기회가 될 거라는 데 의견을 같이했다. 즉, 실수를 용인하자는 뜻이다. 효과가 없을 수도 있는 것들을 시도해보자. 그래야만 여러분의 솜씨가 성장하고 발전하고 연마된다.

반복하자면, **액트 II의 전반부**와 **액트 II의 후반부**는 각각 약 30 페이지 분량이다. 극적 행동 단위는 모두 **하위 극적 맥락**으로 결속된다. 액트 II의 전반적인 맥락인 '대립'은 변하지 않는다. 그것은 항상 그대로 유지될 것이다. 대본이 아무리 길거나 짧더라도 페이지를 적절히 변경할 수 있을 것이다.

액트 II를 구조화하는 가장 좋은 방법은 무엇인가? 세 가지 기본 구조적 지점인 구성점 I, 구성점 II, 중간점은 이미 알고 있다. 다음으로 해야 할 일은 액트 II의 전반부를 위한 **하위 극적 맥락**을 결정하는 것이다. 즉, 내용을 하나로 묶어주는 주요 행동, 스토리라인, 혹은 개념을 결정하는 것이다.

〈브로크백 마운틴〉에서 액트 I은 에니스 델 마(히스 레저)와 잭 트위스트(제이크 질런홀)의 관계를 설정하는데, 그들은 브로크백 마운틴에서 만나 양 떼를 돌본다. 그곳에서 육체적 느낌을 억제할 수 없는 그들은 섹스를 하지만 둘 사이의 감정적 느낌은 부정하거나 숨긴다. 구성점 I에서 그들은 산을 내려가 각자의 길을 간다. 액트 II는 에니스가 알마(미셸 윌리엄스)와 결혼하여 빠르게 두 아이를 갖는 것으로 시작한다. 이 직장 저 직장을 떠도는 그의 삶은 목적이 없는 것처럼 보인다. 잭은 순회 로데오를 쫓아다니며 번창하는 트랙터 회사 소유주의 딸 루린(앤 해서웨이)을 만난다. 그들은 결혼해서 얼마 지나지 않아 아이를 낳는다.

하지만 두 남자의 결혼 생활들에는 아쉬운 점이 많다. 그것이 액트 II 전반부의 행동의 초점으로, 이는 그들이 가족과 사랑스럽고 지속적인 관계를 가질 수 없다는 말이다. 이것이 하위 극적 맥락이며, 액트 II의 전반부와 후반부가 진행되는 동안 행동을 결속시키는 행동선이다. 〈브로크백 마운틴〉의 액트 II 전반부에서는 하위 극적 맥락이 **그들의 관계를 드러내고** 있다. 이 맥락은 두 카우보이가 오랜만에 다시 만나고, 그들의 열정을 에니스의 아내 알마가 보게 되는 중간점을 설정한다. 사랑은 그들을 끌어당기는 힘이 되어 그들은 처음으로 함께했던 브로크백 마운틴으로 돌아간다. 그게 바로 중간점이다.

이제 어떻게 되는가? 액트 II의 후반부는 몇 년간의 세월을 다루고 그들의 불행한 결혼 생활로 확장되는 한편, 두 카우보이는 일 년에 몇 번씩 만남을 이어간다. 하지만 이것은 두 사람, 특히 잭에게 전혀 만족스럽지 않다. 그들은 불행해 보인다. 잭은 에니스의 대체자를 찾기 위해 멕시코의 홍등가를 거닌다. 에니스는 가족과의 관계를 즐기지 못하고 친밀감으로부터 도망친다. 마침내 그의 아내는 이혼을 선택한다. 에니스는 외롭고 비열한 카우보이가 되어 이 직장 저 직장을 떠돈다. 그에게 흠뻑 빠진 웨이트리스와 관계를 시작하지만 에니스가 전혀 마음을 주지 않자 그녀는 슬픔에 빠져 울면서 떠난다.

이것은 구성점 II로 이어진다. 20년이 지난 지금 잭은 그들의 관계에 감정적으로 빠져들지 않으려는 에니스의 저항을 더 이상 감당할 수 없다. 에니스는 어린 시절의 기억에 이끌려 협곡에서 발견된

늙은 '퀴어' 카우보이의 훼손된 시체를 보게 된다. 그 기억이 바로 연인 잭에게 빠져들지 않도록 하는 것이다.

액트 III의 맥락은 이러한 딜레마를 해결하고 두 사람의 불행한 삶을 조명한다. 이것이 바로 이야기에 힘, 감정, 보편성을 부여하는 것이다.

〈쇼생크 탈출〉에서 액트 II의 전반부는 감옥에서의 앤디의 생존(하위 극적 맥락)과 레드와의 관계 발전에 초점을 맞추고 있다. 액트 II의 후반부는 수감 생활에 확실히 자리를 잡는 앤디와 그가 어떻게 다른 사람들에게 기여하고 자신이 받은 교육을 물려주려고 하는지(하위 극적 맥락)를 다룬다.

〈타이타닉〉에서 전반부의 하위 극적 맥락은 로즈와 잭이 서로 알게 되는 것이다. 구성점 I에서 잭은 로즈를 구해준 것에 대한 보답으로 저녁식사에 초대된다. 그것은 중요한 시퀀스인데, 그가 '상류층'과 잘 어울릴 뿐만 아니라 로즈와 다른 사람들이 그의 가치관과 관점에 깊은 인상을 받고 있다는 것을 보여주기 때문이다. 이것은 빙산에 부딪치기 직전에 그들이 사랑을 나누는 중간점으로 바로 이어진다. 액트 II의 후반부는 그들이 생존하는 것과 함께하는 것을 다룬다.

하위 극적 맥락은 이 두 가지 극적 행동 단위의 내용을 결정하는 데 중요한 톱니바퀴이다.

구성점 I은 스토리라인의 '진정한 시작'이기 때문에 액트 II의 후반부를 쓸 때 이야기 안에서 **길을 잃을** 때가 있다는 것을 알게 될 것이다. 만약 그런 일이 일어난다 해도 계속 글을 쓰자. 그러면 액트 II 후반부의 중간쯤에서 다시 정상 궤도에 오르게 될 것이다.

극적 맥락을 규정하면 선택의 위치에 놓이게 된다. 이는 이야기를 전달하는 데 필요한 행동을 설계할 수 있는 기반을 제공한다. 그것이 바로 극적 맥락의 기능이자 중요성이다. 그것은 모든 것을 하나로 묶는다. 그것이 바로 구조이다.

스토리라인에 대해 생각해보자. 액트 II의 전반부에서 무슨 일이 일어나는가? 후반부에서는? 생각하자. 규정하자. 원한다면 마음속에 있는 것들을 명확히 하기 위해서라도 무슨 일이 일어나는지 짧은 에세이를 써보자. 전반부와 후반부의 맥락을 규정하고 나면 내러티브 행동의 시간 틀time frame을 결정할 수 있다.

아리스토텔레스는 시간, 장소, 행동의 삼일치가 이루어져야 비극이 제대로 구현된다고 여겼다. 『시학』에서 그는 행동한 시간은 극의 길이와 일치해야 한다는 견해를 내놓았다. 두 시간짜리 연극은 영웅의 삶 가운데에서 두 시간 동안만을 그릴 수 있을 것이다. 상연 시간은 행동을 하는 시간이기 때문이다. 서사시의 작가가 신화적인 배경 위에서 여러 각도로 수년간의 행동을 표현할 수 있는 것과 달리, 극작가는 단 하나의 행동을 표현하는 것으로 제한되어 있었다. 우리는 오이디푸스가 자기 아버지를 죽이는 것을 보지 못하고, 누군가에게서 그 얘기를 듣는다.

16세기까지는 항상 이러했다. 그러나 셰익스피어와 동시대 극작가들은 등장인물의 인생 속에서 단위 시간들을 묘사함으로써 시간들을 연결했다. "더 이상 누군가에게 이야기를 듣는 것이 아니라, 가련한 배우가 무대 위에서 자신에게 주어진 시간 동안 연기했다." 이곳의 장면과 저곳의 장면을 극화함으로써 시간은 연결되고 응축되었고, 광대한 규모의 행동이 결합되었다.

셰익스피어의 방법은 영화적이었지만 무대 공연을 목적으로 한 것이었다. 호메로스가 서사시에서 썼던 방법과 셰익스피어가 희곡에서 썼던 방법은 기본적으로 조지 루커스나 스티븐 스필버그, 피터 잭슨이 오늘날 그들의 신화, 제의(祭儀), 상상의 이야기를 다루는 데 이용하고 있다. 〈스타워즈Star Wars〉, 〈반지의 제왕〉, 〈매트릭스〉와 같은 서사 영화는 공간, 시대, 시간을 관통한다.

〈브로크백 마운틴〉이나 〈쇼생크 탈출〉처럼 여러 해에 걸쳐 진행되거나 〈우리 생애 최고의 해The Best Years of Our Lives〉(로버트 E. 셔우드), 〈48시간48 Hours〉(로저 스포티스우드, 월터 힐, 래리 그로스, 스티븐 E. 드 수자), 〈아메리칸 뷰티〉처럼 비교적 짧은 시간에 진행되는 시나리오를 쓰고 있다면, 시간의 경과를 나타내는 어떤 사건을 보여줄 수 있는가? 자막을 사용하고 싶은가? 아니면 햇볕이 내리쬐는 신 다음에 크리스마스트리가 있는 눈 덮인 신을 보여주며 시간의 경과를 묘사하고 싶은가? 아니면 한 신에서는 탱크톱을, 다음 신에서는 모피 코트를 입고 있는 등장인물을 보여줄 수도 있다. 어떤 것을 보여주지 **않을지** 스스로에게 물어보자. '이' 일이 '저' 일보다 더 중요한 이유는 무엇인가? 여러 해에 걸친 이야기는 쓰기 어렵다. 그래서 초보 작가들은 행운의 여신이 함께해주길 바라면서 많은 사건을 '남발'하는 경향이 있다. 그러나 행운은 흔하지 않다.

계획, 준비, 끈기가 성공적인 시나리오를 쓰는 비결이다. 이야기의 시간 틀을 파악해보자. 그것이 일어나는 기간은 얼마나 되는가? 〈쇼생크 탈출〉은 19년 이상이다. 〈디 아워스〉는 하루 남짓이지만 세 가지 시기인 1923년, 1951년, 2001년에 일어난다.

그것에 대해 생각하자.

행동이 3시간, 3일, 3주, 3개월, 또는 3년에 걸쳐 일어난다면, 선명한 시각적 제시로 내러티브 흐름에 집중하도록 하는 특정한 장면전환을 이용하여 시간의 경과를 시각화할 수 있다. 만약 소설, 희곡, 전기, 기사, 또는 뉴스 이야기를 각색하고 있다면 시간의 간극을 메우고 강조할 수 있다. 제임스 그레이디가 쓴 소설 『콘돌의 6일Six Days of the Condor』은 긴장감과 극적 효과를 높이는 보다 촘촘하고 군살 없는 시각적 제시로 만들기 위해 〈콘돌의 3일〉(〈코드네임 콘돌〉)로 바뀌었다.

액트 II를 두 달간으로 설정할 수도 있다. 이를테면 전반부는 2주, 후반부는 6주로 말이다. 시간의 경과는 여러 가지 방법으로 표시할 수 있다. 가령 계절의 변화, 혹은 현충일, 노동절, 크리스마스, 핼러윈 같은 특별한 날을 언급하는 특정 대사, 혹은 선거, 출산, 결혼식, 장례식 같은 사건을 이용할 수 있다.

액트 II의 시간 틀은 무엇인가? 액트 II의 전반부에 대해 생각하자. 행동에 대한 시간 틀은 무엇인가? 얼마나 길게 혹은 짧게 할지 결정하자. 작업 가능한 시간 틀을 찾는다. 이야기가 적절한 기간을 알려줄 것이라고 믿자. 너무 집착할 것 없다. 너무 의미심장하거나 중요한 것으로 만들지 말자.

시간 틀은 이야기가 신에서 신으로, 시퀀스에서 시퀀스로, 액트에서 액트로 계속 움직여 앞으로 나아가도록 한다. 그것은 행동을 뒷받침하고 맥락에 의해 결속된다.

액트 II 전반부에 넣을 행동의 윤곽을 잡기 시작하면 모든 것을 하나로 묶을 수 있는 하위 극적 맥락과 시간 틀을 갖게 된다. 중간점으로 이어지는 행동과 거기서부터 구성점 II로 이어지는 행동에서 어떤 일이 일어나는지 결정하는 전개의 흐름, 즉 방향성을 갖게 된다.

하위 극적 맥락과 시간 틀이 중요한 이유는 주인공이 극적 요구를 달성하기 위해 극복해야 할 장애물을 강조함으로써 더 큰 구조적 지원을 제공하고 극적 긴장감을 높여주기 때문이다.

액트 II의 전반부에서 이 작업을 마무리했으면 액트 II의 후반부에서도 똑같은 작업을 하자. 이 두 개의 행동 단위는 액트 II라는 더 큰 전체의 일부이고 중간점에 의해 연결되어 있지만, 개별적이고 독립적이다.

국내외의 많은 워크숍에서 내가 알아낸 것 중 하나는 이 액트 II의 전반부와 후반부를 구축하기 위해서는 그 내용을 하나로 묶어주는 하나의 주요 시퀀스가 있어야 한다는 것이다.

브뤼셀에서 개최된 시나리오 워크숍에서 나는 영화 제작자, 작가, 감독, 배우, 프로듀서 등 백여 명에 이르는 청중 앞에서 유럽 시나리오 작가 세 사람과 일대일 방식으로 강의를 진행했다. 그 작가들은 2주의 워크숍 기간 동안 자신들의 대본을 썼다. 그들은 자신의 이야기와 앞으로 쓸 페이지들에 관해 토론했고, 청중들은 질문을 했다. 강의가 끝나면 그들은 집에 돌아가 다음 강의를 위해 글을 썼다. 그들은 다섯에서 열 페이지 분량을 써가지고 왔고, 강의에 참여한 모든 사람들이 조용히 함께 읽었다. 그것들은 프랑스어나 플라망어를 읽을 수 없는 나를 위해 번역되었다. 다음에는 나의 논평이 이어졌다. 질문이 들어왔고, 극적 선택에 대해 설명했다. 왜 이 신은 '여기'에 있는 게 '저기'에 있는 것보다 나은가? 왜 여기서 다른 등장인물이 아니라 주인공을 이용하는가? 이 신을 다른 위치, 심지어 다른 액트로 옮길 수 있는가? 신과 신 사이에서 등장인물에게 무슨 일이 일어나는지를 알아야 하는가? 이 신의 목적은 무엇인가?

우리는 액트 II에 들어갈 내용을 가지고 작업하기 시작했다. 구성점 I에서 중간점까지 내용의 윤곽을 잡고 그것들을 구축하기 시작했을 때 나는 우리가 필요로 하는 것은 액트 II의 전반부 전체를 제자리에 묶어두기 위한 하나의 핵심 시퀀스라는 것을 깨달았다. 왜? 극적 맥락은 이야기를 제자리에 묶어두면서 동시에 그것을 앞으로 나아가게 하기 때문이다.

패러다임을 보자.

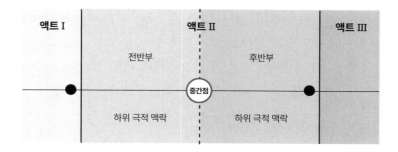

여기서 필요한 것은 30페이지 분량의 행동 단위를 제자리에 고정시키는, 전반부 45쪽쯤에서 일어나는 중요한 시퀀스 하나와 후반부 75쪽쯤에서 일어나는 시퀀스 하나뿐이다. 이 페이지들을 함께 '묶어두기' 위해서 필요한 것은 그것뿐이다. 즉 액트 II의 전반부에서 이 특정 시퀀스로 이끄는 약 15페이지 정도와 그 이후 중간점까지 이끄는 15페이지 정도만 필요하다. 액트 II의 후반부에서도 마찬가지이다. 중간점에서 이 특정 시퀀스에 이르기까지 15페이지 정도가 필요하며, 일단 그것을 쓰고 나면 액트 II 끝의 구성점으로 이끄는 10~15페이지 정도가 더 필요하다. 두 사건은 각각 45쪽쯤과 75쪽쯤에 위치하는 별개의 이야기 진행점으로, 이제 이 두 행동 단위를 제자리에 고정시키는 두 개의 시퀀스를 갖게 된다.

내가 교재로 사용하고 있던 〈차이나타운〉에서 홀리스 멀레이의 살해는 45쪽에서 발견되는데, 이는 이야기를 중간점으로 옮기기에 충분하다. 중간점(에벌린, 크로스, 멀레이 사이의 연관성)에서 벌어진 일은 기티스가 북동쪽 계곡에 있는 모든 땅이 죽은 사람이나 은퇴한 노인들에게 팔렸다는 것을 밝혀내는 지점으로까지 이야기를 진전시키기에 충분한 이야기 진행점이다. 이 이야기 진행점은 노아 크로스가 워터 스캔들뿐만 아니라 살인과도 관련되어 있음을 기티스가 밝혀낼 때까지 이야기를 진전시킨다.

브뤼셀 워크숍의 남은 기간에 나는 시나리오 작가들에게 45쪽쯤에 있는 한 시퀀스와 75쪽쯤에서 일어나는 또 다른 시퀀스를 중심으로 전반부 내용을 구성해보라고 조언했다. 두 시퀀스는 모두 이야기 진행점이며, 그 기능은 단순히 이야기가 순조롭게 진행되도록 하는 것이다. 작가들은 이 신들을 작업하는 것을 좋아했다. 그것들을 준비하고 실행하며 중간점으로 나아갈 수 있었다. 나는 이 시퀀스가 액션 시퀀스거나 대화 시퀀스일 수도 있으며, 이야기를 앞으로 나아가게만 한다면 어떤 시퀀스여도 상관없다는 것을 알게 되었다.

그 작가들은 나에게 이 두 가지 이야기 진행점을 확인할 필요가 있다고 말해주었다. 그래서 해외 워크숍을 마치고 돌아왔을 때 나는 이 두 시퀀스를 사용하기 시작했고, 학생들은 즉시 그것들의 중요성을 확인했다. 그들은 액트 II를 쓰는 데 있어서 가장 중요한 요소라고 내게 말했다.

나는 액트 II 전반부의 시퀀스를 **밀착점 I**Pinch I, 액트 II 후반부의 시퀀스를 **밀착점 II**Pinch II로 부르기로 결정했다. 나는 그것들을 밀착점 I과 밀착점 II로 표기하는 것이 적절하다고 생각했는데, 이 시퀀스들은 **이야기가 순조롭게 진행되도록** 스토리라인을 단순히 '붙여' 놓기 때문이다. 그것이 밀착점의 기능이다.

밀착점의 정의는 간단하다. 행동이 중간점이나 구성점 II를 향해 계속 앞으로 나아가도록 하는 시퀀스이다. 이야기를 중간점이나 구성점 II로 이끌면서 행동이 순조롭게 진행되도록 하는, 스토리라인에서의 **작은 밀착점**일 뿐이다. 그렇다. 그것은 구성점이기도 하지만 더 중요한 것은 이야기가 순조롭게 진행되도록 하는 시퀀스라는 것이다.

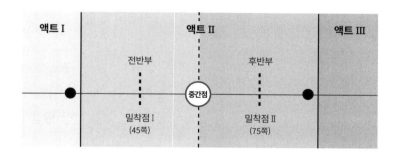

밀착점 I과 밀착점 II 사이에 어떤 이야기 연관성이 있는 경우도 있다. 〈델마와 루이스〉의 밀착점 I에서 두 여자는 제이디(브래드 피트)를 차에 태우는데, 중간점에서 그는 그들의 돈을 훔친다. 밀착점 II는 제이디가 경찰에게 델마와 루이스가 멕시코로 향하고 있다고 말할 때 발생한다. 이런 종류의 대칭적 사건이 항상 일어나는 것은 아니며, 스토리라인과 상황에 따라 달라진다.

액트 II를 구조화하는 과정에서 고정점 역할을 하는 시퀀스로 밀착점 I과 밀착점 II를 사용하면 할수록 그것들의 가치를 더 실감한다. 액트 II를 구조화하려면 스토리라인을 극적 행동 단위로 구축해야 하는데, 액트 II의 전반부와 액트 II의 후반부 순서로 구축한다. 앞서 언급했듯이 먼저 중간점을 결정한 다음, 전반부의 하위 극적 맥락을 설정하고, 그다음 후반부의 하위 극적 맥락을 설정한다. 이 행동 단위의 맥락을 파악해야만 밀착점 I을 결정할 수 있다. 이야기가 순조롭게 진행되도록 하는 일, 에피소드, 또는 사건은 무엇인가?

일단 그것을 정립하고 나면 액트 II의 후반부로 나아갈 수 있다. 중간점과 구성점 II는 알고 있다. 이야기가 구성점 II로 계속 나아가게 하는 행동의 주제는 무엇인가? 그것이 하위 극적 맥락이다. 그것을 패러다임에 맞춰 써보자. 다음에는 구성점 II를 향해 이야기가 순조롭게 진행되도록 하는 시퀀스인 밀착점 II를 결정하자.

그런데 구조의 좋은 점은 유연하다는 것이다. 이러한 구조적 지점들을 패러다임에 맞춰 위아래로 혹은 앞뒤로 언제든 이동시킬 수 있다. 이것은 단지 시작점일 뿐 끝점이 아니라는 것을 항상 명심해야 한다.

일단 패러다임에 맞춰 이런 지점들을 구조화하면 액트 II를 구조화하기 시작할 준비가 된 것이다. 액트 II의 전반부부터 시작할 것이다. 9장에서 했던 대로, 열네 장의 카드를 가지고 액트 I에서 했던 것과 같은 식으로 행동을 배치해보자. 다시 말하지만 액트 II의 전반부에 열네 장의 카드를 배치하기 전에 중간점을 정립하고, 하위 극적 맥락을 결정하고, 밀착점 I을 정립해야 한다. 이 열네 장의 카드를 자유연상법을 사용하여 전반부에 배치해보자. 그냥 해보자. 어떤 카드가 밀착점 I이 될 것 같은가? 7번 카드다. 왜? 그것은 액트 II의 전반부가 절반쯤 지날 때인 45쪽쯤에서 발생하기 때문이다.

카드가 편안하게 느껴질 때까지 계속 반복하여 살펴보자. 액트 II 의 본질은 갈등이라는 것을 기억하자. 그러므로 내적이든 외적이든 그러한 갈등을 언제 어디서나 찾아야 한다. 그리고 각 신의 목적은 이야기를 앞으로 나아가게 하거나 등장인물에 관한 정보를 드러내 는 것임을 기억하자.

만약 액트 II라는 창작의 미로 어딘가에서 길을 잃으면 구덩이에 서 빠져나갈 길을 찾으려고 좌절과 절망 속에서 며칠, 심지어 몇 주 를 보낼 수도 있다. 하지만 액트 II를 쓰고 있을 때는 객관성이 전혀 없다는 사실을 이해해야 한다. 만약 내용에 대해 스스로 의심을 품 는다면 모든 것을 검열하기 시작할 것이고 아무것도 쓸 수 없을 것이다! 조심하지 않으면 자기 자신의 희생자가 되어 글쓰기 장애를 겪기 시작할 것이다. 그런 일이 일어나지 않도록 하자.

좋든, 나쁘든, 변변치 않든, 그런 느낌은 지워버리고 계속해서 써 보자. 한 페이지 한 페이지, 한 신 한 신, 한 숏 한 숏, 자신의 이야기 를 그냥 쓰자. 자신의 판단과 평가는 모두 서랍 속에 넣어두자.

액트 II를 전반부와 후반부로 나누고 극적 맥락과 시간 틀을 정립 한 다음 밀착점 I과 밀착점 II를 결정하고 나면, 이야기가 순조롭게 진행되도록 하는 구조적 개요를 얻게 될 것이다. 그것은 시나리오 쓰기 과정의 다음 단계인 액트 II의 실제 글쓰기로 이어지는 장애 물 코스로 안내할 것이다.

이야기: 결혼 생활이 불행한 젊은 여성 화가가 미술 강좌에 등록하여 강사와 바람을 피운다. 자신의 의지와는 달리 사랑에 빠지고 임신한 사실을 알게 된다. 남편과 정부 사이에서 갈등하던 여자는 두 남자 모두를 떠나 홀로 아이를 키우기로 결심한다.

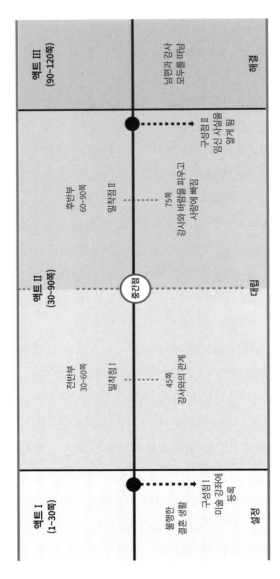

중간점: 극적 행동 사슬이 연결고리로서 액트 II의 전반부를 액트 II의 후반부에 **연결한다.**

다음을 '준비 운동'으로 생각하고 연습해보자.

앞 페이지의 **패러다임**을 보자. 불행한 결혼 생활을 하는 젊은 여자가 미술 강좌에 등록하고 결국 강사와 바람을 피우는 이야기이다.

이것이 나뉘고 구조화된 방법은 모든 연습을 구조화하는 방법과 동일하다. 즉, 결말, 시작, 구성점 I과 구성점 II, 중간점, 시간 틀을 순서대로 결정하고, 액트 II 전반부의 하위 극적 맥락과 후반부의 하위 극적 맥락을 정립한 다음, 밀착점 I과 밀착점 II를 결정하는 것이다.

액트 I에서는 주인공의 불행한 결혼 생활을 정립함으로써 이야기를 설정한다. 구성점 I은 그녀가 미술 강좌에 등록할 때이다.

그녀가 강사와 바람을 피우고 구성점 II에서 임신을 할 것이기 때문에 중간점은 강사와 처음으로 섹스를 할 때일 것이다. 그런 식으로 전반부는 그녀가 미술 강좌, 그림 작업, 결혼 생활을 곡예하듯 해나가는 것과 강사와 가까워지면서 자신에 대해 생각하는 것을 보여준다. 이 액트 II 전반부의 하위 극적 맥락은 그녀와 강사 사이의 관계를 정립하는 데 초점이 맞춰질 것이다. 액트 II 후반부의 하위 극적 맥락은 그녀가 강사와 사랑에 빠지는 것을 다룬다.

패러다임을 다시 한번 살펴보자.

행동을 반복하여 살펴보자. 어떤 일, 에피소드, 또는 사건이 밀착점 I이라고 생각하는가?

밀착점이 될 만한 상황을 검토해보자. 젊은 여자와 강사가 처음으로

서로를 일대일로 알게 되는 기회가 마련되는 대목일 수 있다. 어쩌면 그녀가 자신의 작품에 대한 평가를 받으려 하면서 두 사람이 수업 후에 커피를 함께 마시러 가거나, 혹은 주차장에서 그녀의 차가 시동이 걸리지 않자 그녀가 그의 휴대전화를 빌리거나, 혹은 그가 그녀를 집에까지 태워다 주고 서로 좋아하기에 이르거나, 혹은 두 사람이 어느 파티에서 만나는 대목일 수도 있다. 이런 여러 상황들 가운데 어느 것이든 밀착점 I로서 작동할 수 있을 것이다.

주인공은 아무리 남편과 행복하게 지내지 못한다고 하더라도 강사와 곧바로 침대로 가지는 않을 것이다. 그녀는 조심성 있고, 그녀의 행동은 상황에 적합할 것이다. 그렇지 않으면 우리는 그녀에게 아무런 동정심을 가지지 않을 것이다. 주인공은 항상 호감이 가는 인물이어야 한다. 그리고 강사는? 그는 누구인가? 어떤 사람인가? 그가 어떤 사람인지 알기 위해서라도 그에 대한 등장인물 전기를 쓰게 될 것이다. 그녀와 강사는 서로에 대해 알아가면서 함께 시간을 보낼 것이고, 그런 다음 중간점에서 그들은 처음으로 섹스를 할 것이다. 그들의 관계를 시각적으로 드러내는 데 15페이지 정도의 대본을 쓰게 될 것이다.

액트 II 후반부에서 그녀는 강사와 사랑에 빠지고, 이어지는 구성점 II에서 임신 사실을 알게 된다. 그것은 병원 신일 수도, 자가진단 결과를 확인하는 신일 수도 있다. 그들이 격렬하고 열정적으로 사랑을 나누는 신이 있다면 그녀는 그때 임신한 것이다.

이 시나리오에서 밀착점 II는 어떤 신이라 생각하는가? 생각해보자. **패러다임**을 살펴보자. 몇 가지 아이디어를 적어보자.

병원에 감

부부싸움을 함

강사와 논쟁을 벌임

남편과 헤어짐

강사에게 사랑한다고 말함

강사에게 아내가 있음을 알게 됨

주말여행에서 섹스를 하고 임신함

이 시퀀스 중 어느 것이든 효과적으로 작동할 것이다. 어떻게 생각하는가?

나라면 이렇게 하겠다. 밀착점 II는 그녀가 월경을 건너뛰는 대목이다. 이 일은 선택 상황을 설정한다. 그녀는 임신한 것일까? 그 사실을 알게 되면 그녀는 낙태를 하거나, 남편에게 말하거나, 남편과 헤어지거나, 남편과 연인 모두를 떠나 혼자 아이를 낳고 독신으로서, 어머니로서, 화가로서 새로운 삶을 시작하는 선택을 할 수 있다. 아니면 강사와 함께 새로운 삶을 시작하고 싶은가? 바꾸어 말하면 액트 III에서 그녀는 어떻게 자신의 딜레마를 해결할 것인가?

내 결말을 따를 필요는 없다. 다른 결말이어도 괜찮다. 위에 열거된 모든 극적 선택이 괜찮을 수 있다. 자신에게 효과가 있는 선택이 옳은 선택이다.

효과가 있으면 사용하고, 그렇지 않으면 사용하지 말라. 그게 법칙이다. 시도해보자. 실수를 두려워 말자. 시나리오를 쓸 때 빈 종이 위에서 불가사의하게 일어나는 크고 작은 모든 '뜻밖의 일들'에 대해 개방적이고 수용적인 태도를 가져야 한다.

일어나길 바라는 일에만 너무 매달리지 말고, 그냥 일어나도록 내버려두자. 시나리오 쓰기는 하나의 과정이며, 끊임없이 변하고 계속된다. 그것이 바로 글쓰기의 진정한 기쁨이다.

14

액트 II 쓰기

"아이디어가 생겨나서 일단 쓰기 단계에 이르면 모든 작업이 끝난 셈이다.
사전 작업이야말로 진짜 중노동이다.
일단 타자기[컴퓨터] 앞에 앉는 상황에 이르면 모든 힘든 일은 끝났고
이제 내려놓기만 하면 되는데, 그건 전혀 문제가 되지 않는다."

우디 앨런

앞에서 언급했듯이 액트 II로 들어가는 가장 좋고 효과적인 방법은 등장인물의 극적 요구에서 시작하는 것이다. 시나리오가 진행되는 동안 주인공이 이기고, 얻고, 이루고자 하는 것을 재규정하는 것이 중요하다. 감정적이든 육체적이든 자신이 처한 어떤 위기나 상황을 해결하기 위해 행동을 통해 그를 몰아가는 것은 무엇인가? 그것을 규정할 수 있는가? 분명히 나타낼 수 있는가?

구성점 I에서 등장인물의 극적 요구가 바뀌었는가? 만약 등장인물의 극적 요구가 바뀐다면, 그 변경은 구성점 I에서 일어난다는 것을 기억하자. 그것이 이야기의 진정한 시작이다.

액트 II를 준비하면서 등장인물이 내러티브 행동 과정에서 어떤 장애물을 직면할지에 대해 생각해보았는가? 액트 II를 쓸 준비를 한다는 것은 등장인물이 스토리라인을 통과하기 위해 직면하는 대략 네 가지 주요 장애물을 알아야 한다는 것을 의미한다. 모든 장애물과 마찬가지로 그것들은 내적 또는 외적, 물리적 또는 정서적, 정신적 또는 영적일 수 있다.

모든 좋은 글쓰기의 근본은 **갈등**이다. 다시 한번 이야기하지만, 모든 드라마는 갈등이다. 갈등 없는 행동이, 행동 없는 등장인물이, 등장인물 없는 이야기가 없다. 그리고 이야기 없는 시나리오가 없다. 〈디 아워스〉, 〈차이나타운〉, 〈맨츄리안 캔디데이트〉, 〈젊은이의 양지A Place in the Sun〉(마이클 윌슨, 해리 브라운), 〈콜드 마운틴〉, 〈아메리칸 뷰티〉와 같은 영화들은 내적 갈등과 외적 갈등을 모두 가지고 있다.

외적 갈등은 등장인물의 외부에 있는 갈등으로, 등장인물들은 〈콜드 마운틴〉, 〈콜래트럴〉, 〈아폴로 13Apollo 13〉, 〈쥬라기 공원Jurassic Park〉(마이클 크라이턴, 데이비드 켚)에서처럼 물리적(그리고 물론 어떤 부분에서는 정서적) 장애물에 직면한다. 등장인물과 사건을 통해 이야기 안에서 갈등을 만들어내는 것은 소설이든 희곡이든 시나리오든 모든 글쓰기의 단순하고 기본적인 '진리' 중 하나이다.

그렇다면 **갈등**이란 무엇인가? 갈등이라는 단어는 '반대하는' 것을 의미하고, 모든 극적 장면의 중심은 등장인물이 **누군가** 또는 **무언가**에 반대하도록 하는 것이다. 갈등은 투쟁, 싸움, 전투 또는 추격 신, 삶에 대한 두려움, 실패나 성공에 대한 두려움 등 내적이든 외적이든 어떤 종류의 대립이나 장애물도 될 수 있으며, 정서적이든, 물리적이든, 정신적이든 아무 상관없다. 갈등이 충분하지 않다면 지루한 글쓰기의 난관에 휘말리는 자신을 자주 발견하게 될 것이다.

갈등은 물리적으로나 정서적으로 표출될 수 있다. 대사를 통해 이야기할 수도 있고, 신체적 행위를 통해 표현할 수도 있고, 등장인물이 그것에 반응하도록 할 수도 있다. 갈등은 어떤 형태를 취하든 간에 두 번째 액트를 통해 스토리라인을 몰아가는 엔진이 된다.

대사는 등장인물의 기능 중 하나라는 것도 기억하자. 대사의 목적을 살펴보자. 대사는,

- 이야기를 진전시킨다

- 등장인물에 관한 정보를 드러낸다(어쨌든 대사에는 내력이 담긴다)
- 필요한 사실과 정보를 독자에게 전달한다
- 등장인물의 관계를 정립하고, 현실적이고 자연스럽게 만든다
- 등장인물에게 깊이, 통찰력, 목적을 부여한다
- 이야기와 등장인물의 갈등을 드러낸다
- 등장인물의 감정 상태를 드러낸다
- 행동에 대한 설명을 해준다

액트 II에서 대사를 쓰려는 첫 시도는 아마도 부자연스럽고 진부하고 산만하고 억지스러울 것이다. 대사를 쓰는 것은 수영을 배우는 것과 같다. 조금 더 허우적거리겠지만 하면 할수록 더 쉬워진다. 액트 II의 전반부에 들어가게 되면 이야기와 대사의 리듬을 맞추는 데 몇 페이지를 써야 할 수도 있다.

걱정하지 말자. 40~50페이지 정도를 쓰다 보면 등장인물들이 여러분에게 말을 걸기 시작한다. 여러분에게 정말로 말하기 시작하는 것이다. 그냥 과장되고, 직설적이고, 멍청하고, 뻔한 대사들로 형편없는 페이지들을 쓰도록 한다. 계속 쓰자. 대사는 고쳐 쓰는 동안 언제든 정리될 수 있다. "글쓰기는 고쳐 쓰기이다"라는 고대 격언이 있다.

이 과정에서 자신을 이끌어줄 '영감'을 찾는 사람들에게 한마디 하자면, 이런 말을 해서 미안하지만 아마 찾지 못할 것이다. 영감은 순간, 몇 분 또는 몇 시간 단위로 측정된다. 시나리오는 근면성과 훈련에 따라 달라지며 몇 주, 몇 달 단위로 측정된다. 시나리오를 쓰는 데 100일이 걸리고 그중 열흘 동안 전원이 '켜져 있는' 상태라

면 운이 좋다고 생각하자. 100일은커녕 25일조차 전원이 '켜져 있는' 경우는 없다. 특히 액트 II를 쓸 때는 말이다. 그런 경우가 있다는 얘기가 '들리기도' 하지만 사실 그것은 무지개 끝에 있다는 금단지일 뿐이다. 이룰 수 없는 꿈이다.

"하지만…."

하지만 뭔가? 한두 주 만에 수백만 달러에 팔린 시나리오를 그런 식으로 썼다는 이야기나 소문 말인가? 아니면 친구의 친구의 사촌이 이틀 만에 시나리오를 완성한 누군가를 알고 있다고? 그게 '하지만'이 가리키는 것인가?

잊어버리자. 시나리오를 쓰려고 생각하는 모든 사람들에게 내가 늘 말하듯, 글쓰기는 하루에 두세 시간씩, 일주일에 대엿새씩, 낮이든 주말이든, 하루에 세 페이지 이상, 일주일에 열 페이지 이상, 날마다 해야 하는 일이다. 한 숏씩, 한 신씩, 한 시퀀스씩, 한 페이지씩, 한 행동씩 말이다. 쓰다 보면 언젠가 나아질 것이다.

패러다임 속에 있으면 **패러다임**을 **볼** 수 없다는 것만 기억하자.

인덱스카드 시스템이 지도이자 안내서라면, 구성점, 중간점, 하위 극적 맥락, 밀착점은 가는 길에 위치한 확인 지점(체크포인트)이며, 최종 목적지이자 결말인 고지대 사막에 이르기 전에 들르는 '마지막' 주유소이다.

카드 시스템의 좋은 점은 일단 작업을 마치면 그것을 잊을 수 있다는 것이다. 하지만 액트 II를 쓰고 있는 지금 단계에서는 액트 II의 전반부와 후반부를 구축하기 위해 카드들을 사용할 것이다.

복습하자면, 카드 한 장은 한 신에 해당하지만 시나리오를 쓸 때 꼭 그렇지는 않다. 액트 II를 쓰고 있을 때 갑자기 생각지도 못했던 새로운 신이나 단순히 카드에 적은 신보다 더 효과적인 신을 발견하게 될 것이다. 그것을 사용할지 말지 망설여질 때는 그냥 사용하자. 그 신은 카드의 경로를 벗어나 이제껏 고려조차 하지 않던 몇 가지 새로운 신이나 시퀀스로 이끌 것이다. 좋다. 그렇게 하자. 써보자. 밀착점 I, 밀착점 II, 중간점이 이야기의 방향을 유지시켜주는 구조적 지침이 될 것이다. 만약 그런 일이 일어나면 그 신이나 시퀀스를 쓰는 것이 중요하기 때문에 그냥 그렇게 하자. 그것들이 효과가 있는지 없는지는 몇 페이지 안에 알 수 있다. 이 새로운 페이지들을 끝내면서 자신의 노력에 만족할 수도 있지만, 갑자기 다음에 무슨 일이 일어날지 궁금해질 수도 있다. 아무런 단서도 없고 무엇을 해야 할지, 어디로 가야 할지 모른다. 그렇다면 숨을 한번 들이쉬고 다음 카드를 보자. 자신이 이미 카드에 정리해놓은 다음 신에 대한 완벽한 도입부가 있다는 것을 알게 될 것이다. 그리고 만약 이 새로운 신들이 효과가 없다면 잃은 것은 단지 며칠뿐이지만 창조적 에너지를 유지했다는 것을 알아두자. 사실 아무것도 잃지 않았다. 자신의 창의적 사고가 그 새로운 신들을 완전히 숙지하여, 효과가 있을 거라 생각했던 신들을 빼더라도 여전히 이야기의 **방향**을 따를 수 있도록 한다.

명심하자. 카드를 작성할 때는 카드를 작성하고, 시나리오를 쓸 때는 시나리오를 쓰자. 카드에 너무 얽매이지 말자. 카드가 당신을 인도하게 하되 카드의 노예가 되어서는 안 된다. 요컨대 만약 더 멋지고 유려한 이야기가 떠오르는 즉흥적인 순간을 느낀다면 그것을 쓰자.

신들을 배치하면서 실제 글쓰기 경험은 카드를 배치했던 방식과 다르다는 것을 다시 한번 알게 될 것이다. 이야기에 맞게 카드를 다른 것으로 바꾸거나 이야기와 등장인물의 전개에 새로운 것을 추가하는 것에 대해 걱정하지 말자. 이쯤 되면 형식에 편안함을 느끼기 시작할 것이다.

오프닝 신이나 시퀀스를 설계하여 액트 II를 시작하자. 명확한 등장인물의 극적 요구를 가지고 있다면 이제 어디에서 신으로 들어갈지 생각해볼 수 있다. 늦게 들어가서 일찍 나오는 것을 생각하자. 즉, 주요 '누설'이 정립되기 직전에 가능한 한 마지막 순간에 신으로 들어가도록 노력한다. '누설'은 신의 핵심이다. 그것은 이야기를 앞으로 나아가게 하고 등장인물에 관한 정보를 드러낸다. 각각의 신은 한 가지에 관한 것이고, 그것에 대한 하나의 '비트'가 있어야 한다. 신의 목적이 무엇인지 아는가? 등장인물은 어디서 왔는가? 어디로 가는가? 그의 극적 요구를 바꿔야 했는가? 신 안의 갈등은 무엇인가? 내적인가, 외적인가? 등장인물이 극적 요구를 달성하지 못하게 가로막는 장애물은 무엇인가? 작가 자신이 모른다면 누가 알겠는가?

신으로 어떻게 들어갈 것인가? 처음에? 중간에? 아니면 마지막에? 대부분의 경우 신의 목적이 드러나기 직전에 신으로 들어갈 것이다. 맥락에 대해 더 자세히 묘사해보면 행동의 요소나 성분을 찾는 데 도움이 될 수 있다. 지금 쓰고 있는 신이 액트 II 전반부의 하위 극적 맥락의 영역 안에 들어가는가? 예를 들어, 만약 맥락이 불행한 결혼 생활을 하고 있는 젊은 여성 화가라면 남편과의 관계의 맥락을 작성하고 극화해보자. 그녀의 그림, 친구(들), 그리고 그녀 자신에 대해서도 똑같이 해보자. 이 네 가지 요소로 30페이지 분량의 행동 단위 전체를 채울 수 있다.

스토리라인을 깔끔하고 단순하게 만들자. 너무 자세하게 쓰거나, 이야기를 꼬거나 비틀어 복잡하게 만들어서는 안 된다. 거듭 말하지만 시나리오 쓰기는 말보다는 침묵이 더 잘 통하는 장소들을 찾아서 영상으로 이야기를 전달하는 것이다. 그리고 다시 한번 반복하자면 각 신의 목적은 이야기를 앞으로 나아가게 하거나 등장인물에 관한 정보를 드러내는 것이다.

후반부의 첫 번째 열 페이지를 써보자. 기교나 술책에 대해서는 신경 쓰지 말고 그냥 자신의 이야기를 하자. 극적 맥락과 시간 틀에 대해 확실히 해둔다. 다시 열 페이지 단위로 작업하여 행동이 밀착점 II를 지나서 액트 II 끝의 구성점으로 나아가도록 하자. 열 페이지 단위로 쓴 부분을 정리하고 싶다면 그렇게 한다. 그런 다음 나아가자. 항상 처음에서 끝으로, 시작에서 결말로, 앞으로 나아가자. 지금 고쳐 쓰느라 시간을 허비하면 안 된다. 그것은 나중에 하게 될 것이다.

새로운 신이 머릿속에 떠오르면 그것을 적어두자. 만약 카드에 써둔 행동을 그만두고 이 새로운 방향을 따르고 싶다면 그렇게 해보자. 일어날 수 있는 최악의 상황은 몇 신을 쓰고 그것들이 효과가 없다는 것을 깨닫는 것이다. 괜찮다. 그냥 돌아가서 그만두었던 이야기를 이어가자. 효과 없는 것을 시도하는 것은 항상 무엇이 효과가 **있는지**를 보여줄 것이다. 실수와 변화는 글쓰기 경험의 일부이다. 왜 그런 일이 일어나는지, 어떻게 그런 일이 일어나는지 모른다. 내가 아는 건 그런 일이 일어난다는 것이다. 그것은 글쓰기 과정이고, 우리의 능력 이상이다.

깔끔하고 빈틈없게 하자. 장황한 설명이나 대사, 또는 비틀리고 돌발적인 새로운 플롯으로 행동을 방해하지 말자. 맥락은 **대립**이다. 등장인물은 극적 요구의 성취를 가로막는 장애물과 대립한다.

액트 II 전반부의 열 페이지를 완성한 다음 두 번째 열 페이지로 이동한다. 밀착점 I로 향하고 있으므로 이 열 페이지를 신중하게 설계하자. 카드는 여기서 큰 도움이 될 수도 있고 그렇지 않을 수도 있다. 이 행동 단위를 쓸 때면 나는 항상 창조적 충동이 방향을 인도하도록 한다. 구조가 제자리에 있기에, 나는 효과가 없거나 변경할 수 없는 작업을 하고 있는 것은 아닌지에 대해 걱정하지 않는다.

밀착점 I에 다다르기 전에 어떤 신을 써야 하는지 아는가? 그것들을 묘사하자. 규정하자. 그런 다음 써보자. 스토리라인을 따라가자. 또는 페이지에 생겨나고 있는 것처럼 보이는 새로운 스토리라인을 따르자. 액트 II의 전반부를 쓸 때 나는 그것들이 항상 가장 어려운 페이지인 것처럼 보인다는 것을 알게 되었다. 이런 일이 일어나는 이유는 이야기를 **재발견**해야 하기 때문이다. 만약 구성점 I이 이야기의 진정한 시작이라면 긴장감, 속도감, 서스펜스와 함께 어떻게 이야기를 궤도에 올려놓기 시작할 것인가? 그것은 처음부터 다시 시작하는 것과 같지만 이번에는 두 번째 액트이다. 그러므로 스토리라인이나 이야기의 방향이 조금 방황하기 시작한다고 해도 놀라지 말자. 50~60쪽쯤에서 내러티브 경로로 복귀하기 시작할 것이다. 중간점은 스토리라인을 구조에 고정시키는 훌륭한 닻이다.

밀착점 I은 중간점에 다다를 수 있게 돕는다. 이야기가 너무 길고, 신과 페이지가 너무 많다고 느끼더라도 걱정하지 말자. 글을 쓸 때 항상 떠오르는 의문이 있다. "이 신이 필요한가? 써야 하나, 말아야 하나?" 그 답은 이렇다. **의심스러울 때는 그냥 써라.** 종이에 옮긴 첫 초안을 쓸 때 스스로를 검열하기 시작한다면, 자신이나 자신의 글쓰기 경험에 도움이 되지 않는 과정을 자신의 머릿속에서 시작하고 있다는 것을 알게 될 것이다. 만약 스스로를 너무 비판하기 시작하면 이 신이나 저 신이 필요하지 않다고 스스로에게 계속 말할 것이고, 그런 일이 자주 일어난다면 자신의 작업에 대해 의심하거나 비판하려는 충동이 자신의 글쓰기 과정을 방해한다는 것을 알게 될 것이다. 어떤 신을 써야 할지 말아야 할지 망설여진다면 그냥 쓰자. 일어날 수 있는 최악의 상황은 종이에 옮긴 첫 초안이 170~200페이지 정도라는 것이다. 무슨 상관인가? 새로운 신을 쓰는 것보다 있던 신을 잘라내는 것이 더 쉬운 법이다. 내 말을 믿어라.

한 페이지씩, 한 신씩, 중간점에서 밀착점 II까지, 그리고 구성점 II까지 앞으로 나아가면서 계속 쓰자. 끊임없이 스스로에게 상기시켜야 하는 것처럼, 글쓰기는 하루에 세 페이지씩, 일주일에 대엿새씩 날마다 하는 과정이다. 만일 풀타임 직업이 있다면 주중에는 앞으로 쓸 열 페이지에 대해 생각하고, 그런 다음 주말에 앉아서 그것들을 쓰자. 이렇게 하면 일주일에 열 페이지는 쉽게 쓸 수 있다.

액트 II 쓰기는 액트 I 쓰기와 거의 같을 것이다. 하지만 지금은 시나리오 서식에 맞춰 작업하는 것이 더 쉽고, 지금쯤이면 매일 몇 시간씩 앉아서 대본 작업을 할 수 있을 만큼 충분히 수양을 쌓았다. 하지만 지금은 액트 I보다 더 많은 변화를 만들고 있으며, 이는 때때로 문제를 일으킨다. 자신이 창조한 미로에서 길을 잃고 혼란에 빠지기 쉽다.

때만 되면 끈질기게 나타나는 판단, 결정, 평가에 대해 알아차리게 될 것이다. 갑자기 대사가 진짜처럼 들리지 않으면서 자신이 그 것을 강요하고 있다는 것을 알게 될 것이다. 자신이 쓰고 있는 글이 효과가 없다는 것을 마음속 깊이 알게 될 것이고, 그것이 그다지 좋지 않다는 것을 알게 될 것이다.

스스로에게 물을 것이다. 이 페이지들이 이렇게 안 좋다면 지금 까지 쓴 다른 페이지들은 어떨까? 그래서 먼저 썼던 부분으로 돌아가 다시 읽어볼지도 모른다. 그리고 알게 되는 것은? 형편없군. 끔찍해.

두려워하거나 겁을 먹거나 불안해하면 가슴이 조여들고, 온갖 상념이 떠오른다. 내가 뭘 하고 있지? 이 이야기는 엉망이야. 침착해야지 해도, 불가능하다. 어떻게 하지? 술? 마약? 우울증? 섹스? 쇼핑? 휴가? 고립? 정체성 상실? 쓸모없다는 느낌?

도움이나 '평가'가 필요하다고 판단할 수도 있다. 자신의 글을 읽어보라고 친구에게 전화할 것이다. 최악의 평가를 예상할 수도 있지만 **내심 듣고 싶은 말이 있을 것이다.**

친구는 글을 읽고 나서 다음과 같이 말하며 의심과 두려움이 사실임을 보여준다. "잘 쓴 것 같네. 잘못된 부분은 하나도 없어." 물론 그는 진실을 말하려고 하기보다는 친구의 기분을 맞춰주기 위해 노력하는 것일 뿐이다.

아니면 친구는 글이 좀 약하다고 말할 것이다. 글이 너무 '장황하다'거나, 초점이 다른 인물에게 가야 한다거나, 해야 할 일이 바로 이것이라는 등 자신이 이야기에 대해 어떻게 **생각하는지**를 상세히 설명할 것이다. 물론 그는 모른다. 당신이 모르기 때문이다. 어떻게 하지? 뭘 하지?

이쯤이면 신경과민이 극에 달하고, 아무것도 모르는 상태가 된다. 밥 딜런이 노래했듯이 "지겨운 멤피스 블루스가 흐르는 차 안에 갇히게" 된다.

많은 사람들이 바로 그때 그만둔다. 그들은 자신이 내린 판단, 자신이 내린 평가, 자신의 견해를 믿는다. 스스로를 갉아먹는다. 분명한 건 지금 당장은 아무것도 볼 수 없다는 사실이다. 한발 물러서서 볼 수 있는 객관성이 완전히 결여되어 있기 때문이다. 그게 무슨 상관인가? 액트 II 전반부의 대부분은 그리 좋지 않을 것이다. 작위적이고, 따분하고, 과장되고, 과도한 것처럼 보인다.

이런 불안은 판단과 평가의 방아쇠를 당긴다. 판단과 평가에 대해서 꼭 기억해야 할 것이 하나 있다. 이러한 논평과 결정은 **누가** 하는가?

바로 작가 자신이다.

자신의 판단과 평가로 자신의 글쓰기 체험을 가로막을 수도, 그러지 않을 수도 있다. 자신한테 달려 있다. 선택권은 물론 자신에게 있다. 그 문제에서 발언권은 물론 여러분에게 있다. 자신의 권리를 행사하자.

온갖 상념이 떠오르며 쓰고 있는 것을 비판하고 있다면, 상념을 떨쳐버리기 위해 할 수 있는 시도가 하나 있다. 그냥 **발언권을 비평가에게 넘기는 것이다.**

글을 쓸 때 자신의 머리 뒷부분에 자리 잡고 있는 '비평가'는 냉혹하고 잔인할 것이다. 지겹도록 쫓아다니며 괴롭힐 것이다. 언젠가 그것을 해결하긴 해야 할 텐데, 기왕이면 지금이 좋겠다.

어떻게 해결하는가? 빈 종이 한 장을 준비하자. '비평가 페이지'

라고 제목을 붙인다. 컴퓨터로 쓰든, 손으로 쓰든, 타자기로 쓰든, 작업 중인 페이지 근처에 둔다. 이제 자신 앞에는 작업 중인 페이지와 빈 종이 한 장이 있다. 하나는 대본을 위한 것이고, 다른 하나는 '비평가'를 위한 것이다.

이제 글쓰기를 시작한다. 글을 쓰면서 익숙한 생각이나 판단, 자기 평가가 꿈틀대는 것을 알아차릴 것이다. 이러한 부정적인 생각이나 비판을(안타깝게도 이것들은 결코 긍정적인 법이 없다) 비평가 페이지에 쓴다.

계속해서 시나리오를 써나가자. 또다시 부정적인 생각이나 판단이나 의문이 생기면 비평가 페이지에 그냥 적어둔다. 비평의 글마다 번호를 매기고 싶어질 수도 있겠다.

발언권을 비평가에게 넘기자. 글을 쓰고 있으면 비평가의 목소리가 들릴 것이다. 그러면 시나리오 작업을 멈추고 비평가가 하는 말을 적자. 그것에 대한 느낌이 어떤지 보자. 페이지가 다 차면 한 장을 더 쓰자. 여러분이 나와 비슷하다면, 대본에 쓰는 것보다 비평가 페이지에 쓴 분량이 아마 더 많을 것이다.

이 연습을 처음 하는 날에는 시나리오 두세 페이지와 비평의 글 한두 페이지가 나올 수 있다. 다음 날 다시 해보자. 하지만 이번에는 좀 더 신중을 기할 것이고, 결국 시나리오 두 페이지와 비평가 페이지 서너 장이 나올지도 모른다. 다음 날에도 똑같은 일을 하면 대본 세 페이지와 비평 세 페이지가 나올 수 있다.

이 연습을 사흘 동안 진행하고 나서 모든 비평가 페이지를 서랍에 집어넣고 잊는다.

그리고 이틀 동안 시나리오를 다시 쓰자. 비평으로부터 잠시 휴식을 취한 다음 서랍을 열고 비평가 페이지를 읽자. 그냥 읽어보자. 그러면 놀라운 사실을 알게 될 것이다. 비평가의 말은 **모두 똑같다!** 모두 부정적이고 비판적이다. 지금 쓰고 있는 글은 그리 좋지 않으며, 대사가 형편없고, 이야기와 등장인물이 너무 약하고, 시나리오를 쓰는 것은 시간 낭비일 뿐이라고 말할 것이다. 아니면 데이트 상대를 구해야 한다고 하거나, 운동이나 쇼핑 같은 걸 하러 가라고 할 것이다.

매일 작업을 하고 비평가의 생각과 의견을 받아 적는 동안 그들은 기본적으로 같은 말을 하고 있다. 그건 진짜 별로야.

그래서? 어쩌면 비평가의 말이 옳을지도 모른다. 어쩌면 지금은 그다지 좋지 않을 수 있다! 하지만 이것은 종이에 옮긴 첫 초안일 뿐이다. 그렇다고 해서 그것들을 더 좋게 만들 수 없다는 뜻은 아니다. 이 시도에서 가장 중요한 것은 머릿속에서 이런 판단과 평가를 내리는 목소리를 인식하게 된다는 것이다. 자신이 뭐라고 쓰고 말하든 머릿속에 있는 비평가는 같은 말을 할 것이다. 쓸모없고, 탐탁지 않고, 흔해빠졌으니, 포기해.

포기할 수는 없다. 결국 부정적인 생각은 자기 자신의 판단일 뿐이다. 전체적으로 보면 그다지 큰 의미가 없다. 누구나 부정적인 판단을 한다. 그것이 작업을 방해하도록 내버려둘 수도 있고, 피해 갈 수도 있다. 너무 강하거나 심각하게 반응하면 스스로를 갉아먹게 되기 쉽다.

내 경험에 비추어 하는 말이다.

장 르누아르는 나에게 항상 "완벽이란 이상이다. 마음속에만 있고, 현실에는 존재하지 않는다"고 말했다. 음미해볼 만한 말이다.

액트 II의 신과 시퀀스를 계속 써나가면서 시각적 역동성에 중점을 두자. 이야기를 시각적이고 영화적으로 유지해야 한다는 것을 계속 유념한다. 파이널 드래프트와 같이 시나리오를 서식화하는 소프트웨어를 사용하고 있더라도 실외 신이 거의 없이 계속해서 실내 신으로만 이어지는지 확인하자. 한 신에서 다음 신으로 넘어가게 하는 묘사나 대사, 즉 장면전환에 대해 생각해보자. 건물 밖으로 걸어 나가는 등장인물을 보여주는가? 길에 서서 택시를 기다리는가? 지하철을 타고 가는가? 꽉 막힌 도로에서 차를 모는가? 건물로 걸어 들어가는가? 엘리베이터에 타는가? 공항에 착륙하는가? 수하물 찾는 곳에 있는가? 시각적으로 생각하자. 이야기를 개방하자. 예를 들어, 실내에서 실외로, 실내로, 실내로, 실외로 이동하자. 시각적 장면전환을 염두에 두자.

장면전환은 시간의 경과를 보여주는 신, 시퀀스 또는 몽타주이다. 신이나 시퀀스의 연결은 시각적으로 착상되어야 하는데, 한 신에서 다음 신으로 행동을 이동시키려면 시각적 장면전환이 필요하기 때문이다. **장면전환**은 시간을 연결하고 행동을 시각적으로 빠르게 앞으로 이동시킨다. 원작 시나리오를 쓰든 소설, 희곡, 잡지, 뉴스 기사를 시나리오로 각색하든 각 신이나 시퀀스는 이야기가 앞으로 나아가도록 특정 **시간**을 특정 **장소**로 연결할 수 있다. 시나리오의 A 지점에서 B 지점으로 이동하려면 그 두 지점을 연결하는 장면전환을 만들어야 한다.

장면전환을 만드는 데는 네 가지 주요 방법이 있는데, **영상에서 영상으로, 사운드에서 사운드로, 음악에서 음악으로, 특수 효과에서 특수 효과로** 편집하는 것이다. 그리고 **디졸브, 페이드아웃, 스매시**

컷smash cut(갑작스러운 신 전환에 사용되는 편집 기법—옮긴이) 등이 사용된다.

시나리오 작가가 이러한 시각적 장면전환을 만들기 위해 감독이나 영화 편집자에게 의존하게 된 것은 그리 오래전 일이 아니지만, 필요한 장면전환을 써넣는 것은 작가의 책임이다. 전문 시나리오 작가의 눈에 띄는 특징 중 하나는 좋은 시각적 장면전환을 쓰는 능력이다. 요즈음에는 장면전환 기술의 스타일과 기교가 계속 진화하고 있다. 순차적 에피소드로 구성된 〈펄프 픽션〉과 같은 대본조차도 효과적인 장면전환을 사용하므로 시나리오를 구성하는 다섯 에피소드가 하나의 스토리라인으로 연결된 것처럼 보인다. 대본의 속표지는 심지어 이 영화가 실제로 "하나의 이야기에 관한 세 가지 이야기"라고 선언하기도 한다. 만약 타란티노와 애버리가 그러한 장면전환을 만들어내지 않았더라면 그 대본은 일관성 없는 에피소드로 전락하여 그만한 효과를 거두지 못했을 것이다.

내 생각에는 이야기를 진전시키고 시간, 장소, 행동을 연결하는 이러한 장면전환 신을 쓰는 것은 시나리오 작가의 책무이다. 좋은 장면전환을 쓰는 것은 여러 가지 문제를 해결하는 아주 좋은 방법이기도 하다.

예를 들어 〈쇼생크 탈출〉에서 시간의 경과는 놀라우리만치 잘 처리된다. 시간의 경과를 보여주는 데 단 하나의 숏만이 필요하다. 리타 헤이워스, 메릴린 먼로, 라켈 웰치의 대형 포스터는 수십 년의 세월을 시각적으로 보여준다. 〈아메리칸 퀼트How to Make an American Quilt〉(제인 앤더슨)에서는 스물여섯 살의 젊은 여성 핀(위노나 라이더)이 무릎을 꿇은 채 책을 보고 있고, 그녀의 보이스오버 내레이션이

들린다. "어떻게 서로 다른 두 사람이 부부라는 것으로 합쳐지는 거지? 그리고 만약 사랑이 그렇게 강렬하다면 혼자만의 작은 공간을 어떻게 계속 지켜나가지…." 영화 전체가 바로 이런 내용인데, 핀이 일어서자 매치 컷match cut(시각적으로 유사한 두 신을 이어 붙이는 편집 기법—옮긴이)으로 대여섯 살의 어린 소녀 핀으로 바뀌며 누비이불 만드는 모임의 여자들을 바라보고 있고, 그녀의 내레이션이 스토리라인으로 이끈다.

장면전환이 왜 그렇게 중요한가? 대본을 읽거나 영화를 볼 때 보통 두 시간이 넘지 않는 러닝타임 내내 원활하게 흘러가야 하기 때문이다. 스토리라인은 페이지나 스크린을 가로지르는 매끄러운 이미지 행렬이어야 하고, 그러면 시간은 상대적인 현상이 된다. 몇 날, 몇 년, 몇십 년이 몇 초로 응축될 수 있으며, 한 이미지에서 다른 이미지로 비약이 이루어지면서 몇 초가 몇 분으로 늘어난다. 이런 것이 〈쇼생크 탈출〉을 그토록 놀라운 영화로 만드는 요소이다. 시간의 경과는 그 자체로는 관심을 끌지 못하지만, 시나리오의 구조에서 없어서는 안 될 부분이 된다.

장면전환은 만화경의 색상만큼 다양하다. 예를 들어 〈양들의 침묵〉에서 시나리오 작가 테드 탤리는 대개 신의 마지막 대사가 다음 신의 첫 대사와 이어지도록 한다. 이러한 대화는 시간과 행동을 연결하는 데 사용되며, 사운드가 두 신을 연결하는 연결고리로 사용될 수 있는 한 가지 방법을 보여준다. 탤리는 질문으로 한 신을 끝내고, 그 질문에 답함으로써 다음 신을 연다.

물론 이런 식의 겹쳐지는 장면전환 신은 전에도 여러 차례 사용된 적이 있는데, 릴리언 헬먼의 희곡 『펜티멘토Pentimento』를 각색한 앨빈 사전트의 아카데미상 수상 시나리오 〈줄리아〉가 가장 주목할 만하다. 그러나 탤리가 장면전환에 접근한 방식은 우리가 장면전환을 인식조차 못 하는 방식으로 그 경계를 넓혔다. 영화를 보는 관객이 시각적 장면전환을 인식하거나 각 신에서 '예술가티'를 내는 감독의 영향을 감지하게 된다면, 그다지 좋은 영화는 아닐 것이다.

장면전환 스타일과 기교는 늘 진화하고 있다. 〈론 스타〉에서 존 세일스는 매우 독특한 방식으로 시간과 행동을 이어주는 장면전환을 만든다. 그는 등장인물들을 현재에 남겨둔 채 한 인물이나 한 장소로 카메라를 팬하여 갑자기 미래나 과거의 시간으로 이동한다. 이는 매우 효과적이고 극히 시각적이며, 작가이자 감독으로서 세일스의 놀라운 다재다능함을 보여준다고 생각한다.

〈아폴로 13〉(윌리엄 브로일스 주니어, 앨 라이너)은 실제 역사적 사건을 바탕으로 한 영화로, 시나리오 작가들은 우주선에 탄 세 우주비행사와 휴스턴의 우주비행 관제팀 사이를 단순히 오락가락하는 **교차편집** 기법을 사용하여 시간과 행동을 이어준다. 이야기는 행동과 반응이 반복되며 앞으로 나아가고, 사건과 상황에 의해 하나로 묶인다. 〈델마와 루이스〉 역시 도주 중인 두 여자와 그들을 쫓는 경찰 사이에서 교차편집을 통해 앞으로 나아간다.

모든 시나리오에는 장면전환이라는 측면에서 그 나름의 독특한 스타일과 형식이 있다. 액션 영화에는 보통 짧고 빠른 장면전환이 있는데, 영화가 매우 빠른 속도로 앞으로 나아가고 관객이 액션 속으로 휘말리도록 해야 하기 때문이다. 그러나 〈브로크백 마운틴〉과 같은 인물 중심의 영화에서 장면전환은 침묵, 등장인물 사이의 표정, 또는 몇 마디의 대사로 만들어진다. 장면전환을 만드는 **올바른**

방법이 정해져 있지는 않다. 유일한 기준은 그것이 **효과가 있느냐 없느냐**이다.

이야기를 종이에 적는 데 너무 몰두해 대본의 장면전환 흐름에 대해 생각조차 하지 않는 경우도 있을 것이다. 그러나 초고를 마치면 160페이지가 넘는 시나리오를 썼다는 사실을 알게 될 것이다. 실제 시나리오를 쓰는 과정에서는 괜찮지만, 결국에는 너무 길기 때문에 적당한 길이로 줄이려면 많은 작업을 해야 할 것이다. 140페이지가 넘는 시나리오는 윌리엄 골드먼, 쿠엔틴 타란티노, 데이비드 켑, 에릭 로스 등의 경우에만 허용된다.

시나리오가 너무 길고, 사건이나 일이 너무 많이 일어나거나 등장인물이 너무 많다고 느낀다면 장면전환으로 시간과 행동을 연결할 방법을 찾자. 장면전환은 시나리오 쓰기에서의 많은 문제를 해결한다. 때로는 다른 시간이나 다른 장소로의 연결이 등장인물의 의상을 변경하거나, 매치 컷을 이용하거나, 날씨를 변경하거나, 휴일을 이용하여 시간과 행동을 응축시키는 것 정도로 간단할 수도 있다.

너무 장황하게 묘사하거나 설명하지 말고, '긴' 단락으로 쓰지 말자. 상하좌우에 넓은 여백을 두자. 페이지에 많은 여백이 보여야 한다. 각 묘사는 대여섯 문장이 넘지 않게 짧고 간단하게 쓴다. 좋은 시나리오를 읽고 장면전환이 어떻게 실행되는지 살펴보자.

때로는 시작, 중간, 결말이 포함된 전체 신을 써봐야 시작의 일부분과 결말의 몇 줄을 잘라낼 수 있다는 것을 찾아낼지도 모른다.

카메라 앵글과 기술적인 정보는 잊자. 독자에게 자신이 얼마나 많이 알고 있는지 보여주려 하지 말자. 마스터 신을 이용하여 간단하게 쓴다. **실내. 사무실**—**낮**에서부터 시작하자.

글쓰기는 이제 편안해질 것이고, 등장인물이 말을 걸어올 것이다. 그들이 무엇을 하고 싶은지, 어디로 가고 싶은지 말해줄 것이다. 과정에 순응하자. 통제력을 유지하려고 너무 독단적으로 굴어서는 안 된다.

주인공에게 집중하자. 주인공이 적극적이고, 뭔가를 시작하고, 일이 일어나게 해야 한다는 것을 명심한다. 주인공은 수동적이 아니라 〈콜드 마운틴〉의 인먼처럼 항상 적극적이어야 한다. 행동이 등장인물이다. 한 인물이 누구인지는 그가 하는 말이 아니라 그가 하는 행동으로 드러난다. 영화는 행위이다.

이야기의 구조를 바꿔야 한다면 그렇게 하자. 구조는 탄력적이다. 바람에 휘어질지언정 꺾이지 않는 나무와 같다. 같은 방식으로 신, 시퀀스, 대사도 자신이 원하는 곳 어디에든 옮기거나 재배치할 수 있다. 그것이 효과적이라면 말이다!

몇 년 전까지 로스앤젤레스와 샌프란시스코에 있는 건물들은 지진 위험 때문에 12층을 넘길 수가 없었다. 지금은 높이 솟은 건물들이 여기저기 즐비한데, 특수하게 설계된 것이다. 즉, 지진의 충격에 유연하도록 진동이 있을 때 건물이 앞뒤로 흔들리게 한 것이다. 자연은 너무 강하여 저항할 수 없으므로 유연하게 대응해야 할 필요가 있다.

구조도 마찬가지이다. '무엇인가를 구축하거나 결합하는 것'이라는 정의를 기억하자. 구조는 경직되고 깨지지 않는 토대가 아니라, 변화하는 스토리라인의 요구에 따라 유동적이고 유기적이다. 따라서 구조는 이야기의 요구에 따라서 유연해질 수 있다. 많은 사람들이 말하는 것처럼 패러다임이 공식이 아닌 이유가 이것이다. 그것은 이야기의 요구에 부합하는 유연한 **형식**이다.

한 학생이 1960년대를 배경으로 하여 젊은 여성에 관한 성장 코미디를 쓰고 있었다. 주인공은 원치 않은 첫 경험으로 순결을 잃고 임신하게 된다. 결국 낙태를 하러 멕시코로 가고, 바로 케네디 대통령이 암살될 때 돌아온다. 이것은 단지 '순결을 잃는' 이야기가 아니다. 온 국민의 의식과 인식이 변화하는 시기에 어린 소녀가 성인이 되어가는 과정에 관한 이야기이다.

원래 이야기는 다음과 같이 구조화되었다. 구성점 I에서 그녀는 마음이 끌리는 소년을 만난다. 밀착점 I에서 그와 자고 싶은 마음이 생긴다. 중간점에서 소년과 섹스를 하고, 밀착점 II에서 자신이 임신했음을 알고, 구성점 II에서 낙태를 하러 멕시코로 떠난다. 액트 III는 낙태와 한결 성숙하고 현명해져서 집으로 돌아오는 그녀의 이야기를 다룬다.

글을 쓰기 시작한 학생은 주인공과 그녀의 가장 친한 친구 두 명의 관계를 설정하기 시작했고, 그들 사이의 우정을 드러내려면 더 많은 시간과 페이지를 할애해야 한다는 것을 깨달았다. 그런데 예정했던 중간점에 다다랐을 때, 첫사랑과 섹스를 하는 주인공은 피임 기구를 쓸 생각조차 못 했다. (알약이 나오기 전인 1960년대였다는 것을 상기하자.)

작가는 걱정과 근심에 휩싸였고, 나는 단순히 구조를 바꾸고 스토리라인을 확장하라고 말했다. 처음에는 저항했지만, 나는 이야기의 요구에 유연하게 대응해야 한다고 말해주었다. 그러자 마지못해 이야기를 바꿨다. 구성점 I은 소녀가 순결을 버릴 결심을 하는 신이 되었고, 밀착점 I은 그녀가 섹스하고 싶어 하는 소년을 만나는 파티가 되었다. 하지만 소년은 그녀와 아무것도 하고 싶지 않다. 새로운 중간점은 그녀가 소년과 섹스하기로 결심하는 대목이고, 밀착점 II는 이제 그녀가 소년과 섹스하고 순결을 잃는 순간이 되었다. 그리고 구성점 II에서 그녀는 임신하게 된다. 멕시코 부분은 액트 III에서 아주 작은 시퀀스가 되었다.

그녀가 한 일은 이야기의 요구에 맞추어 구조를 바꾼 것뿐이었다. 구조는 이야기를 함께 '묶어두는' 것이지만, 필요하다면 어떤 새로운 요소라도 포함할 수 있도록 유연하고 유동적일 수 있다.

액트 II를 쓰면서 이야기는 변화하고 변경될 가능성이 높다. 한 신을 쓰고 나서 카드를 작성할 때에는 미처 생각하지 못했던, 이야기의 양상을 극적으로 만들 신 하나를 추가해야겠다는 생각이 들 것이다. 그렇게 하자. 바뀌게 하자. 지금 당장 이야기의 초점을 찾고 있는데, 초점이 자꾸 흔들린다. 그것은 지금까지 자신이 써놓은 것을 '볼' 수 없기 때문이다. 한발 물러서서 볼 수 있는 객관성이 결여되어 있다. 그저 산에 오르며 지금 쓰고 있는 페이지와 이미 쓴 페이지만 볼 수 있다.

글쓰기는 분명히 모험이다. 패러다임은 시나리오의 로드맵이다. 여러분은 큰 도로를 벗어나 탐험을 떠날 수 있다. 길을 잃고 헤매면서 자신이 지금 어디에 있고, 어디로 가고 있는지를 모른다면 패러다임으로 돌아가자. 필요하다면 구성점, 밀착점, 중간점 중 하나를 택해 거기서부터 출발하자. 이것은 임시방편일 뿐이다. 그저 자신의 이야기를 하자.

여러분은 이야기의 요구에 대응하는 법을 배울 것이다. 르누아르가 말하곤 했듯이, "배움은 사물들 간의 관계를 볼 수 있는 능력이다." 그가 무슨 말을 하는지 이해하는 데는 오랜 시간이 걸렸다.

나는 작업할 때 목욕을 즐겨 하는데, 욕조 안에서 새로운 재료의 준비, 다음 신이나 다음 장의 계획 등등 많은 일을 한다. 돌턴 트럼보(〈스파르타쿠스Spartacus〉, 〈고독Lonely Are the Brave〉)는 욕조 안에서 무척 많은 일을 했으며, 닉 마이어(〈7퍼센트 해법The Seven-Per-Cent Solution〉, 〈시간의 연속Time After Time〉, 〈스타 트렉 IIStar Trek II〉)도 마찬가지였다.

내 욕조는 커다란 세 면짜리 퇴창 옆에 놓여 있는데, 퇴창 중간에는 큼직하고 고정된 유리창이, 양쪽에는 열 수 있는 작은 창이 하나씩 있다.

어느 날 목욕을 하고 있는데, 큰 땅벌 하나가 욕실로 들어왔다가 나가는 길을 못 찾고 헤매고 있었다. 벌은 욕실 안을 한 바퀴 돌고 나서 중간의 큰 유리창으로 곧장 날아갔다. 벌은 몇 번이고 시도해보았지만, 똑같은 상황이 계속 되풀이되었다. 벌이 귀가 따가울 정도로 왱왱거리자 내 우려도 점점 더 커졌다.

나는 벌이 끝없이 창문으로 돌진하는 것을 지켜봤다. 그러나 그 벌은 나가려면 그렇게 할 것이 아니라, 멈춰서 잠시 쉬었다가 위치를 파악한 후 다른 출구가 있는지 주위를 살펴야 했다. 열린 창문과 신선한 공기 그리고 탈출구는 바로 옆에 있었다.

벌은 자기가 소용없는 짓을 하고 있다는 것을 정말 모르는 걸까 궁금했다. 그런 상황을 보고 있자니, 나도 똑같이 행동했던 적은 없는지 곰곰이 생각해보게 되었다. 일, 시나리오, 신, 인간관계에서 소용없는 일을 되게 하려고 억지를 쓴 적은 없었는지 말이다. 이런 생각을 하며, 이제껏 소용없는 일에 억지를 부렸던 많은 일들을 떠올렸다. 그때는 안 되는 일인 줄 알면서도, 벌이 단단한 유리창으로 돌진하는 것과 같이 맹렬한 기세였다.

내 안에서 서서히 감동이 샘솟았다. 그렇다, 나는 그랬다. 한 번만 그런 것도 아니었다. 지금도 그렇고, 아마 앞으로도 그럴 것이다. 벌뿐만 아니라 인간인 우리도 모두 공유하는 보편적인 경험이다.

벌이 유리로 계속해서 돌진하는 모습을 지켜보고 있자니 화가 치밀었다. 벌이 욕실에서 나가기를 바랐다. 녀석을 쫓아내거나 죽일 마음은 없었고, 그저 나가기를 바랐다. 나는 눈을 감고 깊이 생각하면서 숨을 쉬며 마음을 가라앉혔다. 마음속으로 벌에게 지금 하는 짓을 그만두라고 말했다. 소용없었다. 그런 상황을 받아들이고, 직시하고, 대면하고, 처리하라. 열린 창문, 자유로의 탈출구는 바로 옆에 있다.

벌을 뚫어지게 쳐다보면서 바로 옆 창문 밖으로 날아가는 녀석을 상상했다. 잠시 아무 일도 일어나지 않았다. 마술처럼, 벌은 멈춰서 유리창 위에서 쉬고 있었다. 욕조에 떨어지는 물방울 소리만이 적막을 깼다. 나는 숨을 멈추고, 무서워서 꼼짝도 못 했다. 그러더니 벌은 뒤로 돌아 열린 창문으로 들어오는 신선한 공기를 느끼고는 사라졌다.

나는 안도의 한숨을 쉬었다. 감동의 물결이 밀려왔다. 공통의 경험을 벌과 공유하였고, 그것을 벌을 통해서 배웠다. 그리고 모든 슬픔과 불행, 절망, 고통의 순간들에 대한 기억으로 가득 찼다. 눈물이 솟아났다. 우울하지만 감격적인 순간이었다.

시나리오를 쓸 때 나는 자주 '소용없는 일에 억지를 쓴다'. 이야기

속에서 길을 잃고 헤매다가, 내가 어디에 있는지, 어디로 가고 있는지도 모른 채로 옳은 길로 들어서려고 두리번거렸다. 내가 하던 일은 소용없는 짓이었다. 끈기 있게 끊임없이 열심히 일하고 또 일하고, '타자기에 머리를 박으면' 결국은 혼란한 상황을 벗어날 수 있을 것이라고 생각했다.

결코 소용없었다.

한 학생이 현대적인 로맨틱 코미디를 쓰고 있었다. 남편과 헤어져 혼자 자녀를 키우는, 성공한 직업여성인 주인공은 한 심리 치료사와 4년 동안 사귀고 있다. 이야기가 시작되면, 성공한 작가이며 역시 혼자 자녀를 키우는 치료사는 결혼할 의사가 없다.

배경 이야기에서 둘의 관계는 여러 번 엎치락뒤치락한다. 구성점 I에서 주인공은 심리 치료사와의 관계를 '영원히' 청산하고, 막다른 처지에 있는 사람들을 도와주는 모임에 가입한다. 액트 II의 전반부는 5년 동안 자취를 감췄던 전남편이 갑작스럽게 나타나는 내용이다. 그는 그녀를 가만두질 않는다. 그녀는 최선을 다해 그를 뿌리치지만 결국 넘어가고 만다.

그녀와 전남편의 관계가 다시 만들어진 것이다. 처음에 안되던 것은 나중에도 안되는 법이다. 그녀는 전남편과의 관계를 끝낸다. 중간점은 그녀가 심리 치료사와 "결혼을 할지, 아니면 끝을 낼지"를 결정하는 대목이다.

액트 II의 전반부를 빼고는 대본에 있는 것은 모두 좋았다. 전남편의 등장은 스토리라인의 맥락에 전혀 맞지 않았다. 재미있고 귀엽게 그릴 수 있었을 텐데 말이다. 시나리오는 실화를 바탕으로 했고, 작가는 어떤 난관이 있더라도 훌륭히 써내겠다고 결심했다. 그는 전혀 다른 내용으로 네 가지 액트 II의 전반부를 썼으나 모두 신통치 않았다. 맥락으로 볼 때, 전남편과의 관계는 전혀 먹혀들지 않았다. 주인공은 공감을 불러일으키지 못했고, 전남편은 호감이 가지 않았다.

마침내 그 학생은 절망과 싫증으로 길을 잃고 혼란스러워하며 화가 나서 전전긍긍하다가 자신이 쓴 페이지들을 팽개쳤다. 그래서 나는 그에게 땅벌 이야기를 해주었다. 그가 쓴 액트 II의 전반부는 좋지 않았고, 그는 마땅히 유리창으로 돌진하는 것을 멈춰야 했다.

그는 마지못해 동의했다.

그래서 그는 처음부터 다시 시작했다. 개정된 내용에서는, 전남편이 나타났을 때 그녀는 꺼져버리라고 말한다. 그녀는 새로 찾은 독립심과 함께 훨씬 매력적인 여성이 되었고, 남자들을 대할 때엔 유머가 나타났다. 중간점은 변화가 없었다.

작업 중인 내용이 쓸 만하지 않다고 생각된다면 잠시 멈춰서 다시 생각해보자. 다시 생각해서 쓸 만하다면 쓸 만한 것이고, 그렇지 않다면 그렇지 않은 것이다. 소용없는 일에 매달리다 보면 어떤 것이 소용 있는 것인지 알게 될 것이다. 스토리라인에 계속해서 초점을 맞추기 위해 이러한 창조적인 실수를 해봐야 한다.

이 이야기의 교훈은 단순하다. 길을 잃고 혼란스러워한다면, 그리고 소용없는 어떤 것에 매달리고 있다면 잠시 멈춰서 주위를 둘러보자. 자신이 유리창으로 돌진하고 있는 것은 아닌지 보자.

다시 생각하자. 지금은 30페이지 분량의 극적 행동 단위를 열 페이지 단위로 나눠 작업하고 있다. 길을 잃는다면 언제든지 자신의 위치를 찾을 수 있다. 앞으로 돌아가서 스토리라인이 패러다임에 맞는지 살펴보고, 구조적 구성 요소에 변화를 주거나 극적 맥락을 변경해야 하는지 알아보자. 어떻게 해야 하는지 등장인물에게 물어보면, 그들은 유용한 답변을 해줄 것이다.

글쓰기에서 가장 어려운 일은 무엇을 쓸 것인지 아는 것이다. 마찬가지로 어떤 것이 여러분이 생각했던 대로 이루어지면 스스로를 칭찬하자.

혼란은 명확성으로 가는 첫걸음이다.

이제 자리에 앉아 '해보자'.

글을 쓸 준비는 다 되어 있다.

구성점 I에서 시작하여 카드를 기준점으로 삼아 중간점으로 가자. 열 페이지 단위로 작업하고, 밀착점 I을 항상 유념한다. 갈등에 초점을 맞추자. 등장인물의 극적 요구를 안다면 그 요구에 대한 장애물을 만들어 낼 수 있을 것이고, 따라서 이야기는 등장인물이 자신의 극적 요구를 성취하기 위해서 온갖 장애물을 극복하는 것이 된다. 간혹 한 신에서 막히는 경우가 생기는데, 이럴 때는 반대의 관점을 만들어내는 것이 도움이 된다. 다른 등장인물의 관점에서 신을 쓸 수 있으며, 그런 다음 돌아가서 바꾸자. 만약 등장인물이 주요 배역을 따내려는 여배우이고 자신이 적역이라고 여긴다면, 그녀가 그 배역에 적합하지 않다는 감독의 관점에서 써보자. 그녀는 감독이 찾던 유형도 아니고, 체격도 적당치 않고, 아무튼 마음에 안 들지만, 그녀가 감독의 마음을 돌려 그녀야말로 그 역에 제격이라고 생각하게 만드는 것이다.

이런 방법으로 작품에서는 갈등을 만들어내고, 글쓰기에서는 갈등을 피해 갈 수 있다.

15

액트 III: 해결

세라(v.o.):
"불투명한 미래가 다가오지만 난 처음으로 희망을 품을 수 있다.
고작 기계인 터미네이터가 삶의 가치를 깨달을 수 있었다는 건
우리 인간 또한 그럴 수 있다는 것 아닐까."

제임스 캐머런, 윌리엄 위셔
〈 터미네이터 2: 심판의 날 〉

액트 III는 대략 30페이지 분량의 극적 행동 단위로서, 구성점 II의 끝에서 시작해서 시나리오의 끝까지 이어진다. 이것은 해결이라는 극적 맥락에 의해 결속된다.

해결이란 '해법을 찾다, 설명하거나 분명히 하다, 개별 요소나 부분으로 쪼개다'라는 뜻이다. 이것은 이야기의 끝이 아니라 이야기에 대한 해법이다. 시나리오 쓰기 과정의 이 지점까지 결말, 즉 영화를 끝내고자 하는 특정 신이나 시퀀스가 바뀌었을 수도 있다.

원래 계획했던 해결은 여전히 효과적인가?

시나리오의 마지막 액트에 접근하면서 가장 먼저 결정해야 할 것이다. 대부분의 경우 해결에 대한 최초의 충동, 즉 대본을 준비할 때 해야 했던 최초의 창조적 결정이 아마도 지금과 같을 것이다. 그것에 대해 생각해보자.

애초에 간단한 선택으로 창조적 과정을 시작하기로 결정했다. 시나리오의 결말에서 주인공에게 무슨 일이 일어나는가? 사는가, 죽는가? 성공하는가, 실패하는가? 결혼하는가, 이혼하는가? 경주에서 이기는가, 지는가? 무사히 탈출해서 악당들을 법의 심판대에 세우는가? 운명의 산의 불길 속에서 반지를 파괴하는가? 사랑하는 사람과 재회하는가? 도둑맞은 물건을 찾는가? 세계 헤비급 챔피언을 탈환하는가? 유죄로 판명되는가, 무죄로 판명되는가?

좋은 영화들은 항상 해결된다, 어떻게 해서든.

이 영화들의 결말을 기억하는가? 〈매치 포인트Match Point〉? 〈맥스
군 사랑에 빠지다〉? 〈니모를 찾아서Finding Nemo〉? 〈스파이더맨 2〉?
〈우리에게 내일은 없다Bonnie and Clyde〉? 〈붉은 강Red River〉? 〈내일을
향해 쏴라〉? 〈시에라 마드레의 보석The Treasure of the Sierra Madre〉? 〈카
사블랑카〉? 〈애니 홀〉? 〈귀향〉? 〈조스Jaws〉? 〈쇼생크 탈출〉? 〈아메
리칸 뷰티〉? 〈수색자The Searchers〉? 〈터미네이터 2: 심판의 날〉?

이야기의 **해결**은 무엇인가? 시나리오를 쓰기 시작하고 나서 바
뀌었는가? 만일 그렇다면 새로운 **해결**은 무엇인가? 이야기의 새로
운 해법은 무엇인가? 그 문제에 대해 선택권이 있다. 해결을 동일하
게 유지할 수도 있고, 바꿀 수도 있다. 선택은 언제나 자신의 것이
다. 여기서는 결말이 아니라 시나리오를 끝내는 특정한 신이나 시
퀀스에 대해 이야기하고 있다. 스토리라인에 대한 해법에 대해 이
야기하고 있다.

기억해야 할 중요한 것은 이야기가 항상 앞으로 나아간다는 것이
다. 플래시백으로 전달되든 그러지 않든 간에 처음부터 끝까지 경
로, **방향성**, 진행의 흐름을 따른다. 〈본 슈프리머시〉, 〈콘스탄트 가
드너〉(제프리 케인), 〈유주얼 서스펙트〉, 〈메멘토〉와 같이 비선형으로
전달되든, 〈매치 포인트〉, 〈앙코르Walk the Line〉, 〈사이드웨이〉, 〈브로
크백 마운틴〉과 같이 선형적으로 전달되든, **방향성**은 전개의 흐름,
즉 무언가가 놓여 있는 경로로 정의된다. 그리고 이것이 바로 스토
리라인이다.

시나리오에서는 삶에서와 마찬가지로 모든 것이 연관되어 있다.
시나리오를 쓸 때 결말의 구체적인 세부 사항을 알 필요는 없지만,
무슨 일이 일어나고 그것이 등장인물에게 어떤 영향을 미치는지 알

아야 한다. 그것이 바로 해결이다.

이야기의 해결에 관한 기본적인 역학을 이해하는 것이 필수적이다. 이것은 시나리오 쓰기 과정의 맨 처음부터 시작된 과정이다. 스토리라인을 한 신씩, 한 액트씩, 한 조각씩 배치하고, 구축하고, 결합할 때 가장 먼저 했던 일은 바로 해결, 즉 이야기의 **해법**을 결정하는 것이었다. 아이디어를 짜내고 극적 스토리라인으로 만드는 한편, 그 해결이 어떻게 될 것인지에 대해 창조적인 선택, 즉 결정을 내렸다.

액트 III의 가장자리에 서서 앞으로 써나갈 빈 페이지를 들여다보면 대개 해결해야 할 몇 가지 이야기 지점이 있다는 것을 알 수 있다. 결말을 바꿀 필요가 있다고 이미 결정했을지도 모른다. 그것을 바꾸고 싶다면 바꾸자. 기억하라. 구조는 유연하다. 바람에 휘어질지언정 꺾이지 않는 나무처럼.

액트 II를 완성하면 글쓰기를 멈추고 자신이 어디에 있는지 살펴보자. 이야기를 해결하기 위해 무엇을 해야 하는가? 이미 액트 III에 맞춰 열네 장의 카드를 준비해두었다면 그 카드들을 거듭 살펴보고, 여전히 유효한지 확인해보자. 대부분의 경우 80~90퍼센트 정도 정확할 것이다. 하지만 간혹 카드를 보고 더 잘할 수 있다고 생각할 것이다. 그래서 새로운 신으로 카드를 다시 작성하고 때로는 내용을 재구성할 것이다. 가끔은 카드를 버리고 새로운 '비트 시트'를 작성할 것이다. 예를 들어 '차 안 신', '일 계획하기', '병원 신', '추격 시퀀스' 등을 쓸 것이다. 그보다 더 구체적인 것은 필요 없다. 그것은 대개 효과가 있을 것이다. 만약 그렇지 않다면 다시 돌아가서 신체적이고 정서적인 행동을 검토할 것이다. 액트 III에서 일어나는 일에 대한 짧은 에세이를 쓰면서 말이다.

액트 III, 즉 해결은 대개 이야기를 해결하는 데 필요한 한두 가지, 어쩌면 세 가지 극적(혹은 희극적) 요소들에 의해 고정된다. 액트 III에 접근하면서 가장 먼저 해야 할 일은 필요로 하는 구체적인 신들을 규정하는 것이다. **해결**은 무엇인가? 글을 쓰기 시작했을 때와 같은 것인가? 아니면 바뀌었는가? 만약 바뀌었다면 스토리라인을 일관되게 유지하기 위해 무슨 일을 해야 하는가? 결말, 즉 시나리오를 완성하는 구체적인 신이나 시퀀스는 무엇인가? 구성점 II의 끝에서 이야기의 결말까지 내러티브 행동선을 추적하기 시작할 수 있는가? 결말을 이끌어내고 해결을 극화할 핵심 신(들)을 찾을 수 있는가?

때로는 액트 III에서 일어나는 일에 대해 두 페이지짜리 에세이를 쓰는 것이 도움이 된다. 내 경험상 액트 III는 시나리오에서 가장 쓰기 쉬운 부분이다. 시나리오 쓰기 과정에서 지금껏 스토리라인을 정비했고, 등장인물의 새로운 차원을 발견했고, 원활하고 순조롭게 흐르는 창조적 에너지의 유체 공급원에 도달했다. 또한 액트 III를 완성하기 위해, 이 종이에 옮긴 첫 초안을 완성하기 위해 내가 해야 할 일은 단순히 컴퓨터 앞에서 시간을 보내는 것임을 안다. 비록 그게 말처럼 쉽지 않다는 것도 알고 있지만 말이다.

액트 III를 쓰기 시작하기 전에 이야기 진행에 편안함을 느낄 때까지 카드나 비트 시트를 반복하여 살펴보자. 액트 III에서 어떤 요소들이 해결되어야 하는지 반드시 이해하자. 아마도 글쓰기와 규율, 그리고 스토리라인에 익숙해지고 자동적으로 반응할 것이다. 객관성이 부족하기 때문에 그것이 효과가 있는지 없는지는 여전히 알 수 없지만, 회의감이나 불안감에도 불구하고 대개 효과가 있는 것처럼 느낄 것이다. 그냥 계속 쓰자. 과정을 믿자. 한 숏씩, 한 신씩, 한 페이지씩 내려놓자.

액트 III는 이야기를 해결함으로써 진전될 것이다. 앞에서 언급했듯이 행동이 등장인물을 몰아가거나 등장인물이 행동을 몰아간다. 많은 경우 그 둘을 조합할 수 있다. 우디 앨런의 〈매치 포인트〉가 좋은 예이며, 〈신데렐라 맨〉도 마찬가지이다.

세 번째 액트 전체가 등장인물을 강화하고 보강하는 긴 행동 시퀀스가 되는 경우도 있다. 〈신데렐라 맨〉에서 짐 브래덕(러셀 크로)은 세계 헤비급 챔피언 결정전에서 맥스 베어(크레이그 비어코)와 싸울 기회를 얻는다. 이것은 짐 브래덕에게 특별한 기회지만 잠재적 부상과 사망 가능성에 대한 무거운 짐을 지운다. 구성점 II에 다다를 때쯤, 맥스 베어가 이미 링에서 복서를 둘이나 죽였다는 사실이 밝혀진다. 브래덕은 여느 사람들과 마찬가지로 대공황의 희생자였으며, 아내와 어린 자식 셋을 돌보는 것만으로도 심각한 도전을 받는다. 일생일대의 기회이지만 큰 위험이 따른다. 많은 사람들이 이 시합이 합법적 살인 사건이 될 것이라고 생각하는 반면, 다른 사람들은 피 흘리는 것을 보는 스릴에 동참하고 싶어 한다. 이것이 구성점 II의 끝에서의 극적 상황이다.

이것은 액트 III에서 반드시 해결되어야 할 가족 내 주요 갈등을 야기하는 딜레마이다. 비록 이것이 실화를 바탕으로 한 것이지만, 영화 제작자들은 해결되어야 할 감정적 상황을 고조시키기 위해 극적 변형을 허가받았다. 시합이 열리기 전에 메이(르네 젤위거)는 짐에게 이렇게 말한다. "지금까지 난 당신 곁을 지켰어. 이 모든 것을 위해서. 하지만 이건 아니야, 짐. 난 못 해. 그러니 훈련해, 당신이 원하는 만큼. 하지만 이 시합에서 빠져나갈 방법을 찾아야 해. 필요하다면 손을 부러뜨려. 하지만 맥스 베어와 싸우기 위해 이 문을 나선다면 난 더 이상 당신 뒤에 있지 않을 거야."

그것은 최후통첩이다. 어떻게 해결될 것인가? 브래덕이 대답한다. "이게 내가 할 줄 아는 유일한 일이야. 난 내가 우리 삶에 대해 할 말이 있다고 믿어야 해. 가끔은 내가 바꿀 수 있다는 것. 그렇게 하지 않으면 난 이미 죽은 거나 다름없어." 가족 간의 다툼, 그리고 죽음이나 중상을 당할지도 모르는 챔피언 결정전에서의 싸움은 세 번째 액트 전체를 지배하는 갈등이다. 이는 해결되어야 할 내적 갈등이자 외적 갈등이다.

액트 III는 시합이 있는 날 아침에 시작된다. 짐은 아이들과 아내에게 작별 인사를 하고 경기장으로 떠난다. 시합을 준비하기 위해 탈의실로 들어가기 전에 몇 신이 있다. 메이는 예기치 않게 라커룸으로 들어와 남편과 아내를 하나로 묶는다. "난 항상 당신 뒤에 있어. 그러니까 당신은 그저 당신이 진짜 누구인지만 기억해⋯. 당신은 내 마음의 챔피언이야, 제임스 J. 브래덕."

그 후 시합이 시작된다. 15라운드 경기가 나머지 시나리오를 차지한다. 그리고 그가 이긴 후, 대본의 마지막 숏이 모든 것을 말한다. "짐은 링 중앙에 서서, 승리의 팔을 치켜들고, 눈에서는 눈물을 흘린다⋯."

그렇게 끝난다. 이야기와 등장인물 측면에서 해결되어야 할 것이 해결되었다. 마지막 페이드아웃 직전에 링에서의 숏들 위로 몇 줄의 맺는말(자막)이 겹쳐지지만, 스토리라인은 흥미진진하고 온정적인 방법으로 해결되었다.

〈신데렐라 맨〉에서의 해결은 쉬워 보이고, 어쩌면 너무 뻔해 보일 수도 있다. 이 시나리오는 실화에 바탕을 두고 있다. 그래서 무슨 일이 일어날지, 즉 브래덕이 승리해서 세계 헤비급 챔피언이 된다는 것을 알고 있지만, 진짜 문제는 그것이 어떻게 이루어지는가 하는 것이다. 행동은 강렬한 액션과 강력한 등장인물로 가득 차 있다. 이야기가 실제 사건을 기반으로 하는 〈신데렐라 맨〉은 〈아폴로 13〉과 마찬가지로 이야기의 본래 모습을 담아내며 그 본질에 충실하다. 왜 그렇게 잘 작동하는가는 단순히 해결이 무엇인지에 대한 결과가 아니라 **어떻게** 실행되는지에 대한 결과이다. 그것이 좋은 시나리오를 돋보이게 하는 것이다.

〈매치 포인트〉에서는 다르다. 이것은 행운의 본질에 대한 인물 탐구이다. 내레이터가 오프닝 숏에서 말하듯이 어떤 사람들은 행운을 지니고 있지만 어떤 사람들은 그렇지 않다. 하지만 '자신의 운 만들기'라는 쟁점이 여기서 더 요점을 이룬다. 구성점 II에서 놀라(스칼릿 조핸슨)는 클로이(에밀리 모티머)와 결혼한 크리스(조너선 리스 마이어스)의 아이를 임신한다. 이는 크리스에게 무거운 짐을 지우는 아주 어려운 상황이다. 그는 무엇을 할 것인가? 클로이에게 자신의 불륜에 대해 솔직히 말할 것인가, 아니면 불확실성과 경제적 어려움으로 점철될 삶을 위해 '좋은 삶'을 희생할 것인가? 어느 쪽도 받아들일 수 없다. 그러던 어느 날 밤 그는 해법을 찾는다. 그는 무엇을 하는가? 그리고 어떻게 문제를 해결하려고 하는가? (결말을 밝히고 싶지 않아 이 이상은 말하지 않겠다.) 말할 필요도 없이 그는 운을 타고난 사람이며, 적어도 외견상으로는 운과 상황 덕에 이기는 패를

쥐고 있다. 하지만 영화가 끝난 뒤에 등장인물과 관련해서는 어떤 일이 벌어질까? 그는 여전히 '좋은 삶'을 살게 될까?

최근 몇십 년간의 고전적인 미국 영화들, 즉 1960년대의 〈와일드 번치〉, 〈허드Hud〉(해리엇 프랭크, 어빙 라베치), 1970년대의 〈프렌치 커넥션The French Connection〉(어니스트 타이디먼), 〈지옥의 묵시록〉, 〈귀향〉, 1980년대의 〈보통 사람들〉, 〈위트니스〉, 〈애정의 조건Terms of Endearment〉(제임스 L. 브룩스), 〈사관과 신사An Officer and a Gentleman〉(더글러스 데이 스튜어트), 1990년대의 〈터미네이터 2: 심판의 날〉, 〈늑대와 춤을〉(마이클 블레이크), 〈매그놀리아〉(폴 토머스 앤더슨) 등을 보면, 해결이 전쟁, 시위, 인종차별, 사회적 불안에 대한 변화된 태도를 반영한다는 것을 알게 될 것이다. 어떤 결말은 긍정적이거나 사려 깊거나 기분 좋은 것인 반면, 또 어떤 결말은 암울하고 부정적이며 결국 우리가 아끼는 모든 사람들이 죽음을 맞이한다.

결말은 까다로우며, 많은 변수에 좌우된다. 나는 베를린 장벽이 무너지기 몇 달 전 베를린에서 독일 시나리오 작가 50명을 대상으로 하는 워크숍을 진행했다. 이 강의는 학생들이 휴업을 벌이는 많은 대학들 중 한 곳에서 열렸다. 복도는 텅 비어 있었고 휴업의 성향을 반영한 구호와 경구로 덮여 있었다. 매우 흥미진진한 시간이었고, 나는 그들이 살고 있는 역사적 시대에 대해 논평하고 숙고하기를 원하는 작가들과 함께 작업하고 있었다.

하지만 그들의 이야기를 읽고 나는 깜짝 놀랐다. 이야기들이 훌륭하고 흥미로웠지만 확실하고 불편한 일관성이 있었다. 50편의 이야기 중에서 48편이 죽음, 자살, 파괴 또는 대혼란으로 끝났다. 나는 당시 그들이 역사적인 순간에 살고 있고, 각자가 어떤 종류의 미래를 만들고 싶어 하는지에 초점을 맞출 수 있는 특별한 기회가 있다는 것을 설명하려고 노력했다. 그러나 그들 대부분은 자신의 이야기가 '사실 그대로'일 것이라는 창조적인 결정을 내렸는데, 이는 이야기들이 불행하고 대개 '절망적'으로 끝나리라는 것을 의미했다.

생각해보니 그것들은 대개 불행하게 끝나는 **게르만** 문학의 전통에서 비롯되었다는 것을 깨달았다. 하지만 그들은 새로운 가능성으로 가득 찬 미래를 반영하는 새로운 것을 내놓을 기회를 가졌다. 나는 항상 시나리오 작가로서 우리는 청중들을 변화시키고 그들에게 영향을 줄 책임이 있다고 주장해왔다. 나는 그것을 일종의 강령이라고 생각한다. 시나리오를 쓰는 창조적인 행위를 선택함으로써 우리는 과거나 낡은 행동 양식이 아니라, 우리의 특성과 개성, 인간성을 존중하는 희망과 통합과 자기 가치에 바탕을 둔 미래에 새로운 가능성을 일으킬 수 있는 기회를 갖게 되고, 그래서 더 높은 의식 상태를 달성할 수 있다.

그것이 내 관점이다. 시나리오의 해결과 관련하여 선택할 수 있는 것이다. 따라서 시나리오의 결말, 이야기의 해결에 대해 생각할 때, 가장 높은 것을 목표로 하자. 죽음, 파괴, 자살, 대혼란을 의미하는 단순한 방식으로 스토리라인을 끝낼 필요는 없다. 나는 독일 시나리오 작가들에게 그것을 지적했다. 그들의 이야기는 그러한 역사적, 문학적 전통에서 왔지만, 과거에 대한 애착이나 미래에 대한 두려움을 반영한다. 미래는 우리가 만드는 것이다.

거짓되고 낙관적인 '신나고', '영원히 행복한' 결말을 넣으라는 말이 아니다. 내가 말하려는 것은 자신의 이야기에 적합하고 순응하는 해결과 결말을 찾자는 것이다. 그것은 우리가 살고 있는 시대에 맞는 해결이며, 우리 인간의 가치를 반영하는 것이다. 〈반지의 제왕〉, 〈웨일 라이더Whale Rider〉(니키 카로), 〈에린 브로코비치〉, 〈밀리언 달러 베이비〉, 〈신데렐라 맨〉, 〈쇼생크 탈출〉, 〈천국을 향하여Paradise Now〉(하니 아부아사드, 베로 바이어, 피에르 호지슨)와 같은 영화들은 모두 이러한 태도를 반영한다.

〈매치 포인트〉, 〈콘스탄트 가드너〉, 〈앙코르〉, 〈브로크백 마운틴〉, 〈이 투 마마〉, 〈카포티Capote〉(댄 퍼터먼), 〈굿나잇 앤 굿럭Good Night, and Good Luck〉(조지 클루니, 그랜트 헤슬로브)과 같은 영화들에서 해결은 이야기에 자연스럽게 녹아들어 있다. 그것들은 진짜이고, 믿을 만하며, 진실이다. 하지만 여러분이 문제에 대해 선택권이 있고 긍정적이고 고무적인 결말을 투사할 수 있다면 시나리오가 영화로 제작될 가능성이 높아진다. 그리고 그것이 가장 중요한 점이다. 만약 여러분이 그것을 의심하여 신나고, 행복하고, 긍정적인 결말이 단순하거나 진부하다고 생각한다면, 문자 언어를 사용하기 시작한 이래 문학의 근간을 이루고 있는 우화, 신화, 서사시, 모험담을 살펴보자. 고대 그리스 비극이나 셰익스피어 비극은 항상 죽음과 대혼란으로 끝난다고 대답할 수 있을 것이다. 그리고 나도 동의할 것이다. 그러나 가장 높은 정서적, 영적 차원에서 이러한 예술 작품은 등장인물과 인간 정신의 보편성을 고귀하고 풍요롭게 한다. 선과 악 사이의 영원한 대립에서 악이 이긴 적이 있는가?

전혀 없다.

그건 당연하다. 결국 선은 언제나 악에 승리한다. 잘 기억하라.

이야기의 **해결**은 무엇인가? 그것을 정립하면 구체적인 결말을 결정할 수 있다. 하지만 그 전에 여러분의 결말은 여전히 쓸 만한가? 여전히 유효한가? 처음 두 액트를 변경했으므로 결말을 바꿔야 하는가? 다른 결말, 처음 것보다 새롭고, 더 극적이고, 더 시각적인 결말을 생각해본 적이 있는가?

너무 고민하지 말자. '옳고 바른' 결말을 만들려다 보면 절대 쓰지 못한다. 쓸 만하고, 자신의 이야기에 어울리는 결말을 선택하자. 머지않아 그것이 효과적인지 아닌지 알게 될 것이다.

어떤 시나리오를 쓰고 있든 이야기와 등장인물을 해결하는 데만 집중하자. 코미디를 쓰고 있다면, 시나리오가 진행되는 동안 등장인물이 변화하는가? 그렇다면 액트 III에 그것을 반영하자. 그것을 시각적으로, 극적으로 보여줘서 이야기를 해결하자.

〈애니 홀〉에서 앨비 싱어(우디 앨런)는 변하지 않는다. 그는 시나리오의 시작에서나 결말에서나 똑같다. 그는 자기 연민과 회의에 빠져 냉소적이며, 애니 홀이 그가 **생각하는** 바람직한 관계의 환상과 기대에 부응하기를 바란다. 주방에서의 랍스터 신을 기억하는가? 애니와 앨비는 랍스터를 요리하는데, 둘 다 그것들을 끓는 물에 넣기를 두려워한다. 이것은 막스 형제Marx Brothers(1920~1930년대에 주로 활동했던 미국의 형제 코미디 팀—옮긴이)의 〈오페라에서의 하룻밤A Night at the Opera〉이나 〈식은 죽 먹기Duck Soup〉만큼이나 기억에 남을 만한 아름다운 신이다. 액트 III에서 애니는 앨비를 떠나 토니 레이시(폴 사이먼)에게 가고, 앨비는 랍스터 신을 다른 여성과 다시 연출한다. 같은 설정, 같은 상황, 같은 행동이지만 그 결과는 다르다. 억지스럽고, 부자연스럽고, 재미없다.

앨비 싱어라는 등장인물은 이 영화가 성공한 핵심 요인이다. 시작 부분의 독백에서 앨비는, "나 같은 사람을 회원으로 받아들이는 클럽엔 절대 가입하지 않겠어. 이게 어른이 된 내 삶을 여자관계라는 측면에서 보여주는 핵심적인 농담입니다"라고 말한다. 이것은 예언과 같다. 결국 그대로 이루어지기 때문이다. 애니는 변하고, 그는 그대로이다.

대본은 앨비가 횡설수설하는 독백으로 끝난다. "[애니는] 뉴욕으로 돌아왔습니다. 어떤 남자와 소호에서 살고 있었죠. 그녀를 만나긴 했는데, 하필 그 사람을 데리고 〈슬픔과 동정The Sorrow and the Pity〉을 보러 왔더군요. [앨비가 애니를 심취하게 만든 네 시간 반짜리 다큐멘터리.] 이걸 난 개인적인 승리로 간주했어요…. 그리고 음, 케케묵은 농담 하나가 생각났죠. 어, 어떤 남자가 정신과 의사한테 가서 말합니다. '선생님, 저… 제 동생이 미쳤거든요. 자기가 닭이라고 생각해요.' 그러자 의사가 말하죠. '그럼, 동생분을 데리고 오세요.' 그랬더니 남자가 하는 말, '그러고 싶지만, 저는 달걀이 필요하거든요.' 관계라는 게 꼭 이런 것 같아요. 완전히 말도 안 되고, 미친 짓이며, 어리석은 일이지만… 우린 계속 이렇게 지낼 것 같아요. 왜냐하면… 우리에겐 달걀이 필요하니까요."

그의 성격은 일관되어 있다. 결국 그는 변함없이 냉소적이고 고지식하며, 고집스럽게 혼자 남는다. 변화, 확장, 성장을 거부하는 그의 습성이 그를 이 지점까지 끌고 간다. 슬프지만 감동적이다. 인간의 조건에 관한 날카롭고 보편적인 견해이기 때문이다.

반면 액션 영화나 액션 어드벤처를 쓰고 있다면 세 번째 액트의 해결이 하나의 긴 액션 시퀀스가 되는 경우가 있다. 〈위트니스〉에서 존 북(해리슨 포드)은 레이첼(켈리 맥길리스)에 대한 자신의 감정을 인정한다. 하지만 서로에 대한 열망을 확인하자마자, 나쁜 경찰들이 존 북이 숨어 있는 농장에 나타난다. 그를 죽이러 온 것이다. 세 번째 액트는 나쁜 경찰들이 차를 세우고, 트렁크를 열고, 총을 꺼내고, 멀찌감치 떨어진 농가로 발걸음을 옮기면서 시작된다.

연구하기에 좋은 영화인 〈위트니스〉에서는 세 가지가 해결되어야 한다. 첫째, 존 북은 어떻게 되는가? 사는가, 죽는가? 둘째, 그는 나쁜 경찰들을 법의 심판대에 세우는가? 셋째, 레이철과 존은 어떻게 되는가? 이들은 둘의 관계를 어떻게 해결하는가? 이 세 가지가 세 번째 액트에서 해결되는데, 이것은 흥미진진한 액션 시퀀스로서 시나리오의 해결을 담고 있다.

액션 영화는 스토리라인을 해결하는 여러 가지 방법을 제공한다. 내가 가장 좋아하는 것 하나는 제임스 캐머런의 〈터미네이터 2: 심판의 날〉(제임스 캐머런, 윌리엄 위셔)이다. 내 생각에 〈터미네이터 2〉는 우리 시대의 가장 영향력 있는 영화로 꼽힐 만하다. 컴퓨터 그래픽 이미지의 활용을 통해 영화 제작 기술에 혁신을 일으켰을 뿐 아니라, 액션 영화에 영적인 차원을 접목한 것 또한 전무후무한 시도였다.

〈터미네이터 2: 심판의 날〉은 인간의 조건에 존재하는 어떤 모호성을 반영한다. 기술이 발전함에 따라 인간은 더욱 고립되고, 도태되고, 심지어 비인간화된다고 할 수 있다. 인간보다는 기계에 더 가까워지는 것이다. 〈터미네이터 2〉에서 세라 코너(린다 해밀턴)는 자신의 연인이자 어린 아들 존의 아버지의 죽음에 대한 원한을 품고 복수하려는 여성이다. '현존하는 미래'의 행동 계획에 따라, 그녀가 죽이기로 결심한 사람은 인류를 기계의 시대로 이끈 컴퓨터 칩을 만든 과학자이다. 세라는 작은 컴퓨터 칩이 만들어지기 전에 이 남자를 죽일 수 있다면 미래를 바꿀 수 있고 인류는 생존의 기회를 가질 수 있다는 것을 알고 있다.

"미래는 정해지지 않았어"라고 열 살 소년 존 코너(에드워드 펄롱)는 중간점에서 말한다. "운명이란 없어, 우리가 만드는 것 말고는." 이 시점에서는 아직 해결해야 할 두 가지가 스토리라인에 남아 있다. 첫째, 도저히 파괴할 수 없을 것 같은 '나쁜' 터미네이터 T-1000(로버트 패트릭)을 어떻게 파괴할 수 있는가? 둘째, 이들은 인류의 미래를 구하는 과정에서 사는가, 죽는가? 역시 기계, 사이보그, 미래의 산물인 터미네이터(아널드 슈워제네거)는 어떻게 될 것인가? 이런 것들이 시나리오의 결말까지 해결되어야 한다.

〈터미네이터 2: 심판의 날〉의 액트 III는 거대한 제철소 안에서 펼쳐지는 빠른 템포의 추격 시퀀스이다. 캐머런은 트럭이 전복되면서 액체 질소를 사방으로 쏟을 때 T-1000의 종말을 설정한다. 그걸 뒤집어쓴 T-1000은 꽁꽁 얼어붙는다. "나중에 또 보세"라며 터미네이터가 방아쇠를 당기자 T-1000이 산산조각으로 부서진다.

이제 결말인 것 같고, 마침내 다 끝난 듯하다. 그때 T-1000의 파편들이 녹으며 액화되고, 작은 액체 방울들이 살금살금 모여들기 시작한다. 포롱, 퐁, 방울들이 미끄러지듯 움직이는 수은 덩어리 속으로 합쳐진다. 맙소사! T-1000이 다시 살아나고 있다.

"좋아, 안전벨트 매. 이제 오는군…." 시나리오에는 이렇게 씌어 있다. 그러고는 엄청난 총격전 끝에 탄환의 힘이 마침내 T-1000을 부서뜨리고 치명적인 사이보그를 쇳물의 화염 속으로 밀어 넣는다. 재는 재로, 먼지는 먼지로, 철은 철로 돌아가리니…. 이번에는 정말로 T-1000, 기계의 종말이다. 셋은 쇳물을 내려다본다. "죽었어요?"

존이 묻는다. "종결됐다." 터미네이터가 대답한다. "다 끝났다니 다행이야." 세라가 말한다.

터미네이터가 말한다. "아니, 칩이 또 있다. 그것 역시 파괴해야 해…. 여기서 끝나야 해…. 그러지 않으면 내가 그 미래다." 터미네이터가 천천히 쇳물 속으로 내려가며 말한다. 대본에는 다음과 같이 씌어 있다. "마지막으로 엄지손가락을 치켜든다. 그러고는 사라진다." 이 타오르는 쇳물 바다가 한동안 이어지다가, 짧은 부가 신으로 디졸브된다. 밤에 어두운 고속도로를 질주하는 가운데, 세라의 마지막 보이스오버가 들린다. "불투명한 미래가 다가오지만, 난 처음으로 희망을 품을 수 있다. 고작 기계인 터미네이터가 삶의 가치를 깨달을 수 있었다는 건 우리 인간 또한 그럴 수 있다는 것 아닐까."

생각해볼 만한 말이다.

컴퓨터나 필기장, 타자기 앞에 앉아 스토리라인을 해결하는 창조적 과정에 몰두하다 보면, 대본의 마지막 몇 페이지 직전까지는 모든 것이 순조롭게 술술 풀릴 것이다. 그러더니 이상하게도 갑자기 머릿속이 '텅 비어서' 무엇을 써야 할지 모르겠고, 시나리오를 완성해야겠다는 진정한 욕구나 열정이나 야망이 없다고 느껴질지도 모른다. 글쓰기를 피할 온갖 변명과 구실을 찾게 될 것이다.

정말 우스운 일이다. 몇 주에서 몇 달씩 준비하고, 조사하고, 발로 뛰고, 노력하고, 수고하고, 고생하고, 몇 주 동안 자신감 상실, 걱정, 불안에 시달리고, 몇 주 동안 죽을힘을 다해 작업했는데 갑자기 포기하고 싶어질지도 모른다니. 불과 몇 페이지를 남겨두고 말이다.

말도 안 되는 일이다. 그러나 너무 심각하게 받아들이지는 말자.

여러분은 어떤가?

우선 이것은 작가들 사이에서 어느 정도 흔한 경험인 듯하다. 이것은 잠재의식에서 나온다. 나도 그렇고, 내가 아는 모든 작가들이 그와 같은 현상을 경험한다. **정서상** 시나리오를 끝내고 싶지 않다. 매달리고 싶지, 끝내고 싶지는 않다. 이것은 지긋지긋한 관계와 같다. 그러나 얼마나 지독하고 지긋지긋하든지 간에 아무 관계도 없는 것보다는 낫다. 똑같은 원리가 시나리오 쓰기에도 적용된다. 그것을 끝내기가 어렵다. 자신의 삶에서 큰 비중을 차지해왔으니까. 작가는 매일 그것을 생각하고, 등장인물이 친구 같고, 기회만 있으면 자신의 이야기에 대한 말을 꺼낸다. 글을 쓰느라 한밤중에도 깨어 있게 되고, 고민과 고통을 겪기도 하고, 어마어마한 성취감을 느끼기도 한다. 물론 그것을 포기하고 싶지 않다!

무엇 때문에?

'붙들고' 싶어 하는 것은 당연한 일이다.

환상을 깨기는 싫지만, 시나리오를 쓰려면 할 일이 많이 남아 있다. 종이에 옮긴 첫 초안을 끝냈다면 시나리오 쓰기 과정 중에서 겨우 3분의 1을 마친 셈이다. 아직 완성된 것은 아무것도 없다. 하나가 끝나면 항상 다른 것이 시작되기 때문이다. 이 첫 초안 시나리오를 끝내고도 두 개의 초안을 더 써야 한다.

그냥 대본을 끝내자. 해결하자. 그리고 '페이드아웃'이라고까지 다 썼으면 스스로 대견해하면서 술 한잔을 들며 자축하자.

시나리오를 책상 위에 올려놓고 그 앞에 앉아 얼마나 많은 분량을 썼는지 보자. 집어 들고 한번 느껴보자.

드디어 해냈다.

그런 다음 일주일을 쉰다.

종이에 옮긴 첫 초안이 이제 완성되었다. 이제부터가 진짜 시작이다.

연습

스토리라인을 해결하는 액트 III의 극적 요소 두세 개를 추출해보자. 액트 III에 해당하는 카드들을 보자. 여전히 유효한가? 그것들을 바꿀 필요가 있는가? 만일 그렇다면 열네 장의 새로운 인덱스카드에 액트 III를 재구조화해보자. 그런 다음 여러 차례 살펴보자.

내용이 편안하게 느껴지면 쓰기 시작한다. 이때 약간의 저항을 경험하기 시작할지도 모른다. 나는 새로운 아이디어를 생각해낸 적이 여러 번 있는데, 너무 흥미진진하고 강력한 아이디어라서 하던 작업을 멈추고 새로운 아이디어로 뛰어들고 싶었다. 그러면 안 된다. 공책이나 종이 한 장을 꺼내서 두세 페이지에 적어두자. 그 아이디어에 대해 원하는 만큼 쓴 다음 그것을 치워두고 액트 III를 완성하는 작업으로 돌아가자.

어떤 저항, 의심, 판단을 경험하거나 자신이 '탈진했다'고 느낀다면 그냥 '유연하게' 인정하자. 계속 쓰자. 항상 해결, 즉 해법을 명심하자.

만약 결말 중 세부 사항을 변경하고 싶다면 그렇게 하자. 결말이 의도하던 것과 다르게 나왔더라도 일단 쓰고, 안 보이게 서랍 같은 곳에 치워두고 나서 다시 쓴다. 이렇게 하면 원하는 결말이 나올 것이다. 코미디를 쓰려고 했는데 심각하고 극적인 결말이 나오더라도 일단 쓴 후 서랍 속에 넣어두고, 코미디로 다시 쓰자. 드라마의 경우라도 마찬가지이다. 원래의 의도와는 다르게 우스운 이야기가 되었다면, 일단 그대로 쓴 후 서랍에 넣어두고, 그것에 대해서는 잊고 처음에 의도했던 방향으로 다시 쓰자.

중요한 것은 스토리라인의 본래 모습에 충실하고 확고한 해결을 만들어내는 것이다. 만약 시나리오를 팔기 위해 '그들'이 무엇을 원하는지, 대중이 무엇을 좋아할 것 같은지, 또는 프로덕션이 무엇을 보고 싶어 하는지 알아내려고 한다면, 잊어버리자. 결코 소용없을 것이다. '그들'이 무엇을 원하는지 '알아낼' 방법은 없다. 이것이 자신의 시나리오이고, 지금 당장은 이것이 이야기가 해결되는 방법이고, 이것이 자신이 선택한 결말이라는 입장에서 그냥 시나리오를 쓰자.

나중에 언제든지 바꿀 수 있다. 고쳐 쓰기가 남아 있으니까.

16

고쳐 쓰기

마야:
"그래서 소설은 무슨 내용이야?"

마일스:
"글쎄, 요약하기가 좀 어려워. 뇌졸중 겪은 아버지를 돌보는
남자의 일인칭 설명으로 시작하지. 개인적인 경험에서 나온 것이긴 한데,
그냥 느슨한 정도야⋯. 이런저런 일이 많이 일어나다가⋯
어떤 다른 일이 일어나. 어떤 평행적 이야기지.
그러고는 일종의 로브그리예 미스터리로 진화 내지 전환을 하지.
실질적인 해결은 없는 그런 거 말이야."

알렉산더 페인, 짐 테일러
〈사이드웨이〉

오래전, 런던에서 온 음악가 친구와 함께 선셋 대로를 따라 차를 몰고 있던 나는 아주 멋진 캘리포니아 금발 미녀가 해변에서 일광욕하는 모습이 담긴 대형 광고판을 보았다. 광고판 아래쪽 인도에 서 있는 한 젊은이가 두세 살쯤 되어 보이는 어린 딸의 손을 잡고 있었다. 아름다운 광경이었다. 그 곁을 지나갈 때 내 친구가 중얼거리는 소리가 들렸다. "난 어린아이."

나는 그것이 노래 가사라는 것을 알았다. 그는 글러브 박스에서 낡은 봉투를 꺼내고 펜을 집어 들더니 그 가사를 적고, 몇 마디 더 덧붙이고, 곡을 붙여 흥얼거리다가 노래 한 곡 전체를 순식간에 완성했다. 가사를 쓰는 데 고작 몇 분밖에 걸리지 않았다.

집에 돌아오자 그는 피아노 앞에 앉아 다양한 구절을 모두 하나로 묶어서 연주하기 시작했다. 10분쯤 후에 "이것 좀 들어봐" 하고는 그 곡을 연주해주었다. 세심히 다듬어지지 않은 것인데도 썩 괜찮았다.

며칠 후 그는 전화를 걸어 와 할리우드의 녹음실에서 만나자고 했다. 그 노래를 녹음할 거라고 했다. 스튜디오에 들어서자 무대 위에 대규모 오케스트라와 여러 명의 백업 가수, 그리고 메인 가수가 보였다. 그들은 리허설을 시작했고, 나는 처음으로 노래 전체가 연주되는 것을 들었다.

한마디로 충격이었다. 봉투 위에 갈겨 쓴 몇 줄이 일주일 남짓 만에 이렇게 강렬한 느낌의 음악으로 탄생하다니! 믿을 수가 없었다. 질투가 나서 미칠 것 같았다. 나도 그런 식으로 시나리오나 책을 쓸 수 있다면 얼마나 좋을까. 개인적인 분노와 자기 연민이 뒤섞인 경이로움에 휩싸인 채 스튜디오를 나왔다. 몇 시간씩, 며칠씩, 몇 주씩, 몇 달씩, 심하게는 몇 년씩 힘겨운 시간을 견뎌가며 시나리오나 책을 쓴 것을 떠올리면 내가 그렇게 느꼈던 것도 당연하다.

나도 그런 식으로 시나리오를 쓸 수 있다면 좋았겠지만, 그럴 수는 없었다. 물론 한두 주 만에 대본을 쓰는 시나리오 작가들 이야기를 들은 적도 있는데, 모두 사실일 수도 있다. 그러나 그들이 실제로 시나리오를 쓰려고 앉기 전에 아이디어와 등장인물과 플롯을 얼마나 오랫동안 연구했는지는 전해지지 않는다.

내가 목격한 친구의 음악 작업이 나를 괴롭혔다. 내가 시나리오나 책을 쓴 나 자신의 경험과 그 특정한 노래를 쓴 그의 경험을 비교하고 있었기 때문이다. 그러다가 내 글쓰기 경험과 그의 작사 경험을 비교할 수는 없다는 것을 알았다.

생각하면 할수록 시나리오 쓰기는 많은 개별 단계로 구성되어 있고, 그것들은 모두 다르다는 것을 더 잘 알게 되었다. 각각의 단계는 완전히 분리되어 있고 독특하다. 잠시 만에 시나리오에 대한 반짝이는 영감을 얻을 수는 있어도, 실제로 쓰는 것은 전혀 다른 문제인 것이다. 글쓰기는 상세하고 단계적인 과정이자 하루하루 진행되는 것으로, 여러 단계를 거치면서 개선되고 완성되는 것이다.

지극히 당연한 일이다. 과학적으로도 그렇다. 프랜시스 베이컨 이래로 과학적인 방법은 사물을 측정하거나 시험을 하는 것을 다루는데, 여기에는 실험과 가시적인 결과가 수반된다. 과학자는 각각의 가능한 모든 대안을 이성적이고 체계적으로 탐구하고, 항상 무엇이 효과가 있는지 기록하고 그렇지 않은 것은 버리면서 또 다른 것을 시도한다.

나와 이야기를 나누는 많은 사람들은 자신이 쓴 내용을 고쳐 써야 한다는 생각을 달가워하지 않는다. 요컨대, 이 종이에 옮긴 첫 초안을 쓰는 데 이미 몇 달을 보냈으니, 변경이 필요할 만한 모든 사항은 대본을 구입하거나 제작할 누군가의 승인을 받아야 한다고 생각한다. 다시 말해 내용을 고쳐 쓰는 데 보수를 받아야 한다는 것이다.

모두 사실과는 거리가 멀다. "글쓰기는 고쳐 쓰기다"라는 옛 격언은 좋든 싫든 진실이다. 시나리오를 고쳐 쓰는 것은 시나리오 쓰기 과정에서 필요하고 필수적인 부분이다. 그것은 종이에 옮긴 첫 초안에서 수정했던 것을 고쳐서 이야기를 명확하고 분명하게 하고, 등장인물과 상황을 선명하게 만든다. 누구나 자신의 시나리오가 자신이 쓸 수 있는 최고의 시나리오가 되기를 원한다. 그렇지 않으면 왜 이 모든 시간을 그것을 쓰는 데 바치겠는가? 아예 하지 않는 편이 더 쉬울 것이다. 고쳐 쓰는 것이 좋든 싫든 어느 순간에는 해야 할 것이다. 논쟁할 수도 없고, 다툴 필요도 없다. 그저 그대로 받아들이자. 아무도 시나리오를 쓰는 것이 쉬울 거라고 말한 적 없다.

종이에 옮긴 첫 초안을 완성하면 수정해야 할 내용이 있다는 것을 알게 된다. 당연하다. 시나리오는 살아 있는 것이고 하루하루 변화하고 성장한다. 그것은 **하나의 과정**이며, 오늘 쓰는 것은 내일이면 유효 기한이 지나고, 내일 쓰는 것은 모레면 유효 기한이 지날 수도 있다. 처음 썼던 글들을 많이 바꾸고 수정할 것이기 때문에 창의적인 영감이 자신의 길잡이가 될 것이라고 기대하지 말자.

시나리오 초고 쓰기는 세 단계로 이루어진다. 처음은 종이에 옮긴 초안을 쓰는 단계로, 지금 막 끝마쳤다. 두 번째는 내가 '기계적인' 초안이라 부르는 것을 쓰는 단계로, 쓰기 과정에서 수정했던 것을 고친다. 마지막으로 세 번째는 내가 '광내기' 초안이라고 이름 붙인 단계로, 자신이 할 수 있는 만큼 최선을 다해 신과 시퀀스를 다듬어 초고를 완성한다.

종이에 옮긴 첫 초안을 완성하면 고쳐 쓰기 과정을 시작할 준비가 된 것이다. 우선 며칠간 쉬면서 자신이 한 작업에 대해 생각해보자. 어떤 부분이 가장 효과가 좋다고 생각하는가? 무엇이 효과가 없는가? 등장인물들은 완전히 구체화되었는가? 어떤 변화를 만들어내고 싶은지 이미 알고 있는가? 그저 이런 생각을 조금 '뜸 들도록' 내버려두자. 이 시점에서는 명확하거나 분명한 결정을 내릴 필요가 없다.

고쳐 쓰는 과정에서 가장 먼저 해야 할 일은 실제로 써놓은 내용을 보는 것이다. 이 단계에서는 자신이 액트 I에서 무엇을 했는지 알지도 기억하지도 못할 수 있다. 패러다임 속에 있으면 패러다임을 볼 수 없다는 사실을 잊기 쉽다. 자신이 무엇을 했으며, 무엇을 안 했는지를 객관적으로 조망할 수 없다.

전체에 대한 조망이 필요하다. 써놓은 내용에 대한 자신의 '견해'를 명확히 해야 한다. 객관적인 눈으로 무엇을 썼는지 보아야 하며, 어떤 주관적인 논평, 호불호, 판단이나 평가에 부담을 느끼지 않아야 한다. '객관적인' 조망을 위해서는 주관적인 시각을 '차단해야' 할 필요가 있다.

그렇게 하기 위한 방법은 첫 초안 전체를 처음부터 끝까지 앉은 자리에서 읽는 것이다. 펜, 연필, 메모지, 종이를 모두 넣어두고, 컴퓨터를 끄고, 그냥 바로 읽기 시작하자. 수정하고 싶은 내용을 여백에 메모하려는 유혹을 억누르자. 이 연습은 이미 써놓은 내용을 읽는 것이다. 객관성을 획득하는 가장 좋은 방법이다.

시나리오를 읽으면서 마치 롤러코스터를 탄 것 같은 감정의 동요를 느낄 것이다. 한 신을 읽고 그것이 얼마나 나쁜지, 어떻게 그런 하찮은 것을 쓸 수 있었을까 생각해볼 것이다. 자신이 읽은 것 중 최악일 수도 있고, 아니면 이야기의 사건과 일들이 허무맹랑해서 아무도 믿지 않을 것이다. 대단히 우울해질 것이다. 그냥 계속 읽자. 그러면 어떤 신을 읽었더니 그리 나쁘지 않다는 생각이 들기도 하고, 아주 잘 작동하는 신을 찾기도 할 것이다. 어떤 신은 너무 길고 말이 많기는 하지만, 이런 것은 언제든 잘라내고 다듬을 수 있다. 감정의 추에 매달린 채 희열과 절망 사이를 오가며 흔들릴 것이다. 그냥 롤러코스터를 타되, 절망이든 우울이든 자살이든 감정적 반응에 너무 빠져들 필요는 없다. 그냥 내용을 읽어보자.

마음이 산란해지기 십상이다. 유명한 여배우인 한 학생이 종이에 옮긴 첫 초안을 완성했다. 자신의 대본을 처음으로 다 읽고 나서 어느 날 밤늦게 전화를 걸었다. 내가 수화기를 집어 들고 귀에 대자 비명 소리가 들렸다. "어떻게 이런… 이런 빌어먹을 걸 쓰게 놔두셨죠…. 끔찍해요!" 그는 울음을 터뜨리고 전화기를 쾅 내려놓았다. 나는 어떻게 반응해야 할지, 무슨 말을 해야 할지, 어떻게 해야 할지 몰라 전화기만 바라보았다.

나중에 그가 말해주기를, 자기가 쓴 글을 읽고 나서 크나큰 절망에 빠져 대본을 내던지고 내게 전화하고는 침대로 기어 들어가 전기담요를 최고 온도에 맞춰놓고 엄지손가락을 입에 문 채 태아처럼 웅크리고 있었다고 했다. 이틀 동안 그 상태로 있었다.

물론 그는 과잉 반응을 보였다. 자신이 쓴 글을 읽는다는 것은 때로 끔찍한 경험이 될 수도 있다. 그런 경우에는 이겨내야 한다. 나는 나흘쯤 기다렸다가 마침내 그에게 전화를 걸었다. 그가 겪은 '비현실적인' 기대와 감정을 모두 스스로 감당해야 한다는 것을 알았기 때문이다. 우리는 그것에 대해 길게 이야기를 나누었고, 그는 자신이 무감각하고 아무것도 느끼지 못한다고 말했다. 나는 며칠 더 기다렸다가 다시 한번 대본을 마주하고 "그것이 작동하도록 해야 할 일을 그냥 하라"고 제안했다.

마침내 다시 작업하려고 자리에 앉았을 때 그는 감정이 전혀 없는 기계처럼 느껴졌다고 말했다. 주관적인 시각에서 벗어나 객관적인 조망이 가능할 때, 어떤 판단이나 기대에도 반응하지 않고 단지 자신의 이야기를 쓰는 데 집중했을 때, 그 일은 매우 잘되었다. 자신감을 되찾는 데 두 주 정도가 걸렸다. 결국 그는 자신의 아이디어를 가지고 스토리라인으로 만든 다음, 종이에 옮긴 첫 초안을 쓰고 완성했다. 정말 대단한 성과다.

그러므로 이 첫 번째 읽기를 마치면 그것에 대해 생각할 시간을 가져야 한다. 이야기, 등장인물, 행동에 대한 전반적인 느낌을 심사숙고해보자. 처음부터 끝까지 스토리라인의 진행을 통해 정신적으로 '순항'하기 시작하면, 등장인물들과 그들 사이에 존재하는 관계의 균형을 맞출 수 있는 조망 위치로 이동할 것이다.

이야기가 올바르게 설정되어 있는가? 등장인물들 간의 관계는 어떠한가? 그들은 믿을 만한가? 말이 너무 많은가, 아니면 설명이 너무 많은가? 액트 II에서 등장인물이 직면하는 갈등과 장애물은 명확하게 규정되어 있는가? 두 번째 액트의 일부가 지루하거나 늘어지는가? 결말은 효과적으로 작동하는가?

바꾸고 싶은 게 있는가?

생각해보자.

그것을 읽은 후 고쳐 쓰는 과정의 다음 단계는 자유연상법이나 자동 글쓰기를 이용하여 세 편의 에세이를 쓰는 것이다. 이 에세이를 쓰면 자신이 쓴 내용에서 벗어나 효과적인 조망이 가능하게 된다. 각 에세이는 두 페이지 길이가 되어야 하며, 중요한 것은 아이디어가 자연스럽고 자발적으로 흐르도록 하는 것이다. 자신의 기대에 부응하도록 스토리라인을 강요해서는 안 된다.

첫 번째 에세이. 다음 질문에 답해보자. **애초에 자신을 이 아이디어에 끌어들인 것은 무엇이었는가?** 이 시나리오를 쓰는 데 시간과 에너지를 쏟게 한 아이디어는 무엇이었는가? 여러분의 눈길을 사로잡은 주인공의 상황이었는가, 아니면 극적 전제 또는 등장인물이 처한 상황이었는가? 생각해보자. 처음 창조적인 '끌림'을 느꼈던 그 순간으로 돌아가서 자신을 끌어들인 것이 무엇인지 규정해보자. 필요하다면 눈을 감고 이 이야기를 쓰고 싶다는 충동을 느낀 첫 순간을 떠올릴 수 있는지 알아보자. 이때 자신의 생각이 자유롭게 떠돌게 하고 어떤 것도 검열하려 들면 안 된다. 한 순간의 영감, 즉 애초에 자신을 끌어들인 **'아하!'** 하는 그 느낌을 찾는 중이다.

그런 다음 이 첫 번째 자유연상 에세이에 자신을 그 아이디어에 끌어들였다고 여겨지는 모든 생각, 말 또는 아이디어를 던져 넣자.

문법이나 맞춤법, 문장부호에는 신경 쓰지 말자. 그저 종이나 컴퓨터에 생각을 던져 넣자. 내가 이 시도를 할 때는 직접 손으로, 단편적으로, 논리적인 순서 없이 그냥 떠오르는 대로 쓴다. 그것은 자유연상 과정이다. 그 아이디어에 끌어들인 것이 무엇이었는지 포착해보자. 두세 페이지 이내로 작성한다. 자신이 쓰는 것을 검열하지 말고 자연스럽고 자발적으로 흘러가도록 내버려두자. 이것을 두 페이지로 작성하고 첫 번째 에세이를 마치면 다음 에세이로 넘어가자.

두 번째 에세이. 별도의 종이 한 장을 놓고 이 질문에 답해보자. **어떤 이야기를 결국 쓰게 되었는가?** 시작할 때 쓰고자 했던 내용은 글을 쓰는 과정에서 종종 바뀌어 결국 원래 의도했던 것과 약간 다른 것을 쓰게 된다. 예를 들어 법정 스릴러를 쓰기 시작했는데 종이에 옮긴 첫 초안을 마치고 보니 실제로는 긴장감 있는 법정 드라마를 배경으로 한 강한 로맨틱 스릴러가 되기도 한다. 아니면 로맨틱 코미디를 쓰기 시작했는데 희극적 과장이 가미된 드라마에 가까운 것으로 끝날 수도 있다. 〈애정의 조건〉과 〈브로드캐스트 뉴스 Broadcast News〉를 쓰고 연출한 제임스 L. 브룩스는 〈너를 위하여I'll Do Anything〉를 뮤지컬 코미디로 썼지만 음악은 효과가 없었고, 음악을 제거하자 코미디로도 효과가 없었다. 글쓰기 과정에서 한 가지 이야기를 시작해서 결국 약간 다른 이야기를 하게 되는 것은 매우 흔한 일이다. 이제 자신이 쓴 이야기를 읽고 최초의 아이디어와 어떤 관련이 있는지 알아보자. **무엇을 쓰기 시작했으며, 결국 무엇을 쓰게 되었는가?**

다시 한번 한두 페이지에 자유연상으로 에세이를 써보자. 자신의 생각, 말, 아이디어를 자유연상으로 그냥 던져 넣는다.

세 번째 에세이. 새로운 종이 한 장을 꺼내 이 질문에 답해보자. **자신이 쓴 것을 자신이 쓰기 원하던 것으로 바꾸기 위해 무엇을 해야 하는가?** 예를 들어 강한 액션 어드벤처 테마로 러브 스토리를 쓰고 싶었는데, 결국 러브 스토리를 배경으로 펼쳐지는 강한 액션 어드벤처를 쓰게 되었다. 혹은 그 반대일 수도 있다. 그렇다면 그런 요소들을 바꿔야 한다. 강한 러브 스토리 요소를 지닌 스릴러 〈콘스탄트 가드너〉를 보자. 여자 주인공은 이야기에서 일찌감치 죽는다. 시나리오 작가 제프리 케인은 일련의 복잡한 플래시백을 통해 러브 스토리를 만들어내야 했는데, 그녀의 죽음에 책임이 있는 사람을 찾기 위한 남편의 노력을 통해 그의 아내를 보여준다. 그와 같은 방법으로 여러분도 액션 어드벤처 요소를 더 강화하여 설정해야 하고, 러브 스토리 요소를 줄여야 할 수도 있다.

어쨌든 원래 계획했던 것을 바꾸고 다시 작업해야 한다. 때로는 시작했던 것보다 훨씬 더 나은 결과를 얻을 수 있다. 괜찮다. 하지만 그것은 액트 I과 액트 II 전반부로 돌아가서 스토리라인을 설정하고 다듬어야 한다는 것을 의미한다. 그래야만 하나의 유동적인 행동선을 가질 수 있다.

즉, **의도는 결과와 같아야 한다.**

다시 말하지만 이 에세이는 자유연상으로 쓰는 것이다. 무엇보다도 여러분은 이야기에 최대의 극적 가치를 주입하고 싶어 한다. 그렇다면 자신이 쓴 것을 자신이 쓰기 원하던 것으로 바꾸기 위해 무엇을 해야 하는가? 액트 I에서 네다섯 개의 새로운 신을 추가해야 하고, 이야기에 아무 보탬이 되지 않거나 지금 당장 효과가 없는 몇 개의 신을 제거해야 하고, 조금 더 일찍 극적 전제를 설정해야 할 수도 있다. 등장인물에 집중하고, 성격묘사를 좀 더 확장하고, 심지어 일부 사소한 등장인물과의 서브플롯을 만들어내야 할 수도 있다. 이제 이러한 변화를 시행하기 위해 무엇을 하고 싶은지 규정할 때이다.

이 에세이에서 가장 중요한 것은 자신이 쓴 내용을 명확히 파악하여 더 나은 결과를 이끌어내는 것이다. 고쳐 쓰기 과정에 접근하는 가장 좋은 방법은 극적 행동의 부분 또는 단위로 작업하는 것이다. 그것은 이 행동 단위를 완성할 때까지 액트 I에서 작업하는 것을 의미한다. 그런 다음 액트 II 전반부에서 작업하자. 신들을 규정하거나 변경하거나 추가하거나 삭제하고, 중간점까지의 대사를 다듬어보자. 그러고는 액트 II 후반부에 들어가서 같은 일을 한다. 이렇게 하면 내용에 압도되지 않으면서 극적 행동의 부분이나 단위로 작업함으로써 더 잘 통제할 수 있다. 액트 III에서도 똑같이 한다.

이제 이 두 번째 '기계적인' 초안에서 액트 I의 내용을 다시 읽어보자. 하지만 이번에는 바꾸고 싶은 신, 추가하고 싶은 대사, 또는 잘라내고 싶은 신을 여백에 메모한다. 어떤 신은 있는 그대로가 좋을 것이고, 어떤 신은 그렇지 않을 것이다. 어떠한 대사나 신의 변경, 그리고 행동, 플롯 또는 등장인물의 변화는 하나의 전체로서 대본에 자연스럽게 녹아들 필요가 있을 것이다.

앞서 대사에는 두 가지 기능이 있다고 언급했다. 대사는 이야기를 앞으로 나아가게 하거나 등장인물을 드러낸다. 이 점을 명심하자. 대사dialogue라는 단어 자체가 그리스어에서 유래하고 '의미의 흐름'을 뜻한다는 사실이 흥미롭다. 대사를 쓸 때 다음을 명심하자. 대사는 순조롭게 흘러가고 있는가, 아니면 대본이 '너무 말이 많거나'

너무 설명적인가? 행동을 위해 등장인물을 희생하는가, 아니면 등장인물을 위해 행동을 희생하는가? 여러분은 실내와 실외 로케이션을 모두 활용해 영상과 말로 이야기를 전달하며 시나리오를 시각적으로 열고 싶을 것이다.

액트 I 끝의 구성점을 완성할 때까지 계속 고쳐 써보자. 항상 맥락을 명심한다. **이야기를 설정**하고, 등장인물과 관계를 설정하고, 극적 전제와 상황을 정립하는 것은 자신이다.

각 단위는 별개의 완전한 극적 행동 단위이다. 액트 I과 액트 II 전반부에서는 고쳐 쓰기를 더 많이 할 것이다. 이 두 행동 단위는 대개 가장 많이 변경할 필요가 있는 곳인데, 이야기가 바뀌기 시작하는 곳이기 때문이다. 한번 확인해보자. 그것이 맞는지 알아보자. 대부분의 경우, 이 첫 번째 액트의 내용 중 거의 80퍼센트 이상을 고쳐 쓸 것이다. 무슨 상관인가? 그냥 그렇게 하자.

액트 I을 고쳐 쓰는 것은 생각보다 쉬울 것이다. 왜? 자신의 글쓰기 규율을 이미 정립했고 만들고 싶은 이야기와 변화를 알고 있으므로 자연스럽고 수월할 것이다. 간혹 무엇을 해야 할지 결정하는 데 어려움을 겪을 수도 있는데, 특히 액트 I이 너무 길면 더욱 그렇다. 그런 경우에는 액트 I의 몇 신을 잘라서 액트 II로 옮겨야 할지도 모른다. 구조는 유연하지 않은가? 혹은 각 신을 행동의 더 늦은 지점에서 시작하여 더 이른 지점에서 끝내고 싶어 할지도 모른다.

앞서 언급했듯이 이 두 번째 초안은 내가 기계적인 초안이라고 부르는 것으로, 이는 고쳐 쓰기라는 이 특정한 단계가 기발하고 독창적이라기보다는 종이에 적는 것에 더 가깝다는 것을 의미한다. 그것이 '기계적인' 이유는 이 단계에서는 일관된 내러티브 흐름으로 대본의 형태를 갖추기를 원할 뿐이므로 완벽하지는 않지만 마지막 광내기 단계로 가는 디딤돌로 이용되는 신과 대사를 내려놓기 때문이다. 여기에서는 이야기를 자신이 쓰기 시작했던 것과 같게 만들고, 자신이 쓴 것에 알맞게 맞춘다. 대개 나는 그냥 종이에 그 신들을 적어두고 얼마나 좋고 나쁜지는 걱정하지 않는다. 그저 기계적으로 일을 처리하고 있을 뿐이다. 종이에 옮긴 첫 초안 단계에서 변경한 내용을 모두 고치고, 대본을 적절한 길이로 조정하고, 극적 긴장을 강화하고, 주인공에 대한 초점을 선명하게 할 것이다.

이 단계에서 많은 것을 수정하게 될 것이다. 아마 액트 I의 80~85퍼센트, 액트 II 전반부의 50~60퍼센트, 액트 II 후반부의 25~30퍼센트, 액트 III의 10~15퍼센트 정도를 고쳐 쓰게 될 것이다. 그렇다고 이것을 '창조적인' 초안으로 여길 필요는 없다. 이 초안은 종이에 옮긴 첫 초안에서 빈 종이를 마주했을 때와 같은 시간이나 노력을 들여서는 안 된다.

이야기를 시각적으로 펼쳐놓는 데 중점을 두자. 이야기의 대부분을 대사로 이끌어가려는 경향을 띠게 될 수도 있다. 등장인물의 생각, 느낌, 감정 등을 설명하는 '말'로 이야기를 전달하려 할지도 모른다. 이를테면 등장인물이 차를 몰고 가다가 보석 가게를 보고 "옥가락지 하나 사고 싶네"라고 말하고는 **왜** 그것이 필요한지 설명하는 식이다. 그가 가게 안으로 들어가서 반지들을 보며 점원에게 자신이 찾고 있는 것과 이유를 정확히 말하는 것을 보여준다. 그는 반지를 구입할 것이고, 그런 다음 신이 바뀐다. 그는 어느 파티에서 새로 산 옥가락지를 자랑하고 있다. 결국 설명하는 신이 되었는데, 이런 식의 신이 너무 많아서는 안 된다.

그 대신에 같은 것을 시각적으로 보여줄 수 있다. 주인공이 가게를 보고 안으로 들어간 다음 자신의 새 반지를 자랑하고 있는 파티 신으로 넘긴다. 우디 앨런은 〈매치 포인트〉에서 이와 비슷한 것을 보여줬다. 크리스(조너선 리스마이어스)는 감정적인 딜레마에 빠져 있다. 그는 놀라(스칼릿 조핸슨)가 자신의 아이를 임신한 것에 대해 아내 클로이(에밀리 모티머)에게 무엇을 어떻게 말해야 할지 모른다. 그러던 어느 날 밤, 그는 갑자기 눈을 부릅뜨고 일어나 사태를 수습하려면 무엇을 해야 하는지를 깨닫는다. 그는 아무 말도 하지 않고, 우리는 이 시점에서 그의 계획이 무엇인지 모른다. 하지만 잠에서 깬 순간 그는 자신이 곤경에서 어떻게 빠져나가야 할지 갑자기 알게 된다. 그 침묵하는 무언의 순간이 액트 II 끝의 구성점이다. 그리고 액트 III에서 우리는 크리스가 자신의 특별한 '문제'를 어떻게 해결하는지 본다.

시각적으로 사고하자. 한 신에서 다음 신으로 이동할 때 사용할 수 있는 영화적 장면전환에 대해 지속적으로 의식하고, 신에 들어가고 나오는 방법을 항상 찾자. 늦게 들어가서 일찍 나오자. 장면전환은 항상 내용을 줄이는 좋은 방법이다. 만약 그것이 해야 할 일이라면 말이다.

원한다면 이 기계적인 초안의 액트 I을 마치고 나서 잘 정리하자. 신을 다듬거나 몇 페이지를 다시 타이핑하고, 대화가 좀 더 분명하고 빈틈없도록 대사 몇 마디를 잘라낸다. 그렇다고 시간을 너무 많이 들일 필요는 없다. 시나리오를 통해 앞으로 나아가는 것이 중요하다. 작업은 언제나 처음에서 끝의 방향으로 진행한다.

액트 II의 전반부로 넘어가자. 중간점에 다다를 때까지 다시 읽으면서 그 내용을 효과적으로 만들기 위해 무엇을 해야 하는지를 여백에 자세히 메모한다. 전반부의 60퍼센트가량을 바꿀 수 있다는 사실을 알게 될 것이다. 무엇을 바꾸고 싶은지 결정하자. 그런 다음 액트 I의 내용을 가지고 작업했던 것처럼 이 부분을 인덱스카드에 배치한다.

항상 하위 극적 맥락을 유념하고 갈등을 일으키려고 노력하자. 내적 갈등이든 외적 갈등이든 두 가지 모두든 가장 효과적으로 작동하는 것이면 된다. 밀착점 I이 깔끔하고 빈틈없는지, 중간점이 명확하게 규정되어 있는지 확인하자. 때로는 너무 많은 등장인물이 있어 두 등장인물을 하나로 응축시킬 필요도 있다. 혹은 40쪽에 있는 한 신의 첫 부분을 55쪽에 있는 신의 마지막 부분으로 사용할 수도 있다. 이야기가 제대로 작동하기 위해 필요한 것은 무엇이든지 해보자.

중간점이 여전히 효과적으로 작동하는가? 너무 길거나 짧지는 않은가? 너무 말이 많지 않은가? 아니면 서설적 설명, 행동, 또는 시각적 묘사가 필요한가? 시각적으로 재규정해야 하는가? 다시 말하지만, 그냥 적어두자. 지금은 완벽할 필요가 없다.

아마 한두 주 동안 액트 II의 전반부를 고쳐 쓰게 될 것이다. 중간점을 완성한 다음에는 액트 II의 후반부로 넘어갈 수 있다. 변경하고 싶은 내용에 대해 메모하자. 필요하다면, 그리고 그러는 것이 편하다면, 액트 I과 액트 II 전반부와 마찬가지로 열네 장의 인덱스카드로 후반부를 재구조화하고 싶을 수도 있다. 이것을 하고 싶어 할 때도 있고, 그렇지 않을 때도 있을 것이다. 스스로 결정하자. 스토리라인을 가능한 한 간결하고 시각적으로 만들 수 있도록 그것을 명확히 하고 재규정하려는 것이다.

무엇을 해야 할지를 알았으면 극적 맥락과 시간 틀을 확실히 염두에 두면서 행동에 옮긴다. 어쩌면 액트 II 후반부의 25~30퍼센트 정도만 수정하면 될지도 모른다. 밀착점 I을 설정한 다음 구성점 II로 이동하면서 행동을 통해 주인공을 따라가며 그냥 이야기가 순조롭게 진행되도록 한다. 얼마나 많은 시간을 할애할 수 있고 무엇을 해야 하는지에 따라 이 부분은 완료하는 데 한 주 정도밖에 걸리지 않을 수도 있다.

액트 II를 마치고 나서 내용을 다듬느라 너무 많은 시간을 보내지는 말자. 다음번에 세 번째이자 마지막인 '광내기' 초안에서 그것을 하게 될 것이다.

액트 III에 다다르면 이제 잘될 일만 남았다. 이야기의 해결을 알고 있고, 훌륭한 창조적 흐름을 타고 있으며, 앞서 변경한 내용이 이 행동 단위에 이미 반영되어 있어야 한다. 시나리오의 이 부분을 고쳐 쓰는 것은 대개 가장 쉽고 가장 짧은 시간이 걸린다. 거의 다 된 것 같은 기분이 들 것이다. 액트 III에서는 해결을 잘 정리하고 다시 초점을 맞출 것이며, 새로운 시각적 역동성을 추가하여 결말을 더 강력하고 효과적으로 만드는 방법을 찾고자 할 것이다. 여기서는 결말에 대한 더 좋은 아이디어가 떠오를 수도 있다. 만약 그렇다면 바꾸자. 지금이 바로 그때이다. 새로운 대화 신을 쓰거나 신을 더 시각적으로 만들고 싶을 수도 있지만, 먼저 스토리라인을 해결했는지 확인해야 한다. 이때 실제 쓰기 과정 자체는 꽤 명확하고 다루기 쉬우며, 아마도 이 두 번째 초안을 끝내기 위해 무엇을 해야 하는지 정확히 알게 될 것이다.

이 '기계적인' 초안을 네다섯 주 안에 완성할 수 있을 것이며, 110~120페이지로 끝을 맺되 더 길어져서는 안 된다. 적절한 길이로 조정하는 것이 최우선 사항 중 하나이다. 단 한 번도 자신의 시나리오를 팔아본 적이 없는 초짜 시나리오 작가라면, 아무도(누구든 간에) 120~125페이지가 넘는 시나리오를 받아주지 않을 것이다.

이런 말을 해서 미안하다. 스토리라인은 명확해야 하며, 모든 필요한 변화들이 처음부터 끝까지, 120페이지 이내의 유기적인 스토리라인으로 융합되어야 한다. 오늘날의 시나리오는 대략 112~120페이지 정도 된다.

이 기계적인 초안을 완성하면 며칠 쉬자. 원하는 대로 하되, 변화를 소화할 시간을 좀 가져야 한다. 그러고 나서 세 번째 단계인 '광내기' 초안으로 이동할 준비가 될 것이다.

여기가 진짜로 시나리오 초고를 쓰게 될 곳이다. 각 신을 여기서 한 단어, 저기서 한 단어, 여기서 한 문장, 저기서 한 신을 바꾸면서 다듬고 강조하고 구성할 것이다. 때로는 신을 바로잡으려고 열에서 열다섯 번까지 고쳐 쓸 것이다.

여전히 액트 I, 액트 II 전반부와 후반부, 액트 III의 극적 행동 단위별로 작업하지만, 현미경 렌즈로 각 신에 접근할 것이다. 각 신에 들어가 한 단어씩, 한 대사씩 분석하여 이 대사를 잘라내거나, 신의 시작 부분에 있는 저 대사를 끝 부분으로 옮기거나, 신의 중간 부분에 있는 한두 대사를 들어내어 신을 조이고 줄이고 다듬을 것이다. 혹은 묘사를 제거하거나 수정할 수도 있다. 가능한 한 '가장 잘 읽히도록' 해야 한다.

내가 시나리오를 쓸 때 나 자신을 위해 만든 규칙 중 하나는 어떤 서술적인 단락도 네 문장이 넘으면 안 된다는 것이다. 이것이 자의적인 진술이라는 것은 알지만, 나는 페이지를 절반 넘게 차지하는 '두툼하고', '빽빽하고', '커다란' 묘사 단락이 있는 수많은 대본을 읽었다. 페이지에는 빈 공간이 많이 있어야 한다. 전문 작가의 시나리오가 그런 모습이기 때문이다. 전문 작가의 시나리오가 어떻게 생겼는지 보고 싶다면 어떤 시나리오든 찾아서 읽어보자. 온라인으로 **시나리오**를 검색하기만 해도 대본을 다운로드할 수 있는 여러 사이트로 안내할 것이다. 묘사 단락이 과다한 설명 없이 얼마나 간결하고, 빈틈없고, 시각적인지 알게 될 것이다.

때로는 등장인물 하나를 없애고 다른 등장인물에게 대사를 주고 싶을 수도 있다. 그렇게 하면 페이지에 사람이 너무 많아서 텍스트가 혼란스러워지는 것을 막을 수 있다. 올리버 스톤은 〈플래툰 Platoon〉의 초고를 쓸 때 첫 열 페이지에 26명의 등장인물이 있었다고 내게 말해준 적이 있다. 그래서는 안 된다. 행동과 등장인물의 흐름이 단순하고 부드럽게 이어지도록 유지해야 한다.

이 광내기 단계에서는 한 신을 바로잡으려고 다섯 번, 열 번을 살펴본 후에도 그것이 여전히 작동하지 않는다는 것을 알게 될지도 모른다. 이 딜레마를 곰곰이 생각해보면 액트 I의 한 신에 있는 세 마디 대사를 액트 II 전반부의 다른 신으로 옮겨야 할지도 모른다는 것을 깨달을 것이다. 아니면 한 신을 다른 신과 연결하고, 그다지 효과가 없는 멋진 장면전환을 포기해야 할 수도 있다. 신을 포개서 시간을 단축할 수도 있는데, 즉 액트 II 전반부의 한 신을 액트 II 후반부의 다른 신과 결합시켜 더 짧은 시간에 같은 내용을 전달하는 완전히 새로운 신을 정립하는 것이다. 신의 목적을 명심하자. 이야기를 앞으로 나아가게 하거나 주인공에 대한 정보를 드러낸다. 어떤 신이 이 두 가지 요구 사항 중 적어도 하나를 충족시키지 못한다면 그 신을 잘라내자. 그런 신은 필요하지 않다.

어떤 행동의 리듬을 파악할 것인지, '잠시 멈춤' 또는 '사이'를 이용해 어디에서 신의 긴장감을 강화할 것인지 알게 될 것이다. "그는 맞은편에 앉은 여자를 흘끗 쳐다본다"를 "그는 그 여자를 수상하게 여긴다"로 바꿔 쓸 수도 있다. 형용사를 추가하고, 대화에서 몇 단어, 때로는 문장 전체나 상당한 양의 대사를 잘라내어 대사를 조이거나 응축함으로써 시각적 이미지를 선명하게 할 수 있다.

다시 말하는데, 행동의 단위별로 작업하자. 먼저 액트 I을 완성하고, 다음엔 액트 II 전반부와 액트 II 후반부를 완성하고, 그런 다음 액트 III를 완성하자. 이처럼 단위별로 작업을 하면 이야기를 조절하면서 해결을 향해 한 걸음 한 걸음 앞으로 나아갈 수 있게 된다.

좋은 구조는 얼음과 물, 또는 불과 열의 관계와 같다는 것을 기억하자. 시나리오를 다듬으면서 스토리라인을 고정시키는 일, 에피소드, 또는 사건이 눈에 띄지 않을 때까지 구조적인 흐름을 부드럽게 만들어야 한다.

키워드: 조이기, 다듬기, 응축하기, 광내기, 잘라내기, 잘라내기, 조금 더 잘라내기. 대다수의 초보 작가들은 단어나 단락을 잘라내는 것을 꺼린다. 하지만 이 단계에서는 가차 없이 잘라내야 한다. 어떤 신, 대사, 묘사 단락, 시퀀스를 그대로 두어야 하나 말아야 하나 망설여진다면, 잘라내야 한다는 뜻이다.

이 세 번째 혹은 광내기 초안에서 단 하나의 목적은, 자신이 썼던 것을 가지고 자신의 능력을 최대한 발휘하여 최고의 시나리오를 만드는 것이다.

고쳐 쓰기가 다 됐는지는 어떻게 아는가?

판단하기 힘든 어려운 질문이다. 정확히 알기는 정말 어렵지만 몇 가지 징후를 찾을 수는 있다. 무엇보다, 자신의 대본이 결코 완벽하지 않을 것이라는 점을 이해하자. 효과가 없는 신 몇 개는 항상 있게 마련이다. 어떤 신을 아무리 많이 쓰거나 고쳐 쓰더라도 결코 원하는 대로 되지 않을지도 모른다. 때로는 그 신들을 그대로 두어야 할 것이다. 그 신이 효과가 없고 **자신의** 기대에 미치지 못한다는 것을 알아챌 사람은 아무도 없을 것이다.

사소한 변화에 많은 시간을 할애하고 있다는 사실도 알게 될 것이다. "하지만 징후가 있다"를 "그리고 징후가 있다"로 바꾸기도 한다. 이런 것은 끝낼 때가 되었음을 알려주는 확실한 징후이다. 바로 그때 자신이 쓴 페이지들을 내려놓고 이렇게 말할 수 있다. "다 됐다. 시나리오 초고를 완성했다." 바로 그때 그것을 놓아줄 수 있다. 그것은 스스로 서거나 넘어질 것이다.

이 시점에서, **자신이 신뢰하는** 한두 사람에게 초고를 건네줘도 괜찮을 것이다. 개인적으로 나는 대본을 사랑하는 사람이나 중요한 사람에게 건네주는 것을 권하고 싶지 않다. 왜? 사랑, 인정, 우정 때문에 그들은 가능한 한 '정직한' 사람이 되고 싶어 할 것이기 때문이다. 결국, 여러분이 그들을 신뢰하고 있기에 시나리오를 읽고 평가하도록 하는 것이다. 그래서 그들은 여러분을 사랑하기 때문에 무자비해질 것이다. 이 등장인물이 시시하고, 전제가 유효하지 않고, 대사가 빈약하다고 말할 것이다. 사랑하는 사람들에게 시나리오에 대한 견해를 묻고 비평을 요청하는 순간 자신의 최악의 두려움이 모두 실현될 것이다. 이 점에 대해서는 날 믿어라.

예를 들어, 내 시나리오 수업에 훌륭한 유머 감각과 천성적으로 괴짜스럽고 독특한 스타일을 지닌 여성이 있었다. 시나리오를 한 번도 써본 적은 없었지만 코미디로 쓰고 싶은 아이디어 하나를 가지고 있었다. 그래서 그녀는 수업에 참여하며 과정을 밟아갔다. 주제를 정리하고 등장인물을 발전시킨 다음 네 페이지 트리트먼트를 썼다. 그런 다음 자신이 쓴 글에 불안을 느끼며 남편에게 읽어달라고 했다. 마침 그는 수년 동안 할리우드에서 일했던 매우 뛰어난 영화 작곡가였다. 그는 트리트먼트를 읽고 '선한 마음, 아내에 대한 사랑'으로 그녀에게 완전히 솔직해지고 싶었다.

그리고 무슨 일이 일어났을 것 같은가? 사랑의 이름으로 그는 그녀를 십자가에 완전히 못 박았다. 등장인물들이 약하고, 줄거리는 평범하고, 아무도 그 상황을 믿지 않을 것이라고 말했다. 그리고 마음속으로는 자신이 옳은 일을 하고 있다고 생각했다. 그는 정말로 할리우드의 가혹한 현실로부터 아내를 보호하고 싶었고 그녀가 다치는 것을 원치 않았다. 그녀는 그 말을 얌전히 듣고 나서 트리트먼트를 받아 서랍 어딘가에 넣어두고 두 번 다시 보지 않았다. 지금까지 그녀는 그 스토리라인을 집어 들거나 컴퓨터 앞에 앉아 시나리오를 쓰려고 다시 시도한 적이 없다. 그런데 그것은 많은 가능성이 있는 좋은 이야기였다.

이런 일을 겪고 나서 나는 사랑하는 사람, 배우자, 또는 중요한 사람에게는 피드백을 위해 시나리오를 보여주지 말라고 말한다. 여러분을 향한 사랑과 애정 때문에 그들은 최악의 두려움을 더 확실히 갖게 해줄 것임을 알아두자. 아니면 그들이 시나리오를 얼마나 좋아하는지 말해줄 테지만, 그 말이 진실인지 거짓인지는 알 수 없다. 어쨌든 우리는 모두 너무 자신이 없어서 우리가 쓴 것이 효과가 있는지 없는지 정말로 알지 못한다. 그리고 자신이 이미 알고 있는 것을 아무도 말해주지 않기를 바란다.

특히 할리우드에서는 더욱 그렇다. 대부분의 경우 사실대로 말하는 사람은 아무도 없다. 그들은 "좋긴 한데 지금 당장 만들고 싶은 건 아니에요"라든가 "이것과 비슷한 걸 개발 중이에요", "이런 영화를 이미 만들었어요" 같은 말을 할 것이다.

이런 말은 도움이 되지 않을 것이다. 여러분은 피드백을 원하고, 누군가가 대본에 대해 정말로 어떻게 생각하는지, 어떤 것이 효과가 있고 어떤 것이 효과가 없는지 말해주길 원한다. 따라서 이 초고를 건네줄 사람들을 아주 조심스럽게 선택해야 한다.

그들이 읽은 후에 해주는 말을 들어보자. 자신이 쓴 것을 옹호하지 말고, 그들이 하는 말을 듣는 척 **가장하지** 말고, 억울하거나 분하거나 불쾌해도 가만있자.

자신이 쓰고자 했던 이야기의 '의도'를 그들이 포착했는지 보자. 그들이 **옳다는 것**이 아니라 그들이 **옳을지도 모른다**는 관점에서 그들이 관찰한 것을 들어보자. 그들은 관찰하고, 판단하고, 비평하고, 제안하고, 의견을 낼 것이다. 그것들이 **옳은가?** 의문을 제기하고, 그것들을 자신의 이야기에 대입해보자. 그들의 제안이나 아이디어는 타당한가? 자신의 시나리오에 보탬이 되는가? 시나리오를 강화하는가? 아니면, 그들이 의도를 파악하지 못한 건 아닌가?

그들과 함께 이야기를 거듭 살펴보자. 그들이 무엇을 좋아하고 싫어하는지, 그들에게 무엇이 효과적이고 무엇이 그렇지 않은지 알아보자. 이 시점에서도 여전히 작가 자신은 객관적으로 시나리오를 볼 수 없다. 다른 의견을 원한다면 '혹시 모르니' 혼란을 겪을 준비를 갖추자. 예를 들어 시나리오를 네 사람에게 건네준다면 그들의 의견이 일치하지 않을 것이다. 한 사람은 그 관계를 좋아할 것이고, 다른 사람은 그렇지 않을 것이다. 한 사람은 강도 사건은 마음에 들지만 그 강도질의 **결과**(그들이 도망을 가든 안 가든)는 그렇지 않다고 말할 것이다. 그리고 또 다른 사람은 다른 등장인물들 사이의 관계를 강화할 수 없었는지 궁금해한다.

너무 많은 사람들이 시나리오를 읽는 것은 효과가 없다. 적어도 이 단계에서는 말이다. 자신이 믿을 수 있고 자신에게 솔직하게 말해줄 수 있는 두 사람에게만 초기 피드백을 요구해야 한다. 시나리오를 더 좋게 만들 수 있다고 생각하는 모든 변화를 만들어낸 다음에야 저작권 에이전트, 프로듀서, 프로덕션, 변호사, 혹은 그것을 건네줄 수 있는 누군가를 통해 세상으로 내보낼 수 있다.

그것은 스스로 서거나 넘어질 것이다. 그리고 '완벽'하지는 않을 것이다.

"완벽이란 이상이다. 마음속에만 있고 현실에는 존재하지 않는다." 장 르누아르의 말이다.

믿어라.

준비됐는가? 그럼 해보자.

우선, 앉아서 종이에 옮긴 초안을 읽자. 아무것도 적지 말고, 그냥 앉은자리에서 다 읽는다. 감정의 롤러코스터를 타게 될 것이다. 저항하지도 부정하지도 말고, '판단'하려 들지 말자. 그냥 계속 읽자. 읽는 동안 머릿속에서 수정하는 것은 괜찮다. 절망과 희열 사이를 오가며 흔들릴 것이니 그냥 즐기자. 다 읽었으면 하루 이틀 정도 읽은 내용을 소화하자.

그런 다음 자유연상법을 이용하여 두 페이지씩 세 가지 에세이를 쓴다. 첫 번째 에세이는 다음 질문에 답한다. **애초에 자신을 이 아이디어에 끌어들인 것은 무엇이었는가?** 영감의 불꽃이 처음 타올랐을 때와 시나리오를 쓰고 싶어 했던 이유를 떠올리면서 말, 생각, 느낌을 던져 넣는다. 자신의 대답을 판단하거나 평가하지 말자. 그냥 던져 넣자. 여기서는 명료함과 통찰력을 원하므로 문법이나 맞춤법, 올바른 문장 구조에 대해 걱정할 필요가 없다. 이것은 다른 사람이 아닌 오직 자신만을 위한 연습이다.

이 첫 번째 에세이를 완성했으면 두 번째 에세이를 써보자. **어떤 이야기를 결국 쓰게 되었는가?** 액션 스릴러를 쓰고 싶었는데 결국 로맨틱 스릴러를 쓰게 되었을 수도 있다. **어떤 이야기를 결국 쓰게 되었는지** 규정하고 분명하게 나타내자. 자유연상으로 두 페이지에 쓴다. 생각, 말, 아이디어를 그냥 던져 넣자. 자신을 제한하거나 검열해서는 안 된다.

두 번째 에세이를 완성했으면 세 번째 에세이를 쓰자. 세 번째 질문에 대한 대답을 두 페이지에 쓴다. **자신이 쓴 것을 자신이 쓰기 원하던 것으로 바꾸기 위해 무엇을 해야 하는가?** 앞에서 언급했듯이, 결국 자신이 쓴 것이 원래 쓰기 원하던 것보다 더 나은 대본일 수도 있다. 그래서 그것을 바꾸려면 어떻게 해야 하는가? 등장인물을 더욱 강력하게 설정하거나 관계를 강화하거나 시각적으로 열어야 할 수도 있다. 이것은 대본이 잘 읽히도록 하기 위해 무엇을 할 필요가 있는지를 명확히 하는 연습이다. 세 가지 질문에 답하고 나면 실제 글쓰기로 들어갈 준비가 된 것이다.

액트 I부터 시작한다. 하나의 극적 행동 단위로 읽고, 여백이나 별도의 종이에 메모하자. 새로운 신을 전에 써놓은 신들과 상호 연관시켜 구조화하고, 필요하다면 새로운 액트 I의 구조를 열네 장의 인덱스카드에 배치한다. 행동의 흐름이 편안하게 느껴질 때까지 카드를 반복해서 살펴보고 나서 쓰기 시작하자. 처음 몇 페이지는 과장되고 어색할 것이다. 하지만 괜찮으니 염려할 것 없다. 이것은 '기계적인 초안'일 뿐이다. 이 내용의 80~85퍼센트가량을 바꿀 수도 있다.

행동 단위별로 작업한다. 이 첫 번째 액트를 고쳐 쓰는 전체 과정은 한두 주 정도 걸릴 것이다. 자신의 작업이 과장되거나 단편적으로 느껴져도 걱정하지 말자. 그냥 이야기의 맥락에 초점을 맞춰 스토리라인을 배치하자.

그런 다음 액트 II의 전반부로 넘어가자. 이 극적 행동 단위를 읽고, 여백에 메모하고, 필요하다면 인덱스카드에 재구조화하자. 그런 다음 밀착점 I에서 중간점까지 한 번에 한 신씩, 한 번에 한 페이지씩 고쳐 쓰기 시작한다. 이 단위에 있는 내용의 50~60퍼센트를 바꿀 수도 있다. 하위 극적 맥락을 명확히 하고, 스토리라인을 매끄럽게 하려면 무엇을 할

시나리오 워크북

필요가 있는지도 파악하자.

중간점을 쓰면서 이야기의 초점이 명확하고 분명한지 확인한다. 그런 다음 액트 II의 후반부로 넘어가자. 똑같은 과정을 거치자. 내용을 읽고, 메모를 하고, 필요하다면 인덱스카드에 구조화하고, 그런 다음 쓰기 시작한다. 이 행동 단위에서는 40~50퍼센트 정도만 바꿀 필요가 있을 것이다. 바꿀 필요가 있는 것만 바꾸자. 이 '기계적인' 단계에서 리듬, 긴장감, 장면전환 등에 대해서는 염려하지 말자.

액트 III로 넘어가자. 길이를 조정하고, 일관된 스토리라인을 위해 필요한 것들로 모두 바꾼다. 결말을 점검하자. 원하는 만큼 효과적으로 작동하는가? 아니면, 어느 정도 수정할 필요가 있는가? 어쩌면 근본적으로 바꿀 필요가 있는가? 중요한 것은 그것이 효과가 있냐는 것이다. 할 수 있는 최선의 결말을 만들기 위해 필요한 일을 하자.

이 시나리오의 '기계적인' 단계를 끝마쳤으면, '광내기' 단계로 넘어가자. 이번에도 30페이지의 극적 행동 단위로 작업한다. 광내고, 갈고, 닦고, 조이고, 강조하고, 잘라내고, 명암을 준다.

자신의 이름이 표지에 실릴 것이다. 그러므로 최선을 다하자.

시나리오는 영화로 보여주기 전에 글로 읽히는 것임을 명심하자.

17

'좋은 시나리오'

레드:
"너무 흥분되어 자리에 가만히 앉아 있을 수도
생각을 정리할 수도 없다. 자유인만이 느낄 수 있는 흥분이다.
결과가 불확실한 긴 여정을 떠나는 자유인….
국경을 넘을 수 있기를 희망한다. 친구를 만나 악수하게 되길 희망한다.
태평양이 내 꿈에서처럼 푸르기를 희망한다…. 나는 희망한다."

프랭크 다라본트
〈쇼생크 탈출〉

시네모빌 시스템스와 소속 영화 프로덕션인 시네 아티스트에서 스토리 부서 책임자로 근무하던 시절 나는 영화화할 재료를 찾기 위해 2천 편 정도의 시나리오와 1백 편 정도의 소설을 읽었다. 그 이후 약 25년 동안 나는 수천 편의 시나리오를 읽고 평가해왔다. 그 기간 동안 영화로 제작할 가치가 있는 시나리오를 단지 몇 편만 찾았을 뿐이다. 내가 최근 냉소적으로 변하긴 했지만, 새로운 시나리오를 집어 들 때마다 이번 것은 끝내주게 좋은 **바로 그것**이었으면 하고 **희망**한다. 믿기 힘들겠지만 나는 그런 일이 일어나기를 '몹시' 바란다. 할리우드의 시나리오 선정 담당자는 모두 같은 생각일 것이다.

나는 언제나 '좋은 시나리오'를 찾아 헤맨다.

'좋은 시나리오'란 무엇일까? 정확히 어떻게 정의해야 할지는 모르겠지만, 영상으로 펼쳐지는 **시각적 스타일**로 내게 한 방 먹이는 역동적인 읽기 체험을 제공하는 것이라고 말할 수 있을 뿐이다. 그것은 일정한 방식으로 '보이고', 일정한 방식으로 '읽히고', 일정한 방식으로 '느껴진다'. 좋은 시나리오는 첫 페이지, 첫 단어부터 남다르다. 〈차이나타운〉은 좋은 시나리오이다. 〈쇼생크 탈출〉, 〈본 슈프리머시〉, 〈반지의 제왕〉도 마찬가지이다.

즉시 내 관심을 끄는 것은 단어들이 종이 위에 배열된 방식으로, 군더더기 없이 여백이 많고 시각적인 것이 좋다. 나는 이야기가 처음 몇 단락에 설정되어 있는지 그렇지 않은지 알 수 있다. 역동적인 선동적 사건으로 시작되는가? 내 주의를 끄는가? 등장인물들은 매력적이고, 사실적이고, 입체적인가? 전제와 상황이 첫 열 페이지 안에 통찰력 있고 명료하게 설정되어 있는가? 내가 계속 읽고 싶은 기분이 들도록 나를 사로잡기에 충분한 정보가 제시되어 있는가? 아니면 이야기가 너무 많은 등장인물, 조밀한 플롯, 서브플롯들로 어수선한가?

'좋은 시나리오'는 한눈에 알 수 있다. 첫 페이지, 첫 단어부터 즉시 나를 사로잡는 에너지와 흥분시키는 뭔가가 있다. 내가 찾는 것은 행동이 페이지를 가로질러 번개처럼 나아가도록 하는 글쓰기 스타일이다. 물론 시나리오 작가의 역할은 내가 페이지를 계속 넘기지 않을 수 없게 만드는 것이다. 즉, 시나리오 선정 담당자가 페이지를 계속 넘기도록 하는 것이다.

믿기 힘들겠지만 여기에 모순이 있다. **할리우드에는 읽는 것을 좋아하는 사람은 아무도 없지만, 누구나 좋은 시나리오 읽는 것을 좋아한다.**

그게 현실이다. 그런 면에서는 절대 변하지 않는다.

왜? 형편없이 쓰인 시나리오가 너무 많기 때문이다. 아마도 천 편 중 한 편이 임원 사슬의 다음 단계로 올라갈 가치가 있을 것이다. 그리고 누구나 읽고 싶어 하는 '좋은 시나리오'가 발견되면 할리우드 전역의 개발 임원들에게 팩스나 이메일로 보내진다.

그렇다면 시나리오 선정 담당자는 내용을 평가할 때 무엇을 기대하는가? 몇 가지가 있다. 나는 읽을 대본을 전달받은 시나리오 선정 담당자의 일 처리 과정을 설명하는 것이 흥미로울 것이라고 생각했다. 제출된 모든 시나리오는 같은 여정을 거친다. 스튜디오나 프로덕션에 대본을 제출할 경우 으레 다음과 같은 일이 벌어진다.

공인 저작권 에이전트나 변호사, 프로듀서, 감독이 시나리오를 제출하면 시나리오 선정 담당자에게 전달된다. (임의 제출된 자료는 다양한 법적 문제로 인해 읽지 않고 반송된다.) 담당자는 대본을 읽은 다음 짧고 상세한 시놉시스를 작성하고 개인적인 의견을 두 페이지 분량으로 제시한다. 이것을 '커버리지coverage'라고 한다. 커버리지는 시나리오를 읽지는 않지만, 제출한 사람, 즉 에이전트나 프로듀서나 감독에게 답변을 주어야 하는 임원들을 위한 도구다. 커버리지에는 작가의 이름, 특정 장르, 로그라인(이야기를 간략하게 한 문장으로 설명한 것)과 더불어 구조, 등장인물, 이야기, 대사, 전반적인 쓰기 능력 측면에서 시나리오의 상태에 대한 담당자의 판단을 나타내는 차트의 다양한 점검 사항이 포함된다. 그것은 우수, 좋음, 보통, 나쁨으로 구분된다. 내가 임의로 어느 메이저 영화사의 평가서 하나를 요약해보았는데, 이것은 선정 담당자가 시나리오를 평가할 때 무엇을 기대하는지를 제법 잘 반영한다. (이 예에서는 이름과 직함의 사용을 피했다.)

첫째, 페이지의 왼쪽 상단 구석에는 **제목, 작가**, 그리고 이야기의 유형을 한마디로 나타낸 **장르** 표시가 있다. 예를 들면 액션 어드벤처, 러브 스토리, 서부극, 코미디, 로맨틱 코미디, 소극(笑劇), 로맨스, 드라마, 공상과학, 애니메이션, 미래 영화 등이다. 여기서 든 사례의 장르는 **슬픈 결말의 로맨스**이다.

둘째, 이야기의 간략한 요약, 로그라인, **무엇**에 관한 이야기인지에 대한 설명 네다섯 줄이 있다. 이 사례의 시놉시스는 다음과 같다. "아름답고 야심만만한 젊은 변호사가 시카고에 있는 법률 회사에서 출세를 위한 음모를 꾸민다. 세 아이를 둔 유부남인 회사 사장이 그녀를 사랑한다. 그녀는 교활하게도 회사를 공동 경영하게 해달라고 요구하고, 이로 인해 그는 전략적으로 몰락한다. 그의 결혼 생활은 파경에 이르고, 그녀와 함께 경영할 법률 회사를 설립하기 위해 떠난다. 몇 주 지나지 않아서 그는 아내에게 자신을 다시 받아달라고 애걸한다. 우리의 주인공은 성공 가도를 달린다."

이것이 이야기의 내용, 즉 시나리오의 **주제**이다. (좋은 로그라인을 읽고 싶다면 『TV 가이드』에 실린 영화 시놉시스를 읽어보자. 스토리라인을 설명하는 방법을 보여주는 좋은 예이다.)

셋째, 로그라인 다음에는 한 페이지 반 분량의 더 상세하고 심도 있는 시놉시스가 있다. 이 부분은 생략하기로 한다.

넷째, 구조와 등장인물에 중점을 둔 담당자의 **분석**이 있다. 이 평가서의 경우 오른쪽 표와 같은 구체적인 범주로 분석이 나뉜다.

이것은 이 시나리오에 대한 선정 담당자의 커버리지를 분석하고 평가한 내용을 간략하게 요약한 것이다. 그다음에는 **선정 담당자의 추천서**가 작성되는데, 여기에 자신이 느낀 점을 몇 문장 정도 써서 추가한다. "추천 안 함. 어느 모로 보나 별 볼일 없는 로맨틱 드라마. 뻔뻔한 중서부 전문직 여성의 비호감적인 초상. 전체 이야기의 핵심은 수수께끼로 남음. 이야기는 음울하지만, 이런 유형의 다른 작품을 연상시킬 만한 블랙 코미디의 요소는 전혀 없음. TV 연속극에는 어울려도, 장편 영화감은 아님."

이 커버리지는 길이가 아주 짧은 만큼, 스튜디오 임원, 에이전트, 프로듀서 모두가 자신의 의견을 정리하기 위해 읽는다.

I—등장인물	
A) 구상 :	냉혹한 젊은 전문직 여성이 처자식이 있는 중년 남성과 불륜을 저지르고, 그는 그녀를 위해 가족을 버린다.
B) 전개 :	대체로 좋음. 작가는 여성에게 앙심을 품고 있는 게 분명하다. 〈위험한 정사Fatal Attraction〉, 〈이브의 모든 것〉, 〈보디 히트〉 이후 가장 고약한 인물 묘사 중 하나이다. 등장인물들이 진짜처럼 보이지 않는다. 그들은 뭔가 부족하다.

II—대사	
	보통. 배경이 시카고이지만 아주 시시하다. 대사가 모든 것을 뻔하게 만드는 주요 요인이다. 이야기가 모두 대사로 전달된다.

III—구조	
A) 구상 :	영악한 롤리타는 가정이 있는 유부남이자 자신이 다니고 있는 법률 회사의 사장을 조종하여 법조계에서 출세하고, 목적을 달성하자 그를 차버린다.
B) 전개 :	보통. 모든 게 너무 뻔하고 TV 연속극 같기 때문이다. 주인공은 깊이가 전혀 없고, 호감이 안 가는 인물이다.
C) 속도 :	좋음. 하지만 다음에 어떤 일이 벌어질지 뻔하고, 극적 긴장감이 떨어진다. 그렇다고 질질 끌지도 않는다.
D) 해결 :	나쁨. 시나리오가 갑자기 끝난다. 허망한 느낌이다. 불쌍한 남편은 간신히 집으로 돌아가고, 주인공의 모습은 온데간데없다.

자신의 시나리오에 대해 선정 담당자가 무슨 말을 할지 스스로에게 물어볼 수도 있다. 선정 담당자의 입장에서 본다면, 읽어야 할 대본이 수십 센티 높이로 책상 위에 끊임없이 쌓인다.

오늘날, 그 어느 때보다도 많은 사람들이 시나리오를 쓰고 있으며, 시나리오 쓰기와 영화 만들기의 인기는 우리 사회와 문화의 필수적인 부분이 되었다. 지난해 서부와 동부의 미국작가조합에 약 7만 5천 편의 영화와 TV 대본이 등록되었다. 이 중에서 약 450편의 영화가 할리우드의 메이저 스튜디오 프로덕션이나 다양한 독립 영화사에서 제작되었다. 계산은 각자 해보자.

앞으로 몇 년 안에 시각 매체용 글을 쓰는 사람의 수는 아마도 두세 배 정도 늘어날 것이다. 그리고 기술의 진화와 혁명이 세상과 우리가 사물을 보는 방식에 영향을 미치면서 그 수는 기하급수적으로 늘어날 것이 자명하다. 우리 아이들이 **우리에게** 사용법을 가르치는 그런 기술을 만들어낸 것은 인류 역사상 이때가 유일해 보인다.

오늘날 우리는 비주얼 스토리텔링의 새로운 국면에 접어들고 있다. 대학 캠퍼스에서 가장 인기 있는 두 전공은 경영과 영화이다. 그리고 MTV, 리얼리티 TV, 아이팟, 엑스박스, 플레이스테이션, 새로운 무선 랜 기술 등의 영향력 확장과 더불어 컴퓨터 기술과 컴퓨터 그래픽 이미지의 급격한 부상은 국제적인 영화 혁명을 형성하고 있다. 이미 우리는 휴대전화로 단편 영화를 만들어 친구와 가족에게 전송하고 TV 모니터로 시청할 수 있다. 우리가 사물을 **보는** 방식이 분명히 진화해왔다.

열 살, 여덟 살 난 두 조카가 컴퓨터로 깜짝 생일 비디오를 만들어 자기 아빠에게 선물했는데, 그것은 비주얼 스토리텔링에 대한 놀라운 이해력을 보여주는 것이었다. 말할 것도 없이 나는 깜짝 놀랐다. 그들은 원재료에 대한 자신들의 이해를 6분짜리 작은 영화로 융합시키는 새로운 방식으로 시각적으로 사고하고 있었다. 사진, 비디오, 컴퓨터 그래픽스(자체 제작), 라이브 인터뷰, 음악 효과, 오래된 가족 영상을 활용했고, 이 모든 것을 하나의 놀라운 시각적 경험으로 통합한 것이었다.

시나리오 작가를 위한 시장도 급격하게 변화하고 있으며, 비주얼 스토리텔링의 측면에서 새로운 방향의 필요성이 새롭게 제기되고 있다. 지금 현재 텔레비전 프로그램은 휴대전화용으로 특별히 제작, 배포되고 있다. 이미 프로덕션들은 앞으로 열리게 될 수없이 다양한 시장을 위해 특화된 프로그램을 제작할 방안을 모색하고 있다.

방대한 할리우드 프로덕션들도 이러한 신기술의 요구에 맞게 변화하고 있다. 머지않아 영화와 텔레비전 시장 전체가 지금과는 다른 양상을 띨 것이다. 국내 시장이든 국제 시장이든 이 시장이 어떻게 될지는 아무도 정확히 알지 못하지만, 한 가지 확실한 것은 시나리오 작가와 비주얼 스토리텔링의 기회는 엄청나리라는 점이다.

시나리오 쓰기에 대해 진지하게 생각하고 있다면 지금이 자신의 솜씨를 갈고닦을 때이다.

미래가 **눈앞에** 있다.

많은 사람들이 나에게 시나리오를 쓰고 싶다고 말한다. 그들은 내게 전화를 하고, 편지를 쓰고, 귀찮게 조르고, 결국 워크숍에 참여하긴 하는데, 두세 주가 지나면 말 한마디 없이 그만둔다. 그들은 자신은 물론 글쓰기에 대해서도 열정이 전혀 없다. 행동이 등장인물이다. 한 인물이 누구인지는 그가 하는 말이 아니라 그가 하는 행동으로 드러난다.

하려고 한다면 행동에 옮겨라.

그것이 바로 이 책이 말하고자 하는 바이다. 이 책은 길잡이이자 도구이다. 여러분이 이 책을 백 번 읽는다 해도, 이 책을 내려놓고 연습을 실행하고 빈 종이를 다뤄보기 전까지는 시나리오를 쓰려고 **생각하는 것**일 뿐 실제로 쓰는 것은 아니다.

시나리오를 쓰려면 시간, 인내, 노력, 헌신이 요구된다. 자기 자신에게 헌신할 의지가 있는가? 배우면서 실수할 의지가 있는가? 형편없는 글쓰기는? 잘되지 않더라도 최선을 다할 의지가 있는가? **잘되지 않는** 것들을 해보면 무엇이 **잘되는** 것인지를 알게 되는 법이다.

시나리오를 쓰는 데 있어서 정말 중요한 것은 쓰기 자체를 하는 것이다. 먼저 목표를 세운 다음, 자신을 위해 어떤 종류의 글쓰기 경험을 만들어낼 것인지에 대한 의도를 분명히 하자. 그런 다음 각 장의 끝에 있는 연습을 한 번에 하나씩 실행하면 곧 자신이 하기로 한 것을 성취할 수 있다. 그게 전부이다.

내가 지도하는 워크숍에서 시나리오 초고를 완성한 다음 모두들 박수를 친다. 그것은 글쓰기 체험에 들어간 노역, 수고, 고통, 기쁨과 더불어 그들의 작업에 담긴 시간, 전념, 헌신을 인정하는 것이다.

『시나리오 워크북』은 시나리오 쓰기 과정을 인도하는 길잡이이다. 노력한 만큼 얻을 것이다. 당연한 일이다.

"진정한 예술은 예술을 하는 **행위** 속에 있다"고 장 르누아르는 말했다.

글쓰기를 하느냐 마느냐는 자신의 의지에 달려 있다.

그것은 여러분의 선택이다.

시드 필드의 『시나리오 워크북The Screenwriter's Workbook』은 이 책의
모태 격인 그의 첫 저서 『시나리오란 무엇인가Screenplay: The Founda-
tions of Screenwriting』와 함께 시나리오 쓰기의 지침서로 국내외에서 널
리 읽히는 책이다. 이 두 책은 서로 보완 관계에 있으면서 맥을 같
이하는 저작이다. 차이점이 있다면 『시나리오 워크북』은 저자가 40
년 가까이 세계 곳곳에서 진행한 시나리오 워크숍에 기초한 실용적
인 형식을 갖추고 있고, 또한 중간점midpoint과 밀착점pinch 등 패러
다임 구성에 실질적인 도움을 주는 좀 더 구체적 개념을 도입하고
있다는 점이다.

이 개정증보판에서는 〈델마와 루이스〉, 〈쇼생크 탈출〉, 〈반지의
제왕〉 시리즈, 〈사이드웨이〉, 〈브로크백 마운틴〉, 〈신데렐라 맨〉 등
이전에는 다루지 않았던 다수의 영화들이 새롭게 텍스트로 활용되
며, 특히 디지털 영화 기술 발전에 따른 '보는 방식'의 변화와 이로
인한 비선형 스토리텔링 방식의 〈펄프 픽션〉, 〈유주얼 서스펙트〉,
〈잉글리쉬 페이션트〉, 〈매그놀리아〉, 〈본 슈프리머시〉, 〈디 아워스〉,
〈콜드 마운틴〉 등의 시나리오 분석이 추가되었다. 또한 등장인물의
인격 형성에 영향을 주는 (그리고 궁극적으로 스토리라인에 정서적 영향

을 미치는) 과거의 충격적인 일이나 사건을 찾아내는 존재의 원Circle of Being 연습이 새롭게 도입되었고, 중간점으로 구분되는 액트 II의 전반부와 후반부의 하위 극적 맥락sub-dramatic context 정립의 중요성이 새롭게 부각되었다.

이 책은 시나리오 쓰기의 실전에 가깝게 구성되어 있다. 마치 실제 시나리오 워크숍에 참여하는 것 같은 마음가짐으로 한 장(章)씩 주의 깊게 읽으면서 자신의 글쓰기를 병행하는 것이 이 책을 제대로 활용할 수 있는 방법이다. 시나리오를 직접 써보지 않고서는 이 책의 진가를 알 수 없다. 이러한 전제에서 이 책은 시나리오를 쓰고자 하는 모든 예비 작가들에게 최선의 길잡이가 되리라 믿는다. 물론 전문 시나리오 작가에게도 도움이 될 것이다. 역자는 소재나 주제에 투자하는 노력과 시간에 비해 형식이나 구조에 대해서는 다소 간과한 듯한 시나리오나 영화를 종종 접한다. 눈에 보이지 않는 뼈대와 골조가 우리 몸과 건축물을 지탱하듯 좋은 영화는 구조화된 시나리오를 바탕으로 한다. 이 책은 시나리오의 견고한 구성을 도우면서 자신이 쓰고 있는 시나리오에 대한 객관적인 시각을 갖게 해준다. 이 책을 읽는 동안만큼은 여기 언급되어 있는 영화들의 잘 짜인 구조와 창의적 형식에 관심을 기울여보자.

이 책을 믿어라. 이 책을 통해 당신의 훌륭하고 기발한 아이디어는 탄탄한 시나리오 속에서 그 빛을 발할 것이다. 그런 아이디어가 있는 당신은 정말 운이 좋은 사람이다. 이제 하면 된다.

2020년 8월
박지홍